Unity 2017 지원

유니티로 만드는 네트워크 게임 개발

Taketoshi Nishimori, Takaaki Ichijyo, Tuyano Syoda 지음
이영란 옮김

정보문화사
Information Publishing Group

유니티로 만드는 네트워크 게임 개발

초판 1쇄 인쇄 | 2018년 03월 15일
초판 1쇄 발행 | 2018년 03월 20일

지 은 이 | Taketoshi Nishimori, Takaaki Ichijyo, Tuyano Syoda
옮 긴 이 | 이영란
발 행 인 | 이상만
발 행 처 | 정보문화사

책 임 편 집 | 최동진
편 집 진 행 | 노미라

주 소 | 서울시 종로구 대학로 12길 38 (정보빌딩)
전 화 | (02)3673-0037(편집부) / (02)3673-0114(代)
팩 스 | (02)3673-0260
등 록 | 1990년 2월 14일 제1-1013호
홈 페 이 지 | www.infopub.co.kr

I S B N | 978-89-5674-780-4

들어가며

여러분은 게임을 만들고 있습니까?

Unity 게임 엔진의 등장으로 개발자 인구가 폭발적으로 늘어났으며 앱스토어에는 전 세계의 크리에이터들이 만든 게임으로 넘쳐나고 있습니다. Unity를 사용하는 개발자는 약 550만 명(2016년 7월 현재)이라고 합니다.

Unity는 '게임 개발의 민주화'를 제창하며 다양한 기능을 업데이트 해 왔습니다. 누구나 멀티플랫폼에서 작동하는 게임을 만들 수 있다는 것, 누구나 아름다운 화면 효과를 사용할 수 있다는 것, 누구나 고도의 경로 탐색 AI를 사용할 수 있다는 것 등……. 이러한 혁신은 많은 개인 또는 소규모 크리에이터가 지금까지는 불가능했던 게임의 표현을 가능하게 해 줍니다.

그리고 바로 지금 발전하고 있는 분야가 '네트워크 기능'의 민주화가 아닐까 생각됩니다. 지금까지 네트워크 기능은 실시간 또는 비 실시간에 상관없이 개인이나 소규모 크리에이터가 쉽게 도전하기 힘든 분야였습니다.

네트워크 기능을 구축하려면 무엇보다 먼저 '서버 측' 개발에 관한 지식이 필요했습니다. 직접 서버 PC를 가동시키거나 외부 서비스를 사용하여 원격으로 필요한 미들웨어를 인스톨하고 커맨드라인에서 조작하는 등 '게임 개발의 즐거움'을 맛보는 것과는 또 다른 준비가 필요했었습니다.

하지만 그러한 벽을 해결해 주는 시비스가 나타난 것입니다. 물론 프로 현장에서는 독자적인 서버 구축이 적합한 경우도 많지만, 이 새로운 서비스의 등장으로 지금까지 네트워크 기능을 탑재하는 것이 어려웠던 개인이나 소규모 크리에이터, Unity 초보자도 네트워크 기능을 사용할 수 있게 된 것입니다.

여러분의 게임에 네트워크 기능을 도입하면 새로운 게임 시스템을 구축하거나 플레이어가 계속 플레이할 수 있는 장치를 추가할 수 있게 됩니다. 이 책이 게임 크리에이터인 여러분의 아이디어가 보다 빛나는 데 도움이 되었으면 좋겠습니다.

저자 대표 Takaaki Ichijyo

이 책의 구성

이 책은 서버에 대한 데이터 저장과 취득을 중심으로 한 '비 실시간' 네트워크 기능과 액션 게임의 온라인 멀티플레이와 같은 '실시간' 네트워크 기능이라는 두 가지 테마를 다루고 있습니다.

기본적으로는 소규모 및 개인 게임 개발자도 만들 수 있는 네트워크 기능의 구축 방법을 소개합니다. 네트워크 게임 기능을 처음 개발하는 사람을 위한 책이므로 몇 만 명이 동시에 액세스하는 대규모 소셜 게임이나 온라인 MMO 개발에 적합한 내용은 아니라는 점을 미리 양해하기 바랍니다.

또한 이 책은 Unity 초보자용 서적을 조금이나마 읽어본 적이 있는 개발자나 실제로 Unity로 앱 제작을 해본 적이 있는 개발자를 대상으로 하고 있습니다. 앞으로 Unity를 배우고 싶은 분은 〈유니티 5로 만드는 3D/2D 스마트폰 게임 개발〉(Sosym 발행) 등과 같은 입문서를 먼저 읽어보기 바랍니다.

이 책은 Unity의 기본 기능과 Unity 에디터의 사용 방법, 스크립팅의 기초 등에 대해서는 설명하고 있지 않습니다.

이 책은 크게 다음과 같이 3개의 Part와 Introduction, Appendix로 구성되어 있습니다.

● Introduction Unity와 네트워크 게임의 개요

이 책의 테마인 네트워크 게임의 개요와 샘플 게임의 소개, 필요한 개발 환경과 라이선스에 대해 설명합니다.

● Part 1 비동기화형 네트워크 기능 활용 - NCMB편

mBaaS 중 하나인 'nifcloud mobile backend'(NCMB)를 사용하여 게임에 비 실시간 네트워크 기능을 추가하는 방법에 대해 설명합니다.

● Part 2 실시간 네트워크 게임 개발 - UNET 기초편

Unity의 표준 네트워크 API인 'UNET'(정식 명칭: Unity Multiplayer)을 사용하여 실시간 네트워크 기능의 기초를 간단한 샘플을 만들면서 Step by Step으로 배워갑니다.

● **Part 3 실시간 네트워크 게임 개발 - UNET 실전편**

본격적인 네트워크 대전 게임의 구축 예를 기초로 네트워크의 지연 회피 방법과 실시간 네트워크 게임 제작에서 사용하는 실제 테크닉을 소개합니다.

● **Appendix**

iOS 앱 개발 절차와 클라우드 상에서 앱을 빌드할 수 있는 'Unity Cloud Build'를 소개하고, 본문에서는 다루지 못했던 NCMB의 다른 기능 등을 소개합니다.

샘플 프로그램 다운로드

이 책에 게재한 샘플 프로그램은 정보문화사 홈페이지(http://www.infopub.co.kr) 자료실에서 다운로드할 수 있습니다. 자세한 이용 방법은 본문을 참조하기 바랍니다.

샘플 프로그램의 이용에 관해

이 책에 게재한 샘플 프로그램은 Unity 학습을 위해 작성한 것으로 실제 게임에서의 사용을 보증하는 것이 아닙니다. 학습 이외의 용도로는 사용할 수 없으므로 주의하기 바랍니다. 또한 이 책에 게재한 프로그램의 저작권은 모두 저자에게 있습니다.

또한 샘플 프로그램에 들어있는 3D 모델 데이터 자산도 이 책의 학습 용도로만 사용할 수 있습니다. 이 책의 자산을 다른 게임에서 사용하고 싶은 경우는 이 책의 마지막 페이지에 기재(Special Thanks)되어 있는 각 권리자에게 연락하기 바랍니다.

목차

CONTENTS

Appendix

Introduction

Unity와 네트워크 게임의 개요

0-1 게임 통합개발환경 Unity

이 책을 손에 들고 있는 여러분은 이미 Unity를 사용하여 게임 개발을 하고 있는 분이 많겠지만, 다시 한 번 Unity의 특징과 기본적인 정보에 대해 확인해보겠습니다.

Unity 게임 엔진이란?

Unity 게임 엔진은 Unity Technologies사가 개발 및 제공하는 게임 통합개발환경입니다. 게임 엔진이 나오기 전에는 프로그래머가 게임별로 게임 개발에 필요한 툴이나 라이브러리를 마련하거나 게임 개발회사가 각각 사내에서 독자적으로 공통 라이브러리를 만들었습니다.

게임 엔진의 라이선스 사업이 활발해진 후에 등장한 Unity 게임 엔진은 스마트폰 게임 산업의 융성과 함께 폭발적으로 보급되었습니다.

Unity는 게임 개발에 필요한 2D/3D 화면 그리기, 사운드 처리, 파일 읽어 들이기, AI, 물리 연산 등을 처음부터 미리 탑재한 통합환경이었기 때문에 게임 개발 현장에 큰 혁명을 불러일으켰습니다.

현재 Unity의 특징은 다음 세 가지입니다.

- 강력한 멀티플랫폼 지원
- 무료로 사용 가능
- 게임 개발에서 '성공'을 지원

그림 0-1 게임 통합개발환경 Unity의 홈페이지

강력한 멀티플랫폼 지원

Unity는 PC/Mac/iOS/Android, 그리고 하이엔드부터 휴대용 단말기까지의 가정용 게임기를 폭넓게 지원합니다.

그리고 스마트폰이나 게임기에 있는 하드웨어적인 차이를 어느 정도 게임 엔진이 흡수해 주기 때문에 게임을 멀티플랫폼으로 전개할 때의 난이도가 대폭 내려갔습니다. 이는 기초 기술의 검증이나 플랫폼별로 라이브러리 개발에 시간을 들이기 힘들었던 개인 게임 개발자에게 있어서 상당히 반가운 소식입니다.

최근 가정용 게임기 제조업체가 게임 발매를 개인 게임 개발자로 넓히는 사례가 늘고 있습니다. 게임기용으로 자신의 게임을 배포하는 일이 지금까지와는 판이할 정도로 편리한 시대가 되었습니다.

다른 게임 엔진의 경우도 당연히 멀티플랫폼을 지원하지만, Unity만의 독특한 움직임으로는 중국의 스마트폰 제조업체인 '샤오미'와의 연계를 발표한 점을 들 수 있습니다. 중국 시장에서는 Google Play가 서비스되지 않기 때문에 다른 나라에서 참여하기가 상당히 어려웠는데, Unity는 샤오미가 제공하는 스토어에 공식 지원하고 각종 인증이나 정부 심사 등도 이러한 노력으로 해결됨으로써 발매 문턱이 크게 낮아질 것이라 예상됩니다. 이로써 거대한 시장을 갖고 있는 중국에 대한 앱 발매가 점점 가까워지고 있습니다.

무료로 사용 가능

Unity에는 무료 버전인 Personal Edition과 월정액 35달러(40,250원)의 Plus, 월정액 125달러(143,750원)의 Pro, 세 가지 이용 플랜이 있습니다(2018년 2월 현재). Personal은 무료이지만 기능 제한이 거의 없습니다. 이용할 수 있는 단체의 규모 제한(연 매출 10만 달러이하)은 있지만 이 정도의 기능과 성능을 가진 소프트웨어를 무료로 이용할 수 있다는 점은 정말 놀랍습니다. 또한 기업용으로 커스터마이징된 것으로 'Enterprise' 플랜도 있습니다.

각각의 이용 플랜에서 어떤 일을 할 수 있는지에 대해 아래 웹 페이지에 자세히 소개되어 있으므로 참고하기 바랍니다.

- **Unity 이용 플랜 웹 페이지**

https://store.unity.com/kr/

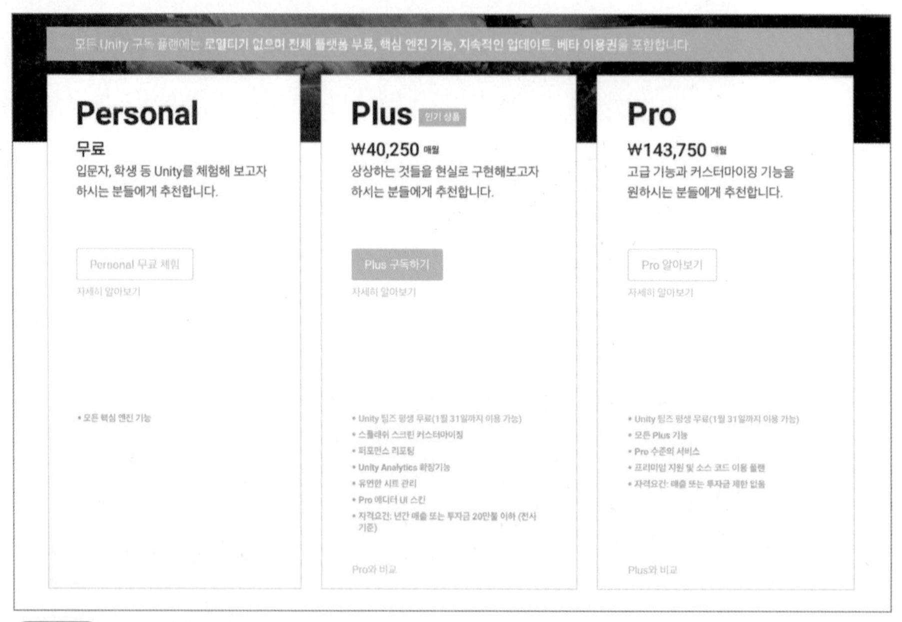

그림 0-2 Unity 이용 플랜

몇 년 전까지 게임 툴이나 미들웨어는 그 전문성 때문에 '법인에 대해서는 몇 천만~몇 억 원으로 이용을 허락'하는 비즈니스가 보통이었습니다. Unity는 그러한 폐쇄성을 크게 바꿔 놓았습니다.

Unity는 대부분의 기본 기능을 무료로 제공함으로써 웹 상에 이용 노하우를 무서울 정도의 속도로 축적시켰고 눈깜짝할 사이에 사용자를 증가시켰습니다. 지금은 많은 게임 엔진이나 툴이 서브스크립션 모델을 따르고 있습니다.

게임 개발에서 '성공'을 지원

2016년 11월에 개최된 Unity Technologies사 주최의 기술 컨퍼런스 'Unite 2016 LA'의 기조연설에서는 지금까지 Unity가 지향해 온 'Democratize development(게임 개발의 민주화)'에 더해 'Solve hard problems(난제의 해결)', 'Enable success(성공을 가능하게 할 것)', 이 세 가지가 전체 Unity의 신조라고 말했습니다. '게임 개발의 민주화'라는 개념은 널리 침투되었지만 Unity는 이를 잇는 미션으로 '게임 개발자가 성공하는 것'을 들었습니다.

Unity 게임 엔진의 행보와 개인 및 소규모 스튜디오 게임인 '인디 게임'이라는 카테고리의 발전은 강력한 상관관계가 있습니다. 누구나 게임을 만들 수 있는 세상은 이미 실현되었다고 해도 좋으며, 그 다음 스텝으로 누구나 게임 개발을 통한 창의력으로 성공할 수 있다=수입을 얻어 계속 개발할 수 있다는 것을 다양한 서비스를 통해 Unity는 지원하려 하고 있습니다.

실제로 최근 Unity는 엔진 자체의 기능 강화에 더해 개발자가 성공하기 위한 토대 구축의 일환으로서 'Unity Ads', 'Unity Cloud Build', 'Unity Collaborate', 'Unity Analytics' 등과 같은 서비스를 제공하고 있습니다.

광고에 의한 수입, 게임의 빌드 환경, 그리고 분석 등 개인이나 소규모 단위로는 좀처럼 손을 대기 어려운 문제 해결에 대해 잘 대처하고 있습니다.

Unity의 미래

가장 안정적인 최신 버전은 Unity 5.6이지만(2017년 5월 현재), 2017년 6월 이후부터는 넘버링 방식이 바뀌어 'Unity 2017'이라는 연호 기반의 버전명으로 바뀌었습니다.

앞으로의 버전도 컷씬 개발을 용이하게 해 주는 'Timeline 에디터'나 영상 업계용의 고품질 렌더 'Octane Renderer'의 통합 등 다양한 기능이 속속 추가되어 갈 예정입니다. 다음은 어떤 진화가 기다리고 있을지 지금부터 기대됩니다.

- **Unity 로드맵**

https://unity3d.com/kr/unity/roadmap

그림 0-3 Unity 로드맵 공식 페이지

0-2 게임의 네트워크 기능이란?

이 책의 테마인 '게임의 네트워크 기능'에 대해 다시 한 번 정리해 보겠습니다. 여러분이 보통 가지고 노는 게임에도 여러 형태로 네트워크 기능이 도입되어 있습니다.

'네트워크 게임'의 종류

'네트워크 기능'이라고 하면 먼저 떠오르는 게임이 대전 게임이 아닐까 생각됩니다. 격투 게임이나 FPS의 32대 32 게임전 등 네트워크를 통해 실시간으로 대전하고 협력하여 플레이 할 수 있는 게임이 많습니다. 또한 '온라인 MMO'를 상상한 분도 있을 지도 모릅니다. 이것도 캐릭터의 위치나 채팅 등이 실시간으로 동기화되는 것입니다.

이 외에도 현재 게임에는 실제로 많은 부분에 네트워크 기능이 심어져 있습니다. '게임의 네트워크 기능'은 크게 두 가지로 분류할 수 있습니다.

① 대전 및 협력 플레이와 같은 **실시간 계열**
② 친구 기능, 랭킹 기능 등과 같은 **비 실시간 계열**

스마트폰용 게임 앱은 두 번째인 비 실시간 네트워크 기능을 다양한 상황에서 활용합니다. 특히 소셜 게임이라 부르는 장르는 서버를 통해 다른 플레이어와 교류하고 친구나 길드를 만들어 경쟁함으로써 게임을 활성화시켜가는 시스템 기반으로 되어 있습니다.

소셜 게임은 기본적으로 플레이어가 세이브한 데이터를 서버에 저장하고 있습니다. 이로써 친구 플레이어가 사용하고 있는 캐릭터가 '지원 캐릭터'로 등장하거나 카드 게임의 경우는 다른 플레이어의 데크에서 대전하는 등 실시간이 아닌 대전과 협력의 구조를 구현하고 있습니다.

또한 게임 안에 기간 한정 이벤트를 개최하거나 그 이벤트를 고지하기 위해 앱 안에 '알림'을 표시하는 기능도 네트워크를 통해 이루어집니다.

소셜 게임에 국한되지 않고 퍼즐 게임이나 액션 게임에서도 네트워크 기능을 사용하여 '단말기의 이어받기' 기능을 제공하거나 '스테이지 클리어률'이나 '성적 랭킹'을 집계하는 시스템을 도입한 게임도 있습니다.

비 실시간 네트워크 기능을 구축하는 방법은?

이와 같은 비 실시간 네트워크 기능을 여러분의 게임에 장착하고 싶은 경우는 다음과 같이 세 가지 방법을 생각할 수 있습니다.

① 집이나 회사 내에 서버 PC를 설치하고 24시간 가동시킨다(온프레미스).
② Amazon이나 Google이 제공하는 서비스를 사용해 네트워크 환경을 구축하고 유지 보수한다.
③ mBaaS(Mobile Backend as a Service)를 사용한다.

①의 방법은 기술적인 자유도는 가장 높지만, 셋업에 드는 수고나 24시간 서버 PC를 가동시키는 비용 등 여러 가지 허들이 있습니다.

개인 게임 크리에이터 중에서도 집에 서버를 두고 네트워크 서비스를 제공하는 사람도 있으며, 실제로 마작 게임의 대전을 이러한 형태로 운용하는 동인 게임 서클도 있습니다. 하지만, 이러한 서버 구축의 스킬과 계속 운용할 근성을 갖고 있는 사람은 극히 드뭅니다.

②의 방법은 'IaaS(Infrastructure as a Service)'를 사용하는 것으로, Amazon Web Service나 이 Google Cloud Platform이 여기에 해당됩니다. 대규모에서 중간 규모의 소셜 게임은 IaaS를 사용하여 구축된 것이 많습니다. IaaS를 사용함으로써 하드웨어의 셋업이나 유지 보수가 필요없게 되며, 사용자 수의 확대에 대응하여 스케일을 간편하게 확장할 수 있다는 장점이 있습니다.

그러나 IaaS를 이용하기 위해서는 'IaaS를 사용하여 시스템을 개발 및 유지 보수할 수 있는 기술자'가 필요합니다. 아무 것도 없는 상태에서 게임 앱이 통신할 수 있도록 하려면 어느 정도의 스킬이 필요합니다. 또한 이러한 서비스의 이용 요금은 대부분이 통신량에 따른 종량제 요금이기 때문에 익숙하지 않은 상태에서 도입하여 앱이나 서버 설정을 잘못하면 말도 안되는 비용이 발생할 가능성이 있습니다.

③의 방법은 'mBaaS(Mobile Backend as a Service)' 기능을 사용하는 것입니다. mBaaS는 모바일 앱에서 이용하는 여러 가지 백엔드를 서비스로 통합한 것으로, '푸시 알림', '회원 등록 및 관리', '데이터베이스', '파일의 저장과 배포' 등 네트워크에 관한 많은 기능이 포함되어 있습니다.

그 반면 개발할 수 있는 기능의 자유도는 한정되지만, 서버 측에 관한 하드웨어 및 소프트웨어 셋업과 유지 보수를 할 필요가 없다는 상당히 큰 장점을 갖고 있기 때문에 소규모 게임 앱에 가장 적합한 방법이라고 할 수 있습니다.

Part 1에서는 'mBaaS(Mobile Backend as a Service)'로 네트워크 게임을 개발합니다. mBaaS는 여러 회사가 서비스를 제공하고 있지만, 이 책에서는 Fujitsu Cloud Technologies Limited가 제공하는 'nifcloud mobile backend'를 사용합니다. 이 서비스는 무료로 이용할 수 있습니다.

- 'nifcloud mobile backend' 웹 사이트

http://mb.cloud.nifty.com/

그림 0-4 'nifcloud mobile backend' 웹 사이트

실시간 통신 대전 게임을 구현하려면?

앞에서 설명한 방법은 주로 비동기화형 통신을 하는 경우에 해당됩니다. 이 경우 데이터는 다른 플레이어에게 '바로' 전달될 필요가 없습니다.

멀티플레이어를 구현하기 위한 동기화가 필요한 게임의 경우는 개발에 요구되는 기술이 더욱 올라갑니다. 서버와 클라이언트라는 네트워크와 통신을 주고받는 구조를 제대로 이해하고 네트워크에서 발생하는 통신의 지연을 고려한 장치를 만들 필요가 있습니다.

실시간 게임에서 통신은 동영상과 같이 대량의 데이터를 한꺼번에 필요로 하는 일은 없지만, 플레이어가 공격을 하고 있는데 통신이 지연되어서 상대 플레이어의 화면상에 공격이 나오는 것이 몇 초나 걸린다면 실시간 게임으로서 즐길 수 있는 것이 못 됩니다.

그래서 실시간 게임의 구현에는 TCP나 UDP 등과 같이 보다 낮은 레벨에서 실시간

에 적합한 통신 방법을 구현하는 것이 일반적입니다. 그래도 통신 지연은 반드시 발생합니다. 예를 들어 '어떤 공격이 맞았는지'를 판정할 때는 판정을 하는 장소로 다음 세 가지를 생각할 수 있습니다.

① 공격자 측 클라이언트
② 공격을 받은 측의 클라이언트
③ 서버

클라이언트란 실시간 게임에서 플레이어가 조작하고 있는 PC나 게임기를 말합니다. 통신에 큰 지연이 발생한 경우 ①의 공격을 하고 있는 클라이언트가 판정을 하고 있으면 공격을 받은 측이 잘 피했어도 지연 때문에 반영이 되지 않고 공격이 맞은 것으로 되어 버립니다.

반대로 ②의 공격을 받은 측이 판정하면 이번에는 공격자 측의 절묘한 타이밍의 공격이 통신 지연으로 인해 늦어져서 맞지 않은 것이 될지도 모릅니다.

서버라는 어떤 플레이어에도 속하지 않는 제3자가 모든 처리를 수행하면 불공평함은 없어질지 모르지만, 모든 액션이 통신 지연에 맞춰 진행되므로 굼뜨고 답답한 게임이 되어 버릴지도 모릅니다.

통신 지연에 따른 이러한 문제는 오랫동안 게임 프로그래머의 고민이었습니다. 이를 해결하려면 플레이어가 지연을 느끼지 못하게 만드는 테크닉이 필요합니다.

이와 같이 실시간 네트워크 게임의 개발은 특히 개인이나 소규모 게임 개발의 경우는 상당히 문지방이 높은 것이었지만 Unity 표준인 'UNET'(Unity Networking API)의 등장으로 지금까지보다 손쉽게 처리할 수 있게 되었습니다. 또한 이 책에서는 'UNET'라는 명칭을 사용하고 있지만, 정식 명칭은 'Unity Multiplayer'입니다.

UNET을 사용하면 접속이나 흐름 제어 등과 같은 세세한 통신 처리를 기술할 필요 없이 네트워크 게임을 개발할 수 있습니다. 또한 UNET에서는 서버와 클라이언트가 하나가 된 '호스트'에서 실행시킬 수 있기 때문에 전용 서버를 마련할 필요 없이 실시간 네트워크 게임을 만들 수 있다는 것도 큰 특징 중 하나입니다.

네트워크 게임에서는 대전 상태를 찾는 등 부가적인 기능도 필수적인데 이것도 UNET의 로비 기능을 사용하여 구현할 수 있습니다.

Part 2, Part3에서는 Unity 표준 'UNET'을 사용하여 실시간 네트워크 게임 개발을 할 것입니다. 앞에서도 말했듯이 실시간 대전 게임에서는 통신 지연으로 게임이 부자연스러워지지 않도록 게임을 제작해야 합니다.

이를 해결하기 위한 장치는 UNET에는 아직 마련되어 있지 않기 때문에 Part 3에서는 서버/클라이언트 간의 동기화 처리나 캐릭터의 이동 예측 처리 등 네트워크 게임에서 필수인 테크닉을 소개합니다.

또한 Part 2에서는 네트워크 게임 개발을 처음 하는 분을 대상으로 UNET의 사용 방법을 기초부터 순서대로 설명하고 있으며, 아래 UNET 공식 매뉴얼도 내용이 충실하므로 같이 보면 좋을 것입니다.

- **Unity의 UNET 도큐먼트**

https://docs.unity3d.com/kr/current/Manual/UNet.html

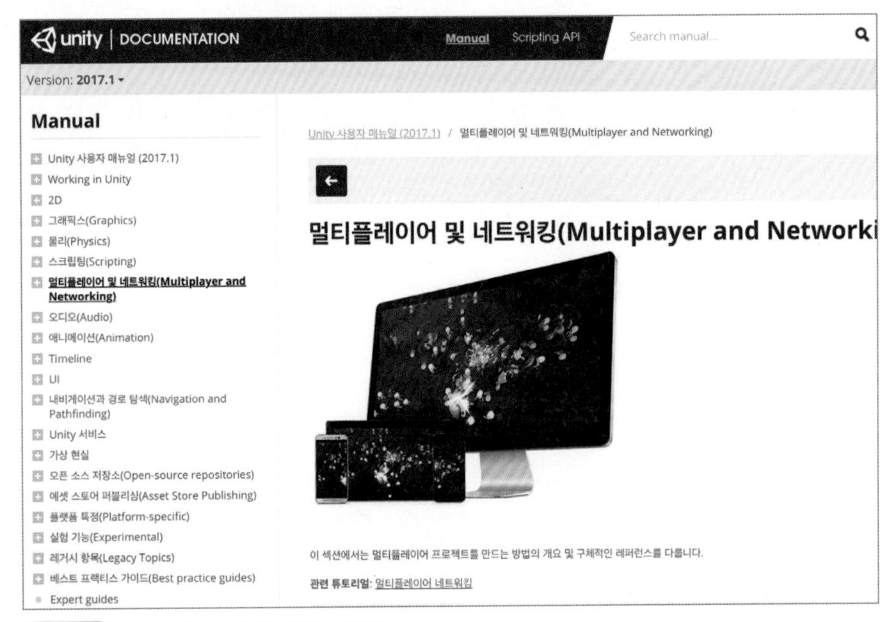

그림 0-5 UNET의 개요와 레퍼런스 페이지

0-3 이 책의 샘플 게임에 대해

이 책에서는 비 실시간 게임의 샘플로 "검사가 그렇게 빨리 죽어버려?"를, 실시간 게임 샘플로 "Painters"를 준비했습니다. 각 게임의 플레이 방법이나 구체적인 구현 방법에 대해 이후 Part에서 소개하므로 여기서는 게임의 개요에 대해 간단히 살펴보겠습니다.

샘플 게임 1: "검사가 그렇게 빨리 죽어버려?"

"검사가 그렇게 빨리 죽어버려?"는 횡 스크롤 액션 게임입니다. 조작은 버추얼 패드 방식으로 하며, 좀비가 떠도는 묘지에서 검사가 용감하게 싸운다……는 내용입니다.

그림 0-6 검사와 좀비의 대전

그림 0-7 유감이지만 죽어버렸다!

주인공이 적에게 당하면 바로 그 자리에 자신의 무덤이 생깁니다. 무덤에는 메시지와 '마법 효과'를 설정할 수 있습니다.

메시지나 마법 효과, 무덤의 위치 정보는 'nifcloud mobile backend'를 사용하여 서버 측에 저장합니다. 다른 플레이어가 게임을 시작하면 동일한 위치에 무덤이 나타나고 그 무덤을 조사하면 메시지 표시와 마법 효과를 받는 구조로 되어 있습니다.

또한 메뉴 화면에는 스코어 랭킹이나 친구 기능 등 소셜 게임에서 자주 보는 기능이 장착되어 있습니다.

그림 0-8 메뉴 화면에서 친구나 랭킹을 볼 수 있다.

샘플 게임 2: "Painters"

"Painters"는 LAN이나 인터넷에서 상대를 찾아 대전할 수 있는 실시간 네트워크 게임입니다. 조작은 키보드의 화살표 키와 스페이스 키로 합니다.

그림 0-9 인터넷과 LAN에서 즐길 수 있다.

스페이스 키로 페인트탄을 발사하여 보다 많은 영역을 자신의 색으로 칠한 쪽이 이기는 게임입니다. 또한 적에게 부딪혀서 데미지를 줄 수도 있습니다. 플레이 시간은 180초입니다.

그림 0-10 Painters 게임 화면 1

그림 0-11 Painters 게임 화면 2

0-4 필요한 개발 환경과 UNET의 라이선스

이 책의 샘플 프로그램을 빌드하여 스마트폰에서 실행하려면 개발 환경의 준비나 디벨로퍼 프로그램에 가입할 필요가 있습니다. 여기서는 필요한 개발 환경을 모아서 소개합니다.

iOS 단말용 개발 환경

Unity로 개발한 게임을 iOS 단말용으로 빌드하려면 macOS를 탑재한 머신과 'Xcode'라는 통합개발환경이 필요합니다. Xcode는 Mac App Store에서 무료로 다운로드할 수 있습니다. Unity가 iOS 빌드를 수행할 때는 직접 실행 가능한 파일을 빌드하는 것이 아니라 Xcode용 프로젝트 파일을 출력합니다.

그 외에도 몇 가지 조작을 macOS 상에서 수행할 필요가 있습니다.

- 키체인 접근에 의한 개발자 인증서의 등록과 내보내기
- Xcode에 의한 푸시 알림 등의 각종 설정
- Xcode에 의한 앱 빌드, 실제 기기로 전송

보통 MacBook Pro 등을 사용하여 개발하는 경우는 문제가 없지만, 메인 개발 머신으로 Windows를 사용하는 경우는 macOS 탑재 머신을 추가로 구입해야 합니다. Mac mini 정도는 50만 원 정도에 구입할 수 있지만 모델이 너무 오래되면 최신 OS를 인스톨할 수 없는 경우가 있으므로 주의하기 바랍니다.

또한 Part 1의 샘플은 본 개발을 Windows 10에서 하고, iOS용 빌드 설정은 macOS Sierra 10.12.4를 사용하여 확인했습니다.

● Apple 개발자 계정 등록

푸시 알림 등 Apple의 서비스를 사용한 기능의 개발이나 앱을 App Store에 공개하는 경우는 Apple Developer Program에 등록을 해야 합니다. 연 이용 요금은 129,000원입니다(2017년 11월 현재).

- Apple Developer Program

https://developer.apple.com/programs/kr/

그림 0-12 Apple 개발자 계정 등록 웹 페이지

Android 단말용 개발 환경

Unity에서 개발한 게임을 Android 단말용으로 빌드하려면 Windows와 macOS 둘 다에서 가능합니다. 빌드를 하기 전에는 다음과 같은 소프트웨어를 인스톨해야 합니다.

- JDK
- Android Studio

JDK는 Java Development Kit의 약자로, 오라클 웹 사이트에서 다운로드할 수 있습니다.

- **JDK 다운로드**

http://www.oracle.com/technetwork/java/javase/downloads/jdk8-downloads-2133151.html

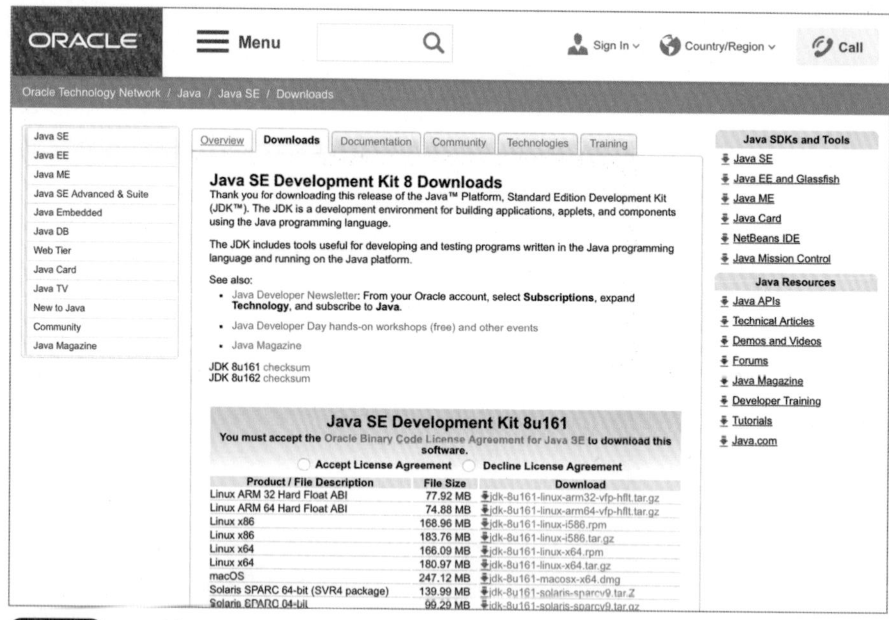

그림 0-13 JDK 다운로드 페이지

Android Studio는 Google의 Android Developers 웹 사이트에서 다운로드할 수 있습니다.

- **Android Studio 다운로드**

https://developer.android.com/studio/index.html

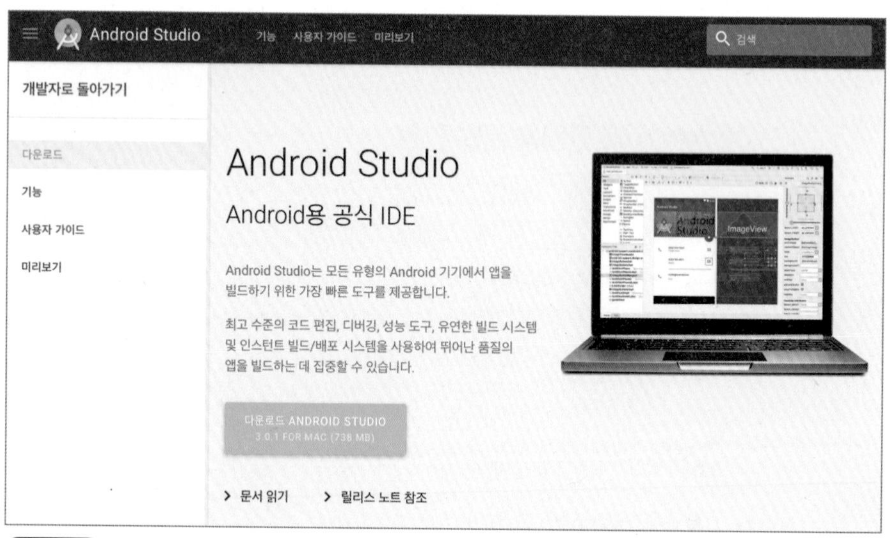

그림 0-14 Android Studio 다운로드 페이지

● Unity 에디터에 각종 소프트웨어 경로 설정하기

JDK와 Android Studio를 인스톨하면 Unity 에디터 메뉴에서 [Edit]–[Preferences..]–[External Tools] 탭을 선택하여 설치 디렉토리를 지정합니다. Android SDK 디렉토리는 Android Studio의 [Preferences]–[Appearance&Behavior]–[System Settings]–[Android SDK] 항목에서 확인할 수 있습니다.

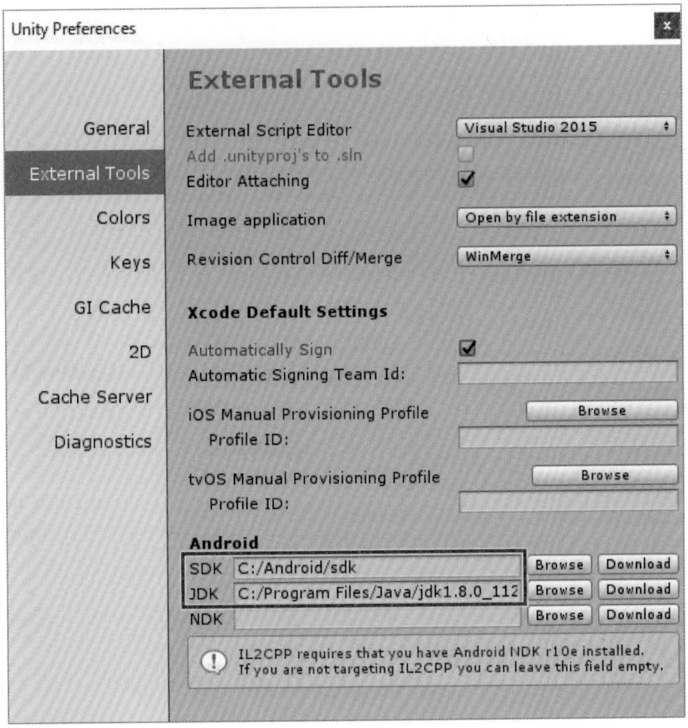

그림 0–15 Preferences의 External Tools에서 파일의 경로를 지정

[그림 0–15]에서는 'NDK' 항목이 비어있는데, 이것은 Android 빌드에 'IL2CPP'를 이용하는 경우에만 지정합니다.

IL2CPP는 컴파일시에 C# 코드를 IL(중간 언어)로 변환한 다음 C++로 변환하는 시스템입니다. 이 옵션을 이용하면 앱의 퍼포먼스는 올라가지만 빌드 시간이 많이 걸립니다.

Android NDK는 Google의 Android Developers 웹 사이트에서 다운로드할 수 있습니다. Unity 5.6.0은 'NDK r10e'를 사용합니다.

- **Android NDK 다운로드**

https://developer.android.com/ndk/index.html

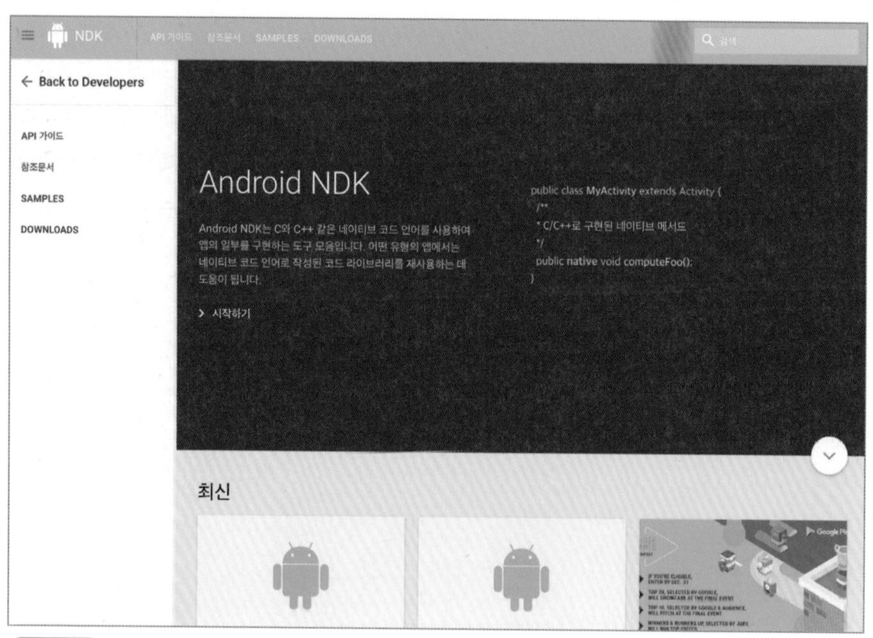

그림 0-16 Android NDK 다운로드 페이지

● Android 단말을 개발 모드로 전환

앱을 실행하는 Android 단말은 '개발자 모드'로 전환해야 합니다. Android 4.2 이후 버전의 단말에서는 단말 설정 메뉴의 '단말기 정보' 항목을 7번 연타하면 개발자 모드가 해제됩니다. 거기서 '알 수 없는 제공자의 apk 파일의 실행을 허가' 등의 옵션을 온으로 함으로써 스토어 공개 전의 apk 파일을 실행할 수 있습니다.

● Google Play 개발자 계정 등록

Google Play에서 Android 앱을 배포하려면 Google Play 개발자 계정을 등록해야 합니다. 등록료는 25달러를 한 번만 지불합니다(2018년 2월 현재).

COLUMN

Unity 5.6.0에서 Android 앱 빌드

Unity 5.6.0에서는 동봉된 Android SDK Tools 26 계열에서 빌드할 수 없는 문제가 있으므로 Android SDK 디렉토리의 Tools 폴더의 내용을 아래 URL로 바꾸기 바랍니다.

- **Windows**

https://dl.google.com/android/repository/tools_r25.2.5-windows.zip

- **macOS**

https://dl.google.com/android/repository/tools_r25.2.5-macosx.zip

UNET의 라이선스 체계

UNET(정식명: Unity Multiplayer)은 Unity Services 중 하나로, 무료로 개발을 할 수 있지만 게임을 판매 및 배포하는 경우는 통신료별로 종량제 요금이 발생합니다.

Unity 엔진 자체는 서브스크립션(월정 계약) 모델이지만 UNET에는 구독 플랜에 따른 무료 시험용 제한 범위가 있습니다. 플랜별로 최대 동시 접속자 수는 다음과 같습니다.

계약 플랜	동시 접속 플레이어 수
Unity Personal	20명
Unity Plus	50명
Unity Pro	200명

표 0-1 UNET의 접속 플레이어 수

게임을 공개했을 때의 UNET 사용료는 1GB 통신당 0.49달러입니다. 통신량은 게임의 종류에 따라 크게 달라집니다.

아래 웹 사이트에서 요금을 시뮬레이션 할 수 있으므로 게임의 사양이 정해지면 월 지불 예상액을 세워 보기 바랍니다. 시뮬레이션에는 요약판과 상세판이 있습니다.

- **UNET(정식명: Unity Multiplayer) 사용료 시뮬레이션 사이트**

  https://unity3d.com/kr/unity/features/multiplayer

그림 0-17 UNET 사용료 페이지

예를 들어 이 책에서 설명하고 있는 샘플 게임인 "Painters"의 경우 한 플레이어당 통신 횟수는 25회, 한 번의 통신량을 100 바이트로 설정해 보겠습니다. 인디 게임으로 다운로드 판매하여 월 플레이어 수가 5,000명이라고 예상하면 한 달에 추정 비용은 14.99 달러, 약 15,000원이 됩니다.

그림 0-18 통신량으로부터 사용료를 시뮬레이션

자신이 직접 서버를 관리하지 않아도 되는데다가 상당히 저렴하게 이용할 수 있는 서비스이기는 하지만, 종량제 요금이므로 통신량이 늘면 늘수록 월 비용도 늘어납니다.

어느 정도 개발이 끝나면 다시 한 번 쓸데없는 통신은 없는지 확인하고 통신 빈도가 필요 이상으로 높지 않은지를 확인해 보기 바랍니다.

Part 1

비동기화형 네트워크 기능 활용 - NCMB편

샘플 게임의 개요와 구조

Part 1에서는 'nifcloud mobile backend'(NCMB)를 사용한 네트워크 게임의 활용 방법에 대해 주제별로 설명합니다. 설명을 위한 샘플 게임으로 '검사가 그렇게 빨리 죽어버려?'를 만들었습니다.

이 장에서는 샘플 게임의 플레이 방법과 개요를 소개하겠습니다. 샘플 게임에서 'nifcloud mobile backend'(NCMB)의 기능을 어떻게 구축했는지에 대해서는 이후 장에서 소개합니다. 여기서는 먼저 네트워크 기능이 어떻게 사용되는지 샘플 게임을 플레이하면서 시험해 보기 바랍니다.

이 장의 목적

- 비 실시간 네트워크 게임 '검사가 그렇게 빨리 죽어버려?'를 시험해 본다.
- 샘플 게임의 전체적인 구조를 이해한다.
- 샘플 게임에서 구축하고 있는 네트워크 기능을 확인한다.

1-1 '검사가 그렇게 빨리 죽어버려?'의 개요와 플레이 방법

'검사가 그렇게 빨리 죽어버려?'는 횡스크롤 액션 게임입니다. 조작은 버추얼 패드 방식을 사용합니다. 게임의 세계관은 좀비가 떠도는 묘지에서 검사가 과감하게 싸운다는 설정입니다.

샘플 게임을 실행하려면

Unity 에디터에서 이 샘플 프로젝트를 작동시키려면 'nifcloud mobile backend'의 계정을 취득한 후 Unity 에디터에 설정을 해야 합니다. 계정의 취득과 API 키 설정 방법은 2-2에서 설명합니다.

또한 iOS/Android 단말에서 작동시키거나 푸시 알림 기능을 시험해 보고 싶은 경우는 이와 별도로 빌드에 대한 설정이나 iOS/Android 각각의 개발자용 서비스에 가입할 필요가 있습니다.

푸시 알림에 대해서는 6장에서 설명합니다.

샘플 게임의 플레이 방법

샘플 게임을 실행시키면 먼저 타이틀 화면이 표시됩니다. '처음 시작' 버튼을 탭하여 닉네임을 정하면 메뉴 화면으로 이동합니다. 메뉴 화면에서는 킬 랭킹이나 다른 플레이어가 촬영한 스크린샷을 볼 수 있습니다.

그림 1-1-1 게임의 메뉴 화면

'배틀 시작!!' 버튼을 탭하면 배틀씬이 시작됩니다. 플레이어는 왼쪽 아래에 있는 버추얼 패드로 조작하고 오른쪽 아래에 있는 검 버튼을 탭하면 검 공격을 할 수 있습니다. 왼쪽 위에는 일시 정지 버튼이 있으며, 오른쪽 위에는 체력 표시와 '쓰러뜨린 적의 수', '취득한 코인의 누계'가 표시됩니다.

샘플 게임은 iOS/Android 단말용으로 만들어져 있지만, Windows/macOS에서도 작동합니다. 캐릭터의 이동은 'WASD' 키, 공격은 '스페이스 키'로 할 수 있습니다. 다른 기능은 클릭하여 조작합니다.

그림 1-1-2 게임 화면

기본적으로 1인용 게임 시스템이지만 게임 시스템에 MMO 게임과 비슷한 장치가 들어 있습니다. 주인공이 적에게 당하면 그 자리에 자신의 무덤이 생깁니다. 그리고 그 무덤에 '메시지'와 '마법 효과'를 걸 수가 있게 되어 있습니다.

그림 1-1-3 주인공이 죽어버렸다…

이 '메시지'와 '마법 효과'가 붙은 무덤의 정보는 다른 플레이어와 네트워크를 통해 공유합니다. 그래서 다른 플레이어가 어떻게 플레이 하고 있는지를 짐작하며 비동기화형 멀티 플레이를 할 수 있습니다.

무덤에는 '회복'과 '저주' 마법 효과가 있는데, '회복'은 말 그대로 체력을 회복하는 것이며, '저주'는 반대로 체력이 줄어드는 것이므로 주인공이 체력이 낮은 경우는 그대로 죽어버리는 경우도 있습니다.

무덤의 공유 외에도 랭킹, 로그인 등 다양한 기능에 'nifcloud mobile backend'를 사용하고 있습니다.

참고로 샘플 게임의 실행 시 NCMB 로고가 표시되지만 여러분이 자신의 게임에 NCMB를 도입할 때 로고 표시는 필수가 아닙니다. NCMB Unity SDK는 Apache License 2.0으로 배포하고 있으므로 여러분의 앱에 NCMB Unity SDK를 이용하는 경우는 앱의 크레딧이나 권리 표시 화면 등에 다음과 같이 적기 바랍니다.

> 이 앱은 Apache License 2.0으로 배포되는 성과물을 포함하고 있습니다.
> – nifcloud mobile backend
> (그 다음은 'http://www.apache.org/licenses/LICENSE-2.0'에 있는 라이선스 전문을 기재합니다.)

1-2 샘플 게임의 구조

샘플 게임 '검사가 그렇게 빨리 죽어버려?'의 전체 구조를 살펴봅시다.

게임의 씬 구조

이 게임은 크게 3개의 씬으로 나눌 수 있습니다. '타이틀', '메뉴', '배틀'입니다. Unity의 씬 파일로는 이 3개의 씬별 .scene 파일 외에, 어떤 씬에서도 상주하는 게임 오브젝트를 모은 Main.scene이라는 씬이 있습니다.

샘플 게임은 필요에 따라 장면별로 씬을 전환하면서 이용하고 있습니다.

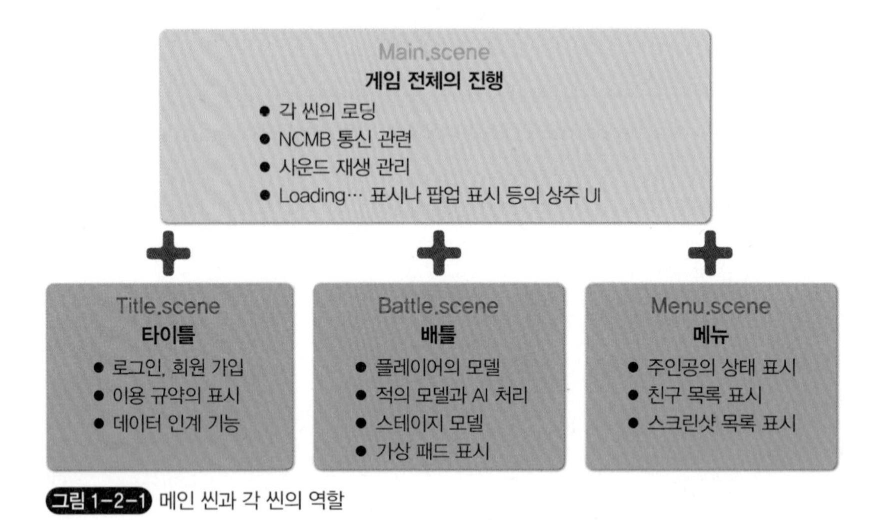

그림 1-2-1 메인 씬과 각 씬의 역할

Main.scene은 앱을 실행시켰을 때 가장 먼저 읽어 들이는 씬입니다. 게임의 전체 장면에 걸쳐 항상 계속 존재해야 하는 게임 오브젝트는 Main.scene에 배치합니다.

상주 게임 오브젝트 중에서 NCMB와 관련된 게임 오브젝트는 NCMBManager와 NCMBSettings, 로그인 기능을 제공하는 UserAuth, 친구 기능용 데이터의 저장과 취득을 관리하는 PlayerInfoHandler 등이 여기에 해당합니다.

NCMB와 관계는 없지만 BGM은 씬 전체에 계속 내보내야 하므로 사운드 관리 클래스도 Main.scene에 포함됩니다. 또한 'Loading' 등을 표시하거나 대화상자를 표시하는 UI 부품도 'PermanentUI'로 Main.scene에 들어갑니다.

이 외의 '타이틀 화면 UI'나 '플레이어 캐릭터의 모델 데이터' 등은 장면에 따라 사용하지 않기 때문에 각 장면의 .scene 파일에 넣습니다.

Main.scene은 자기 이외의 씬이 존재하지 않는 경우에 자동으로 Title.scene 또는 AutoLoginTitle.scene을 추가로 읽어 들입니다.

샘플 게임은 Unity 5.3부터 도입된 '멀티씬 편집' 기능을 사용하여 개발했습니다. 샘플 게임을 빌드한 앱이 아니라 Unity 에디터 안에서 미리보기 재생을 하고 싶은 경우는 Main.scene을 연 상태에서 해당 씬을 Hierarchy로 드래그&드롭합니다. 예를 들어 배틀의 동작을 확인하고 싶을 때는 Battle.scene을 드래그&드롭하여 미리보기 재생을 시작합니다.

그림 1-2-2 특정 씬의 미리보기 재생 방법

샘플 게임에서 구축하고 있는 네트워크 기능

샘플 게임 '검사가 그렇게 빨리 죽어버려?'에서는 다음과 같은 네트워크 기능을 구축하고 있습니다.

- 로그인, 로그아웃, 자동 로그인
- 성적 랭킹
- 앱 업데이트를 통하지 않는 게임 설정의 변경
- 앱 업데이트를 통하지 않는 배너 이미지 교체
- 운영 알림이나 이용 규약 문서의 배포
- 친구 기능
- 비동기화형 멀티플레이
- 다른 플레이어와 스크린샷 공유
- 푸시 알림

2장~6장에서는 간단한 샘플 코드를 사용하여 NCMB 기능의 구축 방법을 소개합니다. 기본적인 구축 방법을 체험한 후에 게임의 구체적인 구축 사례로 이 '검사가 그렇게 빨리 죽어버려?'의 내용을 설명하겠습니다.

Part 1 Chapter 2

NCMB의 도입과 기초

대부분의 스마트폰 게임 앱은 게임 중에 전용 서버와 통신을 함으로써 플레이어에게 다양한 기능을 제공합니다. 입수한 아이템 등의 정보를 서버 측에 저장하거나 데일리 보너스를 부여하거나 길드 클랜 기능 등, 서버가 존재함으로써 구현할 수 있는 게임 시스템은 실로 다양합니다.

이러한 기능의 기초가 되는 것이 바로 '서버에 데이터를 저장하기'와 '서버로부터 데이터를 가져오기'라는 2종류의 통신 처리입니다. 이 장에서는 Unity 프로젝트에 'nifcloud mobile backend'의 Unity SDK를 도입하는 방법을 소개하면서 실제로 Unity에서 데이터의 저장과 취득을 시험해 보는 것까지 해 보겠습니다.

이 장의 목적

- mBaaS 중 하나인 'nifcloud mobile backend'(NCMB)의 개요를 배운다.
- NCMB의 SDK를 Unity 프로젝트에 도입한다.
- 데이터를 NCMB에 저장 및 취득할 수 있도록 한다.

2-1 'nifcloud mobile backend'란?

'nifcloud mobile backend'(이후, NCMB로 표기)는 Fujitsu Cloud Technologies Limited가 제공하는 'mBaaS'라는 개발자용 서비스입니다. mBaaS를 사용함으로써 앱 개발자는 각종 네트워크 기능을 앱에 간단히 구축할 수 있습니다. 먼저 NCMB의 개요를 설명하겠습니다.

'nifcloud mobile backend'(NCMB)의 기능과 특징

NCMB의 주요 기능은 다음과 같습니다.

- 푸시 알림: 원격 푸시 알림 배포 기능(iOS/Android 지원)
- 회원 관리: 사용자 계정의 작성, 로그인 및 로그아웃에 의한 인증 기능
- 데이터 스토어: 문자열 및 수치 등 각종 데이터를 저장하는 기능
- 파일 스토어: 앱에서 이미지 및 음성 파일을 저장하는 기능
- 스크립트: Node.js 모듈을 실행하는 기능

Part 1에서는 이러한 각 기능에 대해 샘플 스크립트의 구축을 통해 순서대로 설명합니다. 또한 NCMB Unity SDK는 Unity Personal(무료 버전), Plus, Pro 등, 모든 Unity 라이선스에서 이용할 수 있습니다.

'mBaaS'는 여러 회사가 서비스를 제공하고 있지만, 이 책에서 NCMB를 채택한 주된 이유는 다음과 같습니다.

● 서버 개발 미경험자라도 간단히 이용할 수 있다

서버에 대한 지식이 없어도 바로 비동기화형 네트워크 기능을 도입할 수 있습니다. 세세한 통신 처리의 핸들링이나 iOS/Android 네이티브 구축 부분은 SDK로 래핑되어 있습니다.

서비스를 이용하기 위한 심사도 없습니다. NCMB 계정을 만들고 관리 화면에 로그인하여 액세스를 위한 API 키를 입수하여 Unity에 설정하기만 하면 바로 이용할 수 있습니다. Unity SDK의 자세한 도입 절차에 대해서는 이 장에서 순서대로 소개하겠습니다. 필요한 절차는 다음과 같습니다.

① NCMB 공식 사이트에서 계정을 작성
② NCMB Unity SDK를 다운로드하고 Unity 프로젝트에 임포트
③ NCMB 관리 화면에서 프로젝트를 작성
④ Unity에서 NCMB에 액세스하기 위한 API 키를 관리 화면에서 취득
⑤ Unity의 씬에 작성한 소정의 게임 오브젝트에 API 키를 설정

서버 측에 대한 소프트웨어 인스톨이나 셋업, 콘솔을 사용한 CUI 조작은 필요 없습니다. 또한 NCMB Unity SDK의 용량은 6MB로 상당히 작습니다.

mBaaS에 의한 개발자에게 요구되는 기술 레벨은 크게 다르지만, NCMB는 가볍고 심플하기 때문에 특히 초보자에게 적합한 구성이라 할 수 있습니다.

Unity용 SDK 외에 다른 환경을 이용하는 개발자를 위해 iOS 네이티브, Android 네이티브, JavaScript, Monaca, Rest API가 마련되어 있습니다.

● 무료 플랜이 있어서 개인이나 법인에 상관없이 사용할 수 있다

NCMB는 월 200만 번의 API 콜과 200만 번의 푸시 알림까지 무료로 이용할 수 있습니다. API 콜이란 NCMB에 대해 통신 처리를 호출한 횟수를 가리킵니다. 개인 개발자든 법인 기업이든 무료로 개발을 시작할 수 있습니다.

단순 계산으로 월 이용자 수가 1만 명인 앱이 있다면, 한 사람당 한 달에 200번 통신을 무료로 사용할 수 있습니다. 통신량은 앱 구조에 따라 다르겠지만 개인이 개발한 앱의 경우라면 충분한 양입니다.

플랜 서비스 내용 / 月額 給 金	기본 개인의 方, お 試し 利用 に! 無 料	전문가 법 사람 様의 ご 利用 に! 30,000 원 / 월 (세출)	커스텀 크기 조정에! 문의 >
API 요청 ⑦	200 万 回 / 월	5,000 万 回 / 월	전문가 플랜의 선택 사항 사용자 정의 플랜 메뉴는 여기
푸시 알림 배포 수 ⑦	200 万 回 / 월	1,000 만 회 / 월	
기본 설정 ⑦	5GB	100GB	
파일 크기 제한 ⑦	5MB까지	100MB까지	
스크립트 API 수 ⑦	100 회 / 월	1 万 回 / 月 ※ 超過 時 従量 課金	
스크리프 累計 처리 시간 ⑦	100 초 / 월	1,000 초 / 월 ※ 超過 時 従量 課金	

그림 2-1-1 NCMB의 플랜별 제한 ※ 크롬(chrome)에서 연 화면

● 유료 플랜은 월정액 요금

NCMB의 유료 플랜은 월정액 요금입니다. 다른 mBaaS 중에는 통신 횟수나 데이터량에 따른 종량제 요금인 서비스도 있지만, NCMB는 고정 비용이므로 초보자가 저지르기 쉬운 '쓸데없는 통신을 다량으로 발생시켜 이용 요금이 엄청나게 청구'되는 일은 없습니다.

● Apple/Google의 사양 변경에 바로 지원

Apple/Google의 푸시 알림 서버(APNs 또는 FCM)의 사양 변경에 대한 지원을 NCMB 운영 측에서 차례로 수행하고 있습니다. 이 두 서비스는 사양 변경이 빈번히 일어나는데, NCMB가 두 플랫폼을 모아서 처리하고 있기 때문에 변경이 큰 경우에도 개발자는 NCMB SDK를 업데이트하기만 하면 처리할 수 있습니다.

● 보기 편한 관리 화면

관리 화면은 '표' 형식으로 데이터를 열람할 수가 있어서 직관적으로 이해하기 쉽습니다. 여기서 직접 수치를 입력 및 변경할 수도 있습니다.

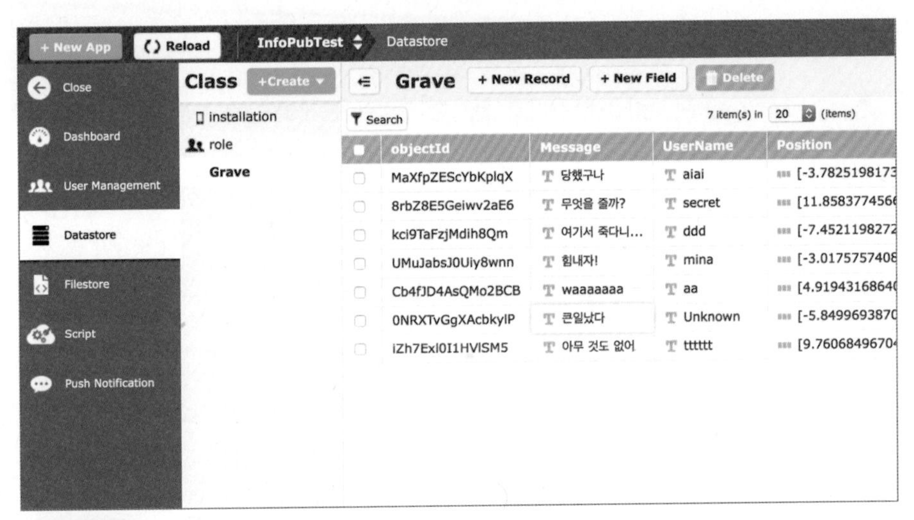

그림 2-1-2 NCMB 관리 화면

NCMB에는 이와 같이 뛰어난 점이 많이 있지만, 사실 '기능으로 할 수 있는 일'에 대해서는 다른 mBaaS와 비교해서 큰 차이는 없습니다. 여러 서비스를 시험해 보고 SDK나 관리 화면이 편리성, 비용 등의 관점에서 자신의 앱 개발 환경에 가장 맞는 서비스를 사용하면 됩니다.

❙ 네트워크 기능을 게임 앱에 활용하는 방법

여러분은 앱 개발을 이미 시작하고 있거나 게임 앱을 스토어에 릴리즈한 경험이 있을지도 모릅니다. 아시는 대로 스마트폰 게임 앱 시장은 레드오션으로 바뀌어 소규모 또는 개인이 개발한 캐주얼한 게임은 매일 치열한 경쟁 속에 있습니다.

이런 상황 속에서 살아남기 위해 앞으로 개인 게임 앱 개발자에게 요구되는 것은 '소셜 요소'와 '호스피탈리티'가 아닐까 생각됩니다. 앱을 계속 사용하게 하기 위해 친구와 함께 즐길 수 있는 장치를 제공하고, 그와 동시에 플레이어가 기분 좋게 게임을 계속 플레이하기 위한 기능도 마련합니다. 게임 앱이 중장기적으로 히트하려면 플레이어끼리 서로 커뮤니케이션을 하는 기능이 필요하다고 할 수 있습니다.

특히 무료 광고 모델 게임의 경우는 이러한 시책을 사용하여 게임 이용률을 향상시키는 것이 상당히 중요합니다. 이를 위해 구체적으로 무엇을 하면 좋을까요?

● 소셜 요소의 도입

가장 단순한 소셜 요소는 '성적 랭킹'입니다. 게임 앱 안의 성적을 서버에서 수집하여 그것을 사용자명과 함께 랭킹으로 표시하는 것입니다.

정통적인 방법이지만 액션 게임이나 슈팅 게임의 경우 '잘하는 사람은 점수를 몇 점까지 얻을까?'와 같이 다른 플레이어의 상황을 알 수가 있으며, 이름을 남김으로써 플레이어끼리 경쟁심을 부추길 수 있습니다.

상위 랭킹을 일정기간 유지한 사람에게 게임 안의 특별한 호칭이나 아이템을 주는 장치가 있으면 더욱 재미있을 것입니다.

그리고 소셜 게임에 있는 길드나 친구 기능, 길드 간의 배틀, 월간 랭킹 집계, 다른 플레이어의 캐릭터가 전투에 참가하는 등 '모두가 같이 플레이한다'는 감각을 연출함으로써 게임 이용률을 더욱 높일 수 있습니다.

● 호스피탈리티의 향상

게임 데이터를 iOS에서 Android로 인계하는 시스템이나 푸시 알림으로 앱의 업데이트를 통지하는 등 플레이어의 편리성을 높이는 장치를 사용하여 게임으로부터 벗어날 타이밍을 줄일 수 있습니다.

● 비 실시간 네트워크 기능을 사용한 새로운 게임 시스템

이것은 좀 설명하기가 어려운데, 2016년 개인 개발 게임 앱 중 히트작인 '외톨이 혹성'은 NCMB를 사용하여 개발된 것으로, '모르는 사람에게 랜덤으로 메시지를 송수신한다'는 게임 시스템이 SNS를 통해 큰 화제가 되었습니다(자세한 내용은 4장의 칼럼 〈NCMB의 활용 사례 '데이터 스토어' 편 ①〉을 참조).

이와 같이 네트워크 기능을 도입하여 아무도 생각하지 못한 새로운 게임 시스템을 만들어 낼 수 있는 여지는 아직 있습니다.

이후 장에서는 아주 심플한 스크립트를 사용한 NCMB의 기본 기능 실습과 샘플 게임 '검사가 그렇게 빨리 죽어버려?'의 구축을 예로 이러한 기능의 구체적인 도입 방법에 대해 소개하겠습니다.

2-2 NCMB Unity SDK 도입 절차

여기서는 NCMB의 구체적인 사용 방법을 설명합니다. 먼저 빈 Unity 프로젝트에 NCMB Unity SDK를 도입하고 데이터를 NCMB와 주고받는 심플한 스크립트를 작성해 봅시다.

NCMB Unity SDK를 프로젝트에 임포트하기

Unity 에디터를 실행시키고 프로젝트를 새로 만듭니다. 프로젝트명은 'NCMBTest' 등 아무 것으로 해도 상관없습니다. 이 장에서 만드는 프로젝트 파일은 이어지는 장에서도 사용하므로 알기 쉬운 장소에 저장해 두기 바랍니다.

그 다음 NCMB의 github 저장소에 액세스하여 최신 SDK를 다운로드합니다.

● NCMB SDK 다운로드

https://github.com/NIFCloud-mbaas/ncmb_unity/releases

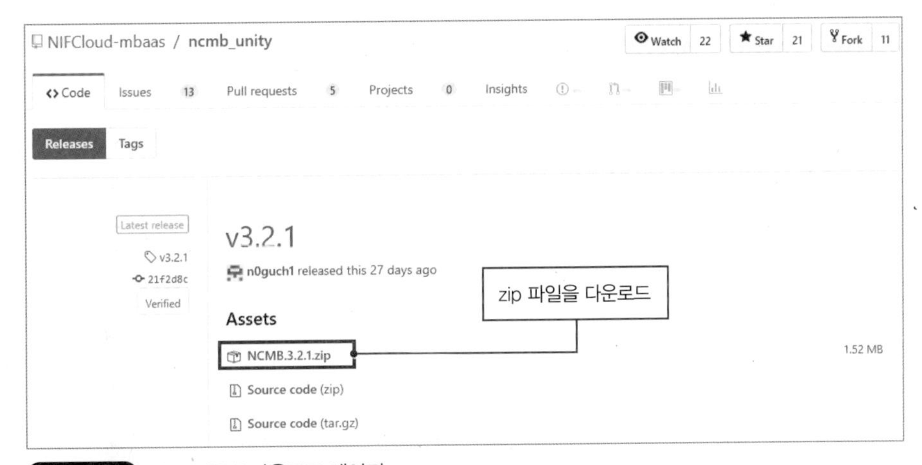

그림 2-2-1 NCMB SDK 다운로드 페이지

'Downloads'에서 'NCMB.3.2.1.zip'을 클릭하여 다운로드 한 후 zip 파일의 압축을 풉니다. 이 책의 집필 시점(2018년 2월)에서 최신 버전은 v3.2.1이므로 이 책에서는 이 버전으로 설명합니다.

이름	수정한 날짜	유형	크기
NCMB	2018-01-25 오후 1:32	Unity package file	1,555KB

그림 2-2-2 압축을 해제한 NCMB SDK

[그림 2-2-2]에서 'NCMB.unitypackage'가 SDK 패키지입니다. Unity 프로젝트에 .unitypackage 패키지를 임포트하려면 메뉴에서 [Assets]-[Import Package]-[Custom Package...]를 선택합니다.

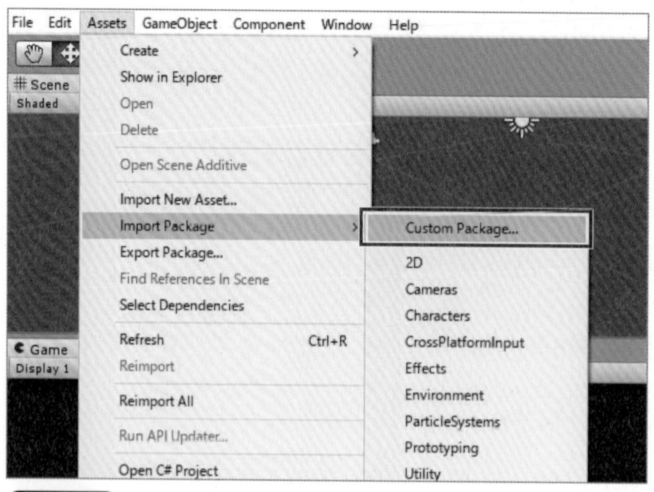

그림 2-2-3 SDK 패키지 임포트하기

패키지를 다 읽어 들이고 나면 SDK의 내용 목록이 Unity 에디터에 표시됩니다. 여기서 오른쪽 아래에 있는 'Import' 버튼을 클릭합니다.

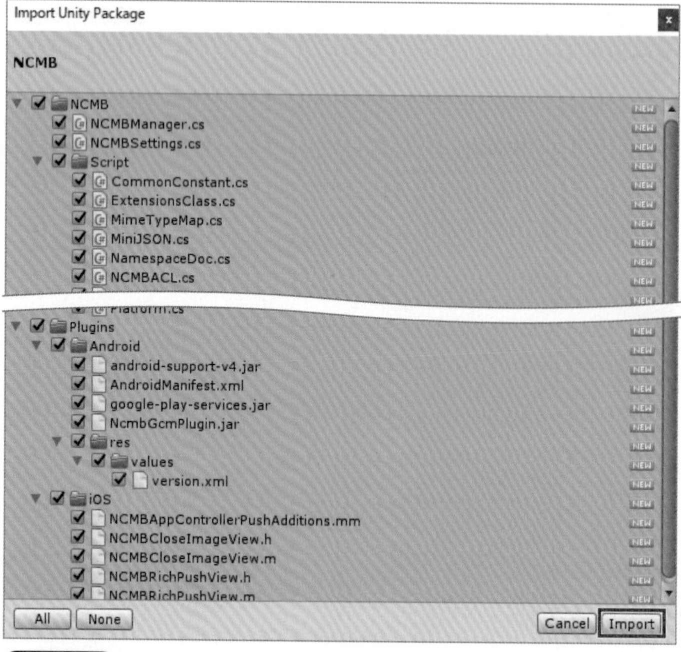

그림 2-2-4 NCMB Unity SDK의 내용 확인과 임포트

임포트가 끝나면 Assets 폴더 아래에 NCMB 폴더가 배치되고 Plugins 폴더 아래에 iOS/Android용 라이브러리가 배치됩니다.

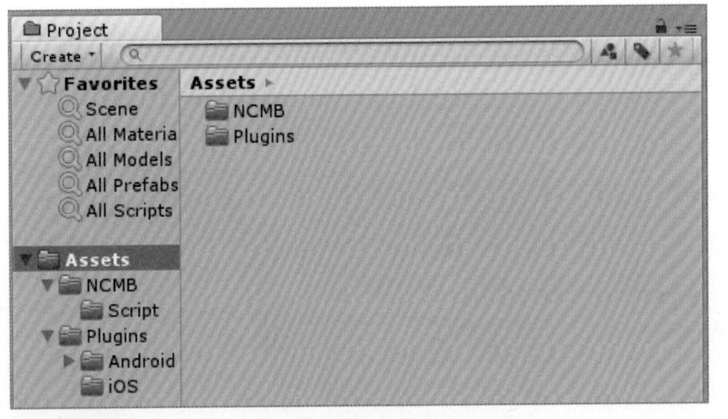

그림 2-2-5 NCMB Unity SDK 임포트 완료

NCMB를 작동시키기 위한 오브젝트를 씬 안에 생성하기

NCMB를 작동시키기 위한 2종류의 오브젝트를 씬 안에 작성합니다. Assets/NCMB 폴더를 클릭하여 script 폴더와 동일한 계층에 저장되어 있는 'NCMBManager.cs'와 'NCMBSettings.cs' 스크립트 파일을 확인합니다.

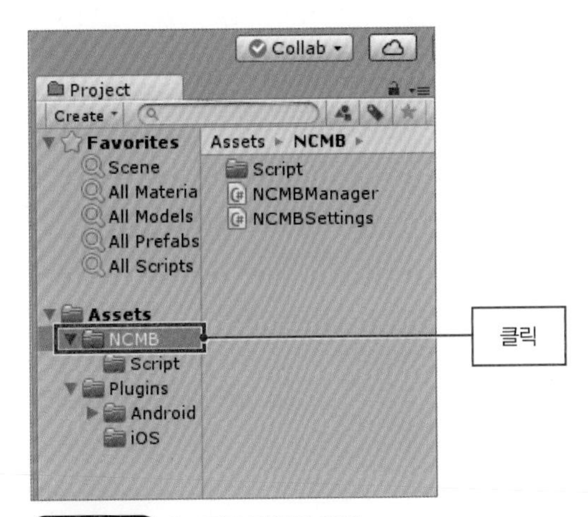

그림 2-2-6 스크립트 파일의 확인

씬 안에 GameObject를 2개 작성하고 이 두 스크립트를 각각 어태치합니다. 이름은 스크립트 파일과 똑같은 이름을 붙입니다. 즉, GameObject의 이름을 'NCMBManager'와 'NCMBSettings'로 바꾸고 동일한 이름의 .cs 파일을 각각 어태치합니다.

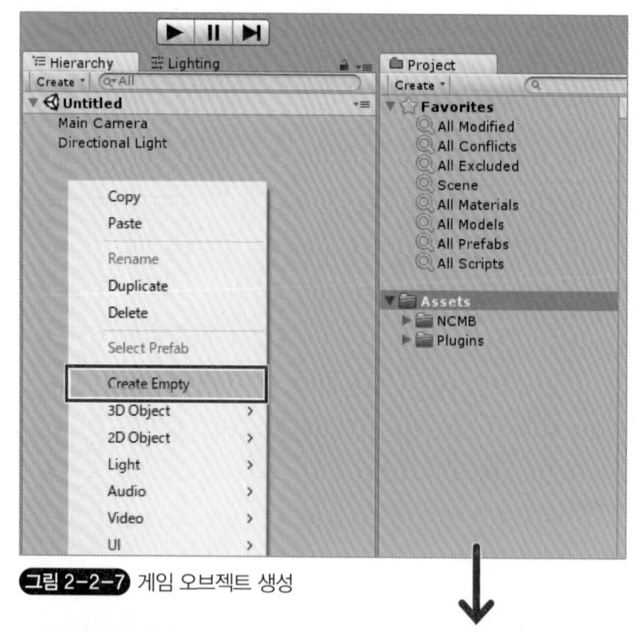

그림 2-2-7 게임 오브젝트 생성

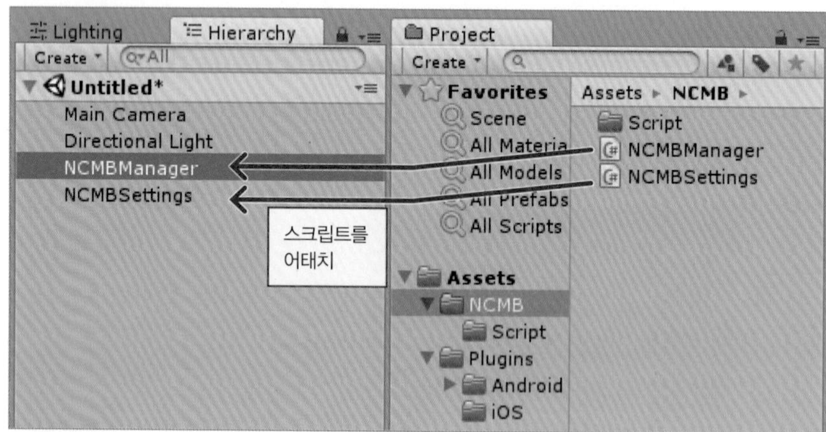

그림 2-2-8 스크립트 어태치

이 두 게임 오브젝트가 Unity에서 NCMB에 액세스할 때의 통신을 책임지고 있습니다. 여기까지 되었으면 일단 씬을 저장합니다. [File]-[Save Scene]을 선택하고 이름을 붙여 저장합니다.

NCMB 계정 취득하기

계속해서 nifcloud mobile backend의 사용자 계정과 액세스 키를 입수합니다. NCMB 공식 사이트(http://mb.cloud.nifty.com/)에서 오른쪽 위에 있는 '무료 등록(無料登錄)'을 클릭하여 새로운 계정을 만듭니다.

그림 2-2-9 회원 등록 페이지

Signup Account (Free)

Signup Using SNS Account

Signup Using Facebook

Signup Using Twitter

Signup Using Google+

In case of paid plan, we only supports payment by standard credit card.

Click here to signup for Bill payment available account

Back to Top

그림 2-2-10 신규 계정 무료 등록

NCMB 계정은 Facebook, Twitter, Google+를 사용한 SNS 계정 인증을 하므로 다음 버튼 중 하나를 클릭합니다.

Google+의 경우 로그인 하면 'socialplus.jp 앱이 계정에 액세스하도록 허용하시겠습니까?'라고 표시되므로 '허용'을 클릭하여 진행합니다.

Facebook, Twitter의 경우도 비슷한 액세스 허가가 필요합니다.

그 다음 관리 정보의 알림을 받기 위한 이메일 주소를 등록합니다. Google+의 경우는 Gmail 주소를 그대로 입력합니다.

Register Email Address

A confirmation email will be sent to registered Email Address.
Please check your Email address within 24 hours and click the link inside the email to proceed with the registration.

Email Address

Register Company Information (Optional)

Please check Privacy & Terms before registration.

Cancel　Send confirmation email

그림 2-2-11 이메일 주소 등록

이메일 주소를 등록하면 계정 인증 링크가 있는 메일이 도착합니다. 링크를 열고 이용약관에 동의하면 계정 등록이 완료됩니다.

계정을 취득했으면 다음 화면에서 다시 NCMB 관리 화면으로 로그인합니다.

Login

Login using Facebook

Login using Twitter

Login using Google+

Click here for Bill payment or Unmigrate @nifty ID User Login

Back to Top

그림 2-2-12 NCMB에 로그인

로그인하면 처음 이용하는 경우는 '앱 신규 작성'을 요구합니다. NCMB 관리 화면에서의 '앱'은 '프로젝트'에 해당하는 것으로 실제로 스마트폰 상에서 움직이는 앱과 짝이 되는 단위입니다.

NCMB의 '앱'과 Unity의 '프로젝트명'은 반드시 똑같은 것으로 할 필요는 없지만 통일시켜 두는 것이 알기 편합니다.

이름을 입력하고 앱을 새로 작성하면 '애플리케이션 키'와 '클라이언트 키'라는 2개의 키가 표시됩니다.

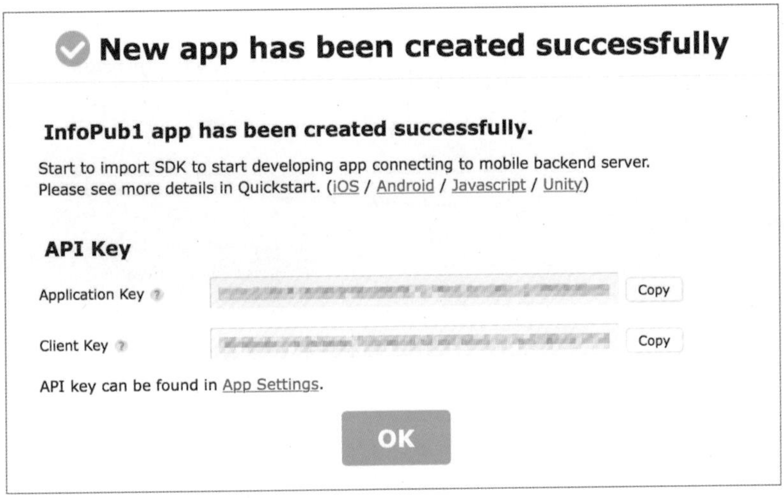

New app has been created successfully

InfoPub1 app has been created successfully.

Start to import SDK to start developing app connecting to mobile backend server.
Please see more details in Quickstart. (iOS / Android / Javascript / Unity)

API Key

Application Key Copy

Client Key Copy

API key can be found in App Settings.

OK

그림 2-2-13 신규 앱을 작성하고 각종 키를 입수

애플리케이션 키와 클라이언트 키는 Unity 스크립트에서 NCMB의 각종 서비스에 액세스할 때 사용하는 키입니다. 이 두 키를 통틀어 'API 키'라고 하며, API 키는 '앱'마다 다릅니다.

먼저 [그림 2-2-13]의 '애플리케이션 키'의 오른쪽에 있는 '복사' 버튼을 눌러 클립보드로 복사한 후 Unity 에디터로 돌아옵니다.

앞에서 작성한 NCMBSettings 오브젝트를 클릭하여 선택합니다. NCMBSettings의 Inspector에는 애플리케이션 키와 클라이언트 키를 설정하는 퍼블릭 필드가 있습니다. 거기에 클립보드로 복사한 애플리케이션 키를 'Application Key' 필드에 붙여 넣습니다. 마찬가지로 클라이언트 키도 'Client Key' 필드에 붙여 넣습니다.

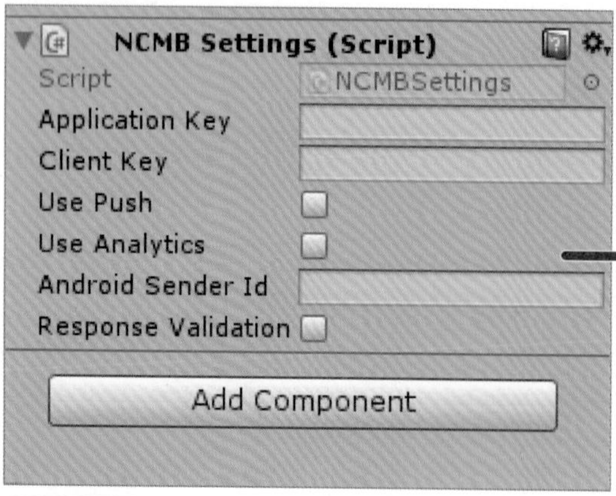

그림 2-2-14 애플리케이션 키와 클라이언트 키의 설정 ①

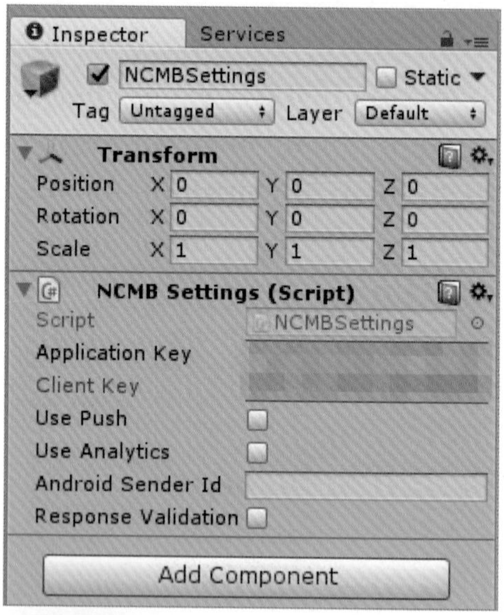

그림 2-2-15 애플리케이션 키와 클라이언트 키의 설정 ②

이것으로 준비가 끝났습니다. 이 시점에서 Unity 에디터에서 NCMB로 데이터를 보내거나 데이터를 읽어 들일 수 있습니다.

COLUMN

API 키에 대해

API 키는 NCMB에 대한 마스터 키와 같은 것입니다. 여러분이 게임 앱에 NCMB를 도입한 경우는 이 키가 절대로 외부에 누출되지 않도록 주의하기 바랍니다. Unity Project를 github 등에서 공개 저장소로 보낼 때 깜빡하고 키를 지우는 것을 잊어버리는 실수가 자주 일어납니다.

2-3 NCMB 관리 화면

NCMB 관리 화면에서는 기능별로 각종 상태를 확인하거나 데이터를 열람하고 설정할 수 있습니다. 여기서는 관리 화면의 구성에 대해 설명합니다.

관리 화면의 구성

먼저 관리 화면에 다시 로그인합니다.

● NCMB 관리 화면

https://console.mb.cloud.nifty.com

그림 2-3-1 NCMB 관리 화면

관리 화면에 로그인하면 가장 최근에 사용한 '앱'의 대시보드 화면이 열립니다. 관리 화면의 주요 부분은 다음과 같습니다.

❶ : 현재 표시하고 있는 '앱'의 이름이다.

❷ : 현재 로그인한 계정명을 클릭하면 계정 설정 메뉴가 열린다.

❸ : 현재 표시하고 있는 앱의 기능 메뉴. 클릭하면 각 화면에 액세스할 수 있다.

❹ : 현재 선택한 메뉴의 내용. 여기서는 대시보드를 선택하고 있으므로 통계 정보가 표시되어 있다.

❺ : 앱 별 NCMB 설정 화면을 여는 버튼이다.

로그인 후에는 관리 화면의 언어를 영어로 변경할 수 있습니다. 변경하고 싶은 경우는 관리 화면 오른쪽 위에 있는 로그인 이메일 주소를 클릭하여 메뉴를 열고 'English'를 클릭합니다.

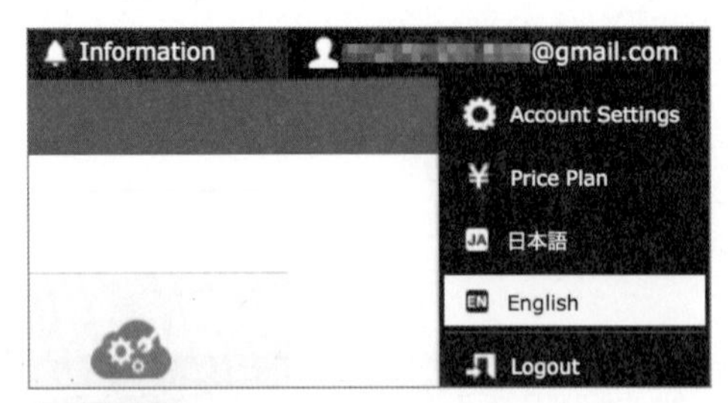

그림 2-3-2 관리 화면의 언어 전환

NCMB의 '앱'이라는 단위에 대해

NCMB의 계정과 관리 화면 안에 있는 '앱'과 스마트폰 상에서 움직이는 앱과의 관계는 [그림 2-3-3]과 같습니다.

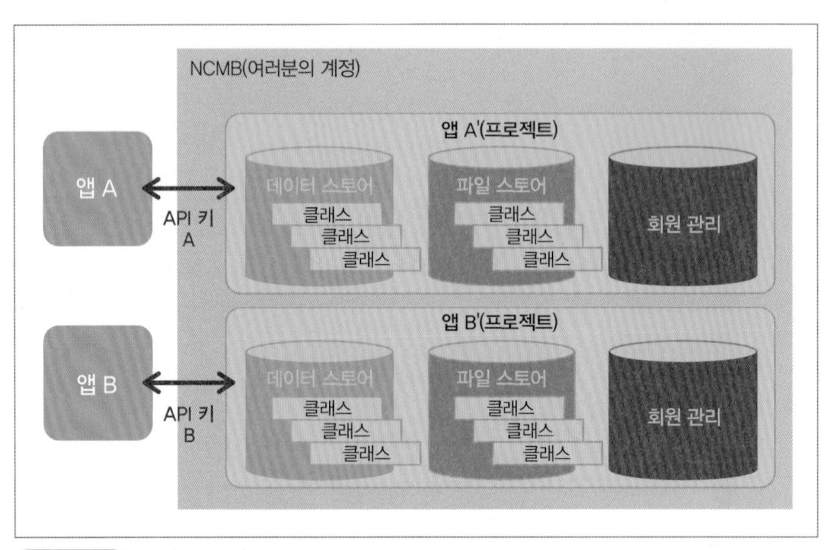

그림 2-3-3 NCMB 관리 화면의 '앱'과 스마트폰의 '앱' 대응 관계

앞에서는 NCMB 관리 화면에서 '앱'을 작성했습니다. 이 '앱'은 바꿔 말하면 프로젝트와 같은 것으로, Unity에서 프로젝트를 여러 개 작성하여 각기 다른 앱을 만드는 것과 같이 NCMB 관리 화면에서도 프로젝트별로 '앱'을 만듭니다.

여러 개의 앱이 있는 경우 관리 화면에서 앱 이름의 오른쪽에 있는 아이콘⬍을 클릭하면 드롭다운 메뉴가 나타나므로 앱을 전환할 수 있습니다.

대시보드에서 이용 상황을 확인

NCMB를 어느 정도 이용했는지와 같은 통계 정보는 대시보드에서 볼 수 있습니다. 앱을 릴리즈한 후에는 대시보드에서 이용 상황을 확인하고 현재 플랜의 이용 상한을 넘을 것 같은지 아닌지를 정기적으로 확인하기 바랍니다. 상한을 넘을 것 같으면 개발자에게 메일로 알려줍니다.

만일 상한을 넘었다면 오른쪽 위에 표시되는 자신의 계정명을 클릭하여 '요금 플랜' 버튼에서 상위 플랜으로 변경하는 수속을 하기 바랍니다.

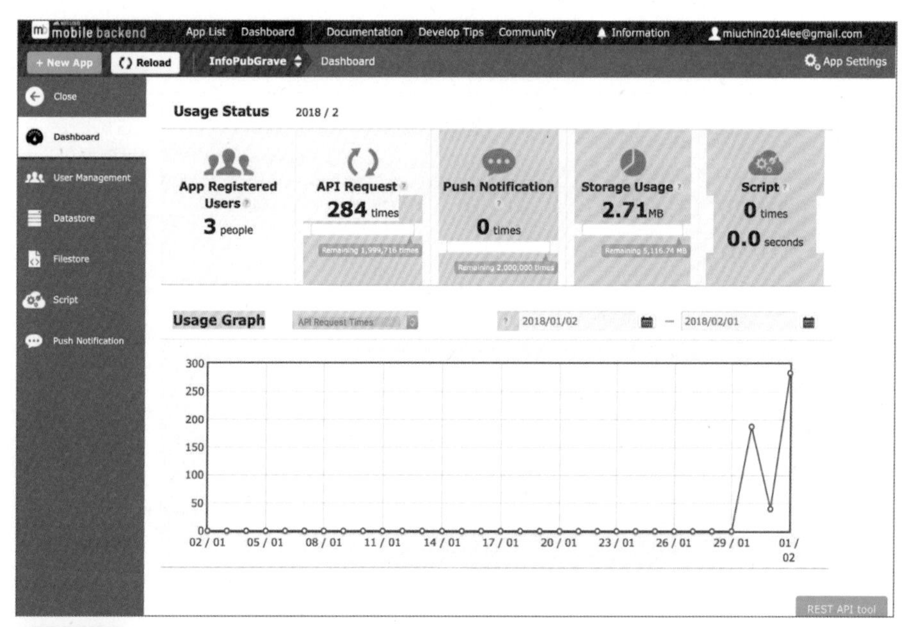

그림 2-3-4 NCMB 대시보드

2-4 데이터 저장과 취득의 기초

그러면 첫 작업으로 Unity에서 NCMB로 간단한 데이터를 저장해 봅시다. NCMB의 '데이터 스토어' 기능을 사용하여 문자 데이터와 수치 데이터를 저장합니다.

스크립트 생성

먼저 앞에서 만든 Unity 프로젝트를 다시 열고 Assets 폴더 아래에 'Scripts'라는 새로운 폴더를 작성합니다. 만든 폴더 안에서 마우스 오른쪽 버튼을 클릭하여 C# 스크립트(.cs 파일)를 작성합니다.

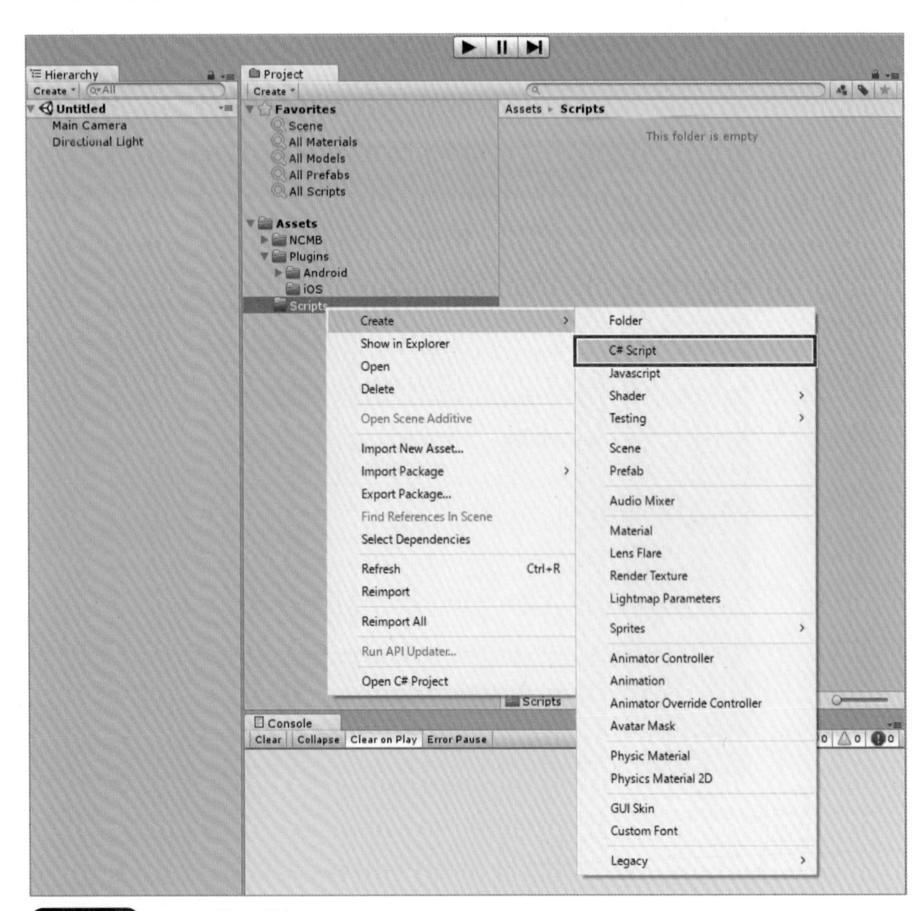

그림 2-4-1 C# 스크립트 작성

스크립트 파일의 이름은 심플하게 'DataSave'로 합니다. 저장했으면 더블클릭하여 코드 에디터를 엽니다.

```
DataSave.cs
No selection
 1 using System.Collections;
 2 using System.Collections.Generic;
 3 using UnityEngine;
 4 
 5 public class DataSave : MonoBehaviour {
 6 
 7     // Use this for initialization
 8     void Start () {
 9 
10     }
11 
12     // Update is called once per frame
13     void Update () {
14 
15     }
16 }
17 
```

그림 2-4-2 코드 에디터 열기

이제 실제로 데이터를 저장하는 스크립트를 써 봅시다.

서버에 저장할 데이터로는 플레이어끼리 점수를 다투는 게임의 랭킹 데이터를 생각해 보겠습니다. 아래 스크립트에서는 'PlayerData'라는 이름의 테이블을 준비하고, 샘플 데이터로 PlayerName 필드에 문자열 'AAA'를, Score 필드에 숫자 '100', Coin 필드에 숫자 '300'을 저장하고 있습니다.

NCMB의 기능을 사용한 스크립트를 기술할 때 NCMB 스크립트는 모두 'NCMB'라는 이름공간 안에 기술되어 있으므로 using 디렉티브를 선언합니다. 다음 스크립트의 'using NCMB;' 부분이 이에 해당합니다.

[리스트 2-4-1] DataSave.cs

```
using NCMB;
using UnityEngine;

public class DataSave : MonoBehaviour
{
    void Start()
    {
        SavePlayerData("AAA",100, 300);
    }

    public void SavePlayerData(string playerName, int score, int coin)
    {
        NCMBObject obj = new NCMBObject("PlayerData");

        obj.Add("PlayerName", playerName);
        obj.Add("Score", score);
        obj.Add("Coin", coin);

        obj.SaveAsync((NCMBException e) =>
        {
```

```
            if (e != null)
            {
                // 오류 처리
                Debug.Log("저장 실패. 통신 환경을 확인하십시오.");
            }
            else
            {
                // 성공 시 처리
                Debug.Log("저장 성공!");
            }
        });
    }
}
```

스크립트를 기술했으면 현재 씬의 Hierarchy 안에 새로운 게임 오브젝트를 작성하고 'DataSave'라고 이름을 변경한 후 DataSave.cs 스크립트를 어태치합니다.

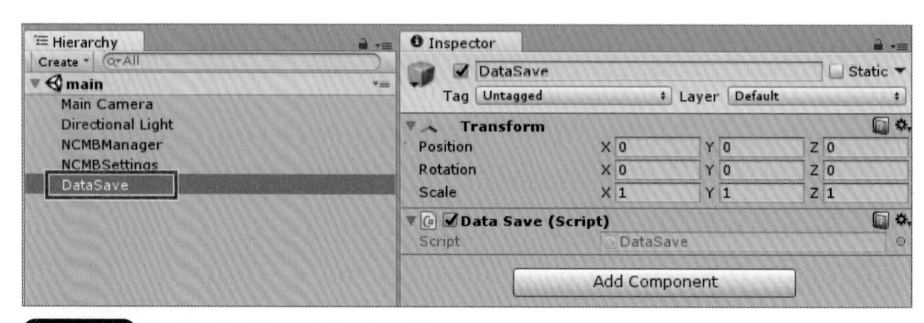

그림 2-4-3 스크립트를 게임 오브젝트에 어태치

지금 단계에서 씬에는 NCMBSettings, NCMBManager, DataSave, 이 3개의 NCMB 관련 오브젝트가 있을 것입니다. Unity 에디터의 'Play' 버튼을 눌러 봅시다. 그러면 NCMB와 통신이 자동으로 시작되고 성공했으면 콘솔에 [그림 2-4-4]와 같은 메시지가 표시될 것입니다.

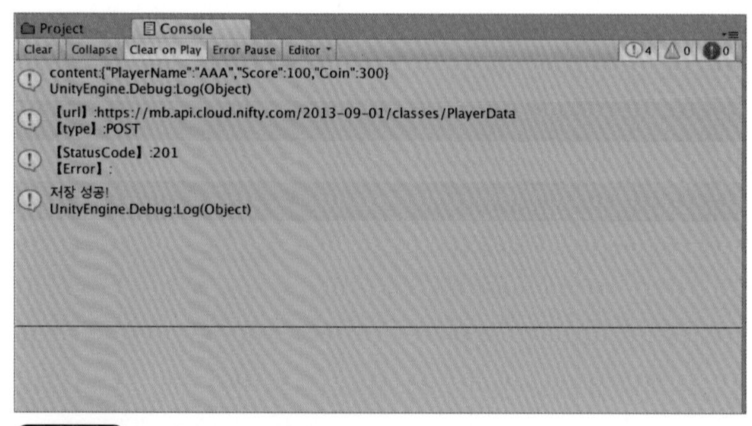

그림 2-4-4 'Play' 버튼으로 동작을 확인한다.

NCMB 관리 화면에서 저장 확인

이것으로 여러분의 Unity 프로젝트에서 NCMB로 데이터가 저장되었습니다. Unity 에디터에서 'Stop' 버튼을 눌러 미리보기를 정지하고 일단 씬을 저장해 둡니다. 씬 이름은 임의의 이름(NCMBTest.scene 등)이어도 상관없습니다.

저장했으면 이번에는 브라우저에서 NCMB 관리 화면을 열고 지금 저장한 데이터를 확인해 봅시다. 관리 화면에서 로그아웃한 경우는 다시 로그인하기 바랍니다.

관리 화면의 왼쪽 칼럼 메뉴에서 '데이터 스토어'를 선택하면 조금 전에는 없었던 클래스 'PlayerData'가 만들어져 있는 것을 알 수 있습니다. 'PlayerData'를 클릭하면 Unity에서 저장한 데이터를 하나의 레코드로 볼 수 있습니다. 또한 왼쪽 끝에 있는 'objectId'는 NCMB 시스템이 레코드에 자동으로 할당하는 고유한 ID입니다.

이와 같이 Unity에서 네트워크 통신을 하고 문자열과 수치를 서버(NCMB)로 저장할 수 있습니다.

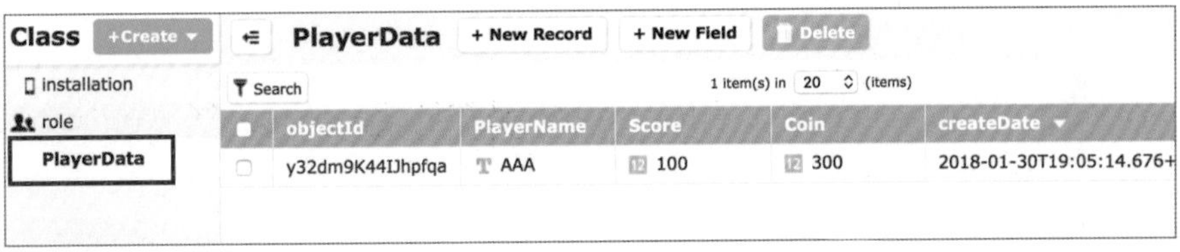

Class +Create ▾ | PlayerData + New Record + New Field Delete

installation
role
PlayerData

Search 1 item(s) in 20 (items)

	objectId	PlayerName	Score	Coin	createDate ▾
	y32dm9K44IJhpfqa	T AAA	12 100	12 300	2018-01-30T19:05:14.676+

그림 2-4-5 NCMB 관리 화면에서 저장 확인한다.

서버에 데이터를 저장함으로써 다른 단말에서도 동일한 앱을 통해 이 데이터에 액세스할 수 있습니다. '데이터 스토어'는 게임의 플레이어 모두가 취득할 수 있는 네트워크 상의 데이터베이스라고 생각하면 이해하기 편할 것입니다.

관리 화면에서는 필드에 'T'(문자열형)나 '12'(수치형) 등과 같은 아이콘이 표시되어 있는데, 이것은 값의 형을 나타내는 것입니다. 아이콘은 '형 비표시(Show Data Type)' 버튼으로 표시의 온/오프를 전환할 수 있습니다.

이번에 작성한 스크립트는 Start 메소드 안에서 NCMB와의 통신 처리를 호출하고 있으므로 Unity 에디터에서 미리보기 재생을 할 때마다 NCMB의 PlayerData 클래스에 새로운 레코드를 작성하고 PlayerName과 Score, Coin을 저장합니다.

인수의 문자열과 수치를 바꿔 가면서 여러 번 미리보기 재생을 시험해 보기 바랍니다.

Class +Create ▾ | PlayerData + New Record + New Field Delete

installation
role
PlayerData

Search 3 item(s) in 20 (items)

	objectId	PlayerName	Score	Coin	createDate ▾
	Y4SwiTixuj4GFdrT	T Mina	12 3	12 60	2018-01-30T19:16:20.856
	S1bbq59Ua8CNE4n7	T Junho	12 2	12 300	2018-01-30T19:15:53.362
	y32dm9K44IJhpfqa	T AAA	12 100	12 300	2018-01-30T19:05:14.676

그림 2-4-6 인수의 값을 바꿔 여러 번 미리보기 재생을 하고 관리 화면을 확인한다.

콜백에 의한 통신 완료 후 처리

혹시 여러분이 Unity에서 스크립트를 쓴 지 얼마 되지 않는 경우라면 [리스트 2-4-1] 스크립트의 처리 흐름이 조금 이상하다고 느꼈을 것입니다. 바로 'SaveAsync'라는 메소드의 인수에 '=〉'라는 기호가 들어 있고 다른 처리가 삽입되어 있는 부분입니다.

이것은 인수에 다른 메소드를 등록하여 내부에서 호출하는 **콜백**이라는 기술 방법을 사용한 것입니다. NCMB Unity SDK에서는 '통신 처리가 끝났을 때 호출하고 싶은 메소드'를 등록시켜 둘 수 있습니다.

```
obj.SaveAsync((NCMBException e) =>
{
    ...
```

SaveAsync의 진짜 인수는 'NCMBCallback'으로, 위 스크립트는 이 콜백 인수를 생략하고 인수를 적는 부분에 직접 처리를 삽입했습니다. 생략된 부분을 모두 쓰자면 다음과 같습니다.

[리스트 2-4-2] DataSave.cs (콜백을 별도 기술)

```
using NCMB;
using UnityEngine;

public class DataSave : MonoBehaviour
{
    void Start()
    {
        SavePlayerData("AAA",100, 300);
    }

    public void SavePlayerData(string playerName, int score, int coin)
    {
        NCMBObject obj = new NCMBObject("PlayerData");

        obj.Add("PlayerName", playerName);
        obj.Add("Score", score);
        obj.Add("Coin", coin);

        // Save 처리 후에 실행하고 싶은 메소드를 콜백으로 등록한다 //
        NCMBCallback callback = DoAfterSave;

        obj.SaveAsync(callback);
    }

    void DoAfterSave(NCMBException e)
    {
        if (e != null)
        {
            // 오류 시 처리
```

```
            Debug.Log("저장 실패. 통신 환경을 확인하십시오.");
        }
        else
        {
            // 성공 시 처리
            Debug.Log("저장 성공!");
        }
    }
}
```

실행 결과는 물론 똑같습니다. 콜백으로 호출된 메소드의 인수 'NCMBException'에는 통신에서 오류가 발생한 경우에 한해 오류 코드(NCMBException.ErrorCode)와 그 오류 메시지(NCMBException.ErrorMessage)가 들어갑니다. null인 경우는 오류 없이 처리가 끝났다는 것을 나타냅니다.

이와 같은 '다른 처리를 기다렸다가 그 다음 처리를 수행하는 메소드'는 콜백을 사용한 구축 외에도 Unity에서는 **코루틴**(IEnumerator) 장치를 사용하여 작성하는 사람도 많은 듯 합니다.

샘플 게임 '검사가 그렇게 빨리 죽어버려?'에서는 NCMB 통신 대기를 코루틴에서 기다리는 방법을 도입하고 있습니다. 이에 대해서는 3장의 '3-3 게임에서 로그인 활용하기'에서 자세히 소개합니다.

저장한 데이터를 가져오기

이번에는 반대로 NCMB에 저장된 데이터를 Unity로 가져와 봅시다. 일단 'DataSave' 게임 오브젝트를 씬 Hierarchy에서 삭제합니다. 계속해서 'DataFetch.cs'라는 이름의 스크립트 파일을 새로 작성하고 다음 스크립트를 기술합니다.

제네릭 List를 사용하기 때문에 using 디렉티브에 'using System.Collections.Generic;'을 추가하는 것에 주의하기 바랍니다.

[리스트 2-4-3] DataFetch.cs

```
using NCMB;
using System.Collections.Generic;
using UnityEngine;

public class DataFetch : MonoBehaviour
{
    void Start()
    {
        // 여러 개의 NCMBObject를 취득하는 쿼리를 작성
        NCMBQuery<NCMBObject> query = new NCMBQuery<NCMBObject>("PlayerData");
        query.FindAsync((List<NCMBObject> objList, NCMBException e) =>
        {
            if (e != null)
```

```
            {
                // 오류 시 처리
            }
            else
            {
                // 성공 시 처리
                foreach (NCMBObject obj in objList)
                {
                    Debug.Log(
                        "PlayerName:" + obj["PlayerName"] +
                        ", Score:" + obj["Score"] +
                        ", Coin:" + obj["Coin"]
                        );
                }
            }
        });
    }
}
```

작성이 끝났으면 조금 전과 마찬가지로 'DataFetch'라는 게임 오브젝트를 작성하고 이 스크립트 파일을 어태치한 후 Unity 에디터에서 미리보기 재생을 합니다.

Unity 에디터의 콘솔에 지금까지 저장한 데이터의 개수만큼 PlayerName, Score, Coin이 표시되면 성공한 것입니다.

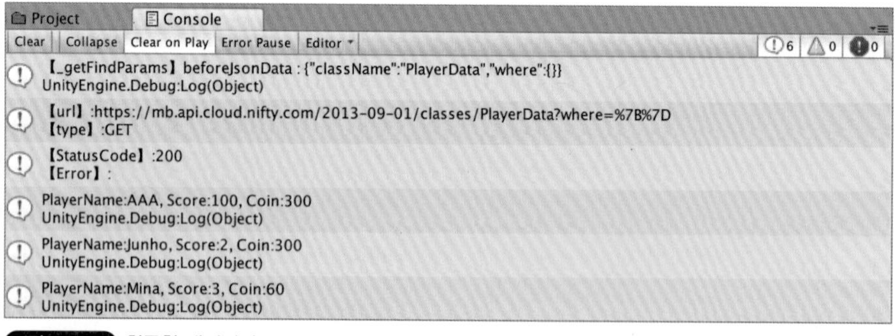

그림 2-4-7 취득한 데이터가 콘솔에 표시된다.

조건을 지정하여 데이터 가져오기

NCMBObject를 사용하여 데이터를 취득하는 메소드명은 'FindAsync'입니다. NCMBObject.Get~과 같은 메소드가 있을 것 같지만 NCMB에서는 데이터 취득에 쿼리를 사용하여 처리합니다. **'쿼리'**는 데이터베이스로부터 데이터를 취득할 때 그 취득 조건을 지정하는 것이라고 생각하기 바랍니다.

query.FindAsync 앞에 데이터 취득 조건으로 'query.WhereGreaterThan("Score", 10);'을 추가하여 '점수가 10보다 큰 플레이어의 데이터를 취득한다'는 설정을 해 봅시다.

[리스트 2-4-4] DataFetch.cs (검색 조건을 추가)

```
using NCMB;
using System.Collections.Generic;
using UnityEngine;

public class DataFetch : MonoBehaviour
{
    void Start()
    {
        // 점수가 10보다 큰 플레이어의 데이터를 취득한다
        FetchScoreList(10);
    }

    private void FetchScoreList(int higherThan)
    {
        // 여러 개의 NCMBObject를 취득하는 쿼리를 작성
        NCMBQuery<NCMBObject> query = new NCMBQuery<NCMBObject>("PlayerData");

        // 조건 설정 //
        query.WhereGreaterThan("Score", higherThan);

        query.FindAsync((List<NCMBObject> objList, NCMBException e) =>
        {
            if (e != null)
            {
                // 오류 시 처리
            }
            else
            {
                // 성공 시 처리
                foreach (NCMBObject obj in objList)
                {
                    Debug.Log(
                        "PlayerName:" + obj["PlayerName"] +
                        ", Score:" + obj["Score"] +
                        ", Coin:" + obj["Coin"]
                        );
                }
            }
        });
    }
}
```

쿼리를 작성한 시점에서 서버 액세스는 발생하지 않습니다. 'FindAsync' 메소드를 실행시켜야 비로소 검색과 취득 처리가 일어납니다. 쿼리에 대해서는 4장 '4-1 데이터 스토어 개요'에서 자세히 설명합니다.

FindAsync의 콜백 인수로는 NCMBException과 NCMBObject의 List를 갖고 있습니다. 성공 시 처리에서는 그 결과를 foreach로 돌려 Unity의 콘솔에 표시하고 있습니다.

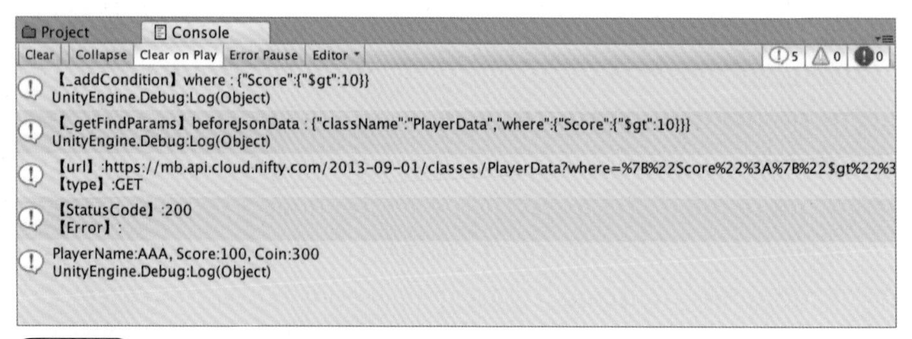

그림 2-4-8 검색 조건과 일치하는 데이터가 표시된다.

지금 작성한 Unity 프로젝트는 3장 이후에서도 사용하므로 지금 여기서 한 번 저장해 두기 바랍니다.

COLUMN

문자열 데이터의 암호화

Unity에서 출력한 애플리케이션 파일은 기본적으로 암호화되지 않기 때문에 보안 면에서 안전하다고 할 수 없습니다. 특히 Android용 apk 파일은 조금만 건드리면 내용을 볼 수 있기 때문에 NCMB를 사용할 때의 API 키나 3장에서 소개할 자동 로그인용 사용자명 등이 노출될 가능성이 있습니다.

크래킹과 그를 방지할 목적의 데이터 암호화는 끝없이 되풀이 되지만 간단한 암호화를 거는 것만으로도 크래킹을 간단히 막을 수 있습니다. Unity의 경우 System.Security.Cryptography 이름 공간 안의 RijndaelManaged 클래스를 사용하여 암호화를 구축할 수 있습니다.

- **MSDN RijndaelManaged 클래스**

https://msdn.microsoft.com/ja-jp/library/system.security.cryptography.rijndaelmanaged(v=vs.110).aspx

Rijndael은 알고리즘의 이름으로, 암호화 자체는 AES(Advanced Encryption Standard)라고 부릅니다. C#에서는 동일한 알고리즘으로 암호화 하는 AesCryptoServiceProvider 클래스도 마련되어 있지만, 이것은 Unity 표준 설정인 '.Net 2.0 Subset'에 포함되어 있지 않아 보통은 이용할 수 없으므로 주의하기 바랍니다.

이 장의 요약

2장에서는 NCMB Unity SDK의 도입과 셋업을 하고, 데이터를 실제로 저장 및 취득하는 것까지 해보았습니다. 아직 게임 앱에 반영할 수 있는 형태는 되지 않았지만 비 실시간 네트워크 기능을 어떻게 구현하는지 감이 잡혔으리라 생각됩니다.

'데이터 저장', '취득'에 덧붙여 '통신 대기'와 '쿼리'의 개념만 알면 이후의 네트워크 기능은 이를 응용하여 만들어 갈 수 있습니다.

Part 1 Chapter 3

로그인 기능의 구현과 활용

이 장에서는 NCMB의 기능을 본격적으로 활용하여 게임에 네트워크 기능을 도입하는 방법에 대해 배우겠습니다. 먼저 게임에 '회원 가입', '로그인', '로그아웃' 기능을 추가하는 '회원 관리' 기능에 대해 설명합니다.

로그인을 도입하면 서버 상에 플레이어별로 데이터 저장 영역이 생깁니다. 세이브 데이터를 서버 측에서 관리함으로써 게임의 부정 이용이나 크래킹을 방지할 수 있습니다.

또한 회원 관리 기능을 응용함으로써 데일리 보너스 등과 같은 보상을 구현할 수 있게 되므로 게임의 이용률을 높일 수 있습니다.

이 장의 목적

- 회원 관리 기능을 사용하여 로그인을 구현한다.
- NCMB(서버)에 사용자 데이터를 저장할 수 있도록 한다.
- 자동 로그인 기능의 구현 방법을 배운다.
- 데일리 보너스 구현 구조를 배운다.

3-1 게임과 로그인 기능의 관계

먼저 게임에 로그인을 도입해야 하는 이유와 'nifcloud mobile backend'(NCMB)의 회원 관리 기능의 개요를 설명해 두겠습니다.

로그인 기능이 필요한 이유

PC에서 브라우저를 사용하여 게임을 해 본 적이 있는 분은 게임을 시작할 때 타이틀에서 '로그인 ID'와 '비밀번호'를 입력하고 게임을 시작하는 절차를 경험한 적이 있을 것입니다.

'로그인'은 게임에 국한되지 않고 온라인 쇼핑몰이나 SNS 등 각종 웹 서비스에도 있습니다. 로그인이 필요한 이유는 사용자 고유의 데이터를 서버에 저장하기 위해서입니다. 서비스 측이 개별 사용자를 인증하기 위한 처리라고 해도 좋을 것입니다. SNS의 경우는 사용자 이름이나 글의 기록, 친구 목록 등이 여기에 해당됩니다. 데이터가 서버에 저장되기 때문에 PC나 스마트폰 등 다른 단말에서도 똑같은 서비스를 이용할 수 있습니다.

또한 SNS의 경우는 다른 사용자가 여러분의 공개 정보를 서버에서 찾을 수가 있으므로 여러분이 온라인이 아닐 때도 메시지를 보낼 수 있습니다.

이것을 게임으로 바꿔 보면 사용자 고유의 데이터는 '자기 캐릭터의 상태', '보유 아이템', '스테이지 진행도', '길드 멤버' 등과 같은 정보가 됩니다. 즉 세이브 데이터에 가깝습니다.

게임에 로그인을 도입함으로써 서버 측에서 게임의 진행 상태를 저장해 둘 수 있으며, PC/iOS/Android 등 서로 다른 단말에서도 게임을 이어서 플레이할 수 있게 됩니다.

다른 단말에서 플레이하는 일이 없는 게임이라 하더라도 로그인의 도입은 세이브 데이터의 변조로 인한 부정 방지 기능도 합니다. 단말기 안에 세이브 데이터를 저장하면 악의를 가진 사용자가 내용을 해석해서 게임 안의 유료 아이템 보유 수 등을 부정으로 늘려 버릴 위험이 있습니다.

로그인을 도입하여 서버에 세이브 데이터를 저장해 놓는 경우는 사용자가 직접 세이브 데이터를 조작할 수 없으므로 데이터 변조를 막을 수 있습니다.

스마트폰 게임에서도 사실은 '로그인'하고 있다?

스마트폰용 소셜 게임도 사실은 대부분이 로그인 처리를 하고 있습니다. 스마트폰 게임 앱에서는 '로그인 화면'을 본 적이 별로 없겠지만 사실은 백그라운드에서 로그인과 로그아웃을 하고 있습니다.

이 경우는 플레이어가 직접 ID와 비밀번호를 입력하는 것이 아니라 ID와 비밀번호가 자동으로 발행되어 단말기 안에 저장되고, 게임 시작 시 자동으로 로그인 처리되는 구조로 되어 있습니다. 이러한 장치를 이 책에서는 **자동 로그인**이라고 부릅니다.

앱의 메뉴 화면이나 설정 화면을 보면 '사용자 ID: XYZ1234'나 'UID: 1234567'과 같이 식별코드와 비슷한 것이 표시되는 경우가 있는데, 이것은 시스템이 여러분에게 자동으로 발행한 ID입니다.

게임에 보통의 로그인 처리를 채택한 경우는 실행을 할 때마다 ID와 비밀번호를 입력하는 수고가 들기 때문에 플레이어의 이탈률이 올라갑니다. 심플한 게임 등과 같이 가능한 한 스트레스 없이 즐길 수 있는 게임과 로그인은 궁합이 안 좋다고 하므로, 이런 경우 자동 로그인을 구축해 두면 로그인 수고를 덜 수 있습니다.

NCMB에서는 자동 로그인 기능을 직접 제공하지는 않지만 ID와 비밀번호를 스크립트로 생성함으로써 자동 로그인을 앱에 구현할 수 있습니다.

자동 로그인을 채택한 경우 사용자는 자신의 ID와 비밀번호를 모르기 때문에 다른 단말에서는 게임을 이어서 플레이할 수 없습니다. 그래서 플레이어가 다른 단말에서도 플레이하고 싶어질 때를 대비해 '인계 코드'로 비밀번호를 표시하는 장치를 만들 필요가 있습니다.

단, 스마트폰에서 단말기 인계 내용에 유료 아이템이 관계하는 경우, App Store나 Google Play의 규정 위반이 되는 경우가 있으므로 주의하기 바랍니다.

NCMB를 사용한 로그인 구현

NCMB에서는 로그인 장치를 '회원 관리' 기능으로 제공하고 있습니다. 2-2에서 이용한 NCMB의 데이터 스토어 기능은 '게임 안의 성적 랭킹' 등 모든 플레이어가 액세스할 수 있는 데이터 저장에 사용하지만, 특정 플레이어만 읽고 쓸 수 있는 데이터를 취급하는 경우는 회원 관리 기능을 사용합니다.

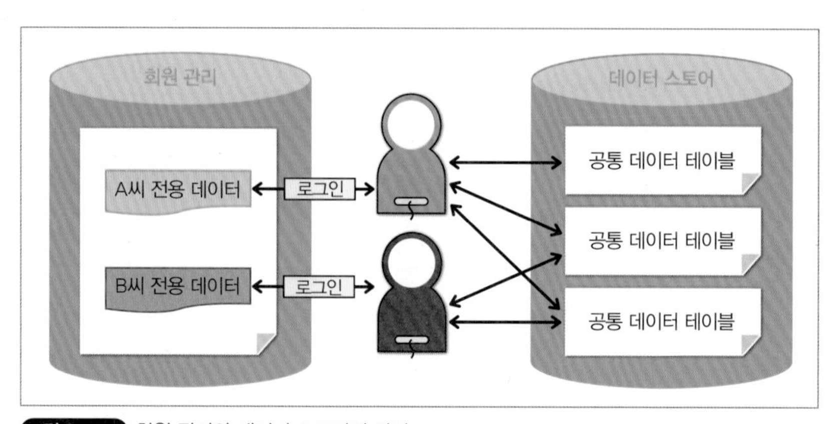

그림 3-1-1 회원 관리와 데이터 스토어의 차이

3-2 로그인 기능의 구현

먼저 자신의 ID와 비밀번호를 정해 로그인하는 통상적인 로그인 처리에 대해 배워봅시다.

앱에서 회원 가입하기

NCMB에서는 사용자 각각을 '회원'이라고 부릅니다. 스크립트에서는 NCMBUser 클래스를 사용하여 로그인 관련 처리를 합니다. 먼저 회원 가입(신규 계정 작성) 처리부터 구축해 봅시다. 2-2에서 만든 Unity 프로젝트를 열고 'UserAuth.cs'라는 새로운 C# 스크립트 파일을 작성해서 다음 스크립트를 기술합니다.

[리스트 3-2-1] UserAuth.cs

```
using UnityEngine;
using NCMB;

public class UserAuth : MonoBehaviour
{
    public string userName;
    public string password;
    public string email;

    void Start()
    {
        SignUp(userName, password, email);
    }

    public void SignUp(string userName, string password, string email)
    {
        // NCMBUser의 인스턴스 작성
        NCMBUser user = new NCMBUser();

        // 사용자명과 비밀번호 설정
        user.UserName = userName;
        user.Password = password;
        user.Email = email;

        // 회원 등록을 한다.
        user.SignUpAsync((NCMBException e) =>
        {
            if (e != null)
            {
                Debug.Log("신규 등록 실패: " + e.ErrorMessage);
            }
            else
            {
```

```
                Debug.Log("신규 등록 성공");
            }
        });
    }
}
```

이 스크립트를 NCMBSettings와 NCMBManager가 있는 씬 안에 설치합니다. 씬 안에 빈 게임 오브젝트를 만들고 'UserAuth'라고 이름을 붙인 후 앞에서 작성한 UserAuth.cs 파일을 어태치합니다.

만일 씬 안에 2장에서 만든 'DataFetch'나 'DataSave' 게임 오브젝트가 남아 있는 경우는 일단 삭제하기 바랍니다.

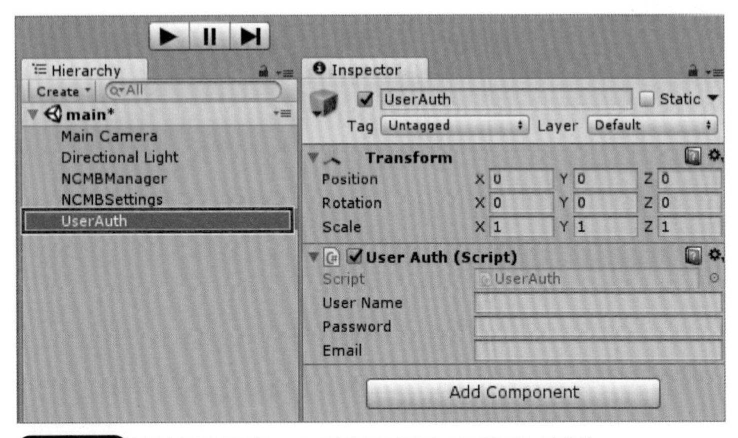

그림 3-2-1 게임 오브젝트 'UserAuth'를 작성하고 스크립트를 어태치

UserAuth.cs의 Inspector에는 'User Name', 'Password', 'Email'을 입력하는 항목이 표시됩니다. Email은 존재하지 않는 것이라도 상관없으므로 적당히 입력한 후 Unity 에디터의 재생 버튼을 클릭하여 미리보기 재생을 합니다.

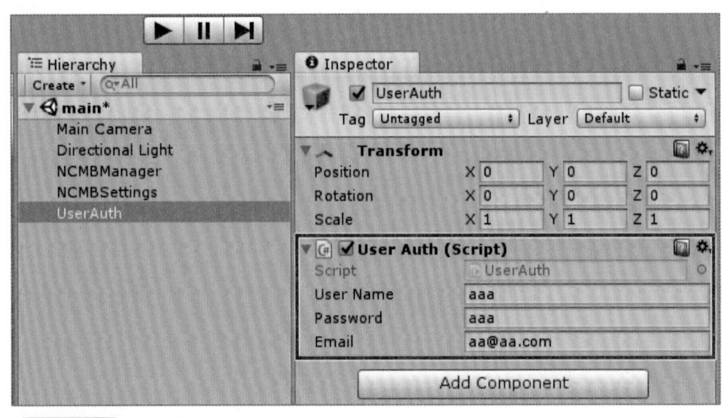

그림 3-2-2 Inspector에 'User Name' 등을 입력

그러면 NCMB와 통신 처리가 시작되고 새로운 사용자 ID와 비밀번호를 등록하는 회원 가입 처리가 실행됩니다. Unity 에디터의 콘솔에 [그림 3-2-3]과 같이 표시되면 성공적으로 가입된 것입니다.

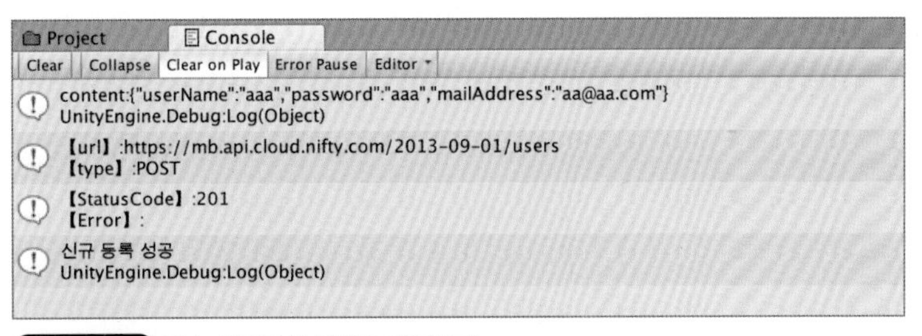

그림 3-2-3 콘솔 화면에서 실행을 확인한다.

관리 화면에서 플레이어 정보를 확인하기

NCMB의 관리 화면에서 회원 가입된 플레이어의 정보를 확인해 봅시다.

브라우저를 열고 NCMB 관리 화면에 액세스합니다. 대시보드에는 현재 열람 중인 앱 이름이 표시되므로 혹시 다른 앱이 표시되어 있는 경우는 ⬍을 눌러서 전환하기 바랍니다. 앱 이름을 확인한 후 왼쪽 칼럼에 있는 메뉴에서 '회원 관리'를 선택합니다.

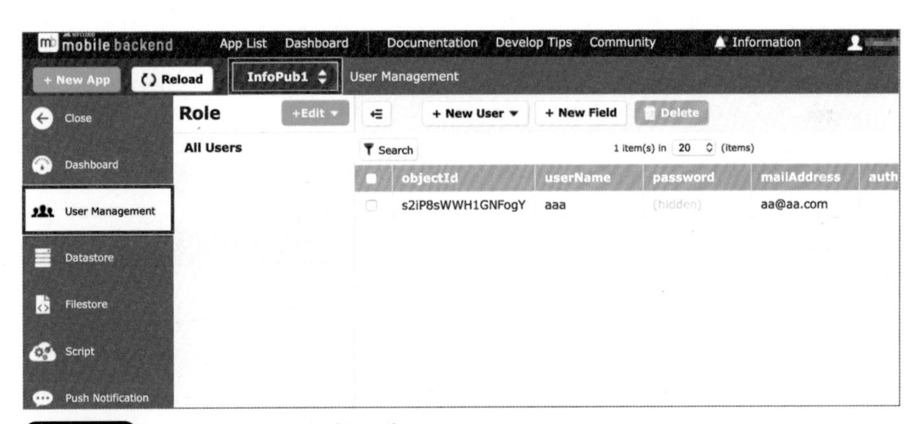

그림 3-2-4 NCMB 관리 화면의 '회원 관리'

통신이 성공했으면 회원 관리에 레코드가 추가되고 'userName'과 'mailAddress' 항목에 좀 전에 Inspector에 입력한 값이 들어 있을 것입니다. 'password'의 경우 그 자체가 사용자의 개인 정보가 되므로 관리 화면에서는 (hidden)으로 암호화되어 있습니다.

이 한 줄의 레코드가 로그인한 플레이어의 전용 데이터 저장 장소가 됩니다. 신규 플레이어가 회원 가입을 하면 그만큼 레코드가 증가합니다.

조금 전의 스크립트에서는 Start 메소드 안에서 회원 가입 처리를 호출하고 있기 때문에 미리보기 재생을 하면 바로 회원 가입이 실행되었습니다. 실제 게임에서는 먼저 타이틀 화면에서 사용자명과 비밀번호, 메일 주소를 플레이어가 입력하고 결정 버튼을 탭하면 회원 가입 처리가 실행되도록 합니다. 예를 들면 Unity 표준 UI 부품인 InputField를 사용하여 사용자명 등과 같은 입력 필드를 만들어 스크립트에 전달하는 방법을 사용합니다.

앱에서 로그인하기

회원 가입 처리가 끝났으니 이번에는 등록한 ID와 비밀번호로 로그인하여 봅시다. UserAuth.cs 스크립트 파일에 다음 메소드를 추가합니다.

[리스트 3-2-2] UserAuth.cs (추가)

```
public void LogIn(string userName, string password)
{
    NCMBUser.LogInAsync(userName, password, (NCMBException e) => {
        if (e != null)
        {
            Debug.Log("로그인 실패: " + e.ErrorMessage);
        }
        else
        {
            Debug.Log("로그인 성공!");
        }
    });
}
```

그리고 Start 메소드 안에서 SignUp 메소드를 주석 처리하고 LogIn 메소드를 호출하도록 스크립트를 변경합니다.

[리스트 3-2-3] UserAuth.cs (수정)

```
void Start()
{
    //SignUp(userName, password, email);
    LogIn(userName, password);
}
```

이와 같이 하면 Inspector에 기입되어 있는 사용자 ID와 비밀번호로 로그인을 시도합니다. Unity 에디터의 미리보기 재생을 실행해 봅시다. 콘솔에 '로그인 성공!'이라고 표시되면 로그인된 것입니다.

Project | Console

Clear | Collapse | Clear on Play | Error Pause | Editor

【url】:https://mb.api.cloud.nifty.com/2013-09-01/login?password=aaa&userName
【type】:GET

Session token :BEdwH03TTmHYOsVv5TYQGp2iY
UnityEngine.Debug:Log(Object)

【StatusCode】:200
【Error】:

로그인 성공!
UnityEngine.Debug:Log(Object)

그림 3-2-5 앱에서 로그인 실행

회원 관리에 데이터를 저장하기

앞에서 '로그인'을 사용함으로써 특정 플레이어만 저장 및 취득할 수 있는 데이터를 다룰 수 있게 된다고 했습니다. 이제 실제로 한 번 해 봅시다. UserAuth.cs에 새로운 메소드로서 다음 'SetPoint()'를 추가하기 바랍니다.

[리스트 3-2-4] UserAuth.cs (추가)

```
public void SetPoint(int num)
{
   if (NCMBUser.CurrentUser != null)
   {
      NCMBUser.CurrentUser["Point"] = num;

      NCMBUser.CurrentUser.SaveAsync((NCMBException e) =>
      {
         if (e != null)
         {
            Debug.Log("저장 실패: " + e.ErrorMessage);
         }
         else
         {
            Debug.Log("저장 성공!");
         }
      });
   }
}
```

SetPoint 메소드는 int형 인수인 num에 전달된 수치를 회원 관리 레코드에 저장하는 처리를 합니다. 저장 시에 'Point'라는 새로운 필드를 NCMB에 만듭니다.

이 메소드를 로그인 성공 후에 한 번 호출하도록 해 봅시다. 조금 전에 작성한 LogIn 메소드에 다음 코드를 추가로 기술합니다.

[리스트 3-2-5] UserAuth.cs (추가)

```
public void LogIn(string userName, string password)
{
   NCMBUser.LogInAsync(userName, password, (NCMBException e) =>
```

```
    {
        if (e != null)
        {
            Debug.Log("로그인 실패: " + e.ErrorMessage);
        }
        else
        {
            Debug.Log("로그인 성공!");
            SetPoint(5);
        }
    });
}
```

로그인에 성공한 경우의 처리 부분에서 SetPoint(5)를 호출하고 있습니다. 이제 Unity 에디터의 미리보기 재생 버튼을 누르면 로그인 처리가 일어나고 회원 관리에 새로운 필드로 'Point'가 추가되어 값이 '5' 로 저장됩니다.

```
로그인 성공!
UnityEngine.Debug:Log(Object)
content:{"Point":5}
UnityEngine.Debug:Log(Object)
【url】:https://mb.api.cloud.nifty.com/2013-09-01/users/s2iP8sWWH1GNFogY
【type】:PUT
Session token :Ktl1hM9RnxXPhBNzjbf6HRmVZ
UnityEngine.Debug:Log(Object)
【StatusCode】:200
【Error】:
저장 성공!
UnityEngine.Debug:Log(Object)
```

그림 3-2-6 콘솔 화면에서 새로운 필드에 데이터가 저장되었는지 확인한다.

저장된 데이터를 NCMB 관리 화면에서도 확인해 봅시다. 브라우저에 회원 관리 메뉴가 열려 있는 경우는 왼쪽 위에 있는 '새로 고침' 버튼을 클릭하면 최신 정보로 갱신됩니다.

'authData' 옆에 있는 줄에 'Point'라는 필드가 추가되어 있을 것입니다. 이 필드에 저장된 데이터는 로그인한 사용자만 취득 및 변경할 수 있습니다.

또한 저장한 횟수만큼 레코드가 증가하는 데이터 스토어 기능과는 달리 미리보기 재생을 다시 실행하면 기존의 값이 덮어써집니다. SetPoint(10)과 같이 인수를 변경하여 시험해 보기 바랍니다.

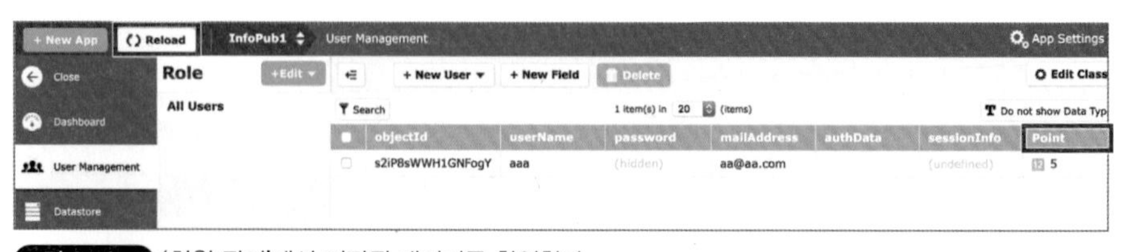

그림 3-2-7 '회원 관리'에서 저장된 데이터를 확인한다.

로그인한 플레이어의 데이터를 가져오기

로그인한 플레이어의 필드 값을 가져오고 싶은 경우는 NCMBUser.CurrentUser["필드명"]으로 액세스할 수 있습니다. 기술 방법은 C#에서 Dictionary형 변수에 액세스할 때와 비슷합니다.

```
int point = (int)NCMBUser.CurrentUser["Point"];
```

데이터 스토어 기능과는 달리 회원 관리 필드에서 데이터를 가져올 때는 통신 처리를 하지 않습니다. 왜냐하면 이런 데이터들은 로그인 처리를 실행할 때 일괄적으로 취득하여 단말기에 캐시되어 있기 때문입니다.

앱에서 로그아웃하기

로그아웃 처리는 심플하게 임의의 타이밍에서 NCMBUser.LogOut 메소드를 호출하기만 하면 됩니다. 아래 메소드를 UserAuth.cs에 추가합니다.

[리스트 3-2-6] UserAuth.cs (추가)

```
public void LogOut()
{
    NCMBUser.LogOutAsync((NCMBException e) =>
    {
        if (e != null)
        {
            Debug.Log("로그아웃 실패: " + e.ErrorMessage);
        }
        else
        {
            Debug.Log("로그아웃 성공!");
        }
    });
}
```

로그아웃 버튼 작성하기

이 섹션의 스크립트에서는 게임이 시작되면 바로 로그인 처리가 일어나므로 임의의 타이밍에서 로그아웃 처리를 할 수 있도록 하려면 Unity의 씬에 버튼을 추가하여 버튼 클릭 시에 UserAuth.cs의 LogOut 메소드를 호출하도록 합니다.

Unity 에디터의 [GameObject] 메뉴에서 [UI]–[Button]을 선택합니다.

그림 3-2-8 버튼 추가

씬 안에 UI가 없는 경우는 여기서 Hierarchy 안에 Canvas와 EventSystem이 생성됩니다. 버튼의 크기와 위치는 미리보기 화면에서 클릭하기 쉽도록 조정합니다.

버튼의 표시 문자는 Button 오브젝트의 자식으로 설정되어 있는 'Text' 오브젝트에서 변경할 수 있습니다. 'LogOut' 등으로 이름을 변경해 둡니다.

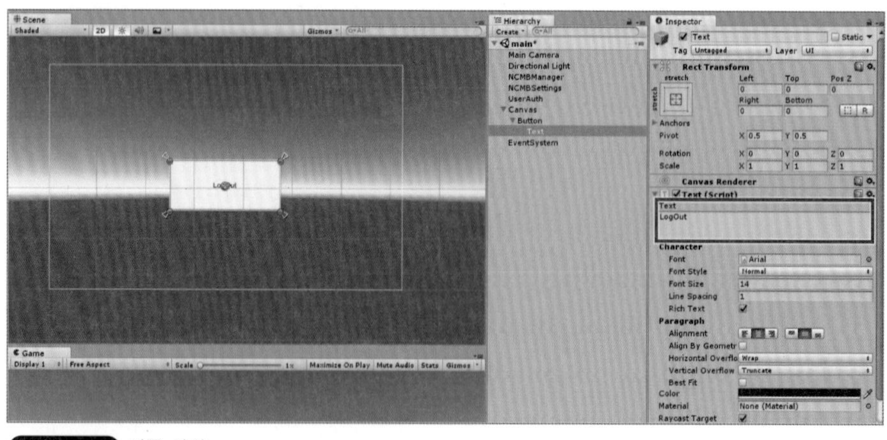

그림 3-2-9 버튼 설정

위치가 정해지면 버튼을 클릭했을 때의 메소드 호출을 설정합니다. Hierarchy에서 버튼 게임 오브젝트를 선택하고 Inspector에서 'Button' 가장 아래에 있는 On Click()에서 UserAuth.cs 안의 메소드를 호출하도록 설정합니다.

오른쪽 아래의 작은 +를 클릭하여 빈 이벤트를 만들고 Hierarchy에서 UserAuth.cs가 어태치되어 있는 GameObject를 None(Object)라고 쓰여 있는 필드로 드래그&드롭합니다.

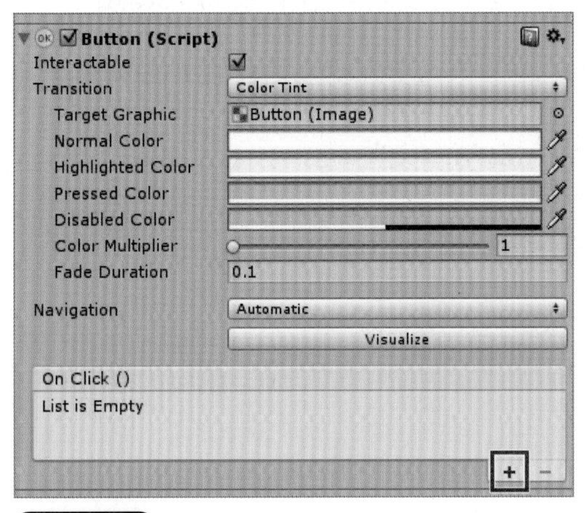

그림 3-2-10 버튼 설정 ①

이렇게 하면 버튼을 눌렀을 때 씬 안에 로딩되어 있는 cs 파일의 메소드를 호출할 수 있습니다. 'No Function'이라고 쓰여 있는 드롭다운 메뉴에서 [UserAuth.cs]-[LogOut()]을 선택합니다.

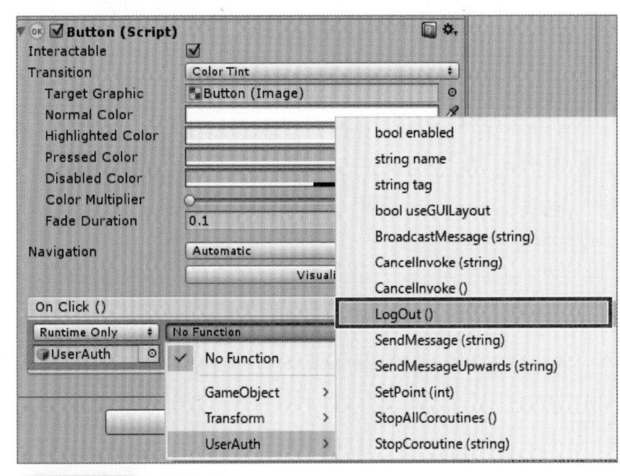

그림 3-2-11 버튼 설정 ②

이것으로 버튼을 클릭하여 로그아웃 할 수 있게 되었습니다. Unity 에디터의 미리보기 재생을 실행하면 로그인 처리가 일어나고 몇 초 후에 로그인이 완료됩니다. 로그인이 완료되면 조금 전에 작성한 로그아웃 버튼을 클릭합니다.

콘솔 화면에 '로그아웃 성공!'이라고 표시되면 처리가 성공한 것입니다. 로그아웃을 하면 NCMBUser.CurrentUser의 참조가 null이 됩니다. 이 상태에서 회원 관리의 필드의 값을 가져오려고 하면 오류가 일어나므로 주의하기 바랍니다.

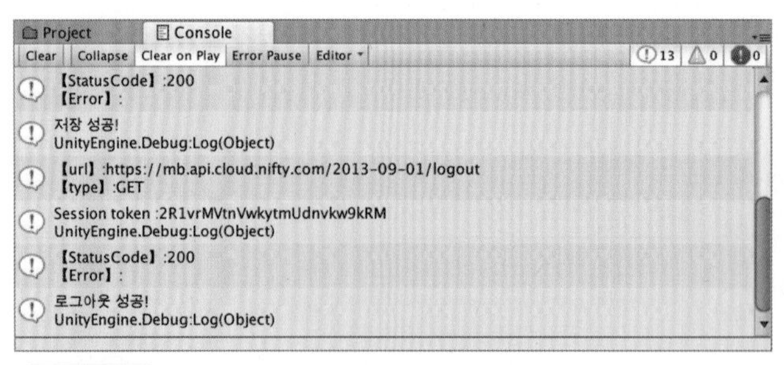

그림 3-2-12 콘솔 화면에서 로그아웃을 확인한다.

로그아웃 처리의 타이밍

여기서 소개한 구현 방법은 게임의 상태와 상관없이 언제든지 로그아웃 버튼을 누를 수 있기 때문에 로그인 처리 도중에 버튼을 눌러 버리면 프로그램이 꼬일 가능성이 있습니다.

로그인이 되어 있지 않은 상태나 로그아웃 버튼을 누른 이후의 처리 대기 중에는 Button.interactable을 false로 하는 등 처리가 이중으로 일어나지 않도록 하면 좋을 것입니다. 또는 '통신 중'과 같은 UI를 위에 표시하여 버튼을 누를 수 없게 하는 것도 하나의 방법입니다.

다음 섹션에서는 이 책에 들어 있는 샘플 게임 '검사가 그렇게 빨리 죽어버려?'를 기초로 실제 게임에 로그인을 구축하는 방법과 로그인을 자동화하는 방법에 대해 배우겠습니다.

COLUMN

온라인 필수? 오프라인 OK?

게임에 네트워크 기능을 넣을 때는 크게 두 가지 방침이 있습니다. 항상 온라인 상태일 것을 요구할 것인지, 오프라인에서도 플레이할 수 있게 할 것인지 입니다.

일반적인 소셜 게임처럼 오프라인의 경우는 게임을 실행할 수 없게 할 수도 있습니다. 대전 기능이나 친구 기능 등 게임의 메인 시스템이 온라인에 의존하는 경우는 이 방식을 취하는 것이 좋습니다. 하지만 온라인 필수는 '짬이 나는 시간에 잠깐 플레이해 보는' 캐주얼한 게임과는 잘 안 맞는 것도 사실입니다.

또한 4장에서 소개할 랭킹 기능이나 5장에서 소개할 스크린샷 투고 기능 등 게임의 메인 부분과 크게 관련이 없는 기능에 대해서는 '접속이 되어야 실행할 수 있다', '나중에 통신이 복귀되었을 때 저장한다'와 같은 방법을 사용해도 괜찮습니다.

만들 게임의 방침과도 관계가 있지만 먼저 여러분의 앱을 어떤 방침으로 만들어야 할지 미리 정해두면 좋을 것입니다.

3-3 로그인 기능의 응용과 세이브 데이터의 저장

앞에서 로그인 구축에 대한 기초적인 방법을 배웠는데 실제 게임에서는 어떻게 활용하면 좋을까요? 샘플 게임 '검사가 그렇게 빨리 죽어버려?'로 확인해 봅시다.

샘플 게임을 작동시켜 보자

샘플 게임에 대해서는 Introduction에서 소개했지만 아직 다운로드 하지 않은 사람은 '이 책의 구성'의 '샘플 게임 다운로드'에 있는 URL을 통해 입수하기 바랍니다.

이 샘플 게임을 작동시키려면 NCMB의 API 키를 새로 취득해야 합니다. NCMB 관리 화면에서 '앱'을 새로 작성하고, 2-2를 참고로 API 키를 취득하기 바랍니다.

샘플 게임의 프로젝트를 Unity로 읽어 들여 Assets/Scenes/Main.scene을 열면 NCMBSettings 게임 오브젝트가 들어 있습니다. 여기에 취득한 API 키를 설정합니다.

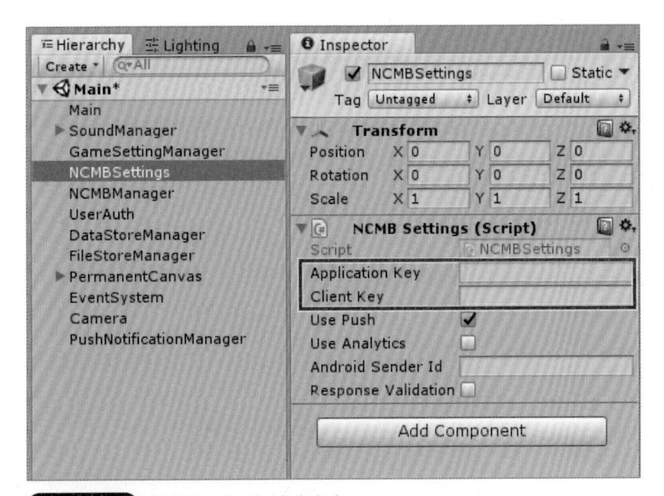

그림 3-3-1 취득한 API 키 설정하기

NCMB에 관한 통신 처리의 코루틴

샘플 게임의 스크립트를 설명하기 전에 통신 처리 전반에서 사용하고 있는 '코루틴'에 대해 설명을 하겠습니다. Unity를 사용한 게임 개발에서는 '대기'가 발생하는 처리 부분에 코루틴을 주로 사용합니다.

코루틴은 처리를 일정 시간 멈추거나 조건을 만족할 때 정지시킬 수 있는 기능으로, MonoBehaviour를 상속한 클래스 안에서 이용할 수 있습니다. 예를 들어 처리를 시작하고 1초 기다렸다가 콘솔에 로그를 표시하는 메소드는 다음과 같이 합니다.

```
public IEnumerator ShowLogAfterSecond()
{
   yield return new WaitForSeconds(1.0f);
   Debug.Log("Test");
}
```

이 메소드를 호출할 때는 다음과 같이 기술합니다.

```
StartCoroutine(ShowLogAfterSecond());
```

코루틴을 이용함으로써 처리 대기가 발생하는 메소드를 간단히 기술할 수 있습니다. 하지만 NCMB Unity SDK의 경우 통신이 완료된 후의 처리는 콜백으로 인수에 등록하도록 설계되어 있습니다(콜백에 대해서는 2-4 '콜백에 의한 통신 완료 후 처리'를 참조).

대기 처리가 여러 번 발생하는 경우는 콜백 안에 다시 콜백을 가지는 처리를 작성하고, 다시 또 콜백을 하는 등 내포 구조로 만드는 경우가 많습니다.

하지만 코루틴 장치를 사용하면 메소드 안에서 처리를 일단 멈추고 통신이 완료되면 그 다음 처리를 하도록 스크립트를 작성할 수 있으므로 게임의 진행 흐름을 직관적으로 작성할 수 있습니다.

그래서 샘플 게임의 스크립트에서는 NCMB가 제공하는 몇 가지 메소드를 코루틴으로 이용할 수 있도록 래핑하고 있습니다. 대표적인 처리로 데이터 스토어에 데이터를 저장하는 NCMBObject.SaveAsync()를 래핑한 메소드는 다음과 같습니다.

```
public IEnumerator SaveAsyncCoroutine(
      NCMBObject ncmbObject,
      UnityAction<NCMBException> errorCallback)
{
   bool isConnecting = true;

   ncmbObject.SaveAsync((NCMBException e) =>
   {
      if (e != null)
      {
         errorCallback(e);
      }

      isConnecting = false;
   });

   while (isConnecting) { yield return null; }

   yield return ncmbObject;
}
```

처리는 isConnecting 플러그를 마련하여 NCMBObject.SaveAsync 메소드의 콜백 안에서 false가 대입될 때까지 while 루프에서 기다립니다. 샘플 게임 '검사가 그렇게 빨리 죽어버려?'의 설명에서는 코루틴을 사용한 처리를 전제로 설명하고 있습니다. 코루틴을 사용한 적이 없는 분은 Unity 매뉴얼의 코루틴 페이지를 함께 참조하기 바랍니다.

● Unity 공식 매뉴얼(코루틴)
https://docs.unity3d.com/kr/current/Manual/Coroutines.html

Part 1에서는 Unity 사용자 중에 코루틴을 이용하는 사람이 많고 특별한 플러그인 도입을 필요로 하지 않는다는 이유로 코루틴을 채택하고 있지만, 형이 안전한 반환값을 갖지 못한다는 점과 디버그가 어렵다는 단점이 있습니다.

통신 대기나 사용자의 입력을 기다리는 처리의 경우 UnityAction / UnityEngine.Event를 콜백하는 방법이나 Unity Asset Store에서 무료로 배포하고 있는 UniRx (https://www.assetstore.unity3d.com/kr/#!/content/17276)를 이용하는 방법, C#의 EventHandler를 사용하는 방법 등 다양한 접근 방식이 있습니다.

각 방법에는 각기 장단점이 있으며 습득에 걸리는 난이도도 다릅니다. 자신의 개발 스타일이나 만들고 싶은 기능의 특성에 따라 나눠서 사용하면 좋을 것입니다.

회원 가입 처리의 설명

샘플 게임 '검사가 그렇게 빨리 죽어버려?'에는 사용자가 ID와 비밀번호를 정하는 모드와 앱이 자동으로 발행해 주는 자동 모드가 있습니다.

먼저 사용자가 ID를 정하는 방식의 경우 신규 계정 작성 처리에 대해 설명하겠습니다. Unity 에디터에서 씬 'Main.scene'을 열고 Hierarchy에서 'Main' 게임 오브젝트를 선택합니다. 이 게임 오브젝트에는 스크립트 'Main.cs'가 어태치 되어 있으며, 파라미터로 'Login Mode'라는 항목이 있습니다.

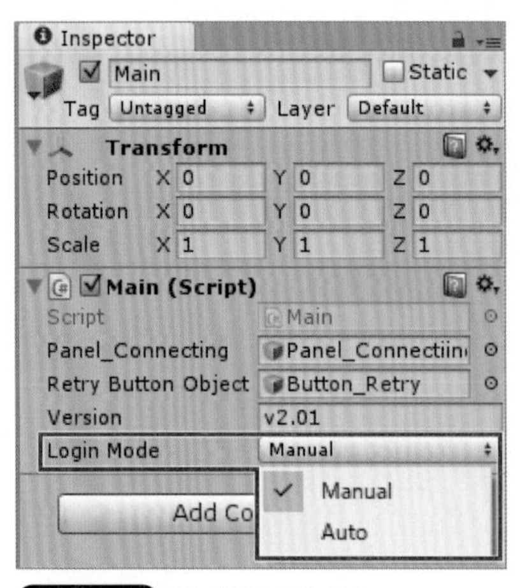

그림 3-3-2 로그인 모드의 설정

이 파라미터가 'Auto'로 되어 있다면 'Manual'로 변경합니다. Unity 에디터의 플레이 버튼을 클릭하여 미리보기 재생을 시작하면 Title.scene이 추가로 로딩되어 타이틀 화면이 시작되고 처음에 로그인 화면이 표시됩니다.

그림 3-3-3 게임의 타이틀 화면

'Create new account' 버튼을 누르면 회원 가입 화면으로 이동합니다.

그림 3-3-4 사용자가 ID와 비밀번호를 설정하는 화면

Title.scene에는 타이틀 씬의 진행을 관리하는 'TitleSceneController' 게임 오브젝트가 있습니다. Project 안의 스크립트 위치는 Assets/Scripts/Title/TitleSceneController.cs입니다. 이 타이틀 화면에서는 'ID'와 '비밀번호', '메일 주소'를 입력하는 항목이 있습니다. 입력 창은 Unity의 표준UI 부품인 'InputField'로 만들어져 있습니다.

이 샘플 게임에서는 로그인 관련 통신 처리는 Assets/Scripts/Communication/UserAuth.cs에 모아져 있으며, Main.scene에 소속되어 게임 안에서 항시 상주합니다. 플레이어가 ID와 비밀번호를 입력하고 'Sign Up' 버튼을 누르면 TitleSceneController가 InputField에 입력된 텍스트를 취득하여 UserAuth.cs에 전달하여 로그인 처리를 실행합니다.

TitleSceneController.cs 안에서의 회원 가입 처리는 다음과 같습니다.

```
public IEnumerator SignUpSequence()
{
    string userName = userNameInputField.text;
    string password = passwordInputField.text;
    string mail = mailInputField.text;

    if (string.IsNullOrEmpty(userName) ||
        string.IsNullOrEmpty(password) ||
        string.IsNullOrEmpty(mail))
    {
        Main.Instance.ShowErrorDialogue("ID와 비밀번호, 메일 주소를 입력하십시오.");
        yield break;
    }

    yield return userAuth.SignUpCoroutine(userName, mail, password, Main.Instance.
ForceToTitle);

    // 자동 로그인 모드가 아닌 경우는 사용자 ID와 닉네임이 같다
    yield return playerInfoHandler.CreateOwnDataCoroutine(userName, userName, Main.
Instance.ForceToTitle);

    yield return userAuth.SaveAsyncCurrentUserCoroutine(Main.Instance.ForceToTitle);

    Main.Instance.OnMenu();
}
```

먼저 InputField에 값이 제대로 들어 있는지를 확인합니다. 모든 항목이 채워지지 않은 경우는 처리를 중단하고 메시지를 표시합니다.

계속해서 호출하고 있는 UserAuth.cs의 SignUpCoroutine() 메소드의 내용은 다음과 같습니다.

```
public IEnumerator SignUpCoroutine(string userName, string mail, string password,
UnityAction<NCMBException> errorCallback)
{
      NCMBUser user = new NCMBUser();
      user.UserName = userName;
      user.Email = mail == "" ? null : mail;
      user.Password = password;

      user.Add(NCMBUserKey.NICKNAME, userName);
      user.Add(NCMBUserKey.KILLCOUNT, 0);
      user.Add(NCMBUserKey.COINCOUNT, 0);
      user.Add(NCMBUserKey.CARDIDLIST, new List<string>());
      user.Add(NCMBUserKey.DAILYBONUSFLAG, false);

      bool isConnecting = true;

      user.SignUpAsync((NCMBException e) =>
      {
         if (e != null)
         {
            errorCallback(e);
         }

         isConnecting = false;
   });

   while (isConnecting) { yield return null; }
}
```

이 메소드는 이 섹션의 처음에 소개한 회원 가입을 코루틴으로 실행할 수 있도록 개선한 것입니다. 또한 '닉네임', '킬 카운트', '코인 카운트', '카드 리스트', '데일리 포인트 체크' 등 5개의 필드를 작성합니다.

NCMB의 필드명은 string으로 지정하지만 샘플 게임에서는 타이핑 실수 방지를 위해 Assets/Scripts/DataClass/Constant.cs에 상수로 정의했습니다. 예를 들어 'NCMBDataStoreClass.NICKNAME'의 내용은 string형인 'Nickname'입니다.

또한 인수에 여러 번 등장하는 Main.Instance.ForceToTitle 메소드는 오류가 발생했을 때에 타이틀로 되돌아오는 처리입니다. ForceToTitle 메소드가 호출되면 현재 씬을 파기하고 타이틀 씬을 읽어 들입니다. 인수에 NCMBException을 전달하고 타이틀로 돌아왔을 때 오류 내용에 대한 메시지를 표시합니다.

회원 가입 처리 후에 호출하는 다음 코루틴 처리는 4-3에서 소개할 친구 기능을 위한 초기화 처리입니다.

이 처리가 완료되면 Menu.scene이 로딩되어 게임이 메뉴 화면으로 바뀝니다. Title.scene은 이 시점에서 파기됩니다.

```
yield return playerInfoHandler.CreateOwnDataCoroutine(userName, userName, Main.
Instance.ForceToTitle);

yield return userAuth.SaveAsyncCurrentUserCoroutine(Main.Instance.ForceToTitle);
```


로그인 처리의 설명

TitleSceneController.cs의 로그인 처리는 다음과 같습니다. NCMBUser.LogInAsync에 ID와 비밀번호를 전달하여 실행합니다. 처리의 흐름은 회원 가입의 경우와 거의 비슷합니다.

```
private IEnumerator LogInSequence()
{
    string userName = userNameInputField.text;
    string password = passwordInputField.text;

    if (string.IsNullOrEmpty(userName) ||
        string.IsNullOrEmpty(password))
    {
        Main.Instance.ShowErrorDialogue("ID와 비밀번호를 입력하십시오. ");
        yield break;
    }

    yield return userAuth.LogInCoroutine(userName, password, Main.Instance.ForceToTitle);

    Main.Instance.OnMenu();
}
```

그림 3-3-5 로그인 타이틀 화면

세이브 데이터의 저장

회원 가입을 처리할 때 회원 관리에 새로운 필드를 몇 개 정의했습니다. 그중 다음 필드는 각각 '무찌르고 싶은 적의 수'와 '얻고 싶은 코인의 수'를 저장하는 곳입니다.

```
user.Add(NCMBUserKey.KILLCOUNT, 0);
user.Add(NCMBUserKey.COINCOUNT, 0);
```

샘플 게임에서는 적에게 당한 시점에서 이 2종류의 정보를 저장합니다. 코인 수의 취득과 등록 처리는 UserAuth.cs에 기술되어 있습니다.

```
public void AddCoinCount(int num)
{
    if (NCMBUser.CurrentUser != null && NCMBUser.CurrentUser.
ContainsKey(NCMBUserKey.COINCOUNT))
    {
        NCMBUser.CurrentUser[NCMBUserKey.COINCOUNT] = GetCoinCount() + num;
    }
}

public int GetCoinCount()
{
    if (NCMBUser.CurrentUser.ContainsKey(NCMBUserKey.COINCOUNT))
    {
        return Convert.ToInt32(NCMBUser.CurrentUser[NCMBUserKey.COINCOUNT]);
    }

    return 0;
}
```

로그인 중에는 'NCMBUser.CurrentUser["필드명"]'으로 회원 관리 필드에 액세스할 수 있습니다. 위의 예에서는 이것을 외부에서 액세스하기 쉽도록 래핑했습니다. AddCoinCount()는 필드에 값을 더하는 메소드이며, GetCoinCount()는 필드의 값을 꺼내는 메소드입니다.

또한 이 메소드를 호출한 시점에서는 NCMB에 접속하지 않습니다. 로그인 시에 취득하여 캐시된 회원 관리 필드에 읽기 쓰기를 할 뿐입니다.

AddCoinCount 메소드 안에서 다음과 같이 기술한 시점에서는 로컬 값을 변경하기만 할 뿐 NCMB에는 저장되지 않습니다.

```
NCMBUser.CurrentUser[NCMBUserKey.COINCOUNT] = GetCoinCount() + num;
```

NCMB에 저장하려면 NCMBUser.CurrentUser.SaveAsync 메소드를 호출해야 합니다.

또한 NCMB에 저장할 수 있는 데이터 중에서 플레이어가 실제로 돈을 지불하여 구입한 아이템에 대해서는 주의를 해야 합니다. 다음 칼럼 'OS를 걸친 세이브 데이터 인계'를 참고하기 바랍니다.

COLUMN

OS를 걸친 세이브 데이터 인계와 법적 문제

스마트폰에서는 게임 안에서 회복 아이템 등을 구입할 때 'OO 코인'이나 'XX 돌'과 같은 게임 내의 가상 통화를 사용하는 경우가 많이 있습니다. 앱 안에서 유료로 가상 통화를 사용자에게 판매할 때는 해당 앱 안에서만 가상 통화를 이용할 수 있도록 설계를 할 필요가 있습니다.

iOS에서 구입한 가상 통화 데이터를 Android 앱으로 인계하는 것은 규약에 위반되므로 Apple에서 '퇴출' 대상이 될 가능성이 높습니다. iOS 앱의 경우는 한 번만 구입할 수 있는 아이템이나 효과의 경우 Apple의 영수증 정보를 사용한 리스토어(복원) 기능의 구축이 필수인 경우가 있습니다.

이 책에서는 세이브 데이터를 iOS와 Android에서 공유할 수 있는 시스템을 소개하고 있지만, 이러한 기능이 각 스토어의 규약에 위반되지 않도록 주의해야 합니다.

조금 벗어난 이야기이지만 원래 게임에서 '가상 통화'로 간주되는 소비형 아이템을 판매하고 싶은 경우는 법적 조건으로 '자금 결제법'에 준거한 구축과 운용이 요구됩니다. 게임의 서비스가 종료된 경우 사용하지 않은 가상 통화는 플레이어에게 반환할 의무가 있으며, 모든 플레이어가 보유하는 가상 통화 중 사용하지 않은 통화의 50%를 '공탁금'으로 소정의 금융기관에 맡겨둘 필요가 있습니다.

때문에 개인이 운영하는 게임의 경우 가상 통화로 간주되는 아이템의 판매가 상당히 어려운 것이 현실입니다.

3-4 자동 로그인

스마트폰 게임에서 로그인 처리는 대부분이 자동으로 실행됩니다. 플레이어가 ID와 비밀번호를 입력할 필요 없이 시스템이 자동으로 로그인해 주는 경우가 대부분입니다. 여기서는 NCMB를 사용한 자동 로그인의 구축 방법에 대해 설명하겠습니다.

자동 로그인의 개요

이 책에서는 사용자가 의식할 필요 없이 로그인하는 기능을 '자동 로그인'이라고 부릅니다. NCMB 자체에는 자동 로그인 장치가 없지만 다음과 같은 방법으로 구축할 수 있습니다.

① 플레이어가 처음 게임을 실행했을 때 로컬 단말기 안에서 ID/비밀번호를 난수로 생성한다.
② 생성한 ID/비밀번호를 암호화하여 단말기 안에 저장한다.
③ 생성한 ID/비밀번호로 회원 가입 처리를 한다.
④ 두 번째 실행부터는 단말기 안에 ID가 존재하면 로그인 처리를 수행한다.

자동 로그인이란 간단히 말하자면 ID/비밀번호를 자동으로 발행해 주는 방법입니다. 이 경우 사용자명은 난수이므로 플레이어가 직접 정하는 게임 안에서의 이름은 '닉네임'이라는 다른 필드로 마련합니다.

샘플 게임에서 자동 로그인 구축을 확인하기

Unity 에디터에서 '검사가 그렇게 빨리 죽어?' 프로젝트를 열고 'main.scene' 씬을 읽어 들입니다. 그 다음 'Main' 게임 오브젝트의 Inspector에서 'Login Mode'를 'Auto'로 변경합니다.

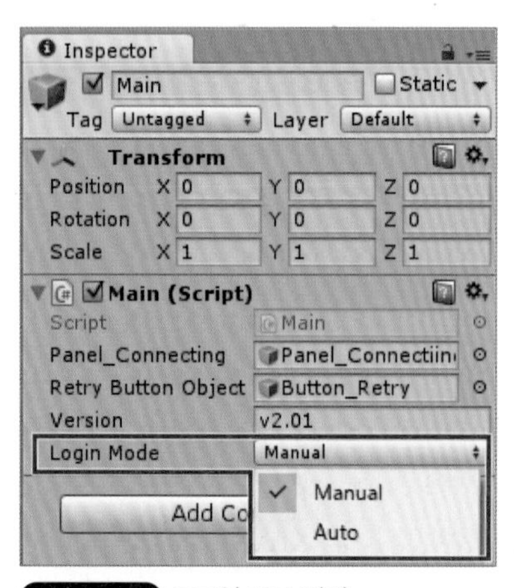

그림 3-4-1 로그인 모드 변경

이 상태에서 Unity 에디터의 미리보기 재생을 누르면 조금 전에 로드된 'Title' 씬 대신 'AutoLogInTitle' 씬이 로드됩니다.

그림 3-4-2 자동 로그인 화면

여기서 '처음 시작' 버튼을 탭했을 때 호출되는 부분을 살펴보겠습니다. Assets/Scripts/Communication/UserAuth.cs에서 다음 메소드를 확인하기 바랍니다.

```
public IEnumerator AutoSignUpCoroutine(string nickName, UnityAction<NCMBException>
errorCallback)
{
    NCMBUser user = new NCMBUser();

    user.Add(NCMBUserKey.NICKNAME, nickName);
    user.Add(NCMBUserKey.KILLCOUNT, 0);
    user.Add(NCMBUserKey.COINCOUNT, 0);
    user.Add(NCMBUserKey.CARDIDLIST, new List<string>());
    user.Add(NCMBUserKey.DAILYBONUSFLAG, false);

    string generatedPassword = Utility.GenerateRandomAlphanumeric(8, true);
    user.Password = generatedPassword;

    bool isSuccess = false;

    // ID 중복 시는 성공할 때까지 반복한다. //
    while (!isSuccess)
    {
        string generatedUserName = Utility.GenerateRandomAlphanumeric(8, true);
        user.UserName = generatedUserName;

        bool isConnecting = true;

        user.SignUpAsync((NCMBException e) =>
        {
            if (e != null)
            {
                // userName이 충돌한 경우는 처리를 반복시키기 위해 오류 종료를 하지 않는다. //
```

```
            if (e.ErrorCode != NCMBException.DUPPLICATION_ERROR)
            {
                errorCallback(e);
            }
        }
        else
        {
            // 로그인이 성공하면 생성한 ID와 비밀번호를 로컬에 저장한다. //
            SaveLocalUserNameAndPassword(generatedUserName, generatedPassword);
            isSuccess = true;
        }

        isConnecting = false;
    });

    while (isConnecting) { yield return null; }
  }
}
```

자동 로그인의 경우 회원 가입은 ID를 자동으로 생성하는 처리와 생성한 ID가 중복된 경우 다른 ID로 처리를 반복하는 구조로 되어 있습니다.

처음에 NCMBUser의 클래스를 만들어 필드를 초기화하는 부분까지는 보통의 회원 가입과 똑같습니다. 그 다음 비밀번호를 자동으로 생성합니다.

```
string generatedPassword = Utility.GenerateRandomAlphanumeric(8, true);
user.Password = generatedPassword;
```

'Utility.GenerateRandomAlphanumeric(int length, bool mode)'는 이 샘플 프로젝트에 들어 있는 ID와 비밀번호로 사용할 랜덤한 영숫자를 생성하는 편리한 메소드입니다(자세한 내용은 '보다 좋은 ID와 비밀번호 생성' 칼럼을 참조).

비밀번호까지 만들고 나면 회원 관리 기능에서 계정을 작성하는 처리로 들어갑니다. 'NCMBException.DUPPLICATION_ERROR'라는 오류가 반환되었을 경우는 생성한 ID가 이미 사용중인 ID와 우연히 중복되었으므로 콜백을 실행하지 않고 ID를 다시 생성하는 처리를 반복하게 되어 있습니다.

```
// userName이 충돌한 경우는 처리를 반복시키기 위해 오류 종료를 하지 않는다. //
if (e.ErrorCode != NCMBException.DUPPLICATION_ERROR)
{
   errorCallback(e);
}
```

오류가 발생하지 않은 경우는 회원 가입이 성공한 것이므로 while 문을 빠져나와 생성한 ID와 비밀번호를 로컬 단말기에 저장합니다.

```
SaveLocalUserNameAndPassword(generatedUserName, generatedPassword);
isSuccess = true;
```

생성되는 문자열이 충분히 길면 충돌할 가능성이 거의 없지만 긴 ID는 나중에 소개할 '단말기 인계' 기능에서 이용할 때 힘들기 때문에 이번에는 조금 짧은 ID를 생성했습니다.

또한 단말기에 저장하는 처리는 Unity 표준인 PlayerPrefs를 사용하고 있지만, PlayerPrefs는 랭킹과 같은 해석에는 약한 저장 방법이므로 실제 앱에서는 적절한 암호화 처리를 하면 좋을 것입니다(Unity에서 문자열을 암호화하는 방법에 대해서는 2장의 '문자열 데이터의 암호화' 칼럼을 참조).

회원 가입 처리가 끝나면 메인 메뉴 화면으로 이동합니다.

2번째 이후의 기동

자동 로그인 처리가 성공하고 로그인 ID와 비밀번호가 생성되면 타이틀은 다음과 같이 바뀝니다.

그림 3-4-3 이미 ID와 비밀번호가 발행된 경우의 타이틀 화면

'처음 시작' 버튼이 '게임 계속'으로 바뀝니다. 이 버튼을 탭하면 단말기 안에 저장되어 있는 비밀번호를 사용하여 로그인 처리를 하고 메뉴 화면으로 이동합니다.

화면 아래에 있는 '데이터 삭제' 버튼은 NCMB의 로그인 데이터를 삭제하고 단말기에 저장되어 있는 ID와 비밀번호도 삭제하는 옵션입니다. '인계 코드 발행' 버튼은 말 그대로 게임 데이터를 다른 단말기로 인계할 때 사용하는 옵션입니다. 각각의 처리에 대해서는 다음 섹션에서 설명합니다.

COLUMN

보다 좋은 ID와 비밀번호의 자동 생성

이 샘플에서는 비밀번호를 생성하는 방법으로 GUID를 이용했습니다. GUID는 128bit(16byte)로 된 랜덤한 16진수 값으로, 중복을 피하기 위한 관리 서버가 없는 방식이기는 하지만 동일한 데이터가 발생할 확률이 천문학적으로 낮은 ID 생성 기술입니다.

문자열은 32자리로 되어 있으며, 나중에 소개할 '단말기 인계' 기능에서는 사람이 읽고 써야 할 필요가 있기 때문에 이를 그대로 사용하는 것은 어렵습니다. 또한 사람의 눈으로 판별하기 어려운 문자('0'과 'O' 등)를 사용하고 있으면 입력 실수나 메모를 할 때 잘못 보는 경우가 발생합니다.

그래서 샘플 게임에서는 다음과 같은 방법으로 ID와 비밀번호를 생성하고 있습니다.

① GUID로 32자리의 16진수를 생성한다.
② base64를 사용하여 영숫자 문자열로 변환한다.
③ 앞에서부터 적절한 길이(이 책에서는 8문자)만 추출한다.
④ 사람이 판별하기 어려운 문자를 치환한다.

이 처리는 Assets/Scripts/Util/Utility.cs의 GenerateRandomAlphanumeric 메소드로 구현하고 있습니다.

GUID를 가공하는 단계에서 이미 사용중인 ID와 중복될 가능성이 나옵니다(랜덤으로 문자를 선택하기만 하는 처리와 큰 차이는 없을 지도 모릅니다). 문자열이 짧으면 짧을수록 중복될 가능성이 높아집니다. 회원 관리 기능에 있어서 userName은 중복을 허용하지 않기 때문에 게임의 예상 이용 인원이 많은 경우에는 좀 더 긴 ID를 만들 필요가 있습니다.

3-5 단말기 인계 기능

앞에서 '자동 로그인'으로 플레이어가 의식하지 않아도 로그인을 할 수 있도록 만들었습니다. 하지만 이 경우 플레이어가 '다른 단말기로도 플레이하고 싶어하는' 경우는 어떻게 해야 할까요?

자동 로그인을 구축한 경우 플레이어는 자신의 ID와 비밀번호를 모릅니다. 그래서 다른 단말기로 옮겨가기 위한 '단말기 인계' 기능을 구축할 필요가 있습니다.

인계 코드의 발행

스마트폰의 소셜 게임에서는 주로 코드 발행을 사용한 단말기 인계 기능을 도입하고 있습니다. 게임을 플레이할 단말기를 변경하고 싶을 때는 문자열을 발행하여 다른 단말기에 입력함으로써 계속해서 플레이할 수 있도록 하는 것입니다. '검사가 그렇게 빨리 죽어버려?' 샘플 게임에도 이와 똑같은 장치가 있습니다.

방법은 Assets/Scripts/Communication/UserAuth.cs의 LocalSavedUserName과 LocalSavedPassword 프로퍼티를 경유하여 PlayerPrefs에 저장된 값을 추출하여 대화상자로 표시하는 것입니다.

그림 3-5-1 인계를 위한 ID와 비밀번호 표시

사실 ID는 메뉴 화면의 닉네임 바로 아래에도 표시되어 있지만 보기 편하도록 대화상자로 다시 표시합니다.

게임 서비스의 설계에 따라서는 똑같은 게임 계정을 다른 단말기에서 동시에 플레이하지 못하도록 하는 경우도 있습니다. 이런 경우는 인계할 단말기에서 로그인에 관한 정보를 삭제하기 바랍니다.

'검사가 그렇게 빨리 죽어버려?' 샘플 게임에서는 인계 코드의 표시와 동시에 PlayerPrefs를 사용하여 단말기에 저장되어 있던 ID와 비밀번호를 삭제하고 있습니다.

코드의 발행은 Assets/Scripts/Title/AutoLogInTitleSceneController.cs의 다음 메소드에

서 처리하고 있는데, 단말기에 저장되어 있는 정보를 표시하기만 하는 것이므로 통신은 발생하지 않습니다.

```
private void ShowDeviceCodeOutput()
{
    string userName = userAuth.LocalSavedUserName;
    string password = userAuth.LocalSavedPassword;
    deviceCodeOutputUI.Show(userName, password);

    userAuth.DeleteLocalUserNameAndPassword();
}
```

인계 코드의 입력

그 다음 발생한 코드를 다른 단말기에서 입력하는 처리를 살펴봅시다. 플레이어가 타이틀 화면에서 '인계 코드 입력' 버튼을 탭하여 ID와 비밀번호를 입력하고 OK 버튼을 탭하면 AutoLogInTitleSceneController.cs의 CheckDevieCodeSequence 메소드가 호출되어 입력한 ID와 비밀번호로 로그인할 수 있는지 없는지를 확인합니다.

```
private IEnumerator CheckDevieCodeSequence()
{
    deviceCodeInputUI.DisableInputOKButton();

    string userName = deviceCodeInputUI.GetInputUserNameText();
    string password = deviceCodeInputUI.GetInputPasswordText();

    yield return userAuth.LogInCoroutine(userName, password, Main.Instance.
ForceToTitle);

    // 성공하면 로컬에 덮어쓴다. //
    userAuth.SaveLocalUserNameAndPassword(userName, password);

    // 플레이어 자신의 PlayerInfo를 취득한다. //
    yield return playerInfoHandler.FetchOwnCoroutine(Main.Instance.ForceToTitle);

#if (UNITY_IOS || UNITY_ANDROID) && !UNITY_EDITOR
    // Installation을 재설정한다. //
    yield return playerInfoHandler.SaveToOwnInstallation(Main.Instance.ForceToTitle);
#endif

    Main.Instance.OnMenu();
}
```

로그인에 실패한 경우는 'ID와 비밀번호가 일치하지 않습니다'라는 대화상자 메시지를 표시하고 타이틀 씬을 다시 읽어 들입니다.

로그인이 성공한 경우 먼저 ID와 비밀번호를 PlayerPrefs를 통해 단말기 안에 덮어써서 저장합니다. 그 다음에 나오는 '플레이어 자신의 PlayerInfo를 취득'하고 'Installation을 재설정'하는 2개의 처리는 각각 4장의 친구 기능, 6장의 푸시 알림에서 이용하는 데이터를 갱신하는 것입니다.

탈퇴 처리의 구현

단말기 인계에서는 로컬에 저장되어 있는 ID와 비밀번호만을 삭제했지만 플레이어가 게임을 완전히 탈퇴하는 경우는 NCMB의 회원 정보도 삭제합니다. 즉, 탈퇴 처리를 하는 것입니다. 샘플 게임에서는 타이틀의 '데이터 삭제' 버튼을 탭하여 탈퇴할 수 있습니다.

처리 절차는 일단 로그인한 후 데이터 스토어 안의 관련 정보를 삭제하고 회원 관리에서도 계정을 삭제한 후 단말기 안에서 ID와 비밀번호를 삭제합니다.

AutoLogInTitleSceneController.cs의 다음 메소드에서 이 일련의 처리를 수행합니다.

```
private IEnumerator DeleteAutoLoginDataSequence()
{
    Main.Instance.ShowLoadingPanel();

    // 일단 로그인 한다. //
    yield return userAuth.AutoLogInCoroutine(Main.Instance.ShowErrorDialogue);

    // 자신의 PlayerInfo를 삭제한다. //
    yield return playerInfoHandler.DeleteOwnDataCoroutine(Main.Instance.
ShowErrorDialogue);

    // 회원 관리에서 삭제한다. //
    yield return userAuth.DeleteUserAsyncCoroutine(Main.Instance.ShowErrorDialogue);

    // 단말기의 ID 및 비밀번호를 삭제한다. //
    userAuth.DeleteLocalUserNameAndPassword();

    // 처음 시작 모드로 바꾼다. //
    autoLoginTitleUI.ShowNewGame();
    Main.Instance.HideLoadingPanel();
}
```

플레이어가 게임을 그만 두는 것은 그다지 바람직한 일이 아니지만 게임 데이터를 삭제할 수 있는 옵션은 운용형 게임에는 필요한 사항이므로 의연하게 구축하기 바랍니다.

3-6 데일리 보너스

회원 관리 기능을 사용하여 로그인하면 플레이어가 마지막으로 게임을 한 날짜를 취득할 수 있습니다. 이를 사용하여 '데일리 보너스' 장치를 마련할 수 있습니다. 플레이어가 자정을 넘겨 게임을 실행하면 아이템을 보상으로 손에 넣는 것입니다. 이러한 장치는 게임 앱의 이용률을 올릴 수 있습니다. 샘플 게임에서 어떻게 구축하고 있는지 살펴봅시다.

데일리 보너스 구현의 개요

'검사가 그렇게 빨리 죽어버려?' 샘플 게임에서는 게임의 아이템 코인을 데일리 보너스로 플레이어에게 주고 있습니다.

그림 3-6-1 데일리 보너스의 취득

처리의 흐름은 다음과 같습니다.

① 로그인한다.
② 메뉴 화면 시작 시에 회원 관리의 updateDate를 취득한다.
③ 취득한 날짜를 단말기의 날짜(DateTime.Now.Date)와 비교한다.
④ 하루 이상 경과했다면 회원 관리의 CANGET_DAILYBONUS 플래그를 반대로 저장한다.
⑤ 처음에 취득한 날짜와 세이브 처리 후의 갱신 날짜를 비교한다.
⑥ 그래도 하루 이상 경과가 확인되면 데일리 보너스를 부여한다.

포인트는 DateTime.Now.Date만 비교해서 판단하는 것이 아니라 회원 관리 레코드를 갱신함으로써 NCMB로부터 취득할 수 있는 날짜를 현재 시각으로 한다는 점입니다. 단말기의 날짜는 간단히 취득할 수 있지만 본인이 바꿔서 설정할 수 있기 때문에 서버 측에서 취득한 날짜를 기준으로 합니다.

데일리 보너스의 구현 방법

데일리 보너스를 위한 날짜 경과 판정은 Assets/Scripts/Communication/UserAuth.cs의 FetchLoginDateSpan 코루틴에서 처리합니다.

```
public IEnumerator FetchLoginDateSpan(UnityAction<NCMBException> errorCallback)
{
    // 마지막 세이브 시각과 단말기의 날짜가 자정을 지났는지 확인 //
    if ((DateTime.Now.Date - GetUpdateTime().Date).Days == 0)
    {
        yield return 0;
        yield break;
    }

    // Now.Date는 신용할 수 없으므로 NCMB의 날짜를 갱신하여 엄격히 체크한다. //

    // 마지막 update 날짜를 취득 //
    DateTime lastUpdateDate = GetUpdateTime().Date;

    // NCMBUser는 저장을 할 필요가 없는 경우 통신을 수행하지 않으므로 DailyBonus 플래그를 변경한다. //
    bool value = (bool)NCMBUser.CurrentUser[NCMBUserKey.DAILYBONUSFLAG];
    NCMBUser.CurrentUser[NCMBUserKey.DAILYBONUSFLAG] = !value;

    // 날짜 갱신을 위해 세이브 실행 //
    bool isConnecting = true;
    NCMBUser.CurrentUser.SaveAsync((NCMBException e) =>
    {
        if (e != null)
        {
            errorCallback(e);
        }

        isConnecting = false;
    });

    while (isConnecting) { yield return null; }

    // 갱신 후의 update 날짜와 비교하여 날 수를 반환한다. //
    yield return (GetUpdateTime().Date - lastUpdateDate).Days;
}
```

NCMBUserKey.DAILYBONUSFLAG의 내용은 string형인 'DailyBonusFlag'입니다. 이 필드는 회원 관리의 날짜를 갱신하기 위해 조작하는 플래그입니다. 내용이 true인지 false인지 상관없이 회원 관리를 갱신만 하기 위한 것이기 때문에 값을 반전시킵니다. NCMB에서 직접 시각을 취득할 수 있는 API가 없기 때문에 조금 편법을 써서 현재 시각을 취득하는 것입니다.

이번에는 NCMB에서 완결되는 데일리 보너스 장치를 소개했지만 서버 측에서 데이터 스토어의 플래그를 정기적으로 온으로 하는 방법을 사용할 수도 있습니다.

또한 소셜 게임에서 자주 보이는 '계속 로그인한 날 수'를 집계하거나 '1주일 연속 로그인 보너스', '주말 특별 보너스' 등 다양한 보너스를 만들 수도 있습니다. 여러분의 게임에 맞춰 다양한 플레이 보너스를 만들어 보기 바랍니다.

이 장의 요약

이 장에서는 NCMB의 '회원 관리' 기능을 사용하여 로그인, 로그아웃의 도입과 자동 로그인의 구축, 그리고 이러한 기능이 가져다 주는 편리함에 대해 소개했습니다.

자동 로그인에서는 단말기 인계 기능도 같이 소개했으며, 로그인 관리로 가능한 '데일리 보너스'의 구조에 대해서도 설명했습니다.

로그인 구축에는 힘과 노력이 들지만 단말기를 바꿔 계속해서 플레이할 수 있고 보너스를 받아 게임을 계속 즐길 수 있게 함으로써 플레이어가 게임을 계속해서 플레이할 동기화를 부여할 수 있습니다.

이 장에서의 구축 방법을 바탕으로 여러분의 게임 앱에도 꼭 로그인 기능을 도입해 보기 바랍니다.

RIP
RIP
RIP

Part 1 Chapter 4

네트워크 기능의 확장

3장에서 로그인 기능을 구축하고, 로그인한 사용자만 저장 및 취득할 수 있는 데이터에 대해 배웠습니다. 이 장에서는 로그인하지 않고 데이터를 저장하고 취득할 수 있는 '데이터 스토어'를 사용한 네트워크 기능의 구축에 대해 배웁니다.

그중 가장 심플한 구축 예가 랭킹 기능으로, 플레이어의 성적을 서버에 저장하고 그 순위 정보를 앱에서 취득하여 표시하는 것입니다. 또한 소셜 게임에 자주 보이는 '친구 기능'의 구축에 대해서도 배웁니다.

응용편으로는 비동기화형 멀티플레이의 구축과 앱 업데이트를 통하지 않고 게임의 설정을 변경하는 방법에 대해 설명합니다.

이 장의 목적

- 데이터 스토어 기능의 쿼리에 대해 배운다.
- 데이터 스토어 기능을 사용한 랭킹 구축에 대해 배운다.
- 소셜 게임에 자주 있는 친구 기능의 구조를 배운다.
- 비동기화형 멀티플레이를 사용한 게임 시스템의 사례를 배운다.
- 앱 업데이트를 통하지 않고 게임의 설정을 변경하는 방법을 배운다.

4-1 데이터 스토어 개요

이 장에서 소개하는 NCMB의 '데이터 스토어'에 대해서는 2장에서 이미 소개했으므로 여기서는 성적 랭킹 기능의 구축 방법부터 시작하겠습니다. 그리고 데이터 스토어로부터 데이터를 취득할 때에 사용하는 '쿼리'에 대해서 설명하겠습니다.

데이터 스토어 기능과 회원 관리와의 차이

3장에서는 '회원 관리'를 사용하여 로그인한 플레이어만이 취득할 수 있는 데이터의 저장과 취득에 대해 다뤘습니다. 이 장에서 소개할 '데이터 스토어'는 기본적으로 모든 플레이어가 앱에서 취득할 수 있는 데이터베이스를 제공합니다.

성적 랭킹을 표시하려면 다른 플레이어의 성적도 포함한 전체 데이터를 취득할 수 있어야 합니다. 데이터 스토어 기능은 로그인과는 연결되어 있지 않은 데이터의 저장소라고 생각하기 바랍니다.

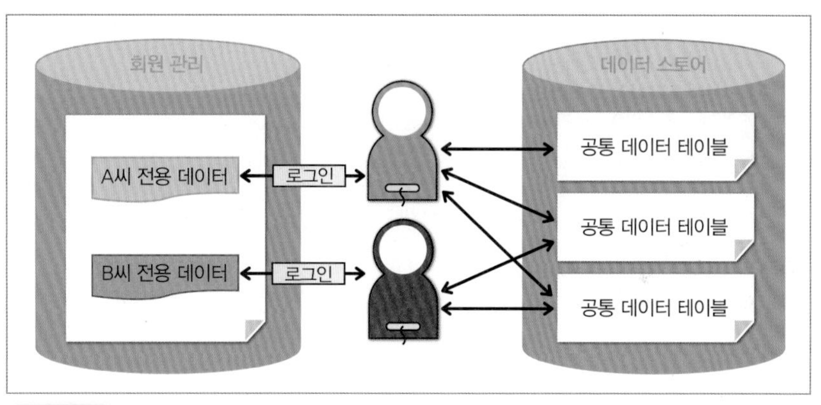

그림 4-1-1 데이터 스토어와 회원 관리의 차이

데이터 스토어의 '클래스' 설계

데이터 스토어 안에서는 '클래스'라는 단위로 데이터 테이블을 저장합니다. NCMB 안의 프로젝트 단위인 '앱'을 하나의 Excel 파일이라고 한다면 '클래스'는 Excel 안에 있는 하나의 시트에 해당합니다. 하나의 파일 안에 시트를 여러 개 작성할 수 있듯이 데이터 스토어의 클래스는 하나의 앱에서 여러 개 만들 수 있기 때문에 용도에 맞춰 클래스를 마련하는 것이 좋습니다.

'검사가 그렇게 빨리 죽어버려?' 샘플 게임에서는 다음과 같은 5개의 클래스를 작성하여 사용합니다.

- 랭킹에 사용하는 'KillRanking' 클래스
- 플레이어의 무덤 정보를 관리하는 'GraveInfoList' 클래스
- 친구 기능이나 스크린샷 공유 기능에서 사용하는 'PlayerInfoList' 클래스
- 게임의 설정을 변경하는 'GameSetting' 클래스
- 게임 중에 '알림'을 표시하는 'Announcement' 클래스

NCMB에서는 Unity에서 데이터 스토어에 데이터를 저장할 때 사용하는 클래스를 관리 화면에 미리 만들어 둘 필요가 없습니다. 스크립트 안에서 클래스명을 정의한 NCMBObject를 작성하고, Add로 필드를 추가하여 저장 처리를 하면 데이터 스토어에 자동으로 클래스가 추가되고 필드가 따라오도록 되어 있습니다.

하지만 스크립트 안에서 필드 이름을 변경하면 그만큼 새로운 필드가 생성되므로 변경 전의 필드도 데이터 스토어에 계속 남게 됩니다. 개발 후반에 접어들면 관리 화면에 사용하지 않는 클래스나 필드가 없는지를 확인하기 바랍니다.

쿼리를 사용하여 특정 데이터를 가져오기

먼저 데이터 스토어에 저장되어 있는 데이터에 대해 '쿼리'를 사용하여 취득하는 방법을 설명합니다. 2-4에서는 다음과 같이 특정 필드의 값이 일정 값 이상인 데이터만 취득한다는 조건을 사용했습니다.

```
NCMBQuery<NCMBObject> query = new NCMBQuery<NCMBObject>("PlayerData");
query.WhereGreaterThan("Score", 10);
```

쿼리는 데이터베이스로부터 데이터를 가져오기 위한 조건을 저장하기 위한 것입니다. NCMBQuery에는 다양한 조건 지정이 내장되어 있으므로 이를 조합하여 사용할 수 있습니다. 이용 가능한 검색 조건은 다음과 같습니다.

메소드	쿼리 결과
OrderByAscending	결과를 오름차순으로 취득한다.
OrderByDescending	결과를 내림차순으로 취득한다.
WhereContainedIn	어느 하나와 일치한다.
WhereContainedInArray	어느 하나를 포함한다.
WhereContainsAll	모두 포함한다.
WhereEqualTo	일치한다.
WhereGeoPointWithinKilometers	지정한 위치부터 지정한 거리(킬로미터)까지 포함되는 오브젝트를 취득. 지정 위치로부터 가까운 순서로 취득한다.
WhereGeoPointWithinMiles	지정한 위치부터 지정한 거리(마일)까지 포함되는 오브젝트를 취득. 지정 위치로부터 가까운 순서로 취득한다.

메소드	쿼리 결과
WhereGeoPointWithinRadians	지정한 위치부터 지정한 거리(라디안)까지 포함되는 오브젝트를 취득. 지정 위치로부터 가까운 순서로 취득한다.
WhereGreaterThan	보다 크다(value의 수를 포함하지 않는다).
WhereGreaterThanOrEqualTo	이상(value의 수를 포함한다).
WhereLessThan	보다 작다(value의 수를 포함하지 않는다).
WhereLessThanOrEqualTo	이하(value의 수를 포함한다).
WhereMatchesKeyInQuery〈TOther〉	서브 조회와 일치한다, 데이터를 취득한다(서브 쿼리의 필드를 지정할 수 있다).
WhereMatchesQuery〈TOther〉	서브 조회와 일치한다, 데이터를 취득한다.
WhereNearGeoPoint	지정한 위치부터 가까운 순으로 오브젝트를 취득한다.
WhereNotContainedIn	어느 것과도 일치하지 않는다.
WhereNotEqualTo	일치하지 않는다.
WhereWithinGeoBox	지정된 직사각형 범위에 포함되는 오브젝트를 취득한다.

표 4-1-1 NCMB에서 사용 가능한 조건 지정

또한 이러한 조건 지정은 자신이 작성한 데이터 스토어의 클래스 외에도 '회원 관리', '푸시 알림' 등 NCMB가 시스템에서 이용하는 클래스 안의 검색에도 사용할 수 있습니다.

그리고 데이터 스토어에 위도 및 경도를 저장하는 NCMBGeoPoint 구조체의 값을 저장하면 거리와 관련된 검색을 할 수 있습니다(Appendix의 'NCMB의 기타 기능'을 참조).

검색 조건의 조합

여러 개의 검색 조건을 합하여 범위를 좁히는 것을 'AND 검색'이라고 합니다. 예를 들어 지정한 키의 값이 0 이상이고 10 이하인 데이터를 검색하는 경우는 다음과 같은 순서대로 조건을 지정합니다.

```
NCMBQuery<NCMBObject> query = new NCMBQuery<NCMBObject>("QueryTest");
query.whereGreaterThan("key", 0);
query.whereLessThan("key", 10);
```

복수 검색 중 어느 하나의 검색 조건과 일치하기만 하면 되는 경우는 'OR 검색'을 수행합니다.

```
// 첫 번째 검색 조건
NCMBQuery<NCMBObject> firstQuery = new NCMBQuery<NCMBObject> ("QueryTest");
firstQuery.WhereLessThanOrEqualTo ("Score", 4);

// 두 번째 검색 조건
NCMBQuery<NCMBObject> secondQuery = new NCMBQuery<NCMBObject> ("QueryTest");
secondQuery.WhereEqualTo ("Score", 7);
List<NCMBQuery<NCMBObject>> queries = new List<NCMBQuery<NCMBObject>> ();
```

```
queries.Add (firstQuery);
queries.Add (secondQuery);

// 검색 조건을 OR로 결합한다.
NCMBQuery<NCMBObject> mainQuery = NCMBQuery<NCMBObject>.Or (queries);
```

이와 같이 쿼리를 잘 활용하면 액세스 횟수를 줄이고 필요한 데이터만 효율적으로 취득할 수 있습니다.

COLUMN

API 콜 수의 절약

NCMB는 플랜에 따라 'API 콜(호출)'이라는 처리 단위로 이용 상한이 정해져 있습니다. 무료 플랜인 경우는 월 200만 번으로 되어 있습니다. API 콜은 '회원 관리'나 '데이터 스토어' 등에서 통신을 할 때마다 소비합니다.

현재 플랜의 상한에 다가가면 해당 사실을 개발자에게 메일로 연락해 줍니다. Unity 스크립트 안에서 상한이 가득 찬 상태에서 통신을 하려고 하면 'REQUEST_OVERLOAD'라는 오류 코드가 반환되어 옵니다.

개발 규모가 작을 때는 가능한 한 무료 플랜을 계속 사용하고 싶을 것입니다. 그래서 API 호출의 낭비를 줄일 궁리를 해야 합니다. 데이터 스토어의 경우는 데이터를 저장하는 타이밍을 줄이거나, 똑같은 타이밍에서 취득하는 데이터는 클래스도 하나로 통합하는 등의 방법을 생각할 수 있습니다.

데이터 스토어 안에서 적절히 클래스를 분할해 두면 각 데이터를 보기는 좋지만 클래스 수 만큼 앱에서 액세스하는 횟수가 증가하므로 개발 후반에는 데이터 스토어의 클래스 구조를 다시 한 번 검토하기 바랍니다.

NCMB는 월정액 서비스이지만 다른 회사의 mBaaS에는 종량제 요금인 형태도 있습니다. 다른 mBaaS를 사용할 때는 잘못된 설계로 인해 액세스가 많이 발생해서 엄청난 이용요금이 부과되는 트러블도 일어날 수 있습니다. 앱을 릴리즈하기 전에 쓸데없는 통신이 없는지 다시 한 번 확인해 두는 것이 좋습니다.

4-2 랭킹 기능

대부분의 스마트폰용 소셜 게임에는 '월간 탑 플레이어 랭킹'과 같이 게임 안의 스코어 랭킹이 표시됩니다. 게임에 랭킹을 도입하면 다른 플레이어와의 경쟁심을 부추기고 플레이어가 게임을 하는 빈도를 높일 수 있습니다.

여러분이 개발하고 있는 게임에서 점수 요소가 있다면 랭킹 기능을 꼭 넣어 보기 바랍니다.

랭킹 기능의 개요

NCMB의 '데이터 스토어' 기능을 사용하면 게임 안의 데이터를 사용하여 각종 랭킹을 만들 수 있습니다. 하이스코어, 스테이지 클리어 수, 입수한 아이템 수 등 많은 응용 방법이 있습니다.

사실 NCMB를 사용하지 않아도 단순한 랭킹 기능의 경우는 플랫폼 제공자가 제공하는 기능으로도 구축이 가능합니다. iOS의 경우는 'Game Center', Android의 경우는 'Google Play Game Services'의 기능으로 랭킹(또는 리더 보드)이 마련되어 있습니다. 하지만 이 두 플랫폼을 걸쳐 통계를 낼 수는 없습니다(예전에는 Google 서비스를 iOS에서도 사용할 수 있었지만, 2016년 12월에 iOS 지원을 종료한다고 발표했습니다). NCMB를 사용하면 두 OS에서 하나의 랭킹 데이터를 집계하여 표시할 수 있습니다.

또한 랭킹 기능만 구축한다면 3장에서 소개한 '로그인' 기능을 반드시 구축할 필요는 없습니다. 이미 릴리즈한 여러분의 앱에 랭킹 기능을 추가하고 싶은 경우는 우선 이 장의 설명을 참고로 랭킹 기능만 사용해 보는 것도 좋을 것입니다.

샘플 게임의 랭킹 기능에 대해

'검사가 그렇게 빨리 죽어버려?' 샘플 게임에서는 플레이어가 배틀 씬에서 무찌른 적의 수를 집계하고 있습니다. 랭킹은 메뉴 화면의 '킬 랭킹' 버튼으로 표시할 수 있습니다.

샘플 게임에서는 플레이어의 닉네임과 킬 수, 그 기록이 갱신된 날짜를 취득하여 표시하고 있습니다.

그림 4-2-1 샘플 게임의 킬 랭킹 표시

랭킹에 필요한 데이터 저장하기

이제 랭킹 기능의 구축 방법을 순서대로 설명하겠습니다.

먼저 배틀 씬이 끝난 타이밍(=적에게 당한 타이밍)에서 플레이어의 닉네임과 쓰러뜨린 적의 수를 데이터 스토어에 송신하는 처리를 합니다.

이 처리는 Assets/Scripts/Communication/RankingHandler.cs의 다음 메소드에서 수행합니다.

```
public IEnumerator SaveKillDataCoroutine(string nickName, int killCount)
{
   NCMBObject ncmbObject = new NCMBObject(NCMBDataStoreClass.KILLRANKING);
   ncmbObject[NCMBDataStoreKey.NICKNAME] = nickName;
   ncmbObject[NCMBDataStoreKey.KILLCOUNT] = killCount;

   yield return dataStoreCoroutine.SaveAsyncCoroutine(ncmbObject, Main.Instance.
ForceToTitle);
}
```

3-3에서도 소개했지만 샘플 게임은 타이핑 실수 방지를 위해 데이터 스토어의 클래스명이나 필드명은 Assets/Scripts/DataClass/Constant.cs에 상수로 지정하고 있습니다. 'NCMBDataStoreClass.KILLRANKING'의 내용은 string형인 "KillRanking"입니다.

먼저 NCMBObject의 인스턴스를 작성하고, 랭킹용 데이터의 클래스인 'KillRanking'을 지정합니다. NCMBObject에 플레이어의 닉네임을 저장하는 'NickName', 쓰러뜨린 적의 수를 기록하는 'KillCount' 필드를 만들고, 이 메소드의 인수로부터 전달된 값을 설정합니다. 그리고 작성한 NCMBObject를 SaveAsyncCoroutine 메소드에 전달하여 데이터 송신의 통신 처리를 실행합니다(SaveAsyncCoroutine 메소드에 대해서는 3-3의 'NCMB에 관한 통신 처리 코루틴'을 참조).

NCMBObject에 지정된 클래스가 데이터 스토어 안에 존재하지 않으면 클래스가 새로 만들어집니다. 마찬가지로 필드도 없으면 새로 추가됩니다. 샘플 게임에서 계정을 사용하여 배틀 씬을 몇 번 플레이하면 이 'KillRanking'에 성적 데이터가 축적되어 갑니다.

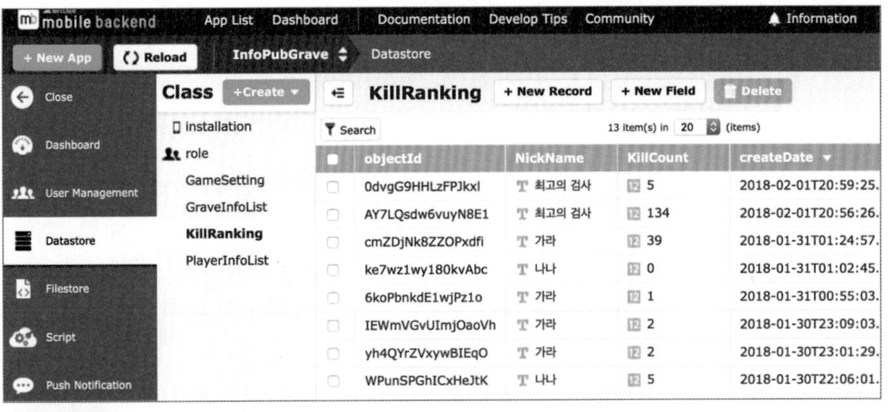

그림 4-2-2 관리 화면의 데이터 스토어에서 필드를 확인한다.

랭킹 데이터의 취득과 표시

계속해서 데이터 스토어로부터 랭킹 데이터를 취득하여 표시합니다. 데이터 취득은 RankingHandler.cs의 다음 메소드에서 수행합니다.

```
public IEnumerator FindKillRankingCoroutine(int num)
{
    NCMBQuery<NCMBObject> query
        = new NCMBQuery<NCMBObject>(NCMBDataStoreClass.KILLRANKING);

    query.OrderByDescending(NCMBDataStoreKey.KILLCOUNT);
    query.Limit = num;

    IEnumerator coroutine
        = dataStoreCoroutine.FindAsyncCoroutine(query, Main.Instance.ForceToTitle);

    yield return StartCoroutine(coroutine);

    List<NCMBObject> ncmbObjectList
        = (List<NCMBObject>)coroutine.Current;

    List<RankingInfo> ranking
        = ncmbObjectList.Select(obj => new RankingInfo(obj)).ToList();

    yield return ranking;
}
```

FindKillRankingCoroutine 메소드의 인수인 num은 랭킹용 데이터를 몇 개 가져 올지를 지정하는 것입니다.

우선 데이터 스토어의 'KillRanking' 클래스를 지정한 쿼리를 작성하고, 데이터의 취득 조건으로 'KillCount 필드의 수치를 내림차순으로 정렬', '취득 상한 수는 num 개'로 지정합니다.

```
query.OrderByDescending(NCMBDataStoreKey.KILLCOUNT);
query.Limit = num;
```

FindAsyncCoroutine 메소드는 2-4에서 소개한 FindAsync 메소드를 코루틴으로 이용할 수 있도록 한 것입니다. 코루틴은 반환값을 가질 수 없지만 'yield return 변수'와 같이 지정하면 호출원으로부터 Coroutine.Current 프로퍼티를 사용하여 값을 참조할 수 있습니다. 이를 사용하여 FindAsyncCoroutine으로부터 처리 결과를 받아 List 〈NCMBObject〉 형으로 캐스트하고 있습니다.

샘플 게임에서는 랭킹 화면의 UI를 처리하는 메소드에 랭킹 데이터를 전달할 때 Assets/Scripts/DataClass/RankingInfo.cs에 정의되어 있는 'RankingInfo' 클래스를 사용하고 있습니다.

이 클래스는 인스턴스를 생성할 때 NCMBObject를 인수로 전달하면 컨스트럭터 안에서 NCMBObject로부터 필요한 값을 꺼내 필드에 저장합니다.

```
using NCMB;
using System;
using Constant;
public class RankingInfo
{
    public readonly string nickName;
    public readonly int killCount;
    public readonly string updateDateStr;

    public RankingInfo(NCMBObject ncmbObject)
    {
        nickName = ncmbObject[NCMBDataStoreKey.NICKNAME] as string;
        killCount = (int)Convert.ToInt64(ncmbObject[NCMBDataStoreKey.KILLCOUNT]);

        DateTime _updateDate = ncmbObject.UpdateDate ?? new DateTime(0);
        _updateDate = Utility.UtcToLocal(_updateDate);
        updateDateStr = _updateDate.ToString("yyyy/MM/dd");
    }
}
```

이 RankingInfo 클래스의 리스트를 사용하여 Assets/Scripts/MenuUI/RankingUI.cs에서 랭킹 화면의 표시 처리를 합니다. 취득한 NCMBObject를 그대로 UI 표시 처리에 전달하는 것보다 이와 같이 데이터 클래스를 정의하여 중개하면 처리의 흐름이 보기 좋아집니다.

NCMBObject를 상속한 파생 클래스에서 데이터 관리를 하는 방법도 가능하지만 이번에는 위의 방법을 사용했습니다.

4-3 친구 기능

대부분의 소셜 게임에는 친구 기능이나 길드 기능 등 다른 플레이어와 교류나 대전을 할 수 있는 시스템이 탑재되어 있습니다. 매일 성적을 겨루는 친구가 있거나 배틀을 도와주는 사람 등 다른 플레이어가 등장하는 SNS 요소는 소셜 게임의 핵심 요소라고도 할 수 있습니다.

NCMB를 사용함으로써 이러한 친구 장치를 손쉽게 게임에 도입할 수 있습니다. 여기서는 '검사가 그렇게 빨리 죽어버려?' 샘플 게임의 구축을 바탕으로 친구 기능을 만드는 일례를 설명하겠습니다.

샘플 게임의 친구 기능의 개요

메뉴에서 '친구 목록'을 탭하면 다음 화면과 같이 현재 친구가 되어 있는 플레이어의 목록이 표시됩니다.

그림 4-3-1 친구 목록 표시

초기 상태에서는 친구가 없으므로 다른 플레이어를 검색하여 친구로 추가하기 바랍니다. '다른 플레이어' 버튼을 탭하면 목록이 표시됩니다(NCMB의 앱 안에 회원이 여러 명 있어야 표시됩니다).

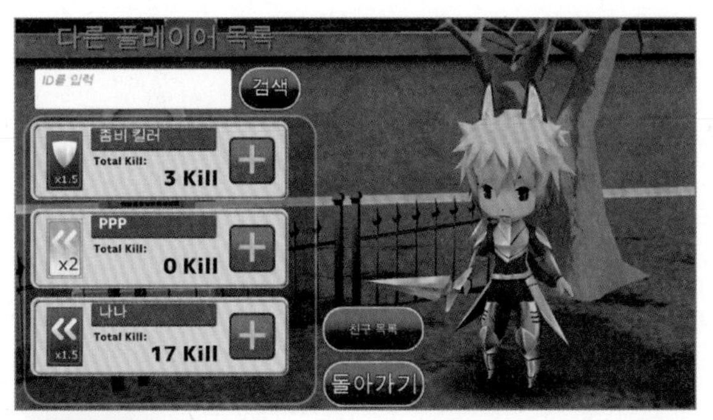

그림 4-3-2 친구 검색

플레이어 목록은 가장 최근 게임에 등록한 순서대로 표시됩니다. '+' 버튼을 탭하면 해당 플레이어를 친구로 추가할 수 있습니다. 이때 친구로 등록한 플레이어에게 푸시 알림이 보내집니다. 푸시 알림에 대해서는 6장에서 설명하겠습니다.

친구를 추가하는 장점은 게임에 따라 다양하지만 샘플 게임의 경우는 '친구가 갖고 있는 카드를 자신도 사용할 수 있다'는 설정이 있습니다. 또한 스크립트에서는 친구의 등록 상한이 설정되어 있지 않으므로 등록할 수 있는 수는 회원 관리에 저장할 수 있는 레코드 크기(10MB)가 됩니다.

또한 오른쪽 아래의 공격 버튼 옆에 카드가 2장 표시됩니다. 이 카드는 일정 시간 동안 능력이 강화되는 능력 카드인데, 두 번째 카드는 자신이 친구가 되어 있는 플레이어의 카드가 랜덤으로 선택되어 표시됩니다.

즉, 강한 능력 카드를 갖고 있는 친구가 있다면 게임을 보다 유리하게 진행할 수 있는 장치입니다.

그림 4-3-3 친구가 된 플레이어의 카드를 사용할 수 있다.

'공개된 플레이어 정보 목록'을 데이터 스토어에 작성하기

이제 친구 기능을 어떻게 구축하는지 순서대로 설명하겠습니다. 우선 데이터 스토어를 사용하여 전원이 열람할 수 있는 플레이어 정보의 목록을 작성합니다.

3장에서 배운 '회원 관리'의 필드는 기본적으로 로그인한 플레이어만 액세스할 수 있는 데이터입니다. 다른 플레이어의 성적 등을 참조하고 싶은 경우 회원 관리와는 별도의 오픈된 플레이어 정보 목록이 필요합니다.

샘플 게임에서는 공개된 플레이어 정보를 'PlayerInfo'로 정의하고 있습니다. PlayerInfo라는 이름의 C# 클래스가 Assets/Scripts/DataClass/PlayerInfo.cs에 있습니다. 그 내용을 NCMBObject를 통해 데이터 스토어의 'PlayerInfoList' 클래스에 저장하는 형태가 됩니다.

PlayerInfoList 클래스에는 다음과 같은 필드가 있습니다.

필드명	기능
UserName	사용자명
NickName	닉네임
EquipCardId	갖고 있는 능력 카드의 종류
KillCount	지금까지 쓰러뜨린 적의 누계
ScreenShotFileName	스크린샷 파일의 이름(5장에서 사용)
InstallationObjectId	사용자 단말기 정보(6장에서 사용)

표 4-3-1 공개 정보를 저장하고 있는 PlayerInfoList 클래스의 필드

여기에 NCMB가 자동으로 할당하는 고유한 ID인 ObjectId와 작성 날짜인 createDate, 갱신 날짜인 updateDate가 표준으로 만들어집니다.

EquipCardId 필드는 게임 중에 등장하는 '능력 카드'의 ID를 저장하기 위한 것입니다. 플레이어가 갖고 있는 카드를 이 필드에 저장해 둠으로써 '플레이어가 갖고 있는 장비가 게임 중에 도와준다'는 조력자 기능을 구현하고 있습니다.

PlayerInfoList에 자신의 정보 저장하기

먼저 데이터 스토어의 'PlayerInfoList' 클래스에 플레이어 자신의 데이터를 등록합니다. 샘플 게임에서는 플레이어가 게임에 회원 가입을 함과 동시에 PlayerInfoList의 신규 레코드를 작성하고 데이터 스토어에 저장하고 있습니다. Assets/Scripts/Communication/PlayerInfoHandler.cs에 PlayerInfo의 신규 작성 메소드가 다음과 같이 정의되어 있습니다.

```
public IEnumerator CreateOwnDataCoroutine(
   string nickName,
   string userName,
   UnityAction<NCMBException> errorCallback)
{
   NCMBObject ncmbObject
      = PlayerInfo.CreateNCMBObject(nickName : nickName, userName : userName);

   IEnumerator coroutine
      = dataStoreCoroutine.SaveAsyncCoroutine(ncmbObject, errorCallback);

   yield return StartCoroutine(coroutine);

   NCMBUser.CurrentUser[NCMBUserKey.PLAYERINFO]
      = (NCMBObject)coroutine.Current;
}
```

인수 nickName에는 타이틀 화면에서 플레이어가 정한 닉네임이 들어갑니다. 처리 순서는 다음과 같습니다.

① NickName, UserName으로부터 'PlayerInfoList' 클래스의 NCMBObject를 생성한다.
② NCMBObject에 Save 처리를 하여 데이터 스토어로 송신한다.
③ 저장된 결과의 NCMBObject 참조를 회원 관리 필드에 써 넣는다.

처리의 마지막에 회원 관리 필드에 NCMBObject의 참조를 써 넣는 이유는 두 번째 로그인 이후의 PlayerInfo는 여기서 참조하여 취득하기 위해서입니다.

자신의 PlayerInfo 업데이트하기

앞에서 나온 '랭킹' 기능에서는 성적을 저장할 때마다 레코드가 늘어나기 때문에 한 플레이어에 대해 여러 개의 레코드가 존재합니다. 친구 기능에서는 플레이어에 대한 레코드는 하나뿐입니다. 내용이 바뀔 경우에는 신규 추가가 아니라 기존의 레코드를 업데이트합니다.

샘플 게임에서는 배틀 씬 중에 적에게 당하면 메뉴로 돌아가는데 이 타이밍에서 지금까지 쓰러뜨린 적의 누계를 PlayerInfoList 클래스의 자신의 레코드에 저장합니다. 저장 처리는 PlayerInfoHandler.cs의 다음 메소드에서 처리합니다.

```
public IEnumerator SaveKillCountToOwnData(
    int killCount,
    UnityAction<NCMBException> errorCallback)
{
    NCMBObject ownPlayerInfo = (NCMBObject)NCMBUser.CurrentUser[NCMBUserKey.
PLAYERINFO];
    ownPlayerInfo[NCMBDataStoreKey.KILLCOUNT] = killCount;
    yield return dataStoreCoroutine.SaveAsyncCoroutine(ownPlayerInfo, errorCallback);
}
```

회원 관리에서 회원 가입 시에 작성한 PlayerInfoList의 레코드를 참조하고 KillCount 필드의 값을 갱신합니다. 장비 카드를 변경했을 때나 새로운 스크린샷을 촬영했을 때도 똑같은 처리로 PlayerInfoList의 레코드를 갱신합니다(스크린샷 처리에 대해서는 5장에서 설명).

친구 후보 플레이어 목록을 취득하기

여기까지의 절차로 플레이어의 공개 정보를 작성하고 갱신할 수 있게 되었습니다. 계속해서 플레이어 목록을 가지고 리스트를 표시하는 처리를 살펴보겠습니다.

그림 4-3-4 플레이어 목록 표시

이 플레이어 목록은 랭킹 기능과 마찬가지로 쿼리를 사용하여 조건을 지정하여 취득합니다. 조건은 PlayerInfoList에서 '자신의 레코드 ObjectID를 제외한다', '이미 친구가 된 사람의 ObjectID를 제외한다', '작성 날짜를 내림차순으로 취득한다', '취득 상한 개수를 num개(인수로 지정)로 한다', 이 네 가지입니다.

취득은 PlayerInfoHandler.cs의 다음 메소드에서 처리합니다.

```
public IEnumerator FindWithIgnoreIdListCoroutine(
    int num,
    List<string> ignoreObjectIdList,
    UnityAction<NCMBException> errorCallback)
{
    NCMBQuery<NCMBObject> query
    = new NCMBQuery<NCMBObject>(NCMBDataStoreClass.PLAYERINFO_LIST);

    if (ignoreObjectIdList == null) ignoreObjectIdList = new List<string>();

    // 자신의 데이터를 제외한다. //
    NCMBObject ownPlayerInfo
    = (NCMBObject)NCMBUser.CurrentUser[NCMBUserKey.PLAYERINFO];

    ignoreObjectIdList.Add(ownPlayerInfo.ObjectId);

    // 이 리스트와 일치하지 않는 것 //
    query.WhereNotContainedIn(NCMBDataStoreKey.OBJECTID, ignoreObjectIdList);
    // 등록일이 최근순 //
    query.OrderByDescending(NCMBDataStoreKey.CREATE_DATE);
    // 취득 상한 수//
    query.Limit = num;

    IEnumerator coroutine
    = dataStoreCoroutine.FindAsyncCoroutine(query, errorCallback);

    yield return StartCoroutine(coroutine);

    if (coroutine.Current != null)
    {
```

```
        List<NCMBObject> ncmbObjectList
        = (List<NCMBObject>)coroutine.Current;

        yield return ncmbObjectList.ConvertAll(ncmbObject => new
PlayerInfo(ncmbObject)).ToList();
    }
}
```


인수 ignoreObjectIdList 리스트에는 이미 친구로 등록한 PlayerInfoList 레코드의 ObjectId 리스트가 전달됩니다. 거기에 회원 정보로부터 취득한 자신의 PlayerInfoList 레코드의 ObjectId를 추가함으로써 자신의 정보를 제외시킵니다.

취득한 NCMBObject의 리스트는 최종적으로 List〈PlayerInfo〉로 변환되어 UI 표시 처리로 전달됩니다.

플레이어를 친구로 등록하기

목록이 표시되면 괜찮을 것 같은 플레이어를 찾아 자신의 친구로 추가합니다. '+' 버튼을 누르면 Assets/Scripts/Communication/UserAuth.cs에 있는 다음 메소드가 호출되어 대응하는 PlayerInfoList의 ObjectId가 회원 관리의 'FriendIdList'에 string 리스트로 저장됩니다.


```
public void AddFriend(string objectId)
{
    List<string> friendList
        = GetStringListFromNCMBUserField(NCMBUserKey.FRIENDID_LIST);

    friendList.Add(objectId);

    NCMBUser.CurrentUser[NCMBUserKey.FRIENDID_LIST] = new ArrayList(friendList);

    NCMBUser.CurrentUser.SaveAsync();
}
```

GetStringListFromNCMBUserField 메소드는 샘플 게임에 수록되어 있는 회원 관리로부터 지정된 필드의 값을 List〈string〉으로 취득하는 처리를 합니다. 친구 ID의 string 리스트를 취득하고, 리스트에 인수로 전달된 ID를 추가한 후 회원 관리에 반환하여 저장한다는 흐름으로 되어 있습니다.

친구를 삭제하는 경우는 친구 목록에서 '–' 버튼을 탭하는데, 이 경우는 Add와 반대로 처리합니다. 즉 친구 ID 리스트를 취득한 다음 인수로 있는 ID를 제외하고 회원 관리로 되돌려 갱신합니다.

```
public void RemoveFriend(string objectId)
{
    List<string> friendList
        = GetStringListFromNCMBUserField(NCMBUserKey.FRIENDID_LIST);

    friendList.Remove(objectId);

    NCMBUser.CurrentUser[NCMBUserKey.FRIENDID_LIST] = new ArrayList(friendList);
    NCMBUser.CurrentUser.SaveAsync();
}
```

친구 목록을 표시하기

플레이어의 친구 목록을 표시하는 경우는 회원 관리의 'FriendIdList' 필드의 ObjectId 리스트를 사용하여 PlayerInfoList로부터 데이터를 취득합니다. PlayerInfoHandler.cs의 다음 메소드가 취득 처리 부분입니다. 이번의 쿼리 조건은 '친구가 되어 있는 사람의 ObjectId에 해당한다', '취득 상한 수를 num개(인수로 지정)로 한다', 이 두 가지입니다.

```
public IEnumerator FindByIdListCoroutine(
    int num,
    List<string> objectIdList,
    UnityAction<NCMBException> errorCallback)
{
    NCMBQuery<NCMBObject> query
        = new NCMBQuery<NCMBObject>(NCMBDataStoreClass.PLAYERINFO_LIST);

    // 이 ObjectID 리스트의 PlayerInfo를 취득 //
    if (objectIdList != null)
    {
        query.WhereContainedIn(NCMBDataStoreKey.OBJECTID, objectIdList);
    }

    // 취득 상한 수 //
    query.Limit = num;

    IEnumerator coroutine = dataStoreCoroutine.FindAsyncCoroutine(query,
errorCallback);

    yield return StartCoroutine(coroutine);

    if (coroutine.Current != null)
    {
        List<NCMBObject> ncmbObjectList = (List<NCMBObject>)coroutine.Current;
        yield return ncmbObjectList.ConvertAll(ncmbObject => new
PlayerInfo(ncmbObject)).ToList();
    }
}
```

친구를 ID로 검색하기

같은 게임을 플레이하고 있는 친구가 게임 ID를 가르쳐주면 친구 등록을 하는 장치를 생각해 봅시다. 닉네임은 중복될 가능성이 있지만 ID(로그인 ID 또는 사용자명)는 중복을 허용하지 않으므로 샘플 게임에서는 이것을 키로 하여 플레이어를 검색하는 처리를 만들었습니다.

PlayerInfoHandler.cs의 다음 메소드가 검색 처리를 하는 메소드입니다. 리스트의 표시와 마찬가지로 쿼리를 사용하여 검색을 합니다. 조건은 3가지로, '자신의 레코드의 ObjectId를 제외한다', '이미 친구가 되어 있는 사람의 ObjectID를 제외한다', 'ID(인수로 지정)와 userName 필드가 일치한다'입니다. ID는 메뉴 화면의 닉네임 바로 아래에 표시되어 있습니다.

```
public IEnumerator FindByUserNameCoroutine(
    string userName, List<string> ignoreObjectIdList,
    UnityAction<NCMBException> errorCallback)
{
    NCMBQuery<NCMBObject> query
        = new NCMBQuery<NCMBObject>(NCMBDataStoreClass.PLAYERINFO_LIST);

    // 자신의 데이터를 제외한다 //
    NCMBObject ownPlayerInfo
        = (NCMBObject)NCMBUser.CurrentUser[NCMBUserKey.PLAYERINFO];

    if (ignoreObjectIdList == null)
    {
        ignoreObjectIdList = new List<string>();
    }
    ignoreObjectIdList.Add(ownPlayerInfo.ObjectId);

    // 이 리스트와 일치하지 않는 것 //
    query.WhereNotContainedIn(NCMBDataStoreKey.OBJECTID, ignoreObjectIdList);

    // 이 사용자 이름과 일치하는 것//
    query.WhereEqualTo(NCMBDataStoreKey.USERNAME, userName);

    IEnumerator coroutine
        = dataStoreCoroutine.FindAsyncCoroutine(query, errorCallback);

    yield return StartCoroutine(coroutine);

    if (coroutine.Current != null)
    {
        List<NCMBObject> ncmbObjectList
        = (List<NCMBObject>)coroutine.Current;

        yield return ncmbObjectList.ConvertAll(ncmbObject => new
PlayerInfo(ncmbObject)).ToList();
    }
}
```

샘플 게임의 친구 기능은 상당히 심플하므로 아직 확장의 여지가 있습니다. 예를 들어 게임 중에 친구의 캐릭터가 가세한다거나 아이템을 주는 등의 연출을 넣으면 플레이어들이 보다 친밀해질 것입니다.

재미있는 아이디어가 있다면 꼭 게임에 넣어 보기 바랍니다.

COLUMN

NCMB의 활용 사례 '데이터 스토어'편 ①

● 외톨이 행성

'외톨이 행성'은 2016년에 크게 히트한 방치형 게임 앱입니다. 플레이어는 황폐한 행성에서 '부품'을 수집하여 안테나를 키워 외부와 교신하려고 합니다. 가장 큰 특징으로는 플레이어에게 랜덤으로 메시지를 송수신할 수 있는 시스템으로, SNS에서 폭발적인 쉐어를 거쳐 많은 전설을 낳았습니다.

이 앱의 메시지 시스템은 NCMB의 데이터 스토어 기능을 사용하고 있습니다. 구축 방법은 메시지 데이터를 저장하는 클래스를 마련하여 메시지를 순서대로 저장한 후 수신할 때는 랜덤으로 레코드를 취득하는 심플한 구조입니다. '외톨이 행성'은 App Store, Google Play에서 무료 광고 및 아이템 유료 모델로 배포중입니다.

메시지 송신 화면

4-4 비동기화형 멀티플레이어 게임 시스템

최신 게임 플레이는 싱글용이지만 네트워크를 통해 다른 플레이어의 상황을 부분적으로 표현함으로써 '같이 플레이하고 있다는 감각'을 연출하는 것이 있습니다. 이러한 기능을 이 책에서는 '비동기화형 멀티플레이 기능'이라고 정의합니다.

'검사가 그렇게 빨리 죽어버려?' 샘플 게임은 데이터 스토어를 사용하여 '주인공이 적에게 당했을 때 메시지를 남길 수 있다', '다른 플레이어는 무덤을 통해 메시지를 읽을 수 있다'라는 비동기화형 멀티플레이 기능을 갖고 있습니다. 여기서는 그 구축 방법을 소개하겠습니다.

샘플 게임의 시스템 특징

샘플 게임에서는 주인공이 적에게 당하면 무덤이 생깁니다. 플레이어는 그 자리에서 메시지로 '유언'을 입력할 수 있습니다.

그림 4-4-1 주인공이 죽으면 무덤에 메시지를 입력할 수 있다.

플레이어는 메시지를 저장할 때 무덤에 마법 효과를 줄 수 있습니다. 마법은 '회복', '저주(데미지)', '아무 것도 안함', 이 3종류입니다. 마법을 결정하면 메시지와 마법 효과, 무덤의 좌표와 플레이어의 닉네임이 데이터 스토어에 저장됩니다.

그림 4-4-2 무덤에 메시지와 마법 효과가 설정된다.

반대로 플레이어는 스테이지에서 무덤을 탭하면 다른 플레이어의 메시지를 읽을 수가 있습니다. 그리고 '조사하기' 버튼으로 해당 무덤에 걸려있는 마법 효과를 발동시킬 수 있습니다. '회복'과 '저주' 중 어떤 마법이 설정되어 있는지는 모르므로 메시지를 힌트로 판단해야 합니다.

그림 4-4-3 다른 플레이어의 무덤을 조사해 본다.

메시지는 자유롭게 기입할 수 있으므로 예를 들어 '다음을 부탁해!'와 같이 회복의 냄새를 풍기는 메시지를 써 놓으면서 실제로는 '저주'를 걸고 있는 속임수 플레이도 가능합니다.

그림 4-4-4 메시지를 바탕으로 마법 효과를 발동시켜 본다.

무덤을 조사함으로써 운이 좋으면 빈사 상태에서 복귀할 수도 있으며, 운이 나쁘면 저주에 걸려 체력이 줄어들어 그대로 죽어버리는 경우도 있습니다.

샘플 게임은 기본적으로 싱글 플레이이므로 다른 플레이어와 '느슨한' 관계를 가질 수 있습니다. 이것이 바로 '비동기화형 멀티플레이 기능'을 구축하는 한 방법입니다.

무덤 데이터의 저장

이 기능이 어떻게 구축되어 있는지 스크립트를 살펴봅시다. 먼저 데이터 스토어 측의 클래스 설계입니다. 무덤 정보를 저장하는 클래스 'GraveInfoList'에는 다음과 같은 필드가 있습니다.

필드명	기능
NickName	닉네임
Position	무덤의 위치
Message	메시지
CurseType	마법 종류
CheckCounter	이 무덤이 조사된 횟수

표 4-4-1 GraveInfoList 클래스의 필드

Unity 스크립트 측에서는 무덤과 관련된 정보는 'GraveInfo' 클래스로 취급하고 있습니다. 해당 클래스는 Assets/Scripts/DataClass/GraveInfo.cs 안에 기술되어 있습니다. 필드는 다음과 같습니다.

```
public enum CurseType { None, Damage, Heal }

public readonly string nickName;
public readonly string deathMessage;
public readonly string objectId;
public readonly CurseType curseType;
public readonly Vector3 position;
public readonly int checkCounter;
```

각각 데이터 스토어의 필드와 대응하고 있습니다. 플레이어가 메시지를 기입하고 마법 효과를 선택한 타이밍에서 이러한 정보를 가지고 NCMBOjbect를 생성하고 데이터 스토어의 'GraveInfoList' 클래스에 저장합니다. NCMBObject로 변환하는 것은 GraveInfo.cs의 다음 메소드로 처리됩니다.

```
public static NCMBObject CreateNCMBObject(
    string nickName, string deathMessage,
    string curseTypeStr, Vector3 position)
{
    double[] positionDoubleArray
```

```
        = Utility.Vector3toDoubleArray(new Vector3(position.x, 0f, position.z));

    NCMBObject ncmbObject = new NCMBObject(NCMBDataStoreClass.GRAVEINFO_LIST);
    ncmbObject[NCMBDataStoreKey.NICKNAME]
        = string.IsNullOrEmpty(nickName) ? "Unknown" : nickName;
    ncmbObject[NCMBDataStoreKey.POSITION] = positionDoubleArray;
    ncmbObject[NCMBDataStoreKey.MESSAGE] = deathMessage;
    ncmbObject[NCMBDataStoreKey.CURSETYPE]
        = (int)Utility.TryParse<CurseType>(curseTypeStr);
    ncmbObject[NCMBDataStoreKey.CHECKCOUNTER] = 0;

    return ncmbObject;
}
```

위치 정보인 position 필드는 Vector3 데이터라서 그 상태로는 데이터 스토어에 저장할 수 없기 때문에 Vector3을 double[ ]로 변환합니다. 이 변환은 유틸리티 메소드로 Assets/Scripts/Util/Utility.cs에 모아놓았습니다.

생성한 NCMBObject에 Save를 걸고 데이터 스토어의 'GraveInfoList'에 송신하는 처리는 Assets/Scripts/Communication/GraveInfoHandler.cs의 SaveGraveInfoCoroutine 메소드에서 처리합니다.

```
public IEnumerator SaveGraveInfoCoroutine(
    string nickName,
    string deathMessage,
    string curseTypeStr,
    Vector3 position)
{
    NCMBObject ncmbObject
        = GraveInfo.CreateNCMBObject(nickName, deathMessage, curseTypeStr,
position);

    IEnumerator coroutine
        = dataStoreCoroutine.SaveAsyncCoroutine(ncmbObject, Main.Instance.
ForceToTitle);

    yield return StartCoroutine(coroutine);

    yield return coroutine.Current;
}
```

주인공이 적에게 당해 메시지와 마법을 설정한 후에 이 메소드가 호출됩니다. 인수는 닉네임, 메시지, 마법의 종류, 무덤의 좌표입니다(상수 NCMBDataStoreClass.GRAVEINFO_LIST의 내용은 string형인 "GraveInfoList"입니다).

다음과 같이 저장된 데이터는 NCMB 관리 화면의 'DataStore' 탭에서 확인할 수 있습니다.

Class +Create ▾ | GraveInfoList | + New Record | + New Field | Delete

installation
role
GameSetting
GraveInfoList
KillRanking
PlayerInfoList

Search 18 item(s) in 20 (items)

objectId	NickName	Position
e7CGI5GNZ4d4UZuo	최고의 검사	[4.435503005981445,0,7.45619153976...
iNBCPGFTw104uUzY	좀비 킬러	[16.898115158081055,0,-0.633002042...
8XSYmmlh2pP9dxG7	최고의 검사	[-12.352705955505371,0,1.395942807...
AMcChDyAsCJvJi6F	나나	[2.5485239028930664,0,12.935289382...
AG36wk29wND1mSVW	최고의 검사	[-11.780211448669434,0,-12.73007011...

그림 4-4-5 관리 화면의 데이터 스토어에서 확인한다.

이 레코드는 친구 기능과는 달리 한 명의 플레이어가 여러 개 저장할 수 있습니다. GraveInfoList에 데이터를 저장한 후 그 레코드의 참조가 '회원 관리' 필드인 'Last GraveInfo'에 저장됩니다. 이것은 게임 시작 시에 자신의 무덤 상태를 표시하는 연출을 위해 이용됩니다.

무덤 데이터의 취득

스테이지에는 무덤이 산재해 있습니다. 무덤은 배틀 씬의 시작 시에 저장된 다른 플레이어의 무덤 데이터를 'GraveInfoList'로부터 취득하여 표시하고 있습니다. 취득 처리는 GraveInfoHandler.cs에 구축되어 있습니다.

이 메소드는 FindAsyncCoroutine()에서 NCMBObject의 리스트를 취득한 후 List〈GraveInfo〉로 변환시킵니다. 이 처리로 취득한 좌표 데이터를 기초로 게임의 스테이지 안에 무덤의 폴리곤 모델을 배치합니다.

무덤 데이터를 몇 개 취득할지는 maxGraveNum 인수로 지정합니다. 샘플 게임에서는 새로운 순으로 20개까지 취득하고 있습니다.

```
public IEnumerator FindGraveInfoListCoroutine(int maxGraveNum)
{
    NCMBQuery<NCMBObject> query
        = new NCMBQuery<NCMBObject>(NCMBDataStoreClass.GRAVEINFO_LIST);

    // 최신 날짜순으로 데이터를 취득 //
    query.OrderByDescending(NCMBDataStoreKey.CREATE_DATE);

    // 취득할 무덤의 상한값 //
    query.Limit = maxGraveNum;

    IEnumerator coroutine
        = dataStoreCoroutine.FindAsyncCoroutine(query, Main.Instance.ForceToTitle);

    yield return StartCoroutine(coroutine);

    if (coroutine.Current != null)
```

```
    {
        List<NCMBObject> ncmbObjectList
            = (List<NCMBObject>)coroutine.Current;

        yield return ncmbObjectList.ConvertAll(ncmbObject => new GraveInfo(ncmbObject));
    }
    else
    {
        yield return null;
    }
}
```


자신의 무덤 상태를 표시하기

샘플 게임에서는 배틀 씬에 죽어서 자신의 무덤이 생기면 그 다음 배틀 시작 시에 그 무덤의 통계 정보가 표시됩니다.

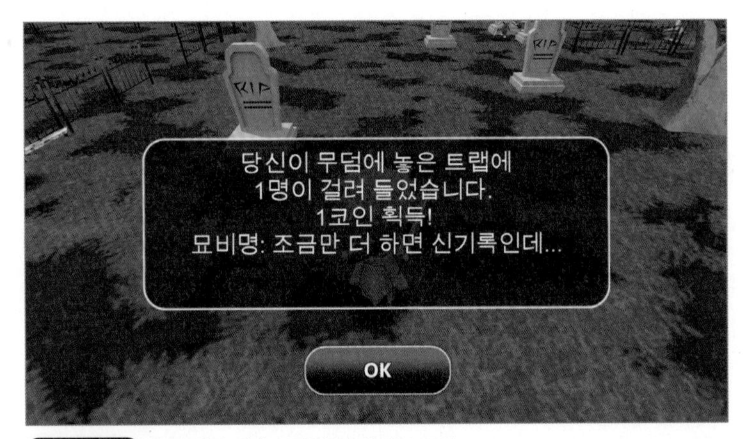

그림 4-4-6 게임 시작 시에 무덤의 통계 정보 표시

포인트는 '자신의 무덤을 다른 플레이어가 몇 번 조사했는지'에 대한 정보가 표시된다는 점입니다. 어떤 플레이어가 다른 플레이어의 무덤을 조사할 때 그 무덤의 GraveInfoList 레코드의 '조사한 횟수' 필드를 늘림으로써 횟수를 기록하고 있습니다.

GraveInfoHandler.cs의 다음 스크립트가 이 처리를 하고 있습니다.

```
public void CountUpGraveUsedCounter(string objectId)
{
    NCMBObject ncmbObject = new NCMBObject(NCMBDataStoreClass.GRAVEINFO_LIST);
    ncmbObject.ObjectId = objectId;

    ncmbObject.FetchAsync((NCMBException e) =>
    {
        if (e == null)
        {
```

```
            ncmbObject.Increment(NCMBDataStoreKey.CHECKCOUNTER);
            ncmbObject.SaveAsync();
        }
    });
}
```

상수 NCMBDataStoreKey.CHECKCOUNTER의 내용은 'CheckCounter'입니다. NCMB의 관리 화면에서 데이터 스토어의 'GraveInfoList' 클래스를 표시하면 현재 해당 레코드의 무덤이 몇 번 조사되었는지를 확인할 수 있습니다.

NCMBObject.FetchAsync 메소드는 데이터 스토어의 클래스명과 ObjectId로 지정한 레코드를 취득하는 메소드입니다. 취득에 성공한 경우는 NCMBObject.Increment 메소드에서 지정한 필드의 카운트를 1 증가시킵니다.

그림 4-4-7 관리 화면의 데이터 스토어에서 조사된 횟수를 확인한다.

자신의 무덤 데이터를 만들 때 NCMBObject 참조를 회원 관리 필드에 저장하고 있습니다. 배틀 씬을 시작할 때는 이 참조를 이용하여 데이터 스토어의 GraveInfoList 클래스로부터 자신의 무덤 레코드를 취득합니다. 취득 처리는 GraveInfoHandler.cs의 다음 처리에서 수행합니다.

```
public IEnumerator FetchGraveInfoByObjectRefCoroutine(NCMBObject ncmbObject)
{
    GraveInfo graveInfo = null;
    bool isConnecting = true;

    ncmbObject.FetchAsync((NCMBException e) =>
    {
        if (e != null)
        {
            Main.Instance.ForceToTitle(e);
        }
        else
        {
            graveInfo = new GraveInfo(ncmbObject);
        }

        isConnecting = false;
    });
```

```
    while (isConnecting) { yield return null; }

    yield return graveInfo;
}
```

다른 플레이어가 자신의 무덤을 조사한 횟수는 CheckCounter 필드에 기록되어 있으므로 '당신의 무덤인 OO번 조사되었습니다'라는 표시를 구현할 수 있습니다. 샘플 게임에서는 조사된 횟수에 따라 게임 안의 아이템인 '코인'을 보상으로 받습니다.

단지 다른 플레이어의 메시지나 흔적을 네트워크를 통해 표시하기만 하는 것이 아니라 그에 대해 어떤 반응이 있었는지를 집계함으로써 플레이어들의 상호 작용을 보다 강하게 연출할 수 있습니다.

이번에는 액션 게임이기 때문에 적에게 당했을 때 메시지를 남길 수 있도록 하는 발상을 기초로 몇 가지 기능을 구축했습니다. 다른 장르의 게임에서는 또 다른 '비동기화형 멀티플레이 기능'을 만들 수 있을 것입니다.

COLUMN

메시지에서 부적절한 말을 필터링한다

플레이어가 메시지를 자유롭게 기입하는 기능을 만드는 경우 플레이어가 악의적으로 욕설이나 비방 등을 쓸 가능성이 있습니다. 그러한 말이 포함되는 경우를 대비해 금지 용어를 제외하는 시스템을 만듭시다.

금지해야 할 용어는 여러 분야에 걸쳐 있지만 범용적인 것은 온라인에 공개되어 있는 것도 있으므로 아래를 참고로 목록을 만들기 바랍니다.

- **Our List of Dirty, Naughty, Obscene, and Otherwise Bad Words**
  https://github.com/LDNOOBW/List-of-Dirty-Naughty-Obsceneand-Otherwise-Bad-Words

샘플 게임에서는 줄 바꿈으로 구분한 워드 목록 텍스트 파일에서 BadWordList라는 ScriptableObject를 생성하는 스크립트를 사용하고 있습니다. 메시지를 투고하기 전에 이 목록과 메시지 내용을 대조하여 금지 용어가 포함되어 있다면 대화상자로 경고합니다. 자세한 구축 방법은 Assets/Scripts/DataClass/BadWordList.cs에 있으므로 참고하기 바랍니다.

4-5 게임의 설정을 관리 화면에서 변경하기

여기서는 샘플 게임에 구축된 게임의 설정을 관리 화면에서 변경하는 구조에 대해 설명하겠습니다.

샘플 게임의 게임 설정 파일

게임을 배포한 후 밸런스 조정 등을 위해 게임 중의 '적의 세기'나 '아이템의 능력'과 같은 설정을 바꾸고 싶어질 때가 있습니다. 보통의 경우는 스크립트를 수정한 후 앱을 다시 빌드에서 스토어를 경유하여 업데이트 버전을 배포합니다. 하지만 앱의 업데이트가 플레이어에게 도달하기까지는 타임 랙이 발생합니다.

예를 들어 iOS 앱의 경우는 업데이트 버전 심사에 며칠에서 2주 정도 시간이 걸리며, 이 심사를 통과해서 무사히 앱을 배포할 수 있어도 플레이어가 스토어에서 앱을 업데이트해 주지 않으면 최신 버전의 게임을 사용할 수 없습니다.

이를 대처하기 위해 대부분의 소셜 게임에서는 서버를 경유하여 게임의 설정 파일을 배포하는 구조를 취하고 있습니다. 게임 시작 시에 서버로부터 설정 파일을 취득하여 내부 파라미터를 변경함으로써 밸런스 조정을 빨리 할 수 있습니다. 또한 캠페인이나 이벤트 등의 개최 기간을 엄격하게 컨트롤할 수도 있습니다.

서버 경유로 게임의 설정 파일을 배포하는 구조는 NCMB의 데이터 스토어를 사용하여 만들 수 있습니다.

데이터 스토어에 게임 설정용 클래스를 작성하기

샘플 게임에서는 타이틀 화면을 읽어 들인 시점에서 데이터 스토어의 'GameSetting' 클래스로부터 게임의 설정을 취득하고 있습니다. 필드로는 다음과 같은 정보를 저장합니다.

- 게임이 현재 서비스 중인지 아닌지
- 뽑기에 사용할 코인의 수
- 적이 떨어뜨릴 코인의 수
- 메뉴 화면의 배너 이미지 교체
- 사용자 규약 문서

실제로 샘플 게임을 작동시키면서 설정을 변경해 봅시다.

이번에는 Unity의 스크립트에서 클래스를 생성하지 않고 NCMB 관리 화면에서 게임 설정 관리용 데이터 스토어 클래스와 필요한 필드를 마련합니다.

먼저 브라우저에서 관리 화면을 열고 샘플 게임용 '앱'으로 전환합니다. 그리고 '데이터 스토어' 탭을 연 후 '새 클래스 작성'을 선택하고 'GameSetting'이라는 이름의 클래스를 만듭니다.

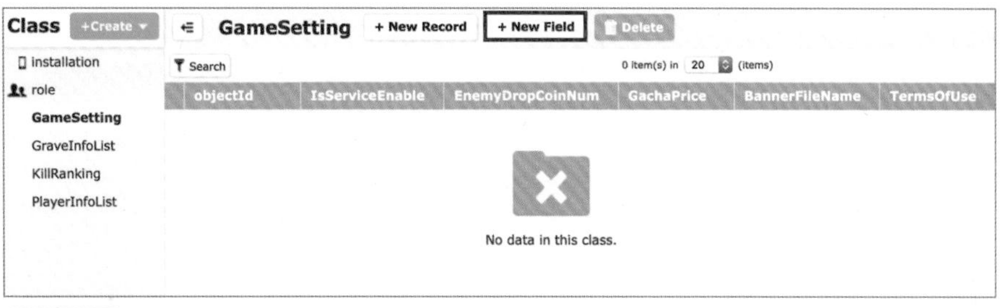

그림 4-5-1 관리 화면의 데이터 스토어에서 새 클래스를 작성한다.

계속해서 [그림 4-5-1]의 화면 위에 있는 '+New Field' 버튼을 클릭하고 [그림 4-5-2] 화면에서 IsServiceEnable, EnemyDropCoinNum, GachaPrice, BannerFileName, TermsOfUse, 이 다섯 필드를 작성합니다.

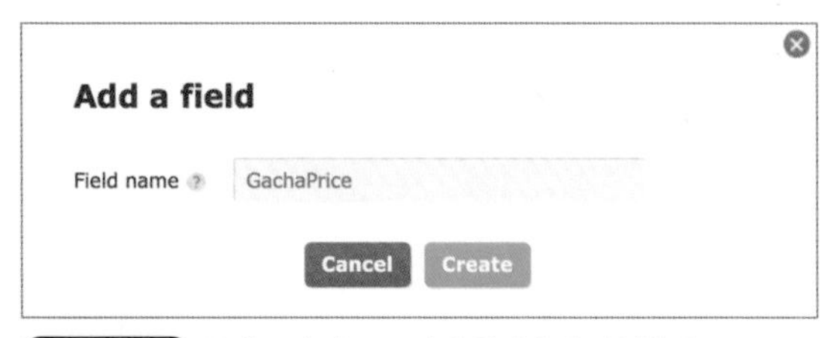

그림 4-5-2 클래스의 필드도 관리 화면에서 작성한다.

필드를 작성했으면 '+New Record'를 클릭하여 레코드를 추가합니다. 그리고 좀 전에 작성한 필드 중에서 'EnemyDropCoinNum'에 '3'을 입력합니다.

관리 화면에서 데이터를 입력할 때는 형 지정을 잊지 말도록 합시다. 이 필드는 '수치(Number)'로 지정합니다.

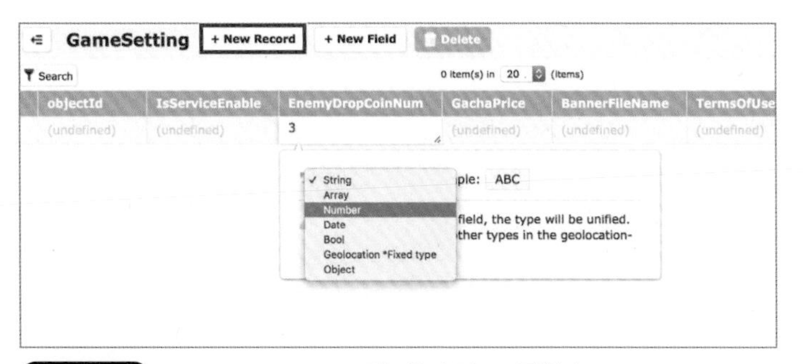

그림 4-5-3 EnemyDropCoinNum 필드를 수치로 지정한다.

입력이 끝나면 샘플 게임을 Unity 에디터나 실제 단말기에서 실행해 봅시다. 타이틀 화면의 왼쪽 위에 레코드의 갱신 시각이 표시되면 읽어 들이기가 성공한 것입니다.

게임의 설정을 읽어 들이는 구조

NCMBObject에서 게임의 설정을 갖고 있는 GameSettingInfo 클래스에 저장하는 처리는 Communication/GameSettingManager.cs의 다음 메소드에서 수행합니다.

```
public IEnumerator FetchGameSetting()
{
    NCMBQuery<NCMBObject> query
        = new NCMBQuery<NCMBObject>(NCMBDataStoreClass.GAMESETTING);

    // 이 설정 파일은 하나밖에 존재하지 않는다 //
    query.Limit = 1;

    IEnumerator coroutine
        = dataStoreCoroutine.FindAsyncCoroutine(query, Main.Instance.ForceToTitle);

    yield return StartCoroutine(coroutine);

    List<NCMBObject> ncmbObjectList = (List<NCMBObject>)coroutine.Current;

    if (!ncmbObjectList.Any())
    {
        // 데이터 스토어에 없는 경우는 GameSettingInfo 클래스의 초기값으로 작동한다. //
        currentGameSettingInfo = new GameSettingInfo();
        yield break;
    }
    else
    {
        currentGameSettingInfo = new GameSettingInfo(ncmbObjectList.First());
    }

    // 단말기에 갱신 이력이 있는지 없는지
    if (PlayerPrefs.HasKey(PlayerPrefsKey.GAMESETTING_UPDATEDATE))
    {
        // 그 날짜가 바뀌어 있는지? //
        string datetimeString
            = PlayerPrefs.GetString(PlayerPrefsKey.GAMESETTING_UPDATEDATE);

        DateTime lastUpdateDateTime
            = DateTime.FromBinary(Convert.ToInt64(datetimeString));

        // 날짜에 변화가 있는 경우에 한해 배너 이미지를 다시 취득 //
        if (lastUpdateDateTime != currentGameSettingInfo.updateDate)
        {
            yield return UpdateResourceFiles();
        }
    }
```

```
    else
    {
        yield return UpdateResourceFiles();
    }

    // 단말기에 갱신 파일의 작성 날짜를 저장 //
    PlayerPrefs.SetString(
        PlayerPrefsKey.GAMESETTING_UPDATEDATE,
        currentGameSettingInfo.updateDate.ToBinary().ToString()
        );

    PlayerPrefs.Save();
}
```

'GameSetting' 레코드는 하나밖에 존재하지 않기 때문에 쿼리의 조건으로 취득 상한을 '1'로 설정하고 있습니다. 만일 클래스나 레코드가 존재하지 않은 경우는 GameSettingInfo.cs 필드의 초기값으로 게임을 실행합니다. 'BannerFileName' 필드를 사용한 설정 파일 취득 후의 배너 이미지의 갱신 처리에 대해서는 5장에서 설명합니다.

'적이 떨어뜨릴 코인의 수'는 배틀 씬을 시작할 때 GameSettingInfo 클래스에 저장된 EnemyDropCoinNum의 수치를 취득하여 적이 당했을 때 생성되는 코인의 수에 반영합니다.

EnemyDropCoinNum의 초기값은 '1'이므로 적을 한 명 쓰러뜨리면 코인 하나가 떨어집니다. 이번에는 이 수를 '3'으로 변경하도록 데이터 스토어를 갱신했으므로 코인을 많이 입수할 수 있습니다.

값을 입력했는데 게임에 반영되지 않는 경우는 클래스명이나 필드명이 다른지 확인하기 바랍니다.

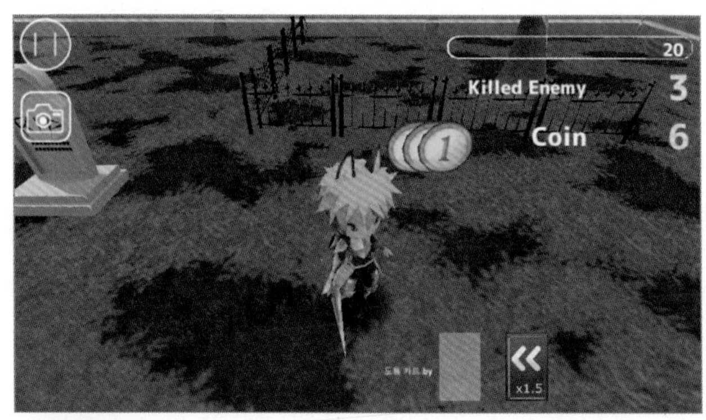

그림 4-5-4 관리 화면의 설정을 변경함으로써 취득할 수 있는 코인의 수가 늘었다.

또한 'TermsOfUse' 필드에 문자를 입력하면 타이틀 화면의 규약 문서를 변경할 수 있습니다. NCMB의 관리 화면에서 'TermsOfUse'에 뭔가 문자를 입력하고 앱을 재실행하면 바로 내용이 바뀝니다.

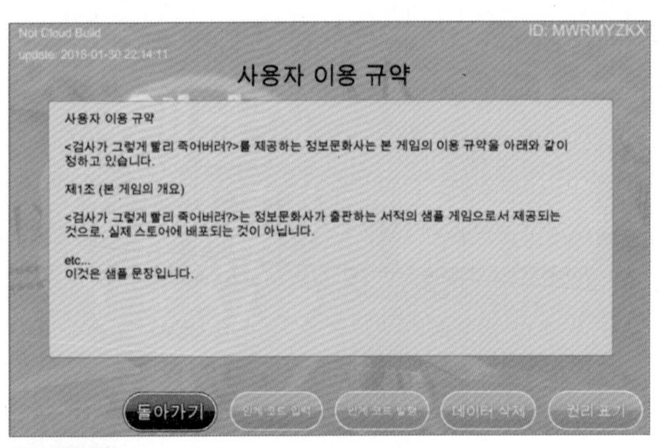

그림 4-5-5 규약 문서도 관리 화면에서 갱신할 수 있다.

그리고 'IsServiceEnable'의 bool 값을 false로 하면 '점검중입니다'라고 표시되고 게임을 시작할 수 없게 됩니다.

게임의 설정 파일을 사용할 때 주의점

이 섹션에서 설명한 방법을 사용하면 앱의 설정을 빠르게 변경할 수 있습니다. 게임 운용상의 캠페인 등에서 아이템의 출현율을 변경할 수 있을 뿐만 아니라 사용하는 광고 SDK를 교체하거나 스토어 리뷰에 실린 의견을 바탕으로 적의 세기를 조정하는 일을 앱 심사 없이 할 수 있습니다.

하지만 게임의 내용이 처음과 너무 크게 달라져 버리면 스토어의 거부 대상이 될 가능성이 있습니다. 악용하려고 하면 앱 심사 시점에서는 기능을 감춰두고 배포 후에 설정 파일을 바꿔서 숨겨놓은 기능을 활성화할 수 있기 때문입니다.

또한 게임 내의 설정을 바꾼 경우는 반드시 앱 안의 '알림'이나 '푸시 알림' 등으로 플레이어에게 알리기 바랍니다. 모르는 사이에 게임의 설정이 바뀌어서 불리해지면 플레이어가 불쾌감을 느낍니다.

설정 파일을 사용하는 방법은 어디까지나 사소한 설정을 끄고 켜는 정도로 이용하고, 게임 내용이 크게 바뀔 때는 제대로 절차를 밟아 앱 업데이트를 하는 것이 좋습니다.

COLUMN

NCMB의 활용 사례 '데이터 스토어'편 ②

● Solokus

'Solokus'는 다양한 모양을 한 블록을 사각 필드에 빈틈없이 잘 깔아가는 퍼즐 게임입니다. 블록 색깔은 4종류로, '똑같은 색의 블록은 이웃할 수 없으며 모서리 한 점만 접점을 가져야 한다'는 제약이 있습니다.

이 퍼즐 게임에서는 스테이지 선택 화면에서 클리어률 표시에 데이터 스토어 기능을 사용하고 있습니다. 몇 명의 플레이어가 해당 스테이지를 클리어했는지를 집계하여 퍼센트로 표시함으로써 해당 스테이지의 난이도를 알 수 있습니다.

'Solokus'는 App Store, Google Play에서 무료 광고, 아이템 유료 모델로 배포중입니다.

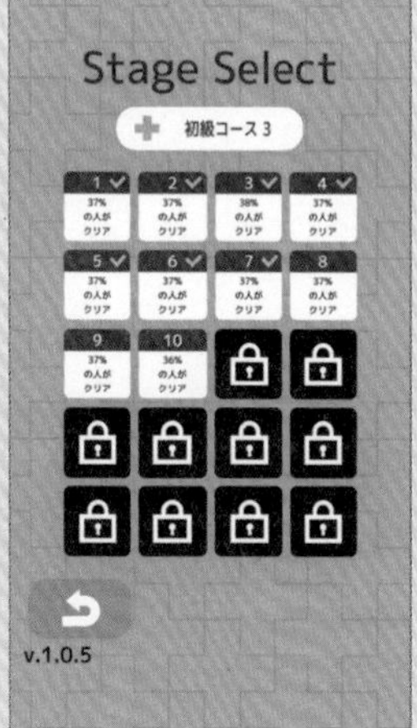

스테이지 선택 화면

이 장의 요약

이 장에서는 NCMB의 데이터 스토어 기능을 사용하여 플레이어로부터 게임 데이터를 집계하여 랭킹을 만드는 방법을 설명했습니다. 그리고 게임의 설정을 앱 업데이트를 통하지 않고 배포하는 방법에 대해서도 소개했습니다.

또한 비동기화형 멀티플레이 게임 시스템을 설명했습니다. 데이터 스토어를 잘 활용하면 플레이어가 '이 게임에서만 할 수 있다'고 생각할 만한 독특한 체험을 제공할 수 있습니다. 특히 '메시지'를 남기는 일과 같은 소셜 요소에 대해서는 SNS에서 화제를 불러일으키기에 안성맞춤입니다.

데이터 스토어에는 이 외에도 많은 활용 방법이 있습니다. 레이스 게임에서 탑 랭커의 핸들 조작 기술을 기록해서 고스트 플레이어로 표시하거나 횡스크롤 액션 게임에 '스테이지 에디트 기능'을 탑재시켜 해당 스테이지 데이터를 네트워크를 통해 배포할 수도 있습니다. 아이디어가 떠오른다면 꼭 시험해 보기 바랍니다.

Part 1 Chapter 5

이미지 파일의 저장과 취득

NCMB에는 이미지나 음성 데이터와 같은 '파일'을 저장하기 위한 '파일 스토어' 기능이 있습니다.

'파일 스토어' 기능을 활용하면 앱 안에서 스크린샷을 업로드하거나 볼 수 있습니다. 또한 앱의 업데이트를 통하지 않고 배너와 같은 이미지 데이터를 플레이어의 앱에 배포할 수도 있습니다. 이 장에서는 샘플 게임의 구축을 통해 이러한 기능을 설명합니다.

이 장의 목적

- 파일 스토어 기능을 사용한 이미지 파일의 저장과 취득을 가능하게 한다.
- 앱 안에서 스크린샷을 플레이어끼리 공유하는 구조를 배운다.
- 앱 업데이트를 거치지 않고 배너 이미지를 교체하는 구조를 배운다.

5-1 파일 스토어에 이미지 파일 저장하기

최근의 게임 앱에는 스크린샷을 촬영하여 Twitter와 같은 SNS에 올릴 수 있는 기능이 있는 것이 많습니다. 외부 서비스를 사용하여 이미지를 올리는 기능도 좋지만 앱 안에 스크린샷 업로드와 열람 기능을 만들면 앱을 전환하지 않아도 플레이어끼리 스크린샷을 교환할 수 있습니다.

NCMB의 파일 스토어 기능을 사용하면 게임에 스크린샷 공유 기능을 추가할 수 있습니다. 먼저 간단한 샘플 프로젝트를 만들어 앱에서 파일을 송신하는 구조를 실습해 봅시다.

또한 파일 스토어 기능은 로그인하지 않아도 이용할 수 있으며, 저장한 파일의 URL을 발행함으로써 웹 브라우저에서 이미지를 볼 수도 있습니다. 개발자는 관리 화면을 통해 언제든지 이미지를 저장하고 취득할 수 있습니다.

스크린샷 촬영

Unity에는 스크린샷을 저장하는 전용 메소드인 'Application.CaptureScreenshot()'이 있지만 이것은 스크린샷의 저장 처리가 끝나는 타이밍을 판정할 수 없기 때문에 사용하기가 불편합니다. 그래서 이번에는 Texture2D.ReadPixels 메소드를 사용하여 Texture2D 형식으로 캡처하는 방식을 채택하겠습니다.

COLUMN

파일 스토어 기능은 Asset Bundle에는 이용할 수 없다

App Store와 Google Play에는 모바일 데이터 통신으로 다운로드 가능한 앱의 최대 용량이 정해져 있는데 두 스토어 모두 100MB 이하로 정해져 있습니다(2017년 5월 현재). 이를 초과하는 크기의 앱은 Wi-Fi 연결 환경에서만 다운로드할 수 있습니다.

그래서 이미지 데이터가 많은 대부분의 소셜 게임들은 '추가 데이터 다운로드' 장치를 구축하고 있습니다. 앱 스토어에서는 게임 본체로서 100MB에 들어맞는 용량으로 배포하고, 앱을 실행 후에 이미지 데이터 등과 같은 리소스를 외부 서버로부터 취득하는 장치입니다.

이 추가 데이터 다운로드를 Unity에서 구축하는 경우 'Asset Bundle'이라는 시스템을 이용합니다. Asset Bundle 파일은 일반적으로는 클라우드 서버와 CDN(Contents Delivery Network) 서비스를 사용하여 배포합니다.

NCMB의 파일 스토어 기능은 바이너리 데이터라면 뭐든지 저장할 수 있기 때문에 개발 단계에서는 Unity의 Asset Bundle 파일을 저장 및 취득할 수 있습니다. 하지만 NCMB는 수많은 단말기로부터 크기가 큰 파일의 다운로드 요청이 집중되는 처리에는 적합하지 않습니다. 따라서 Asset Bundle 파일의 배포에는 별도의 클라우드 서버를 마련하도록 하기 바랍니다.

먼저 2장에서 작성한 테스트 프로젝트를 다시 열고 NCMBManager와 NCMBSettings가 있는 씬을 연 후에 다음과 같은 스크립트 파일 'SaveScreenShot.cs'를 새로 작성하기 바랍니다.

작성이 끝나면 이 스크립트를 씬 안의 카메라 게임 오브젝트에 어태치합니다. 기본값은 'Main Camera'라는 이름으로 되어 있을 것입니다.

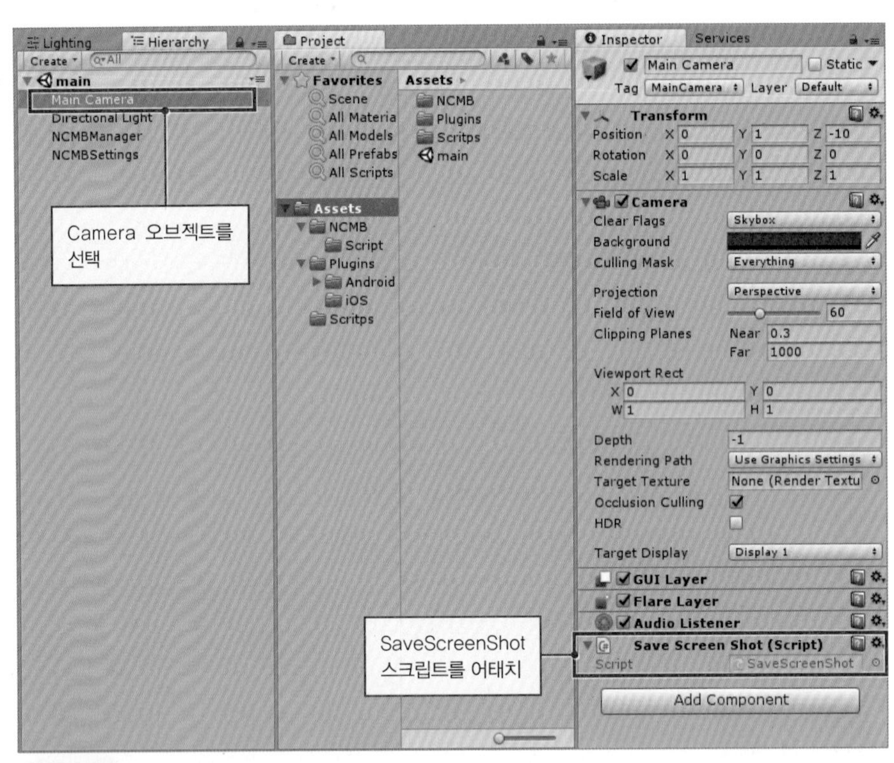

그림 5-1-1 스크립트를 작성하고 카메라 게임 오브젝트에 어태치

[리스트 5-1-1] SaveScreenShot.cs

```
using NCMB;
using UnityEngine;
using UnityEngine.UI;

public class SaveScreenShot : MonoBehaviour
{
   private bool screenCaptureFlag = false;

   public void OnButtonCapture()
   {
      screenCaptureFlag = true;
   }

   private void OnPostRender()
```

```
    {
        if (screenCaptureFlag)
        {
            int width = Screen.width;
            int height = Screen.height;

            Texture2D tex = new Texture2D(width, height);
            tex.ReadPixels(new Rect(0, 0, width, height), 0, 0);
            tex.Apply();

            SaveTexureToFileStore(tex);

            screenCaptureFlag = false;
        }
    }

    private void SaveTexureToFileStore(Texture2D tex)
    {
        // 텍스처를 jpg 인코딩으로 하여 바이트 배열로 만든다. //
        byte[] screenshot = tex.EncodeToJPG(95);

        NCMBFile file = new NCMBFile("ScreenShot.jpg", screenshot);
        file.SaveAsync((NCMBException e) =>
        {
            if (e != null)
            {
                // 실패
                Debug.Log("스크린샷 저장에 실패했습니다");
            }
            else
            {
                // 성공
                Debug.Log("스크린샷을 저장했습니다");
            }
        });
    }
}
```

카메라 렌더링을 완료한 시점에서 스크린샷을 촬영하기 위해 MonoBehaviour의 오버라이드 메소드인 OnPostRender() 안에서 캡처 처리를 합니다. 버튼 조작으로 OnButtonCapture()를 호출함으로써 screenCaptureFlag의 플래그를 true로 하고 캡처를 실행합니다.

텍스처 파일은 SaveTextureToFileStore 메소드에 전달하여 파일 스토어에 저장합니다. 파일명은 NCMBFile 오브젝트의 인수로 지정합니다.

스크립트의 어태치가 끝나면 씬 안에 버튼을 배치합니다. 버튼은 [GameObject] 메뉴에서 [UI]–[Button] 또는 Hierarchy에서 마우스 오른쪽 버튼을 클릭하고 [UI]–[Button]으로 배치할 수 있습니다.

버튼의 표시명은 Button 게임 오브젝트의 자식에 붙어 있는 Text 오브젝트를 편집하여 'SaveScreenShot' 등으로 바꿔 놓기 바랍니다. 또한 아무 것도 없는 공간의 스크린샷을 캡처하는 것은 의미가 없으므로 적당히 [GameObject]−[3DObject]−[Cube]를 생성하여 배치해 둡니다.

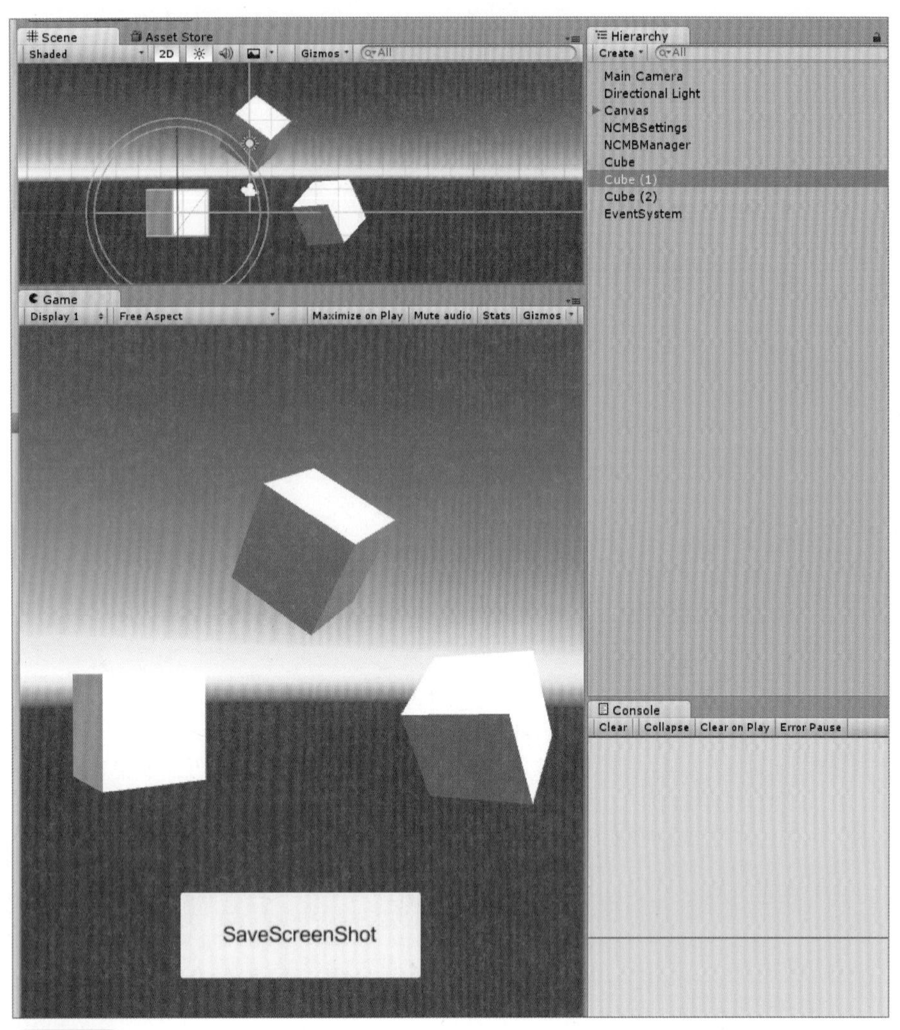

그림 5-1-2 버튼과 Cube 오브젝트를 배치한다.

계속해서 배치한 버튼을 탭했을 때 캡처가 일어나도록 버튼의 이벤트에 메소드의 실행을 지정합니다. Hierarchy에서 버튼을 선택하고 Inscpector에서 'On Click( )'의 '+' 버튼(Add to List)을 클릭합니다.

스크립트 참조를 넣을 곳이 생기므로 Hierarchy 안의 SaveScreenShot.cs를 붙여 넣은 카메라 오브젝트를 드래그&드롭합니다. 거기서 'No Function'이라고 쓰여 있는 드롭다운 메뉴를 클릭하고 [SaveScreenShot]−[OnButtonCapture]를 선택합니다.

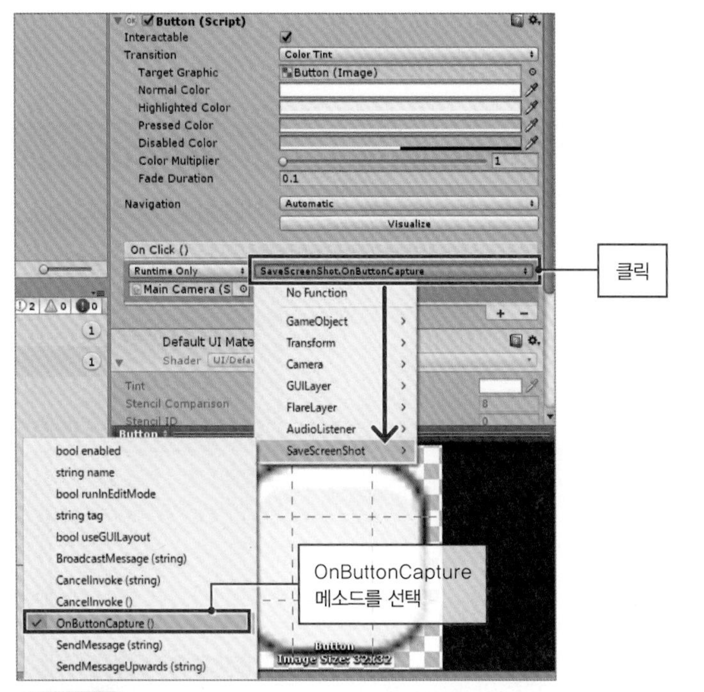

그림 5-1-3 버튼의 클릭 이벤트에 스크립트를 설정한다.

씬 안에 NCMBSettings와 NCMBManager, 카메라, 라이트, 버튼을 배치한 Canvas, 적당히 배치한 Cube가 있으면 준비가 끝난 것입니다.

또한 이 스크린샷 촬영 스크립트는 어태치된 카메라의 영상을 저장하기 때문에 기본값으로는 UI가 찍히지 않습니다. 스크린샷에 UI를 포함시키고 싶은 경우는 Canvas의 Render Mode를 Overlay에서 Camera로 변경하고, Canvas의 Cemera 필드에 같은 이 카메라를 설정하면 UI도 찍히게 됩니다.

스크린샷의 송신과 확인

여기까지 준비가 다 되었으면 Unity 에디터에서 미리보기 재생을 실행하여 Game 창 안에서 배치한 'SaveScreenShot' 버튼을 클릭합니다. 콘솔 화면에 '스크린샷을 저장했습니다'라고 표시되면 성공한 것입니다.

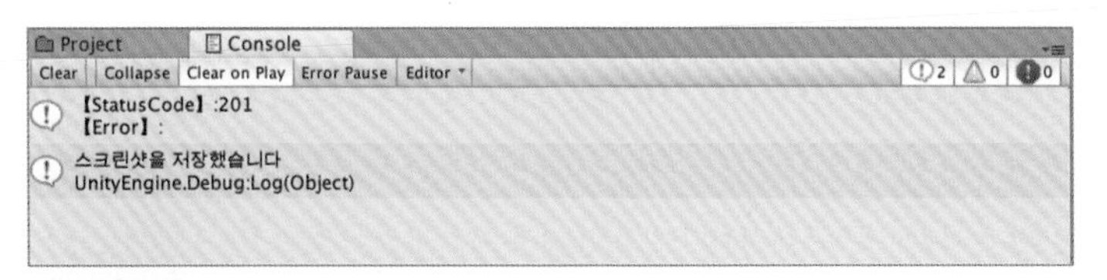

그림 5-1-4 콘솔 화면에서 실행을 확인한다.

NCMB 관리 화면에서 파일 스토어에 이미지가 제대로 저장되었는지를 확인해 봅시다. 관리 화면을 열고 왼쪽의 '파일 스토어' 탭을 클릭합니다.

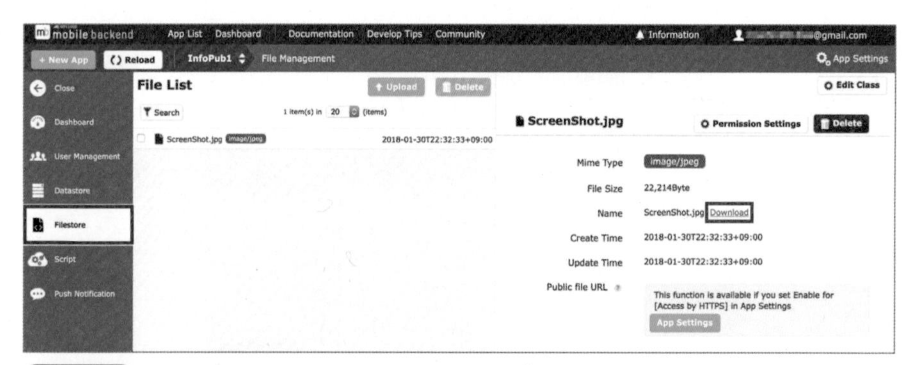

그림 5-1-5 관리 화면의 파일 스토어에서 이미지 저장을 확인한다.

처리가 성공했다면 'ScreenShot.jpg'라는 파일이 등록되어 있을 것입니다. 목록에서 파일명을 클릭하면 상세 정보가 표시되므로 '다운로드'를 클릭해 보기 바랍니다.

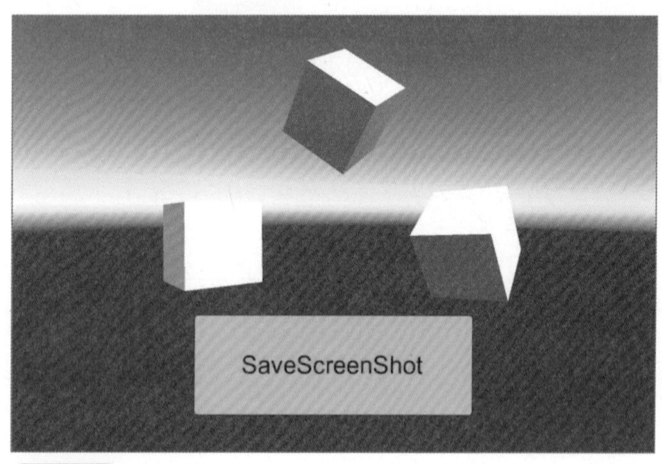

그림 5-1-6 관리 화면에서 이미지를 다운로드한다.

스크린샷이 정상적으로 저장되었다는 것을 확인할 수 있습니다.

이 책의 샘플 스크립트는 Unity 5.6.0f3에서 동작을 확인했습니다.

이후에 릴리즈된 Unity 5.6.2f1 환경에서는 스크린샷 캡처 시에 이미지가 깨지는 현상을 확인했습니다.

이 현상은 Camera 컴포넌트의 'Allow HDR' 체크상자에 선택 표시를 한 경우 OnPostRender()가 호출되는 시점에서는 그리기가 완성되지 않기 때문에 일어나는 현상입니다.

해결 방법은 두 가지 있습니다.

- **카메라에서 'Allow HDR'의 선택 표시를 해제한다**

게임이 HDR 렌더링을 하지 않는 경우 이로써 문제가 해결됩니다.

- **OnRenderImage( ) 타이밍에서 캡처 처리를 한다**

HDR 렌더링을 수행하면서 캡처하는 경우는 OnRenderImage( ) 처리 타이밍에서 캡처 처리를 합니다. 이때 한 번 Graphics.Blit를 호출할 필요가 있습니다.

```
void OnRenderImage(RenderTexture source, RenderTexture destination)
{
   Graphics.Blit(source, destination);

   if (screenCaptureFlag)
   {
      Texture2D texture = new Texture2D(source.width, source.height, TextureFormat.
ARGB32, false);
      texture.ReadPixels(new Rect(0, 0, source.width, source.height), 0, 0);
      texture.Apply();
      SaveTexureToFileStore(texture);
      screenCaptureFlag = false;
   }
}
```

그런데 지금 상태로는 관리 화면에서밖에 스크린샷을 볼 수가 없습니다. 다음 섹션에서는 파일 스토어에 저장된 이미지를 앱을 통해 볼 수 있는 기능의 구현 방법을 소개하겠습니다.

5-2 파일 스토어에서 이미지 파일을 가져오기

이번 섹션에서는 파일 스토어에 저장된 이미지를 앱으로 가져오는 처리를 구축하겠습니다. 또한 저장된 파일의 URL을 공개하는 방법에 대해서도 소개합니다.

파일 취득 메소드의 추가

다음의 필드와 메소드를 조금 전에 작성한 SaveScreenShot.cs에 추가합니다.

● 필드 'screenShotImage'

```
public Image screenShotImage;
```

● Start 메소드

```
void Start()
{
    NCMBFile file = new NCMBFile("ScreenShot.jpg");
    file.FetchAsync((byte[] fileData, NCMBException e) =>
    {
        if (e != null)
        {
            // 실패 //
            Debug.Log("스크린샷을 가져오는 데 실패했습니다");
        }
        else
        {
            // 성공 //
            Debug.Log("스크린샷을 가져왔습니다");

            Texture2D texture = new Texture2D(128, 128);
            texture.LoadImage(fileData);

            screenShotImage.sprite = Sprite.Create(
                texture,
                new Rect(0, 0, texture.width, texture.height),
                new Vector2(0.5f, 0.5f),
                100
                );
        }
    });
}
```

게임을 시작할 때 파일 스토어로부터 'ScreenShot.jpg' 파일을 가져옵니다. 파일 스토어에서 가져온 직후의 상태는 파일이 바이너리 데이터(bytes[ ])로 되어 있으므로 먼저 Texture2D로 변환한 후 스프라이트 데이터로 변환하고 있습니다.

스크린샷을 표시할 UI 부품의 작성

SaveScreenShot.cs에 스크립트를 추가했다면 이제 Unity 에디터로 돌아가 스크린샷을 표시하기 위한 UI 부품을 만듭니다. Hierarchy의 Canvas 아래에 'Image' UI를 추가하고 화면 안의 적당한 위치에 배치합니다.

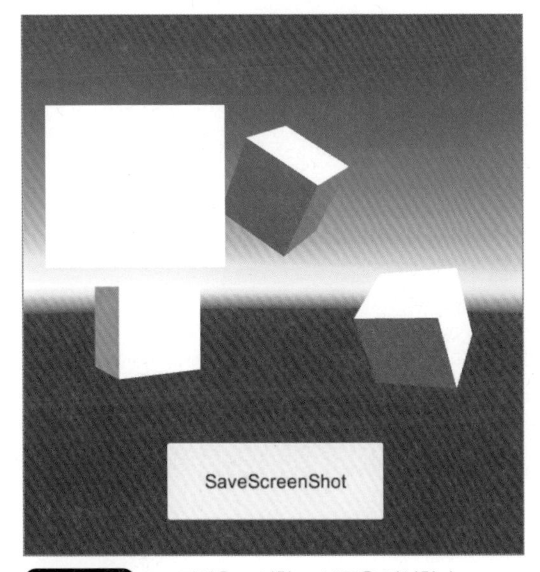

그림 5-2-1 스크린샷을 표시할 UI 부품을 작성한다.

배치했으면 SaveScreenShot.cs에 이 Image의 참조를 설정합니다. 카메라 오브젝트를 선택한 후에 Image를 드래그하여 ScreenShotImage 필드에 어태치합니다.

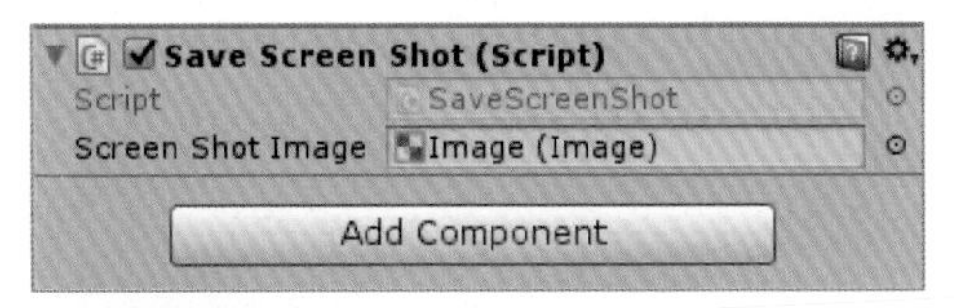

그림 5-2-2 이미지의 참조를 필드에 어태치

이로써 준비가 끝났습니다. 미리보기 재생을 해서 이미지 파일을 취득하여 스크린샷이 표시되는지 아닌지를 확인하기 바랍니다.

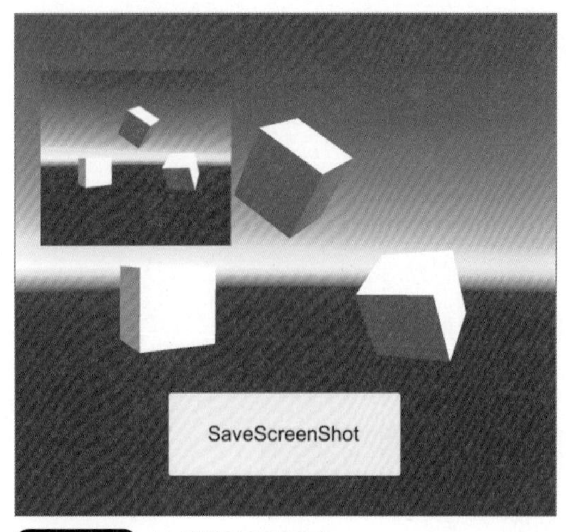

그림 5-2-3 스크린샷이 표시된다.

촬영한 스크린샷이 Image 위에 표시되면 성공입니다. 미리보기 재생을 중지하고 Cube의 위치를 바꾼 후 다시 'SaveScreenShot'을 클릭하여 스크린샷을 덮어쓴 다음 이미지가 바뀌는지 아닌지를 확인해 봅시다.

파일 스토어에서 파일을 외부로 공개하기

파일 스토어에 저장된 이미지 파일은 앱에서 이용하는 것 뿐만 아니라 HTTPS를 경유하여 앱 외부에 공개할 수도 있습니다. 이 기능을 이용하려면 '공개 URL'을 발행할 수 있도록 NCMB의 설정을 변경해야 합니다.

NCMB 관리 화면의 오른쪽 위에 있는 '앱 설정'에서 '데이터 및 파일 스토어' 탭에서 '공개 파일 설정'을 유효하게 합니다.

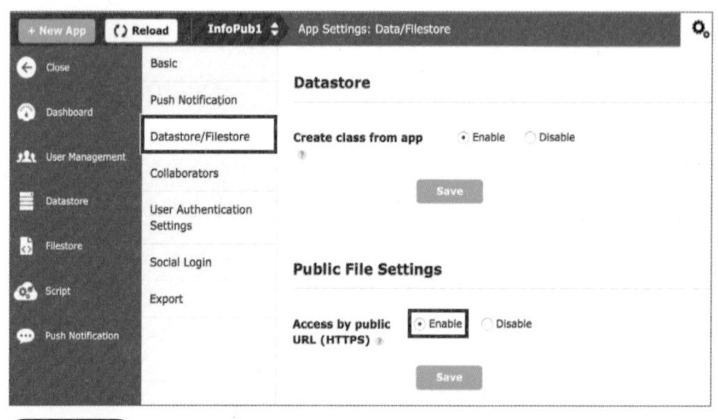

그림 5-2-4 공개 파일의 설정을 유효화한다.

이 설정을 적용하면 앱 외부에서 파일 스토어 안의 파일에 URL을 경유하여 액세스할 수 있습니다. URL만 알면 API 키는 필요 없습니다.

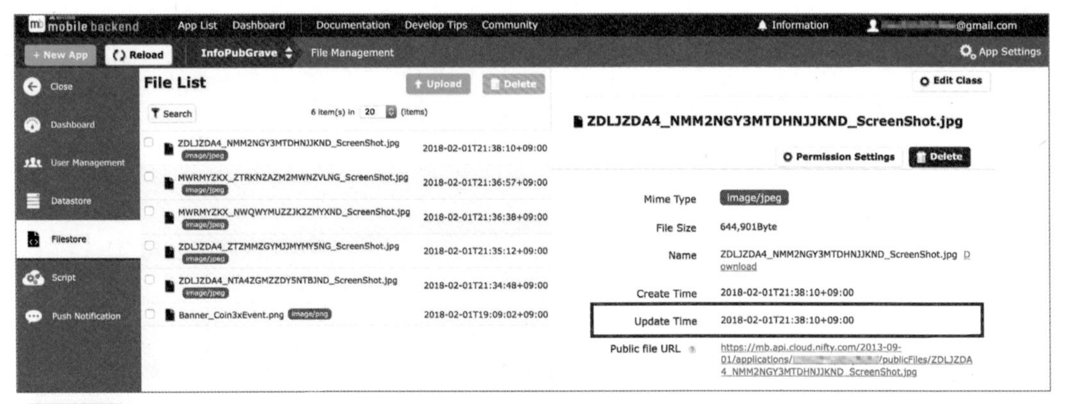

그림 5-2-5 공개 파일의 URL 표시

예를 들어 게임 앱의 공식 사이트 등을 운용하는 경우 해당 메인 페이지에 '현재의 하이라이트 스크린샷'이라고 해서 URL 경유로 게임 안의 스크린샷을 표시하는 일 등을 할 수 있습니다.

파일 스토어의 취급에 대해

현재는 스크립트에서 파일명을 'ScreenShot.jpg'로 고정시켰기 때문에 모든 플레이어가 똑같은 이름의 이미지를 계속 덮어써 버립니다. 실제 앱에서는 파일명이 중복되지 않도록 '사용자명_날짜_Screenshot.jpg' 등과 같이 스크립트 안에서 이름을 바꾸도록 해야 합니다.

데이터 스토어와는 달리 파일 스토어에는 레코드를 식별하기 위한 ObjectId가 없습니다. 따라서 나중에 앱에서 특정 파일을 취득하려면 파일명을 별도로 기록해 두어야 합니다.

파일 스토어에는 이미지 파일 외에 음성 파일도 저장할 수 있으며, NCMB의 요금제에 따라 이용할 수 있는 용량이 달라집니다. 무료 Basic 플랜의 경우는 전체 용량이 5GB이며 파일 하나의 크기는 5MB까지 가능합니다.

COLUMN

파일 스토어의 응용

이 장에서는 게임 화면의 스크린샷을 촬영한 후 파일 스토어에 업로드하여 이용하는 방법을 소개했습니다. 파일 스토어는 스크린샷 외에도 다양한 활용 방법을 생각할 수 있습니다.

예를 들어 레이싱 게임에서 자주 보는 '엠블렘 작성' 기능을 만들어, 플레이어가 도형을 조합하여 엠블렘을 만들도록 해서 결과를 이미지로 변환하여 파일 스토어 경유로 저장 및 공유하게 할 수도 있습니다. 플레이어가 자유롭게 그림을 그려서 캐릭터를 코디네이트시켜 이미지로 만드는 일도 가능합니다.

4장에서 소개한 친구 기능과 같이 사용하면 커스터마이징된 캐릭터 아이콘을 친구 목록의 썸네일 이미지로 이용할 수도 있습니다.

파일 스토어를 잘 응용하면 플레이어가 게임 안에서 개성을 연출할 수 있으므로 여러분의 게임 세계관에 맞는 활용 방법을 꼭 생각해 보기 바랍니다.

5-3 앱 안에서 스크린샷을 공유 및 열람하기

지금까지 앱에서 이미지 파일을 저장하는 방법과 이미지 파일을 취득하는 방법에 대해 배웠습니다. 이를 응용하여 게임 앱에 스크린샷을 플레이어끼리 공유하는 장치를 도입할 수 있습니다.

샘플 게임에서 스크린샷 공유

'검사가 그렇게 빨리 죽어버려?' 샘플 게임에는 '모두의 스크린샷'이라는 기능이 있습니다.

그림 5-3-1 샘플 게임의 스크린샷 공유 화면

이 기능은 파일 스토어와 데이터 스토어를 연계시켜 구현합니다.

4장에서 소개한 '친구 기능'의 데이터 스토어 클래스인 'PlayerInfoList'에는 플레이어가 촬영한 스크린샷의 파일명을 저장하는 'ScreenShotFileName' 필드가 있습니다. 샘플 게임에서는 스크린샷을 촬영하여 이미지 파일을 파일 스토어에 저장한 후 파일명을 이 필드에 써 넣습니다.

'모두의 스크린샷' 기능에서는 먼저 데이터 스토어 클래스 'PlayerInfoList'의 레코드를 몇 개 취득하고 그중에서 스크린샷의 파일명을 추출한 후 파일 스토어에서 이미지 파일을 취득합니다.

샘플 게임에서는 최신 5개의 스크린샷을 취득하도록 하고 있습니다.

스크린샷을 파일 스토어에 저장하기

배틀 씬 도중에 왼쪽 위에 있는 카메라 아이콘 버튼을 탭하면 스크린샷이 촬영됩니다.

그림 5-3-2 게임 중에 스크린샷 촬영

촬영한 스크린샷의 썸네일과 함께 이 스크린샷을 저장할지 말지를 물어보는 대화상자가 표시됩니다. 여기서 '예'를 탭하면 Assets/Scripts/Battle/ScreenShotManager.cs의 다음 메소드가 호출됩니다.

```
private IEnumerator SaveScreenShot(Texture2D texture)
{
   screenShotSaveUI.DisableAllButtons();

   IEnumerator coroutine
      = fileStoreManager.SaveTextureCoroutine(
         texture,
         Main.Instance.ForceToTitle
         );

   yield return StartCoroutine(coroutine);

   string fileName = (string)coroutine.Current;

   yield return playerInfoHandler.SaveScreenShotNameToOwnData(
      fileName,
      Main.Instance.ForceToTitle
      );

   screenShotSaveUI.Hide();

   battleSceneController.InnnerResume();
}
```

인수 texture에는 촬영한 스크린샷의 데이터를 전달합니다. FileStoreManager.SaveTextureCoroutine 메소드는 이 장의 5-1에서 소개한 파일 스토어의 저장 처리를 코루틴화하고, 파일명을 '사용자명+랜덤한 18문자 + _ScreenShot.jpg'으로 하여 저장하는 것입니다. 생성한 파일명은 코루틴의 Current 프로퍼티로부터 취득할 수 있습니다. Assets/Scripts/Communication/FileStoreManager.cs 안에서 다음과 같이 구축되어 있습니다.

```
public IEnumerator SaveTextureCoroutine(
    Texture2D texture,
    UnityAction<NCMBException> errorCallback)
{
    if(NCMBUser.CurrentUser == null)
    {
        yield break;
    }

    byte[] file = texture.EncodeToJPG(95);

    string fileName = NCMBUser.CurrentUser.UserName
        + "_"
        + Utility.GenerateRandomAlphanumeric(18)
        + "_ScreenShot.jpg";

    bool isConnecting = true;
    NCMBFile ncmbFile = new NCMBFile(fileName, file);
    ncmbFile.SaveAsync((NCMBException e) =>
    {
        if (e != null)
        {
            errorCallback(e);
            fileName = null;
        }

        isConnecting = false;
    });

    while (isConnecting) { yield return null; }

    yield return fileName;
}
```

파일 스토어에 이미지 파일을 저장한 후 해당 파일명을 데이터 스토어에 저장합니다. 저장되는 곳은 4장에서 만든 'PlayerInfoList' 클래스의 'ScreenShotFileName' 필드로, 스크린샷을 저장한 플레이어 자신의 레코드를 갱신합니다.

레코드 갱신 처리는 Assets/Scripts/Communication/playerInfoHandler.cs의 다음 메소드에서 합니다.

```
public IEnumerator SaveScreenShotNameToOwnData(
    string ncmbFileName,
    UnityAction<NCMBException> errorCallback)
{
    NCMBObject ownPlayerInfo
        = (NCMBObject)NCMBUser.CurrentUser[NCMBUserKey.PLAYERINFO];

    ownPlayerInfo[NCMBDataStoreKey.SCREENSHOT_FILENAME]
        = ncmbFileName as string;

    yield return dataStoreCoroutine.SaveAsyncCoroutine(ownPlayerInfo,
errorCallback);
}
```

회원 관리의 PlayerInfo 필드에 PlayerInfoList의 참조가 저장되어 있으므로 그 레코드를 추출하여 'ScreenShotFileName'에 파일명을 대입하여 저장합니다.

스크린샷의 파일명은 회원 관리의 필드에 직접 써 넣어도 괜찮을 것 같지만 이 경우 로그인한 본인 밖에 파일명을 취득할 수 없습니다. 여기서 구축하고 있는 기능은 다른 플레이어의 스크린샷을 볼 수 있게 하기 위한 것이므로 데이터 스토어의 PlayerInfoList에 써 넣는 형태로 관리하고 있습니다.

데이터 스토어 경유로 이미지 파일을 가져오기

메뉴 화면 중에서 스크린샷을 표시하기 위해 필요한 이미지 파일을 취득하는 처리를 살펴봅시다. 처리 순서는 다음과 같습니다.

① 데이터 스토어의 PlayerInfoList 클래스에서 스크린샷의 파일명이 존재하는 레코드를 최신순으로 5건 취득한다.
② ScreenShotFileName 필드로부터 파일명을 추출한다.
③ 파일명을 바탕으로 파일 스토어에서 이미지 파일을 취득한다.
④ NickName 필드로부터 촬영자의 닉네임을 취득한다.
⑤ 이미지 파일과 닉네임을 UI 표시 처리에 전달한다.

이 처리는 Assets/Scripts/Menu/MenuSceneController.cs에 구축되어 있습니다.

```
private IEnumerator FindScreenShot()
{
    IEnumerator coroutine =
        playerInfoHandler.FindWithIgnoreIdListHasScreenShotCoroutine(
        5,
        new List<string>(),
        Main.Instance.ForceToTitle);

    yield return StartCoroutine(coroutine);
```

```
    if (coroutine.Current == null)
    {
       yield break;
    }

    List<PlayerInfo> list = (List<PlayerInfo>)coroutine.Current;

    foreach (PlayerInfo playerInfo in (List<PlayerInfo>)coroutine.Current)
    {
       if (!string.IsNullOrEmpty(playerInfo.screenShotFileName))
       {
          IEnumerator fileFetchCoroutine
             = fileStoreManager.FetchTextureCoroutine(
                playerInfo.screenShotFileName,
                Main.Instance.ShowErrorDialogue
                );

          yield return StartCoroutine(fileFetchCoroutine);

          Texture2D texture2d
             = (Texture2D)fileFetchCoroutine.Current;

          if (texture2d != null)
          {
             screenShotUI.SetScreenShotToImage(
                playerInfo.nickName,
                texture2d
                );
          }
       }
    }
}
```

먼저 데이터 스토어의 PlayerInfoList 클래스로부터 조건과 일치하는 레코드를 취득합니다. 샘플에서는 스크린샷의 파일명이 존재하는 레코드를 플레이어 자신의 레코드는 제외하고 최신 순으로 5건 취득합니다. 취득한 닉네임과 파일명을 사용하여 순서대로 파일 스토어에서 이미지 파일을 취득하여 메뉴 화면 UI 처리 클래스에 전달합니다.

게임 안에서의 움직임은 메뉴 화면에서 '모두의 스크린샷' 버튼을 탭하면 먼저 스크린샷 표시 UI가 나타나고 파일을 취득할 때마다 스크린샷이 순서대로 표시됩니다.

샘플 게임은 카메라 워크가 고정되어 있으므로 조금 단조롭지만 연출이 화려한 게임에서 위력을 발휘하는 기능입니다.

5-4 배너 이미지를 관리 화면에서 앱으로 배포하기

파일 스토어는 앱에서 파일을 저장하는 것 뿐만 아니라 NCMB 관리 화면에서 개발자가 직접 파일을 업로드할 수가 있습니다. 샘플 게임에서는 앱의 '캠페인 배너 이미지'를 파일 스토어 경유로 교체하는 기능을 구축하고 있습니다.

이미지 파일을 관리 화면에서 업로드하기

'검사가 그렇게 빨리 죽어버려?' 샘플 게임에서는 메뉴 화면에 캠페인 배너를 표시할 수 있게 되어 있습니다. 먼저 배너 이미지를 업로드해 봅시다. NCMB 관리 화면에 로그인하고 '앱'을 샘플 게임으로 전환한 후, '파일 스토어' 탭을 클릭하고 녹색 '↑ 업로드' 버튼을 클릭하여 업로드 화면을 엽니다.

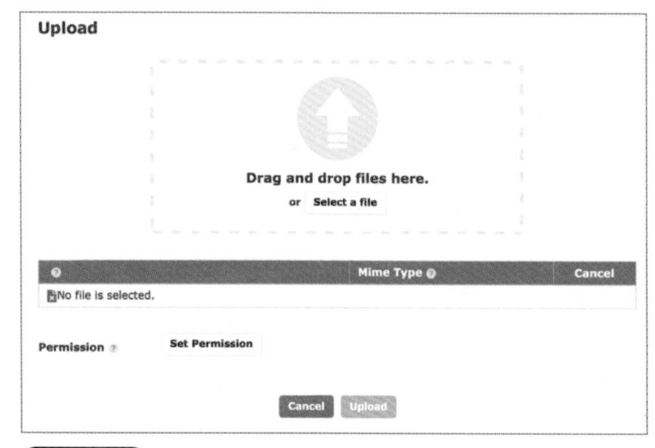

그림 5-4-1 관리 화면에서 이미지를 업로드

미리 작성해 둔 배너 이미지를 업로드합니다. 샘플 게임의 프로젝트 데이터에는 Banner File 폴더 안에 2종류의 배너가 들어 있지만, 해상도가 256×64 픽셀의 png 데이터라면 어떤 이미지든 표시할 수 있습니다.

배너 이미지의 업데이트를 앱에서 감지하기

파일 스토어에 배너 이미지를 넣는 것만으로는 앱에 데이터를 전달할 수 없습니다. 앱에서 '새로운 데이터가 있다'는 것을 감지할 장치가 필요합니다.

앱을 시작할 때마다 배너 이미지를 취득하는 처리도 가능하지만 이 경우 매번 다운로드가 발생하여 API 콜을 쓸데없이 소비하게 됩니다. 그래서 4-5에서 설명한 '게임의 설정 파일'을 사용하여 배너 이미지가 갱신되었는지를 확인하는 장치를 만듭니다.

좀 더 자세히 말하자면 데이터 스토어의 'GameSetting' 클래스의 'BannerFileName' 필드에 업로드한 배너 이미지의 파일명을 관리 화면에서 기입하면 앱 쪽에서 파일을 다운로드하도록 하는 것입니다. 처리 흐름은 다음과 같습니다.

① GameSetting 레코드를 취득할 때 갱신 날짜를 단말기에 저장해 둔다.
② 그 다음에 GameSetting을 취득할 때 단말기에 저장된 날짜와 이번 레코드의 갱신 날짜를 비교한다.
③ 날짜가 일치하지 않으면 내용이 갱신된 것으로 간주한다.
④ 'BannerFileName' 필드로부터 파일명을 취득한다.
⑤ 파일 스토어 경유로 배너 이미지를 다운로드한다.
⑥ 취득한 배너 이미지를 앱 안에 캐시한다.

데이터 스토어의 레코드를 갱신했을 때의 날짜는 'updateDate' 필드로부터 취득할 수 있으므로 이를 사용하여 레코드의 갱신이 있었는지 아닌지를 확인합니다.

배너 이미지를 취득하는 처리는 Assets/Scripts/Communication/FileStoreManager.cs의 다음 'FetchBannerFileCoroutine' 메소드에서 처리합니다.

```
public IEnumerator FetchBannerFileCoroutine(string bannerFileName,
UnityAction<NCMBException> errorCallback)
{
   NCMBFile file = new NCMBFile(bannerFileName);

   byte[] fileData = null;

   bool isConnecting = true;

   file.FetchAsync((byte[] _fileData, NCMBException e) =>
   {
      if (e != null)
      {
         // 실패
         if (e.ErrorCode == "E404001")
         {
            Debug.LogWarning("지정한 파일명이 파일 스토어에 존재하지 않습니다");
            DeleteBannerCacheFile();
         }
         else
         {
            errorCallback(e);
         }
      }
      else
      {
         // 성공
         fileData = _fileData;
      }
```

```
        isConnecting = false;
    });

    while (isConnecting) { yield return null; }

    if (fileData != null)
    {
        SaveBannerCacheFile(fileData);
    }
}
```

GameSetting으로부터 취득한 파일명의 배너 이미지가 파일 스토어에 있는지를 확인합니다. 배너 표시를 화면에서 지우고 싶을 때도 고려하여 파일이 있으면 다운로드하여 로컬에 저장하고, 없으면 로컬 파일을 삭제하는 구조로 되어 있습니다. 실제로 BannerFileName 필드를 바꿔 써 봅시다.

그림 5-4-2 게임의 메뉴 화면

메뉴 화면으로 이동한 후 로컬에 저장된 배너 이미지를 스프라이트로 읽어 들여 UI에 배치합니다.

그림 5-4-3 배너 표시 화면

COLUMN

단말기의 로컬 영역에 파일을 저장한다

이 장의 5-4에서는 배너 이미지를 취득할 때 캐시 데이터를 단말기 안에 저장하는 처리에 대해 소개했습니다. 이때 저장 위치 경로는 Unity의 'Application.persistentDataPath'로 취득하고 있습니다.

Application.persistentDataPath는 Unity에서 단말기 안에 데이터나 파일을 저장하고 싶을 때 사용하는 편리한 경로 취득 장치입니다. 이용하는 OS에 따라 취득할 수 있는 경로가 다릅니다.

OS 종류	취득할 수 있는 경로
iOS	/var/mobile/Applications/xxxxx/Documents
Android	/data/data/xxxxx.xxxxx.xxxxx/files
Windows	C:/Users/xxxxx/AppData/LocalLow/CompanyName/ProductName
macOS	/Users/xxxxx/Library/Caches/CompanyName/ProductName

표 Application.persistentDataPath로 취득할 수 있는 경로

iOS의 경우 이 경로는 iCloud의 백업 대상이 됩니다. 백업을 취할 필요가 없는 파일에 대해서는 'UnityEngine.iOS.Device.SetNoBackupFlag(path)'라는 백업 대상에서 제외시키는 애트리뷰트를 붙여 두기 바랍니다.

이 장의 요약

이 장에서는 NCMB의 파일 스토어를 사용하여 이미지 파일을 앱으로부터 취득하는 방법과 반대로 앱에서 파일 스토어로부터 취득하는 방법에 대해 배웠습니다. 응용으로는 플레이어끼리 스크린샷을 공유하는 시스템과 배너 이미지 배포 구조에 대해 소개했습니다.

게임 관리자가 배포하는 파일로는 배너 이미지를 예로 들었지만 기간 한정으로 월페이퍼를 배포하거나 보이스 데이터를 배포하거나 카드 무늬를 배포하는 일도 가능합니다. 게임 안의 리소스를 앱 업데이트 없이 배포할 수 있기 때문에 정보 공개 타이밍을 컨트롤하고 싶은 경우에도 효과적입니다.

스크린샷의 공유 기능은 가장 중요한 순간을 앱 안에서 쉐어함으로써 플레이어에게 우월감을 부여할 수 있습니다. 데이터 스토어와 잘 조합해서 사용하면 '좋아요'와 같은 응답을 다른 플레이어로부터 받는 시스템도 구축 가능합니다.

게임 플레이를 다채롭게 하는 수단으로서 먼저 스크린샷의 공유 시스템부터 도입해 볼 것을 권장합니다.

Part 1 Chapter 6

푸시 알림의 구축과 활용

스마트폰을 갖고 있는 사람이라면 누구나 '푸시 알림' 기능을 사용한 적이 있을 것입니다. 게임 앱에 있어서 푸시 알림은 한마디로 말하자면 '게임 앱의 정보를 앱 외부에서 알리는 기능'이라고 할 수 있습니다.

예를 들어 게임에 새로운 아이템이 추가되었을 때나 얼마 동안 플레이를 하지 않았을 때에 다양한 메시지를 알릴 수 있습니다.

개인 개발 게임의 경우에도 푸시 알림은 크게 활용할 수 있습니다. 이 장에서는 푸시 알림의 구축 방법을 배우면서 게임 앱에서의 활용 방법에 대해 설명하겠습니다. 또한 샘플 게임에 구축된 플레이어끼리 SNS와 비슷한 수단으로 푸시 알림을 사용하는 장치에 대해서도 소개하겠습니다.

이 장의 목적

- 푸시 알림에 필요한 iOS/Android 서비스의 절차를 배운다.
- 푸시 알림을 관리 화면에서 여러 플레이어에게 보내는 방법을 배운다.
- 푸시 알림을 앱에서 다른 플레이어의 단말기에 보내는 방법을 배운다.

6-1 게임에 푸시 알림을 심어 넣기

먼저 푸시 알림의 개요를 살펴보고 넘어갑시다. 또한 푸시 알림을 이용하려면 Unity에서 스크립트를 작성할 뿐만 아니라 iOS나 Android의 서비스 관리 사이트에서 각종 설정이나 ID 취득이 필요하므로 그 절차에 대해서도 순서대로 설명하겠습니다.

푸시 알림이란?

푸시 알림은 스마트폰의 OS를 통해 앱이 홈 화면이나 잠금 화면에 메시지를 보낼 수 있는 기능입니다.

그림 6-1-1 스마트폰의 푸시 알림

한마디로 푸시 알림이라고 해도 푸시는 수십 년 스마트폰 앱의 발전 속에서 각종 다양한 기능을 취해 왔습니다. NCMB에서는 다음과 같은 푸시 알림 기능을 사용할 수 있습니다.

● 배너 알림

푸시 알림의 가장 기본적인 형태입니다. 앱을 실행시키지 않을 때도 플레이어에게 문자 정보를 보낼 수 있습니다. 게임 내 이벤트 개시나 버전업 알림, 최근에 게임을 하지 않은 사람에게 보상을 알려줘서 게임을 다시 하도록 하는 데도 사용할 수 있습니다.

● 잠금 화면에 표시

스마트폰이 잠겨 있을 때 잠금 화면에 팝업으로 표시되는 푸시 알림입니다.

● URL 푸시

푸시 알림을 연 후에 특정 웹 사이트로 액세스시킬 수 있습니다. URL 스키마를 사용하여 App Store 앱을 열게 할 수도 있습니다. NCMB에서는 이것을 '리치 푸시 기능'이라고 부릅니다.

푸시 알림의 구조

푸시 알림의 배포 방법은 크게 2종류로 나눌 수 있습니다.

- 앱 내부에서 보내는 '로컬 알림'
- 서버를 통해 외부에서 보내는 '원격 알림'

로컬 알림은 iOS의 경우는 UnityEngine.iOS.NotificationServices 클래스를 사용하여 구현할 수 있습니다. Android의 경우는 네이티브 코드를 조금 작성함으로써 구현할 수 있습니다.

원격 알림은 서버를 통해 보내는 알림입니다. 이 장에서 다룰 푸시 알림은 이 원격 통지입니다. 원격 통지는 OS별로 전용 배포 서비스가 있어서 iOS는 Apple Push Notification 서비스(APNs)를, Android는 FCM(Firebase Cloud Messaging)을 사용합니다. 하지만 이것이 그렇게 간단하지가 않습니다.

APNs의 경우 별도의 푸시 알림 배포 서비스를 마련할 필요가 있을 뿐만 아니라 배포 대상 단말기의 관리도 자신이 직접 설정해야 합니다. 또한 2개의 서비스에서 구축 방법이 다른 것은 물론, OS의 업데이트나 서비스 통폐합으로 인해 사양이 크게 바뀌는 일도 많이 있습니다. 예를 들어 Android에 대한 푸시 알림 방식은 해당 서비스가 등장한 이후로 벌써 3번이나 대폭으로 변경되었습니다.

이러한 상황 때문에 iOS/Android 사양의 차이를 흡수하고 둘 다에 대한 푸시 알림을 효율적으로 보내기 위한 서비스를 여러 회사가 제공하고 있습니다. 물론 NCMB에도 두 OS에 대한 원격 푸시 장치가 마련되어 있습니다.

NCMB에서는 다음과 같은 순서로 푸시 알림을 단말기에 보내고 있습니다.

① 앱에서 푸시 알림의 허용을 APNs/FCM에 보내 디바이스 토큰을 취득한다.
② APNs/FCM에서 디바이스 토큰을 NCMB에 통지한다.
③ NCMB에서 푸시 알림의 의뢰를 받은 APNs/FCM이 앱에 메시지를 보낸다.

그림 6-1-2 NCMB에 의한 푸시 알림의 개요

푸시 알림을 가능하게 하는 방법

단말기에 대해 푸시 알림을 보내기 위해서는 좀 긴 절차가 필요합니다.

① 앱 고유 이름인 Bundle Identifier를 결정
② Unity 에디터에서 NCMB SDK를 사용한 푸시 알림을 설정
③ iOS 용으로 macOS 기기에서 프로비저닝 파일을 생성
④ Android 용으로 Android Sender ID를 취득
⑤ NCMB 관리 화면에서 푸시 알림을 설정

조금 복잡하지만 순서대로 작업을 해 가면 난이도는 그다지 높지 않습니다. 그럼 이제 해 봅시다.

COLUMN

NCMB 활용 사례 '푸시 알림'편 ①

플레이어가 계속해서 게임 앱을 즐기게 하려면 푸시 알림으로 어떤 정보를 보내면 좋을지 그 활용 사례를 살펴보겠습니다.

● **Solokus**

4장의 칼럼에서 소개한 〈Solokus〉는 게임의 업데이트 안내에 푸시 알림을 이용하고 있습니다.

푸시 알림을 탭하면 NCMB의 '리치 푸시 알림'을 사용하여 App Store 앱의 업데이트 화면으로 이동하도록 되어 있습니다. 새로운 스테이지와 같은 알림과 함께 앱을 업데이트 함으로써 계속 플레이할 수 있는 장치로 사용하고 있습니다.

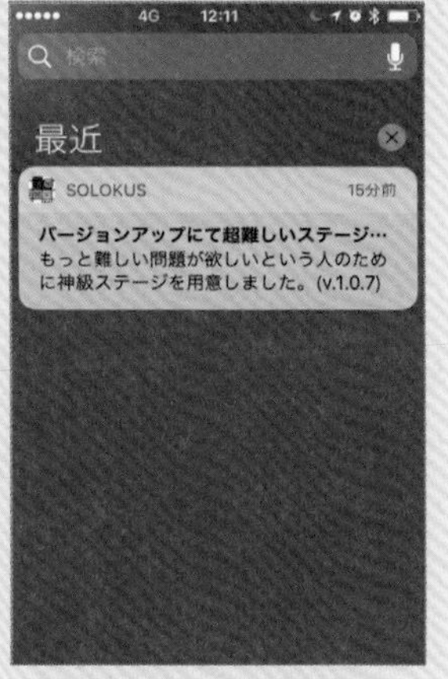

Solokus의 리치 푸시 알림 화면

6-2 푸시 알림의 준비 - Unity와 NCMB편

푸시 알림 기능을 구축하는 방법은 iOS와 Android가 다르지만, 여기서는 둘 다에 공통된 절차에 대해 설명하겠습니다. 2장에서 작성한 테스트 프로젝트를 사용하여 푸시 알림 테스트 앱을 만들면서 설명하겠습니다.

NCMBSettings 설정

먼저 Unity의 씬에 배치한 'NCMBSettings'를 선택하고 Inspector에서 'Use Push'의 bool 필드에 선택 표시를 합니다.

Android용에는 Sender ID를 설정하는 필드가 있는데 이것은 추후 6-4에서 설명합니다.

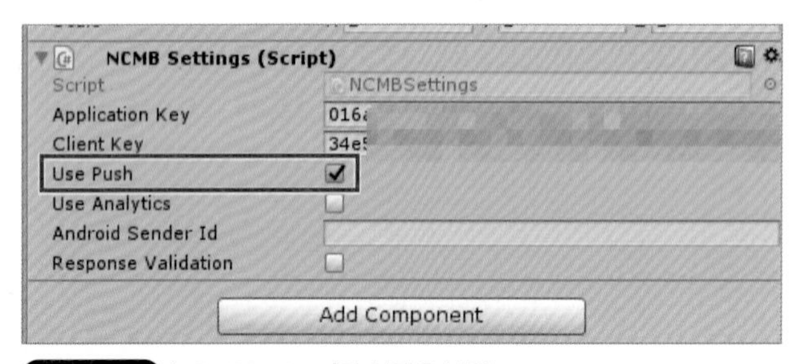

그림 6-2-1 'NCMBSettings'의 설정을 변경

Bundle Identifier 정하기

푸시 알림을 시작하려면 서비스 측이 여러분의 게임 앱을 고유하게 식별할 수 있도록 'Bundle Identifier'라는 이름을 정해야 합니다.

이것은 해당 앱 고유의 이름과 같은 식별자로, 보통은 'com.[단체 or 이름].[앱 이름]'으로 이름을 짓습니다. 도메인의 항목을 반대로 한 '리버스 도메인' 형식을 취합니다.

예를 들어 이 책의 출판사인 정보문화사가 '알람 시계'라는 앱을 릴리즈하려고 한다면 'kr.co.InfoPub.AlarmWatch'라고 표기합니다.

여러분이 자신의 웹 사이트를 위해 도메인을 취득한 경우는 그것을 사용하면 좋습니다. Bundle Identifier는 '누가 만들었는지'를 명확하게 하기 위한 것이므로 이미 있는 회사명이나 앱 이름을 사용할 수는 없습니다.

Unity 에디터 [Edit] 메뉴에서 [Project Settings]-[Player]를 선택하고 'Player Settings'를 연 다음 iOS 설정 탭을 클릭합니다. 초기 설정은 Company Name이 'DefaultCompany', Product Name이 Unity 프로젝트로 되어 있습니다.

이 Company Name에 여러분의 도메인 또는 개발자의 이름을 영숫자로 입력하기 바랍니다. 계속해서 iOS 탭을 클릭해서 'Identification' 세션의 'Bundle Identifier'를 편집합니다.

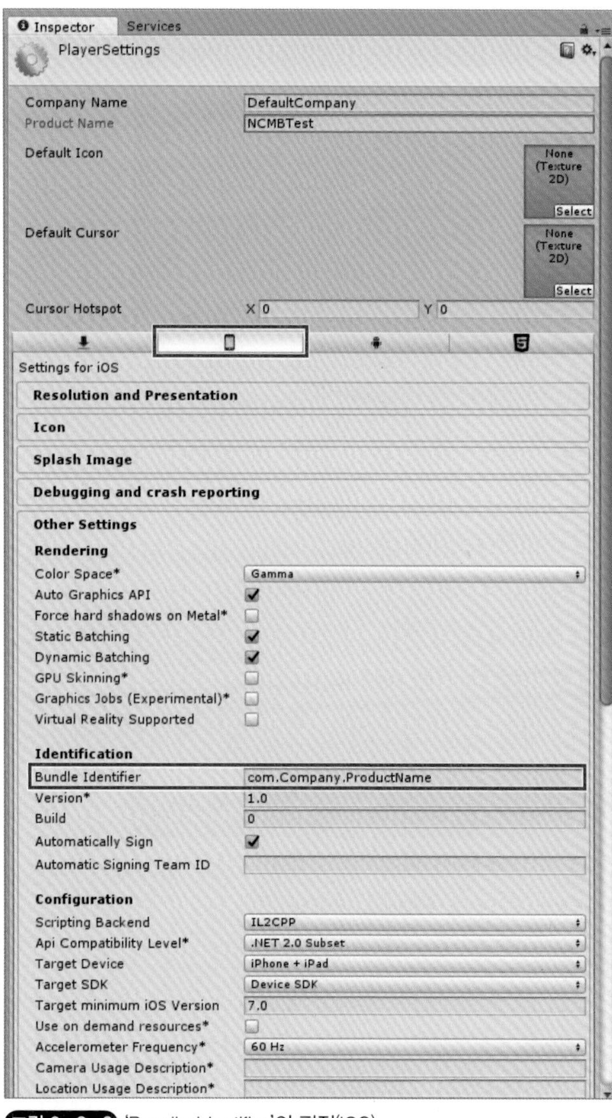

그림 6-2-2 'Bundle Identifier'의 편집(iOS)

이 그림에서는 기본값인 'com.Company.ProductName'으로 되어 있으므로 'com.[단체 or 이름].[앱 이름]'으로 수정하기 바랍니다.

Unity 5.5 이전 버전을 사용하는 경우 iOS와 Android의 Bundle Identifier는 동일합니다. 하지만 Unity 5.6 이후 버전부터는 개별 설정이 가능하도록 되었습니다.

iOS는 지금까지와 똑같이 Bundle Identifier로, Android는 PackageName이라는 항목으로 바뀌었습니다. PlayerSettings 안에서 Android 탭을 클릭합시다.

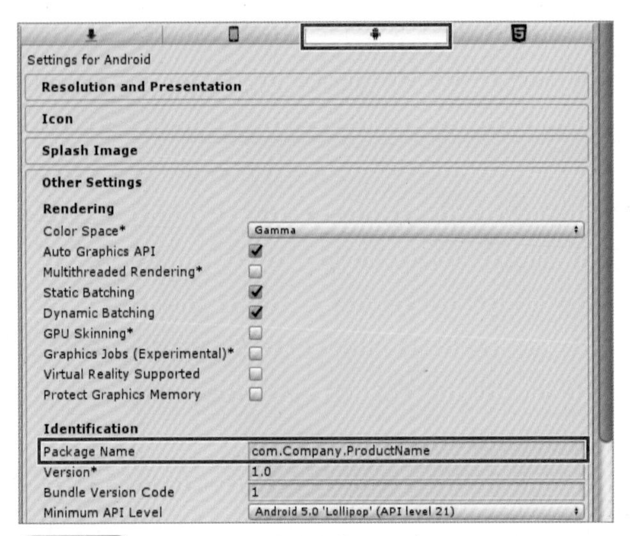

그림 6-2-3 'Package Name'의 편집(Android)

특별한 이유가 없는 한은 iOS와 Android에서 같은 값을 설정해 두면 문제가 없습니다. Bundle Identifier 입력이 끝나면 [File] 메뉴의 [Save Scene]을 클릭하여 설정을 저장합니다.

NCMB 관리 화면 설정

NCMB 관리 화면에서도 설정을 조금 해야 합니다. 관리 화면에 로그인하고 푸시 알림을 활용하고 싶은 '앱'을 선택한 후 오른쪽 위의 '앱 설정'을 클릭합니다.

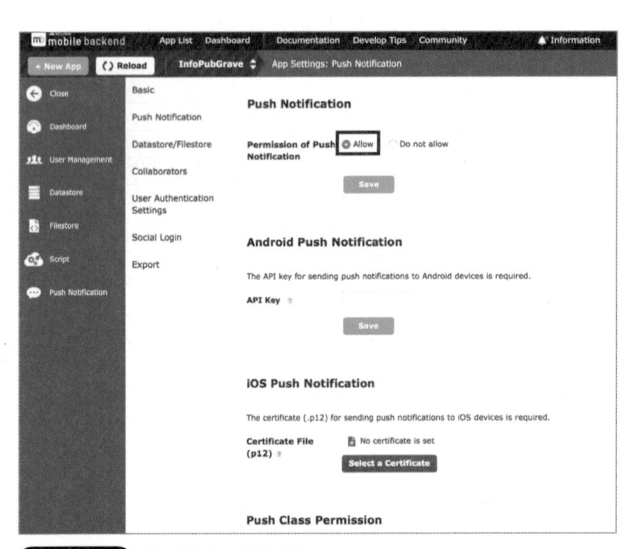

그림 6-2-4 관리 화면의 앱 설정

앱 설정 화면의 '푸시 알림' 항목은 기본적으로 '허가하지 않음(Do not allow)'으로 되어 있으므로 이것을 '허가함(Allow)'으로 변경하고 'Save'를 클릭합니다.

6-3 푸시 알림의 준비 - iOS편

Unity와 NCMB 관리 화면의 설정이 끝났으면 이제 OS별로 설정을 해 가겠습니다. 이번 섹션에서는 iOS 단말기에서 푸시 알림을 하기 위해 필요한 절차를 설명합니다.

iOS용 앱 빌드를 아직 해 본 적이 없는 분은 먼저 Introduction의 'iOS 단말기용 개발 환경'을 확인하기 바랍니다.

iOS의 푸시 알림의 개요

iOS 단말기용 푸시 알림은 Apple의 서비스를 경유하여 각 단말기에 배포합니다. 배포하는 곳은 'Apple Push Notification Service'라는 서비스입니다. NCMB는 이 서비스를 래핑함으로써 iOS 단말기에 푸시 알림을 간단히 보낼 수 있도록 해 줍니다.

iOS에서 푸시 알림을 이용 가능하게 하려면 몇 개의 인증서 발행과 인증이 필요합니다. 절차는 다음과 같습니다.

① Apple Developer 사이트에서 푸시 알림을 보내는 AppID의 APNs 설정을 유효하게 한다.
② Apple Developer 사이트에서 APNs용 인증서(.cer 파일)를 발행한다.
③ APNs용 인증서를 macOS의 키체인 접근에서 등록하고 .p12 파일로 작성한다.
④ 작성한 .p12 파일을 NCMB 관리 화면의 설정으로 업로드한다.
⑤ Unity에서 Xcode 프로젝트를 출력한 후 빌드 전에 푸시 알림 설정을 추가한다.

아직 iOS 개발 인증서를 발행하지 않은 경우는 Appendix의 'iOS 앱 개발을 위한 인증서 발행'을 먼저 확인하기 바랍니다.

Apple Developer에서 AppID 설정

먼저 다음 Apple Developer 사이트에서 푸시 알림에 관한 설정을 확인합니다.

● Apple Developer 사이트

https://developer.apple.com

III Intro Part 1 Part 2 Part 3 Appendix

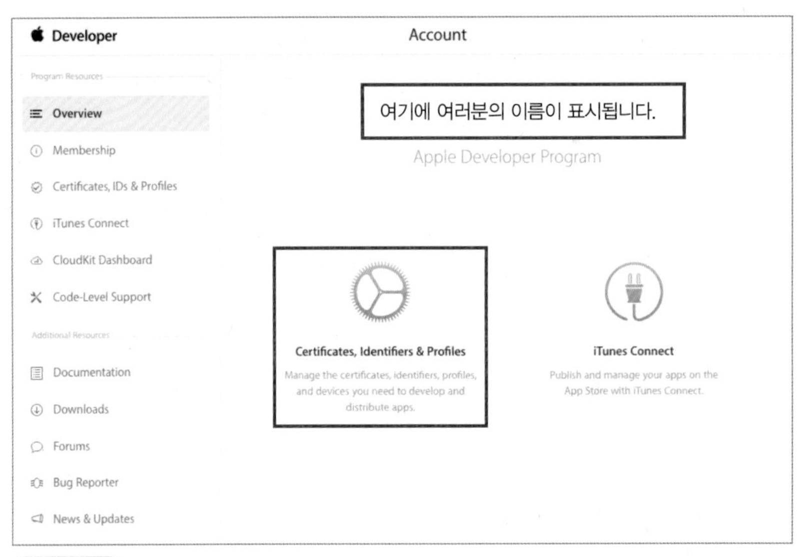

그림 6-3-1 Apple Developer 사이트

가장 먼저 중앙에 있는 'Certificates, Identifiers & Profiles' 버튼을 클릭합니다.

왼쪽 메뉴의 'Identifiers'에서 'App IDs'를 선택하고 푸시 알림 설정을 할 AppID를 선택합니다. App이름 옆에 쓰여 있는 ID가 앞에서 나온 '푸시 알림 준비 – Unity와 NCMB편'에서 정한 Bundle Identifier와 일치하는지 확인하기 바랍니다.

새로운 AppID를 등록할 경우는 '+' 버튼을 클릭하여 새로 작성합니다.

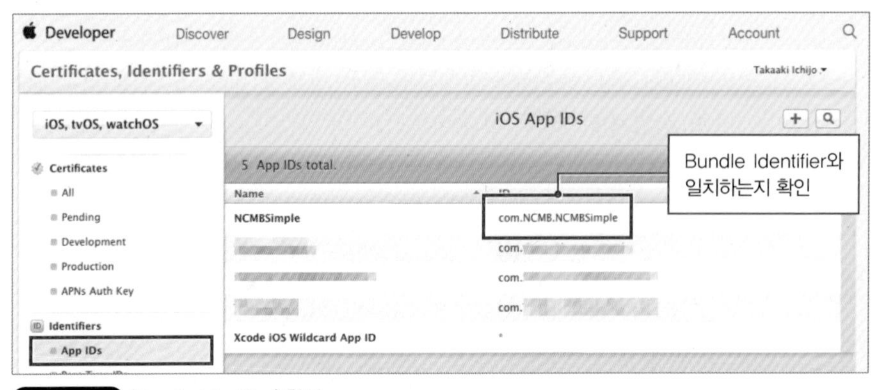

그림 6-3-2 'Bundle Identifier' 확인

AppID를 선택하면 서비스 이용 상황(Application Services)이 목록으로 표시되므로 아래로 스크롤하여 Edit 버튼을 클릭하고 Push Notifications 항목에 체크표시를 합니다. 가장 아래에 있는 Done 버튼을 클릭하면 설정이 저장됩니다.

Push Notifications
Configurable

Apple Push Notification service SSL Certificates
To configure push notifications for this iOS App ID, a Client SSL Certificate that allows your notification server to connect to the Apple Push Notification Service is required. Each iOS App ID requires its own Client SSL Certificate. Manage and generate your certificates below.

Development SSL Certificate

Create an additional certificate to use for this App ID. Create Certificate...

Production SSL Certificate

Create an additional certificate to use for this App ID. Create Certificate...

그림 6-3-3 'Push Notifications'을 온으로 한다.

Apple Developer에서 APNs 인증서 발행

그 다음 APNs 인증서를 발행합니다. APNs 인증서는 개발용과 발매용, 2종류가 있는데 여기서는 발매용(Sandbox & Production)을 이용합니다.

- 개발용: Apple Push Notification service SSL (Sandbox)
- 발매용: Apple Push Notification service SSL (Sandbox & Production)

그림 6-3-4 인증서 발행 화면

왼쪽 메뉴의 'Identifiers'에서 'APNs Auth Key'를 선택하고 오른쪽 위에 있는 '+' 버튼을 누르면 작성할 인증서의 선택 화면으로 이동합니다.

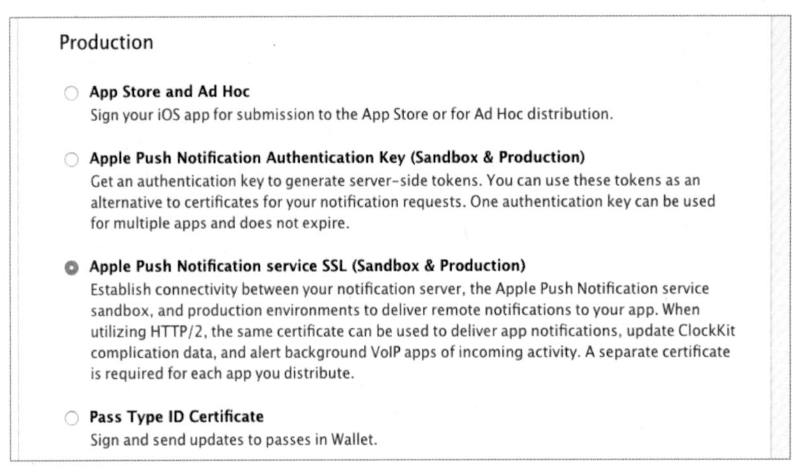

그림 6-3-5 Apple Push Notification service SSL (Sandbox & Production)을 선택

'Production'의 'Apple Push Notification service SSL (Sandbox & Production)' 라디오 버튼을 선택하고 Continue를 클릭한 후, 드롭다운 메뉴에서 푸시 알림을 설정할 AppID를 선택합니다. 다음으로 진행하면 CSR 파일의 설명 화면으로 이동하므로 Continue를 클릭합니다.

CSR 파일은 인증서 요청 파일입니다. macOS의 키체인 접근에 있는 인증서 어시스턴트를 사용하여 'CertificateSigningRequest.cerSigningRequest' 파일을 작성하고 이 페이지로 업로드합니다. 키체인 접근의 조작에 대해서는 Appendix의 'iOS 앱 개발을 위한 인증서 발행'에 자세히 설명되어 있으므로 참조하기 바랍니다.

CSR 파일의 업로드가 끝나면 'Your certificate is ready'라는 상태가 되는데 여기서 인증서 파일(.cer)을 다운로드합니다. macOS에서 파일을 열면 키체인 접근에 'Apple Development iOS Push Services: Bundle ID'로 인증서가 저장됩니다.

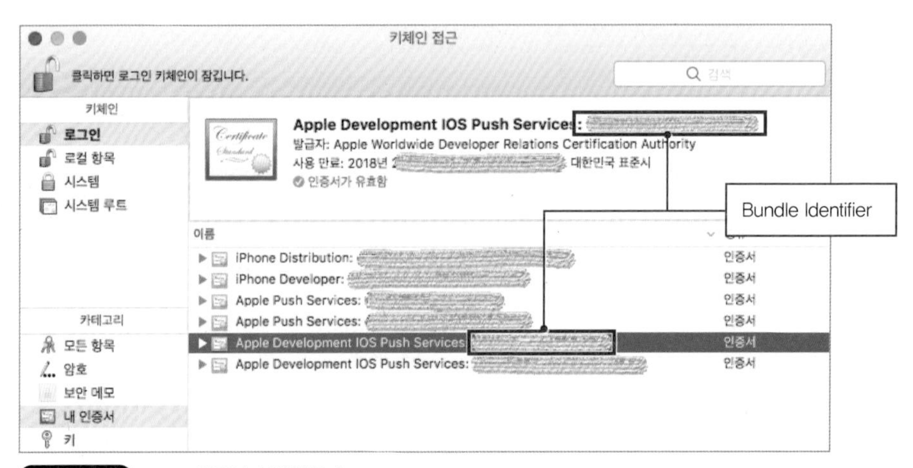

그림 6-3-6 APNs 인증서가 발행된다.

만일을 위해 AppID에 APNs 인증서가 연결되었는지를 확인해 봅시다. Certificates, Identifiers & Profiles의 AppIDs에서 앱의 ID를 선택하여 'Push Notification'의 Developer란이 'Enabled'로 되어 있다면 연결된 것입니다.

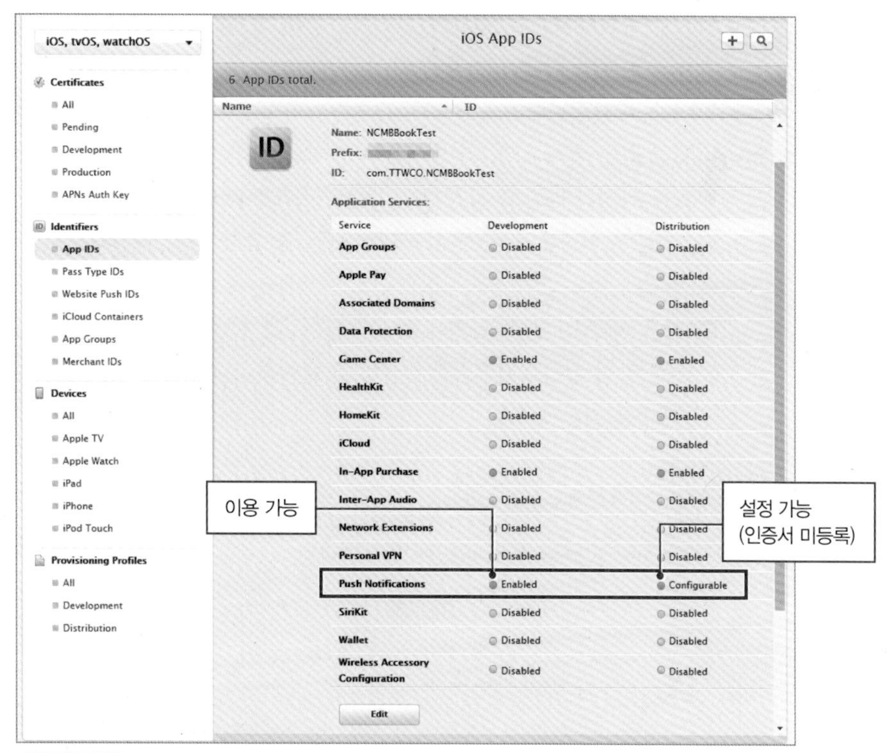

그림 6-3-7 Apple Development에서 'Push Notification'의 설정을 확인한다.

Distribution란은 발매용 설정을 나타냅니다. 위 그림에서는 노란색 마크로 표시되어 있는데 이는 AppID에서는 푸시 알림을 이용 가능하도록 설정되어 있지만 인증서가 등록되어 있지 않은 상태를 의미합니다. 릴리즈를 할 때는 다시 발매용 APNs 인증서 등록을 할 필요가 있습니다.

나중에 다시 소개하겠지만 푸시 알림을 이용할 때는 NCMB의 데이터 스토어에 단말기 정보(installation)가 저장됩니다. 이것은 그때 설정되어 있던 APNs 인증서와 연결되어 있기 때문에 인증서를 개발용에서 발매용으로 변경해 버리면 개발 중에 사용하던 단말기에는 푸시 알림이 배포되지 않게 됩니다.

iOS에 대해 푸시 알림을 할 경우는 NCMB 상에 개발용과 발매용으로 앱을 2개 작성하고 각각에 개발용과 발매용 인증서를 설정해 두는 것이 좋습니다.

또한 키체인 접근에서 인증서의 Expire date를 보면 알 수 있듯이 이 인증서의 유효기간은 1년입니다. 다시 말하면 1년에 한 번씩 인증서 파일을 다시 작성하여 NCMB에 다시 등록할 필요가 있으므로 잊어버리지 않도록 자신의 스케줄에 리마인드 등을 등록해 두는 것이 좋습니다.

NCMB에 APNs 인증서 등록

계속해서 키체인 접근에 등록한 APNs 인증서를 '.p12 파일'로서 출력하여 NCMB의 관리 화면에 등록합니다.

키체인 접근 열고 APNs 인증서를 오른쪽 클릭하여 '내보내기'를 선택합니다. 이때 비밀번호를 설정하지 말고 저장하기 바랍니다. OS 경고가 나오는 경우는 '허가'를 클릭합니다. 기본 파일명은 '인증서.p12'지만 APNs용 인증서 파일이라는 것을 알기 쉽도록 이름을 변경해 두는 것이 좋습니다.

그 다음 NCMB 관리 화면에 로그인하여 '앱 설정'에서 푸시 알림 탭을 선택합니다. iOS 푸시 알림 항목에서 '인증서 선택'을 클릭하고 좀 전에 작성한 .p12 파일을 업로드한 후 설정을 저장합니다.

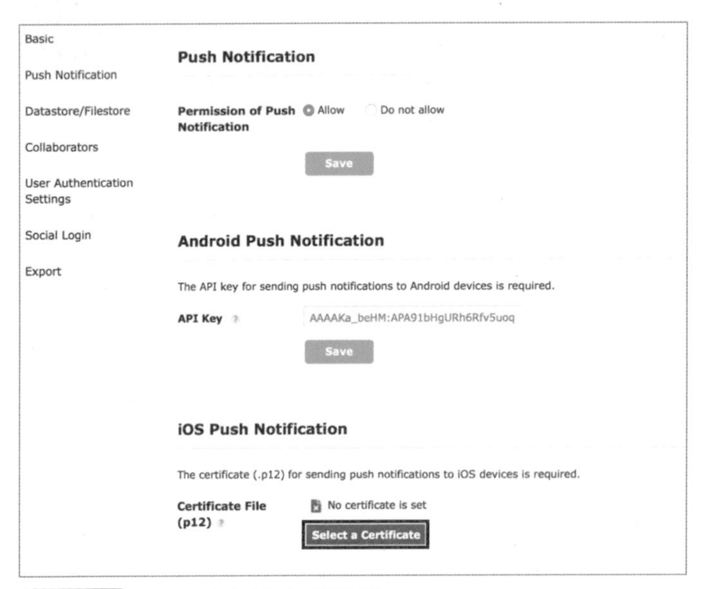

그림 6-3-8 관리 화면에 인증서 파일을 업로드

Xcode에서 설정

그 다음 Xcode에서 푸시 알림에 필요한 설정을 합니다. Unity에서 Xcode용 프로젝트 파일을 빌드하여 출력된 Unity-iPhone.xcodeproj를 열기 바랍니다.

Xcode의 왼쪽 내비게이터에서 Unity-iPhone을 선택하고 'General' 탭의 'Signing'을 확인합니다. 개발자를 지정해 두는 'Team' 항목이 비어 있는 경우는 드롭다운 메뉴에서 개발자명을 선택합니다.

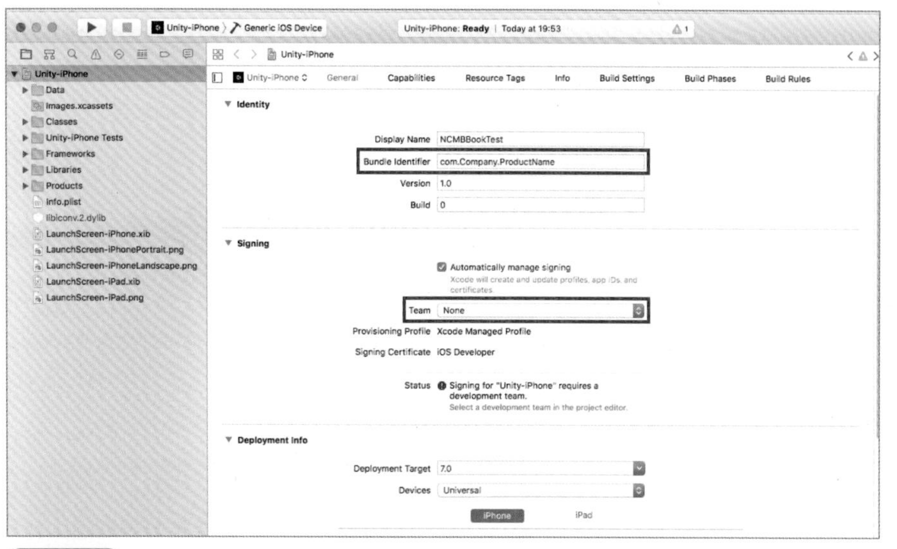

그림 6-3-9 Xcode에서 설정 ①

드롭다운 메뉴에 선택지가 나오지 않는 경우는 macOS의 키체인 접근에 개발자 인증서가 등록되어 있는지를 확인합니다. Xcode에 Apple ID로 로그인하지 않은 경우는 [Xcode]-[Preferences]-[Accounts]로 로그인합니다.

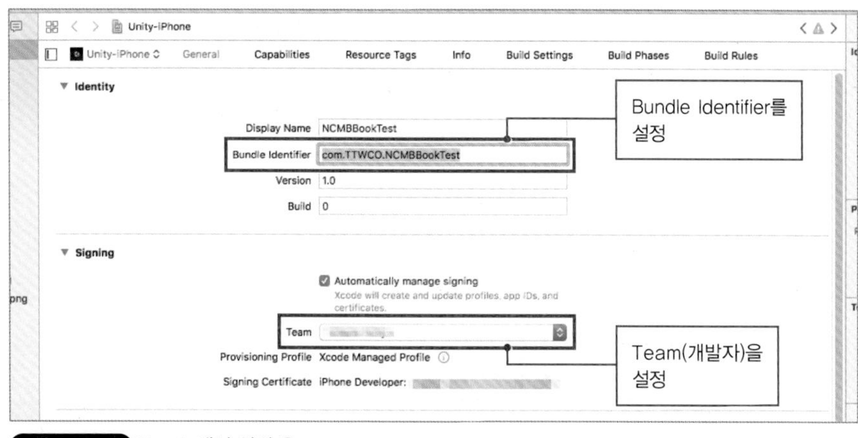

그림 6-3-10 Xcode에서 설정 ②

Apple ID의 개발자 등록이 잘 되면 Team 아래에 Provisioning Profile, Signing Certificate가 정상적으로 표시됩니다.

또한 Identify의 'Bundle Identifier'가 기본값으로 되어 있는 경우가 있으므로 이것도 앞에서 결정한 값으로 설정해 둡니다.

TeamID는 Unity 에디터의 PlayerSettings에서 'Automatically Sign' 옵션을 선택하고 'Automatic Signing Team ID'를 입력해 두면 자동으로 설정할 수 있습니다.

이어서 푸시 알림에 필요한 라이브러리를 추가합니다. Signing을 설정한 페이지를 아래로 스크롤하면 프로젝트에서 이용하는 라이브러리 목록인 'Linked Frameworks and Libraries'가 표시됩니다. 여기서 'UseNotifications.framework'를 추가합니다.

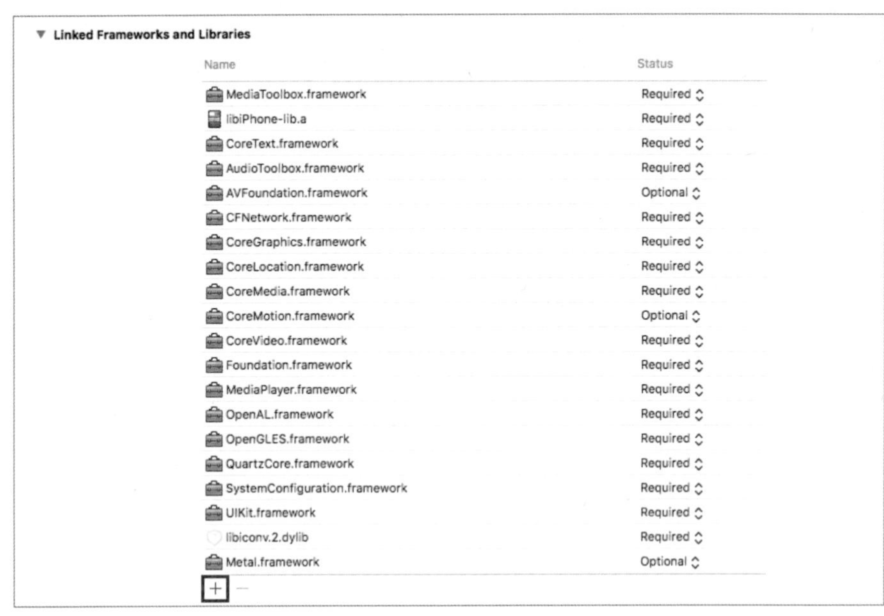

그림 6-3-11 푸시 알림에 필요한 라이브러리를 추가 ①

라이브러리 목록의 가장 아래에서 '+' 버튼을 클릭하면 검색 창이 열립니다. 'UseNotifications.framework'를 찾아 'Add'를 클릭하면 라이브러리가 추가됩니다.

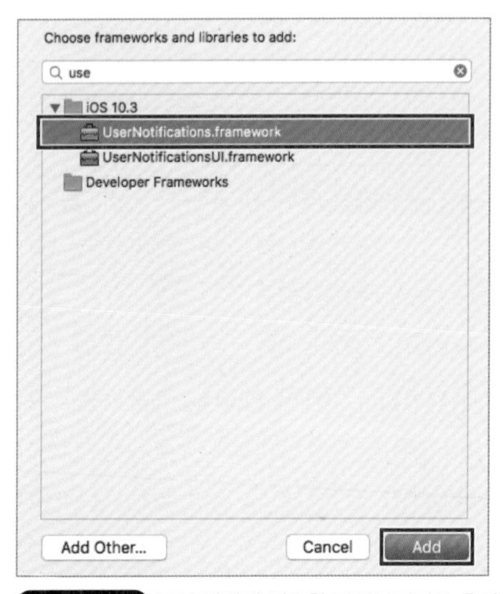

그림 6-3-12 푸시 알림에 필요한 라이브러리를 추가 ②

마지막으로 Capabilities 탭에서 'Push Notifications'를 On으로 합니다. 온으로 했을 때 2개의 Step에 모두 체크 표시가 되어 있으면 끝난 것입니다!

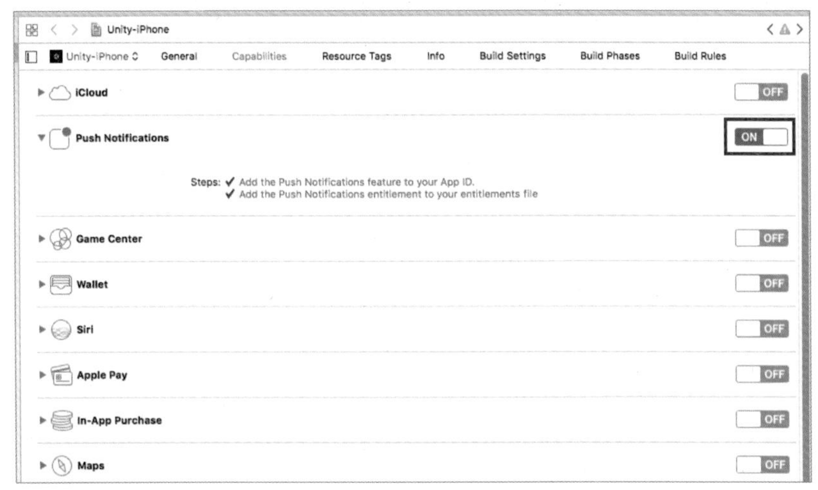

그림 6-3-13 Xcode에서 'Push Notifications'를 On으로 설정한다.

이로써 iOS용 설정은 끝났습니다. USB 케이블로 macOS와 iOS 단말을 연결하고 툴 바에서 빌드 대상을 연결한 단말기로 바꾸어 빌드합니다.

COLUMN

NCMB 활용 사례 '푸시 알림'편 ②

● **너의 목적은 나를 죽이는 것 3**

〈너의 목적은 나를 죽이는 것 3〉은 Clicker형 시스템을 기반으로 '연속 말살'형의 상쾌함을 가미한 게임으로, 기괴한 세계관과 신비스러운 스토리가 특징입니다.

푸시 알림은 게임 안에 등장하는 캐릭터인 '마신'으로부터 받은 메시지라는 설정에서 사용됩니다. 게임을 생각해 내도록 계절 소재, 시사 소재로 메시지를 보내고 있습니다.

전작에서도 NCMB를 채택했지만 그 때는 시간대를 한정한 이벤트가 있어서 그 시간이 되면 푸시 알림을 보내 플레이어에게 힌트를 가르쳐주는 장치(gimmick)에 사용되었습니다.

〈너의 목적은 나를 죽이는 것 3〉은 App Store, Google Play에서 무료 광고 및 아이템 유료 모델로 배포중입니다.

6-4 푸시 알림의 준비 - Android편

이번 섹션에서는 Android 단말기용 푸시 알림을 구축하는 방법을 설명합니다. Android 용 빌드를 아직 해본 적이 없는 분은 Introduction의 'Android 단말기용 개발 환경'을 확인하기 바랍니다.

Android의 푸시 알림의 개요

Android 단말기용 푸시 알림은 Google 서버를 경유하여 보내는데, 배포 서비스는 'Google Firebase'라는 서비스입니다.

NCMB는 이 서비스를 래핑함으로써 Android 단말기용으로 푸시 알림을 간단히 보낼 수 있도록 해 줍니다. 절차는 다음과 같습니다.

① Google Firebase로부터 서비스 키, 송신자 ID를 취득한다.
② NCMB 관리 화면에 서비스 키를 설정한다.
③ Unity 에디터에서 NCMBSettings 게임 오브젝트에 송신자 ID를 설정한다.
④ Android Manifest 파일에 필요한 정보를 기록한다.

Firebase에는 iOS에 관한 설정도 있지만 NCMB는 Apple의 푸시 알림 서비스와 직접 연계할 수 있으므로 Firebase 콘솔에서 설정할 필요가 없습니다. 필요한 절차는 서비스 키와 송신자 ID를 취득하기만 하면 됩니다.

Google Firebase에서 키 취득하기

먼저 Firebase 콘솔에 액세스합니다.

● Firebase 콘솔
https://console.firebase.google.com/

처음에 Google 계정으로 로그인해야 합니다. Google Play 스토어 제출용으로 이용하고 있는 계정이 있다면 이를 사용하여 로그인합시다.

그림 6-4-1 Firebase 콘솔 화면

로그인했으면 홈 화면의 '프로젝트 추가 +' 버튼을 클릭하여 프로젝트를 새로 작성합니다.

그림 6-4-2 새 프로젝트 작성

프로젝트명은 아무 것이든 상관없지만 NCMB 관리 화면의 '앱' 이름과 똑같이 하는 것이 좋습니다. '프로젝트 만들기'을 클릭하면 대시보드로 이동합니다. 대시보드에 들어가면 왼쪽 위에 있는 톱니바퀴 아이콘을 클릭하고 '프로젝트 설정'을 선택합니다.

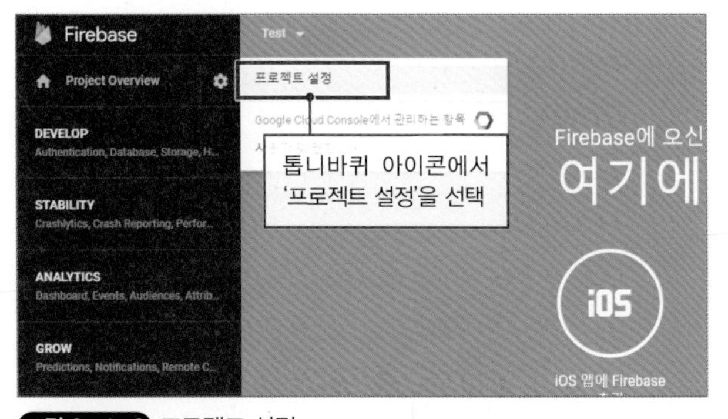

그림 6-4-3 프로젝트 설정

설정 화면에서 '클라우드 메시징' 탭을 클릭하면 서버 키와 발신자 ID가 표시됩니다.

그림 6-4-4 서버 키와 발신자 ID 표시

NCMB 관리 화면과 Unity의 설정

서버 키는 NCMB 관리 화면에, 발신자 ID는 게임 오브젝트 NCMBSettings Inspector 안에 각각 설정합니다.

NCMB 관리 화면에 로그인하여 '앱 설정' 탭에서 Android 푸시 알림의 'API Key' 란에 서버 키를 복사하여 붙여 넣고 'Save'를 클릭합니다.

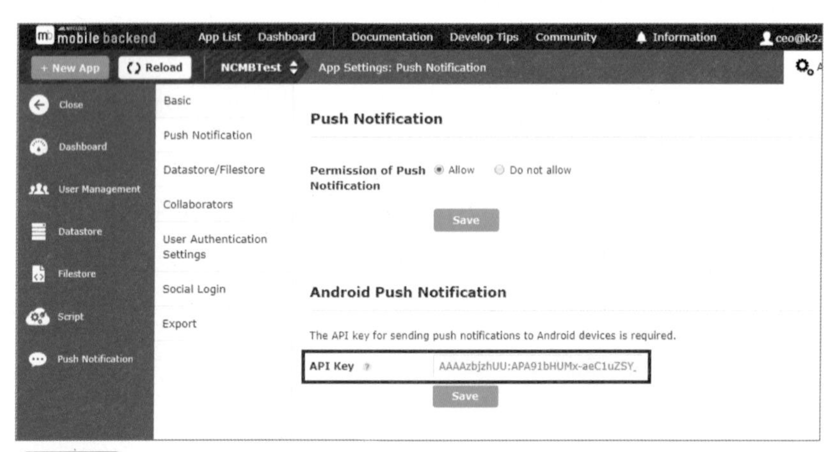

그림 6-4-5 관리 화면에서 Android 푸시 알림의 API 키를 설정

Unity 에디터에서는 씬 안의 NCMBSettings 게임 오브젝트를 선택하고 'Android Sender ID' 필드에 발신자 ID를 붙여 넣습니다.

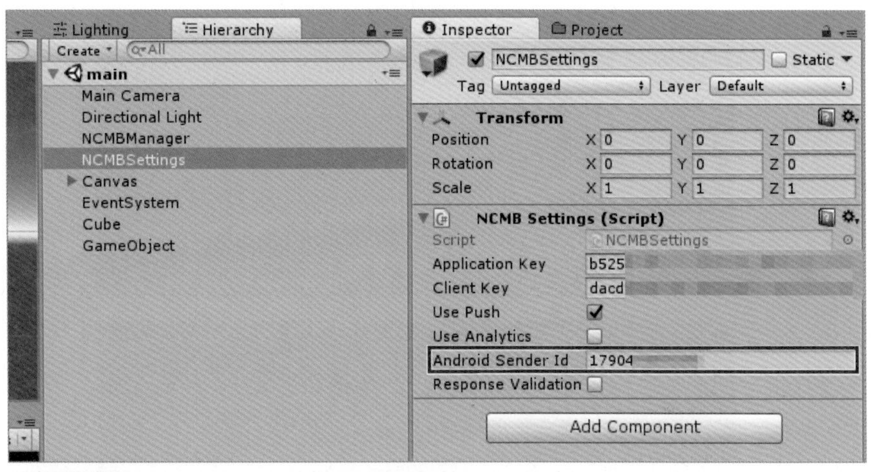

그림 6-4-6 'NCMBSettings'에 발신자 ID를 설정

Manifest 파일 편집하기

계속해서 'Manifest 파일'을 편집합니다. Manifest 파일이란 Android 앱의 기능에 관한 정보를 xml로 기술한 파일입니다.

NCMB Unity SDK에는 서비스 이용에 필요한 Manifest 파일을 이미 플러그인 안에 갖고 있지만 파일 안의 몇 군데에 Bundle Identifier를 기술할 필요가 있습니다.

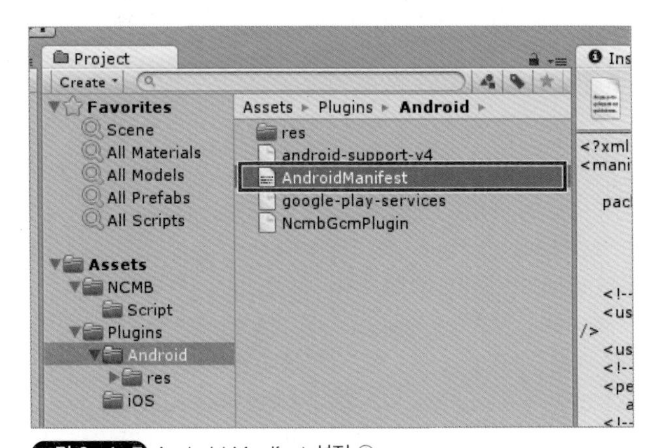

그림 6-4-7 Android Manifest 설정 ①

Unity 에디터에서 Assets/Plugins/Android/AndroidManifest.xml를 더블클릭하면 IDE가 텍스트 에디터로 열립니다.

파일 안에는 '"YOUR_PACKAGE_NAME"'라고 쓰여 있는 부분이 4군데 있으므로 이것을 모두 Bundle Identifier로 수정합니다.

```
<?xml version="1.0" encoding="utf-8"?>
<manifest xmlns:android="http://schemas.android.com/apk/res/android"

    package="YOUR_PACKAGE_NAME" >
  <!-- Put your package name here. -->

    <uses-sdk android:minSdkVersion="10"/>

    <!-- [START gcm_permission] -->
    <uses-permission android:name="com.google.android.c2dm.permission.RECEIVE" />
    <uses-permission android:name="android.permission.WAKE_LOCK" />
    <!-- Put your package name here. -->
    <permission android:name="YOUR_PACKAGE_NAME.permission.C2D_MESSAGE"
        android:protectionLevel="signature" />
    <!-- Put your package name here. -->
    <uses-permission android:name="YOUR_PACKAGE_NAME.permission.C2D_MESSAGE" />
    <!-- [END gcm_permission] -->
```

```
        <!-- [START gcm_receiver] -->
        <receiver
            android:name="com.nifty.cloud.mb.ncmbgcmplugin.NCMBGcmReceiver"
            android:exported="true"
            android:permission="com.google.android.c2dm.permission.SEND" >
            <intent-filter>
                <action android:name="com.google.android.c2dm.intent.RECEIVE" />
                <!-- Put your package name here. -->
                <category android:name="YOUR_PACKAGE_NAME" />
                <action android:name="com.google.android.c2dm.intent.REGISTRATION" />
            </intent-filter>
        </receiver>
        <!-- [END gcm_receiver] -->
```

그림 6-4-8 Android Manifest 설정 ②

4군데만 바꿔 쓰는 것이지만 수동으로 하지 말고 'YOUR_PACKAGE_NAME'으로 검색하여 치환 처리로 하는 방법이 확실합니다.

이 Manifest 파일은 NCMB Unity SDK에 들어있는 파일이기 때문에 패키지를 다시 임포트하면 덮어쓰여져 버립니다. 프로젝트의 NCMB Unity SDK를 업데이트한 후에는 Bundle Identifier가 사라지지 않았는지 확인하도록 하기 바랍니다.

COLUMN

Android에서 NCMB SDK와 다른 서비스와의 병용

NCMB Unity SDK에는 Android 빌드용으로 'Android Support Library (android-support-v4.jar)'와 'Google Play Services Library (google-play-services.jar)'라는 라이브러리가 같이 들어 있습니다. 프로젝트에 AdMob과 같이 다른 Android 관련 SDK를 도입한 경우 이러한 라이브러리가 중복되어 빌드 오류를 일으킬 가능성이 있습니다.

또한 프로젝트에 AndroidManifest.xml 파일이 여러 개 있는 경우는 Unity가 자동으로 병합(merge)하지만, 다른 정보(OS 버전의 하한 설정 등)가 중복되는 경우도 오류가 일어날 수 있습니다. 각사의 SDK는 수시로 업데이트되므로 그 조합은 셀 수 없이 많습니다. 따라서 유감스럽게도 정해진 해결 방법이 없습니다. 빌드 오류가 일어나면 NCMB 블로그나 사용자 커뮤니티를 참조하여 최신 정보를 확인하도록 하기 바랍니다.

6-5 관리 화면에서 푸시 알림을 배포하기

긴 준비 과정을 거쳐 마침내 푸시 알림이 가능하게 되었습니다. 이제 관리 화면에서 푸시 알림을 보내 봅시다.

단말기 정보의 등록

먼저 빌드한 앱을 단말기에서 실행시킵니다. iOS의 경우는 '"앱 이름"에서 푸시 알림을 보내고자 합니다.'라는 팝업이 표시되므로 '허용'을 탭합니다.

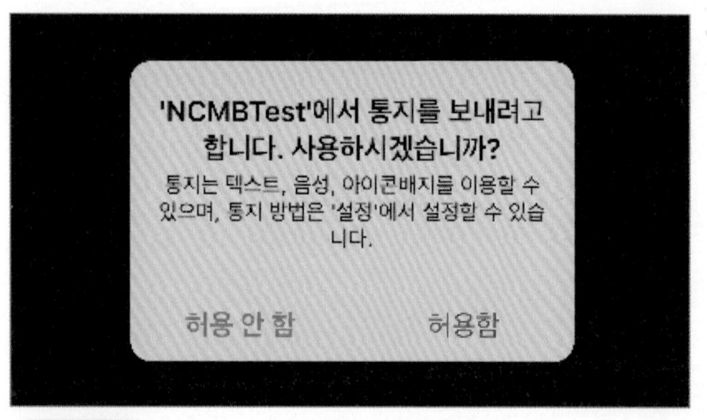

그림 6-5-1 iOS에서는 허용을 결정하는 팝업이 표시된다.

앱을 실행시키면 자동으로 통신이 일어나 NCMB의 데이터 스토어에 단말기를 식별하는 정보가 등록됩니다. NCMB에서는 이것을 'installation'이라 부르고 있습니다.

installation이 제대로 등록되었는지 확인해 봅시다. NCMB 관리 화면에 로그인하고 왼쪽 메뉴의 '데이터 스토어'에서 'installation' 클래스를 클릭하면 목록이 표시됩니다.

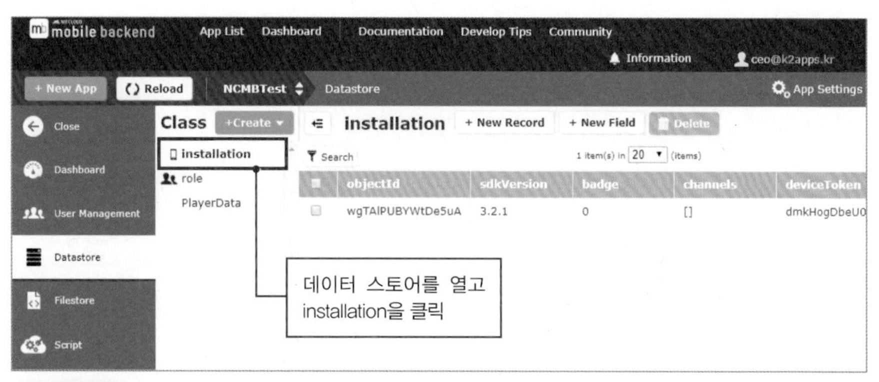

그림 6-5-2 NCMB에서 단말기 정보가 등록되었는지를 확인한다.

installation에는 단말기의 OS, 푸시에 필요한 device token, NCMB SDK 버전, 애플리케이션의 이름 등이 포함됩니다. '회원 관리'와는 독립된 데이터이므로 푸시 알림을 보내기 위해 로그인할 필요는 없습니다.

관리 화면에서 푸시 알림을 배포하기

단말기 등록을 확인했으면 이제 실제로 푸시 알림을 보내 봅시다. NCMB 관리 화면의 왼쪽 메뉴에서 '푸시 알림'을 선택합니다.

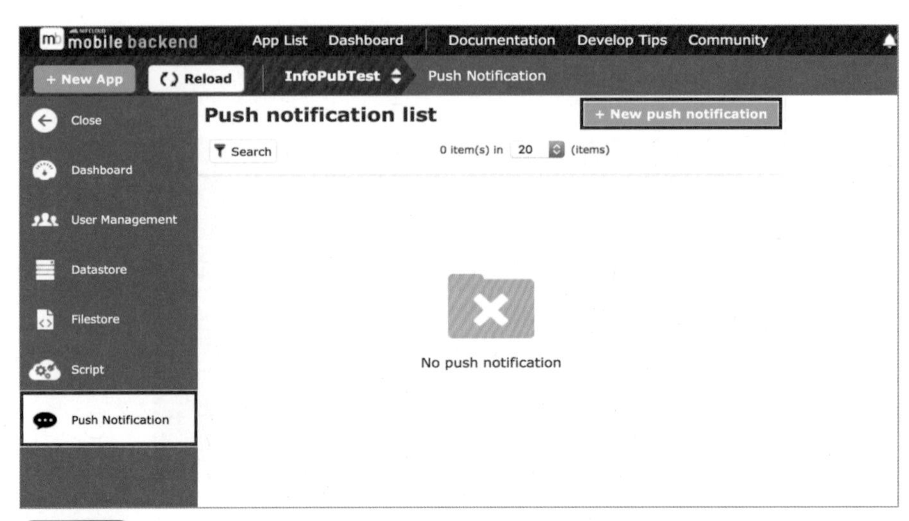

그림 6-5-3 관리 화면에서 푸시 알림을 송신 ①

초록색 '새 푸시 알림' 버튼을 클릭합니다.

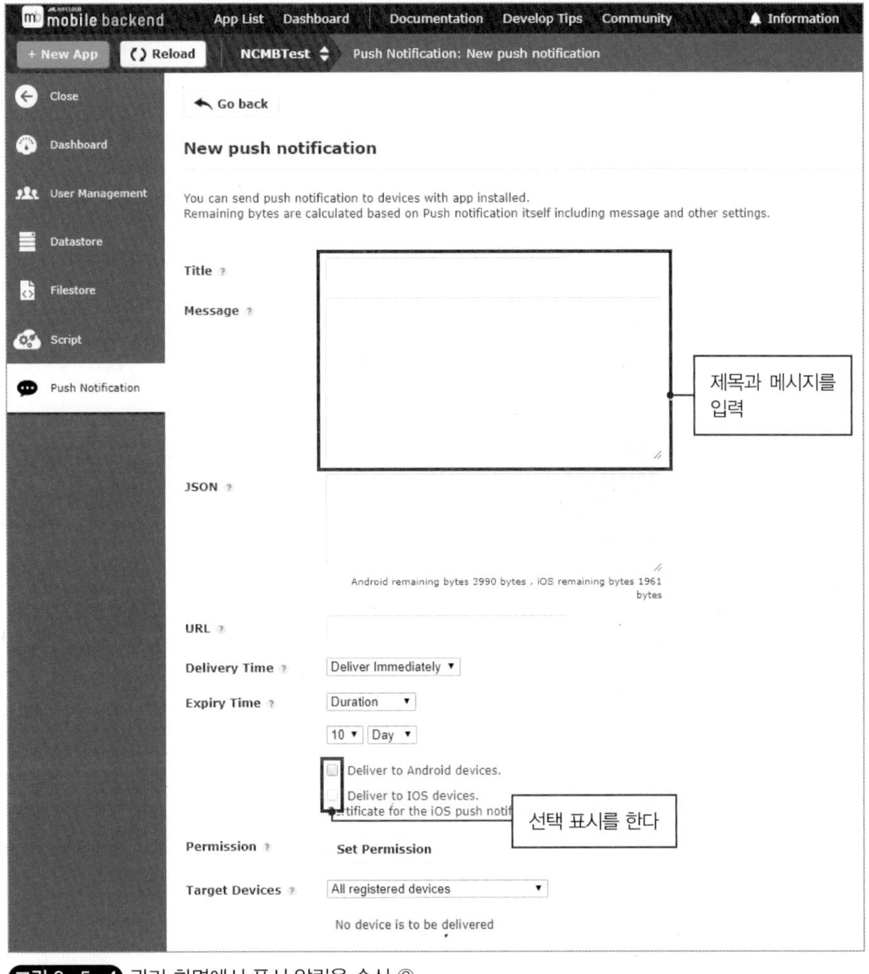

그림 6-5-4 관리 화면에서 푸시 알림을 송신 ②

새 푸시 알림 창이 열리면 푸시 알림의 내용을 정합니다. 푸시 알림에는 옵션이 많이 있지만 우선은 기본인 '제목'과 '메시지'만 입력하여 푸시 알림을 합니다. 각각 적절한 말을 입력했다면 송신 대상 단말기를 선택합니다.

'Android 단말기에 보내기'에 선택 표시를 하면 installation에 등록되어 있는 단말기 중 모든 Android 단말기에 푸시 알림을 보냅니다. 이때 추가 옵션이 표시되는데 푸시 알림을 Android 단말기에서 대화상자로 표시하고 싶은 경우는 '대화상자 표시 유효화'에 선택 표시를 합니다.

마찬가지로 'iOS 단말기에 보내기'에 선택 표시를 하면 등록된 모든 iOS 단말기에 푸시 알림을 보낼 수 있습니다.

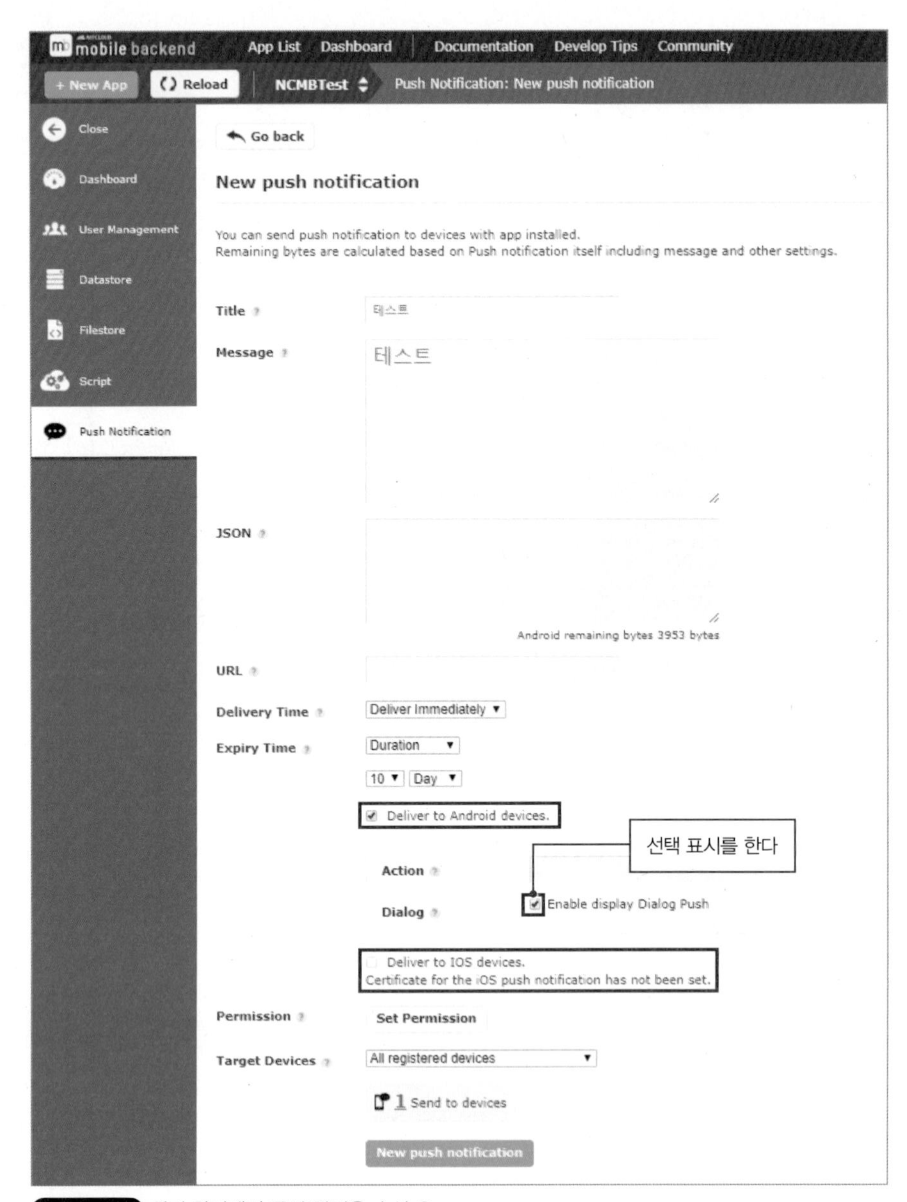

그림 6-5-5 관리 화면에서 푸시 알림을 송신 ③

송신 대상 단말기를 설정하면 몇 개의 단말기에 송신되는지 그 합계가 표시됩니다. 예상되는 단말기 수가 맞는지 확인하고 '푸시 알림을 만들기' 버튼을 클릭하기 바랍니다.

이번에는 송신 날짜를 정하지 않았으므로 푸시 처리가 즉시 시작됩니다. 잠시 기다리면 대상 단말기에 푸시 알림이 도착합니다.

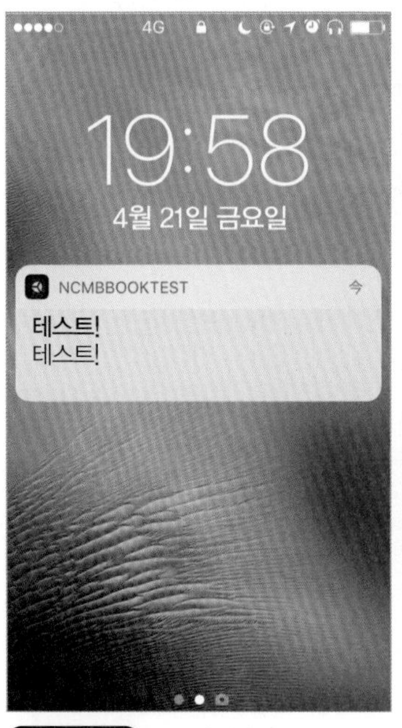

그림 6-5-6 iOS 단말기와 Android 단말기에 푸시 알림이 보내진다.

배포가 잘 안되는 경우의 문제 해결 방법

푸시 알림 절차는 좀 복잡하므로 실수가 많은 패턴을 모아보았습니다. 푸시 알림에 실패한 경우는 다음을 순서대로 확인하기 바랍니다.

Android 관련

● AndroidManifest.xml 파일의 Bundle Identifier가 잘못됐다

Manifest 파일에 대한 Bundle Identifier 설정을 안 했거나 SDK 재인스톨로 Manifest 파일의 내용을 덮어쓴 패턴입니다. Bundle Identifier가 올바르게 설정되어 있는지 다시 확인하기 바랍니다.

iOS 관련

● 인증서가 제대로 설정되지 않았다

개발자 인증서, APNs 인증서 단말기 정보를 다시 등록한 후 푸시 알림을 테스트하기 바랍니다.

● 앱 빌드 시에 푸시 알림의 라이브러리가 빠져 있다

푸시 알림을 이용하려면 Unity가 출력한 프로젝트 파일에 UseNotifications.framework를 추가해야 합니다. 섹션 3의 '푸시 알림 준비 – iOS 편'을 참고로 Xcode에서 등록이 완료되어 있는지를 확인하기 바랍니다.

● NCMB 관리 화면 관련

● installation에 더미 데이터가 등록되어 있다

푸시 알림을 보낼 단말기 중에 테스트 목적으로 더미 데이터를 입력한 installation(실제 단말기가 아닌 installation 코드)이 포함되어 있으면 다른 단말기도 포함하여 푸시 알림이 보내지지 않는 경우가 있습니다. 앱 측에서 푸시 알림이 수신되는지를 확인하는 경우는 더미 데이터를 포함한 단말기를 송신 대상에서 제외시키도록 합시다.

● 등록한 APNs 인증서가 잘못되었거나 기한이 끝났다

푸시 알림을 보내고 싶은 App ID와는 다른 인증서를 잘못 등록했거나 인증서의 기한이 끝난 경우에는 알림을 보낼 수 없습니다.

● Google Firebase의 API 키가 잘못되었다

잘못해서 다른 프로젝트의 API 키를 NCMB 관리 화면에 등록할 가능성이 있습니다. Google Firebase의 설정 화면에서 다시 복사 및 붙여 넣기를 하기 바랍니다.

● Unity 관련

● PlayerSettings 설정이 저장되지 않았다

PlayerSettings에서 Bundle Identifier나 Package Name의 설정이 저장되지 않고 기본값으로 돌아가 버리는 경우가 있으므로 다시 한 번 확인하기 바랍니다.

● NCMBSettings 설정 누락

UsePush에 선택 표시를 잊어버리면 installation 등록을 할 수 없습니다. 또한 Sender ID를 입력하지 않으면 Android 단말기에 알림이 가지 않습니다. Sender ID는 Google Firebase 설정 화면에서 확인할 수 있습니다.

● NCMBManager나 NCMBSettings 등이 파기되어 있다

게임 실행 후에 다른 씬을 로드하는 등 NCMBManager이 파기되어 처리가 정상적으로 종료되지 않는 경우가 있습니다. 'DontDestroyOnLoad (this.gameObject)' 메소드를 추가하는 등 씬을 추가로 읽어 들여 NCMBManager나 NCMBSettings가 파기되지 않도록 합니다.

6-6 앱에서 푸시 알림을 보내기

NCMB의 푸시 알림은 관리 화면뿐만 아니라 앱 안에서도 푸시 알림 요청을 NCMB에 보내 다른 단말기에게 알림을 보낼 수 있습니다. 이로써 간이 SNS 기능이나 친구의 플레이어를 대전 협력에 초대하는 장치를 구현할 수 있습니다.

앱에서 푸시 알림을 수행하는 흐름

샘플 게임에서는 4-3에서 소개한 '친구 기능'에 installation의 ObjectId를 저장해 두는 필드가 있었습니다. 이 정보를 사용하여 플레이어를 친구로 등록할 때 '여러분을 친구로 등록했습니다'라는 푸시 알림을 상대에게 보내는 시스템을 구현하고 있습니다.

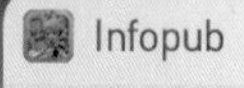

그림 6-6-1 친구 등록 시의 푸시 알림

처리의 흐름은 다음과 같습니다.

① 앱 실행 시에 자신의 installation ObjectId를 취득한다.
② ObjectId를 'PlayerInfoList' 데이터 스토어의 'InstallationObjectID'에 저장한다.
③ 친구 등록을 하는 시점에서 상대의 installation ObjectId를 취득한다.
④ 추출한 installation 앞으로 푸시 알림 요청을 NCMB에 저장한다.
⑤ 요청은 NCMB의 푸시 알림 태스크에 쌓여 순서대로 송신된다.

installation의 ObjectID를 데이터 스토어에 저장하기

샘플 게임에서는 플레이어가 게임을 처음 실행한 시점에서 자신의 installation ObjectId를 'PlayerInfoList' 데이터 스토어 안의 자신의 레코드에 등록합니다. installation ObjectId는 NCMBInstallation.getCurrentInstallation().ObjectID로부터 취득할 수 있습니다.

Assets/Scripts/DataClass/PlayerInfo.cs의 PlayerInfo 클래스의 컨스트럭터 안에서 installation의 ObjectId 취득과 NCMBObject에 대한 변환 처리를 합니다.

```
public static NCMBObject CreateNCMBObject(string nickName, string userName)
{
   NCMBObject ncmbObject = new NCMBObject(NCMBDataStoreClass.PLAYERINFO_LIST);
   ncmbObject[NCMBDataStoreKey.USERNAME] = userName;
   ncmbObject[NCMBDataStoreKey.NICKNAME] = nickName;
   ncmbObject[NCMBDataStoreKey.KILLCOUNT] = 0;
   ncmbObject[NCMBDataStoreKey.SCREENSHOT_FILENAME] = string.Empty;
   ncmbObject[NCMBDataStoreKey.EQUIPCARD_ID] = string.Empty;
   ncmbObject[NCMBDataStoreKey.INSTALLSTION_OBJECTID] = string.Empty;

#if (UNITY_IOS || UNITY_ANDROID) && !UNITY_EDITOR
   ncmbObject[NCMBDataStoreKey.INSTALLSTION_OBJECTID] = NCMBInstallation.
getCurrentInstallation().ObjectId;
#endif
   return ncmbObject;
}
```

installation의 ObjectId 취득 처리는 iOS 또는 Android 단말기상에서만 작동하도록 '#if (UNITY_IOS || UNITY_ANDROID) && !UNITY_EDITOR'로 구분하고 있습니다. PC나 Unity 에디터에서는 원래 installation이 없기 때문에 ObjectID는 비어 있습니다. 친구 등록 시는 대상 플레이어의 installation ObjectId를 취득하고 이를 사용하여 푸시 알림 처리를 Assets/Scripts/Communication/PushNotificationManager.cs의 SendPushAddFriend 메소드를 호출하여 처리합니다.

```
public void SendPushAddFriend(string installationObjectId, string nickName)
{
   string title = "친구 추가";
   string message = nickName + "씨가 친구로 추가했습니다.";

   SendPushByInstallation(installationObjectId, title, message);
}

public void SendPushByInstallation(string installationObjectId, string title,
string message)
{
   Dictionary<string, object> searchConditionDict = new Dictionary<string, object>();
   searchConditionDict["objectId"] = installationObjectId;

   NCMBPush push = new NCMBPush();
   push.Message = message;
   push.Title = title;
   push.ImmediateDeliveryFlag = true;
   push.Dialog = true;
   push.PushToAndroid = true;
   push.PushToIOS = true;

   push.Add("searchCondition", searchConditionDict);
   push.Save();
}
```

먼저 NCMBPush 클래스를 작성하고 각 프로퍼티에 설정을 한 후 Save 메소드를 호출함으로써 NCMB에 대해 푸시 알림 처리 요청을 송신할 수 있습니다. 그 후 NCMB가 지정된 installation 앞으로 푸시 알림을 송신합니다.

Dictionary〈string, object〉 Generic형 searchConditionDict을 선언하고 있는데, 이것은 푸시 알림을 할 때 실행하는 검색 조건을 지정하기 위한 것입니다. key에 ObjectId를 지정하고 installationObjectId를 세팅하고 있습니다.

'ImmediateDeliveryFlag'는 바로 푸시 알림을 송신하는 플래그입니다. 또한 'Dialog'는 Android에서 대화상자 표시를 하기 위한 옵션이며, 'PushToAndroid'와 'PushToIOS'는 송신 대상 OS를 설정하는 항목입니다.

플레이어끼리 푸시 알림을 보낼 수 있는 기능은 게임 앱에 간이 SNS와 같은 기능을 부여할 수 있습니다. 단, 너무 자유롭게 푸시 알림을 보낼 수 있게 되면 플레이어끼리 트러블이 발생할 수 있으므로 취급에 주의하기 바랍니다. 또한 NCMB 요금제에 따라 월간 푸시 알림 횟수가 정해져 있습니다. 무료 Basic 플랜의 경우 월 200만 번으로 되어 있습니다. 하루에 푸시 알림을 보낼 수 있는 횟수를 정하는 등 제어를 하도록 합시다.

이 장의 요약

이 장에서는 iOS와 Android 각각에 푸시 알림에 관한 설정과 NCMB 관리 화면에서 일괄적으로 보내는 절차를 설명했습니다. 또한 샘플 게임의 구축을 바탕으로 앱에서 다른 플레이어에게 푸시 알림을 보내는 방법에 대해서도 소개했습니다.

개발자가 일괄적으로 보내는 푸시 알림은 플레이어가 게임을 기억할 수 있도록 하는 중요한 수단입니다. 적절한 타이밍에서 알림을 보내면 플레이어가 계속적으로 게임을 할 수 있습니다.

특히 무료 및 광고 모델 게임 앱에서는 이용률 향상과 앱을 사용하는 시간을 늘리는 것이 상당히 중요합니다. 푸시 알림을 꼭 사용해 보기 바랍니다.

Part 2

실시간 네트워크 게임 개발 - UNET 기초편

Network Manager로 간단히 네트워크 게임 작성

요즘 화제인 IoT에 발맞춰 많은 사물이 인터넷과 연결되어 정보를 주고받는 시대가 되었습니다. 게임도 예외가 아니어서 시판 게임의 대부분이 어떤 형태로든 네트워크를 지원하고 있습니다. Part 2와 Part 3에서는 '실시간' 네트워크 게임을 만드는 방법을 설명합니다.

Unity에는 UNET이라는 네트워크를 이용하기 위한 라이브러리가 있습니다. 거기에 마련되어 있는 'Network Manager'라는 컴포넌트를 사용하면 네트워크를 통한 멀티플레이어 게임을 간단히 만들 수 있습니다. 이 장에서는 UNET의 기본적인 사용 방법을 배워 봅시다.

이 장에서는 네트워크 게임의 근간이 되는 부분에 대해 설명합니다. 보다 고도의 기능을 구축하거나 네트워크 게임을 만들 때의 각종 팁들은 이후에 나오는 장에서 순서대로 설명을 하겠습니다.

이 장의 목적

- '실시간' 네트워크 게임에서 필요한 기능과 UNET의 개요를 이해한다.
- 'Network Manager' 컴포넌트의 기능과 구축 방법을 배운다.
- 스크립트를 쓰고 캐릭터를 실제로 움직여 본다.

1-1 네트워크 게임과 UNET의 기초

먼저 네트워크 게임이란 어떤 것인지, 그리고 Unity로 네트워크 게임을 만들 때 필요한 'UNET'에 대해 소개하겠습니다.

네트워크 게임의 구조

여러분은 '네트워크 게임'이라고 하면 어떤 이미지가 떠오릅니까? 아마 막연하게 게임 안에서 서버에 접속하여 움직이는 것을 생각했을 것입니다.

이와 같이 '네트워크에 액세스해서 움직이는 게임'은 그렇지 않은 게임과 비교해서 어떤 특징을 가지고 있을까요? 먼저 네트워크 게임으로서 필요한 기능이 무엇인지를 정리해 보겠습니다.

● 캐릭터 공유

네트워크 게임이라고 하면 누구나 네트워크로 연결된 플레이어끼리 게임을 같이 진행해 가는 것을 떠올릴 것입니다. 실시간 어드벤처 게임이나 롤플레잉 게임 등에서는 많은 플레이어가 동시에 게임에 관여하고 있습니다.

이러한 게임에서는 '게임에 등장하는 캐릭터를 여러 디바이스가 공유'하고 있습니다. 예를 들어 플레이어가 조작하는 캐릭터는 자신의 컴퓨터뿐만 아니라 다른 장소에서 같은 시간에 플레이하고 있는 플레이어의 컴퓨터나 스마트폰에도 표시됩니다. 반대로 다른 플레이어가 조작하는 캐릭터도 여러분 컴퓨터의 게임 화면에 표시됩니다.

어떤 플레이어가 자신의 캐릭터를 조작하면 이 동작은 캐릭터를 공유하고 있는 모든 디바이스에서도 똑같이 움직입니다. 표시뿐만 아니라 동작도 공유하여 움직이고 있다는 것입니다.

● 스테이터스 동기화

예를 들어 체스나 장기와 같은 게임에서는 캐릭터가 등장하지 않아도 판의 데이터가 항상 플레이하는 양쪽에서 동기화되어 있습니다. 오델로에서 흰색과 검은색 표시가 달라지면 게임이 성립하지 않습니다. 게임의 상황(스테이터스)은 공유하고 있는 모든 디바이스에서 항상 동기화되어야 합니다.

이와 같은 '스테이터스 동기화'도 네트워크 게임에는 필수 요소라고 할 수 있습니다.

● 액션 동기화

어떤 플레이어가 총을 쏴서 적의 캐릭터를 쓰러뜨린 경우 당연하겠지만 다른 플레이어의 게임 화면에도 그 플레이어가 조작하는 캐릭터가 총을 쏘고 적의 캐릭터를 쓰러뜨리고 있을 것입니다.

다시 말하자면 '총을 쏜다', '캐릭터가 쓰러진다'와 같은 액션이나 이벤트도 여러 환경에서 동기화되어야 한다는 것입니다.

이와 같이 누구나 생각할 수 있는 기본적인 '네트워크 게임으로서 기능하기 위한 동작'만 봐도 보통의 게임 제작 이상의 스킬이 요구된다는 것을 알 수 있습니다. 이것을 전부 처음부터 만들려고 하면 상당히 고도의 스킬이 필요하기 때문에 아무나 쉽게 네트워크 게임을 만들지는 못 합니다.

하지만 걱정할 필요가 없습니다. 왜냐하면 처음부터 일일이 구축하지 않아도 Unity에는 이러한 기능을 간단히 실현하기 위한 '비밀병기'가 마련되어 있기 때문입니다. 바로 'UNET'이라는 라이브러리입니다.

이 UNET에 마련되어 있는 기능의 사용법을 익히기만 하면 네트워크 게임의 기본 부분을 완성시킬 수 있습니다.

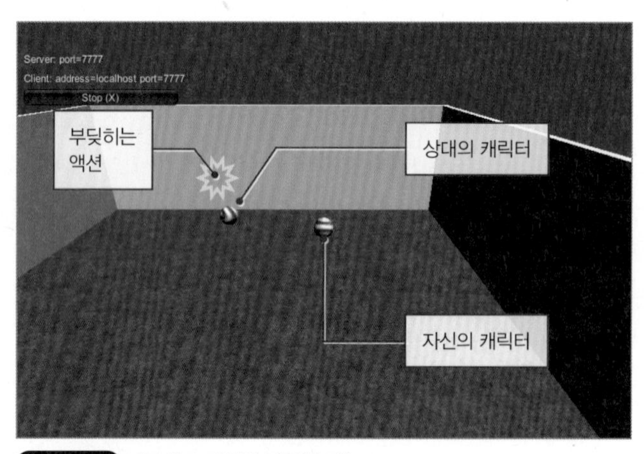

그림 1-1-1 네트워크 게임에 필요한 기능

UNET의 네트워크 관련 기능

네트워크 게임 작성을 위해 UNET에 마련되어 있는 기능은 크게 다음 두 가지로 정리할 수 있습니다.

● High Level API

네트워크 게임에 필요한 기능을 모아서 제공하는 것으로, 일반적으로 'HLAPI(High Level API: 고수준 API)'라고 부릅니다.

API라고 하면 복잡할 것 같지만 기본적인 기능은 Network Manager와 같이 몇 개의 컴포넌트 형태로 마련되어 있어서 씬에 게임 오브젝트의 형태로 심어 넣기만 하면 기본적인 기능을 사용할 수 있습니다.

이 HLAPI는 다음에 나오는 Transport Layer API의 상위 레이어로서 구축된 것입니다. 네트워크 게임의 기본적인 기능을 심어 넣기만 하는 경우는 HLAPI만으로도 충분합니다.

● Transport Layer API

플랫폼(OS)의 네트워크에서 움직이는 얇은 레이어입니다. 서버에 대한 연결, 통신, 흐름 제어 등과 같은 기본적인 네트워크 통신 기능을 갖고 있어서 이를 사용하여 코딩을 할 수 있습니다.

HLAPI로 구축하는 네트워크 기능보다도 더 세세한 제어를 할 필요가 있는 경우에 사용합니다. 보다 저수준 API라는 점에서 'LLAPI(Low Level API)'라고도 합니다.

앞으로 네트워크 게임을 만들고 싶은 분은 HLAPI를 사용한 프로그램 개발을 먼저 배우기 바랍니다. 왜냐하면 HLAPI로 네트워크 게임의 기본적인 기능은 대부분 구축할 수 있기 때문입니다.

Transport Layer API는 HLAPI를 어느 정도 마스터한 후에 더욱 세세한 제어를 하고 싶을 때 배우는 것이 좋습니다.

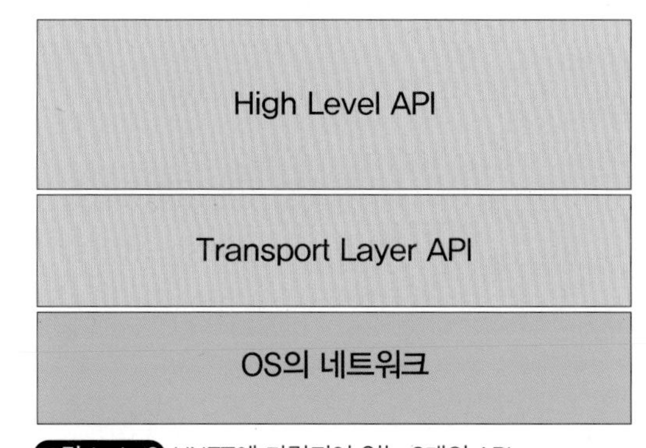

그림 1-1-2 UNET에 마련되어 있는 2개의 API

UNET과 네트워크 시스템 구성

UNET의 네트워크 시스템은 '서버'와 '클라이언트'로 구성됩니다. 설명할 필요까지 없을지도 모르겠지만 각각의 역할은 다음과 같습니다.

● 서버

네트워크의 중심이 되는 프로그램입니다. 이 서버가 게임으로부터 액세스를 받아 각종 정보를 관리합니다.

● 클라이언트

서버에 액세스하는 게임 프로그램을 말합니다. 게임을 하는 사람이 플레이하고 있는 각 게임 프로그램들이 클라이언트입니다. 이 클라이언트에서 서버로 액세스하여 게임을 진행해 갑니다.

UNET의 네트워크 시스템에서 상당히 흥미로운 점은 네트워크 시스템을 구축할 때 '전용 서버 머신을 필요로 하지 않는다'는 점입니다.

일반적인 네트워크 게임에서는 먼저 모든 게임 정보를 관리하기 위한 서버를 구축한 후 그 서버에 클라이언트가 액세스합니다. 하지만 UNET의 경우는 **호스트**라는 머신을 사용하여 네트워크 시스템을 구축할 수 있습니다.

호스트는 서버와 클라이언트를 하나로 합친 것입니다. 게임(클라이언트) 안에 서버 기능이 들어 있다고 생각하면 좋을 것입니다. 호스트는 게임을 기동시킬 때 자신을 서버로서 실행시킵니다.

다른 클라이언트는 이 호스트의 서버에 액세스하여 게임을 작동시킵니다. 호스트 자신도 자신의 클라이언트에서 자신의 서버에 액세스하여 작동합니다.

호스트 안에 있는 클라이언트는 서버와 똑같은 장소에서 움직인다는 점에서 **로컬 클라이언트**, 외부에서 액세스하는 클라이언트는 **리모트 클라이언트**라고 부릅니다.

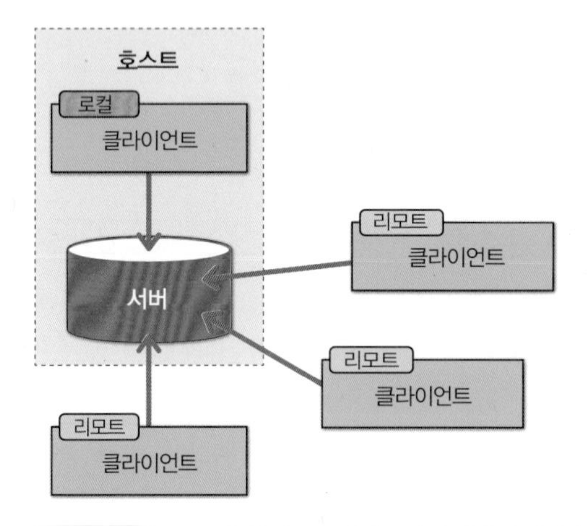

그림 1-1-3 UNET에서는 '호스트'라는 머신 안에서 서버가 실행된다.

1-2 Network Manager를 사용하여 씬 작성하기

이제 여기서부터는 Unity를 직접 조작하면서 고수준 API인 'HLAPI'를 사용하여 간단한 샘플을 만들어 가겠습니다. 이번 섹션에서 소개할 내용이 네트워크의 근간이 되는 부분이므로 확실하게 이해하고 넘어가기 바랍니다.

기본은 'Network Manager'

HLAPI에는 몇 개의 컴포넌트가 마련되어 있는데, 그 중에서 가장 기본적인 기능을 제공하는 것이 'Network Manager'라는 컴포넌트입니다(그 외의 컴포넌트는 이후 〈COLUMN〉에서 소개합니다).

Network Manager는 네트워크를 이용할 때 최소한으로 필요한 기능을 갖추고 있습니다. 호스트로서 서버를 실행시키는 기능, 클라이언트로서 서버에 액세스하는 기능 등을 표준으로 갖고 있으며, 조작할 게임 오브젝트('Spawn'이라 부르는 것으로, 추후 설명합니다)를 생성하여 서버에 연결되어 있는 클라이언트 간의 공유와 동기화까지 해 줍니다.

Network Manager를 이용하려면 최소한 다음과 같은 것이 필요합니다.

● Network Manager의 게임 오브젝트

Network Manager는 컴포넌트로 마련되어 있습니다(게임 오브젝트가 아닙니다). 때문에 먼저 Network Manager를 심어 넣은 게임 오브젝트를 마련해야 합니다.

● 조작할 게임 오브젝트(프리팹)

플레이하는 사람이 조작하는 캐릭터는 게임 오브젝트가 아니라 프리팹으로 준비해야 합니다.

최소한 이 2개가 있으면 네트워크 게임의 기본 부분을 시험해 볼 수 있습니다. 이제 실제로 만들어 봅시다.

씬을 작성한다

먼저 새로운 씬을 준비하고 게임에서 사용할 캐릭터가 돌아다닐 수 있도록 지면을 만들어 둡니다.

여기서는 Terrain을 하나 만들어 두기로 합니다. 적당한 지형을 만들고 머티리얼을 설정해 둡니다.

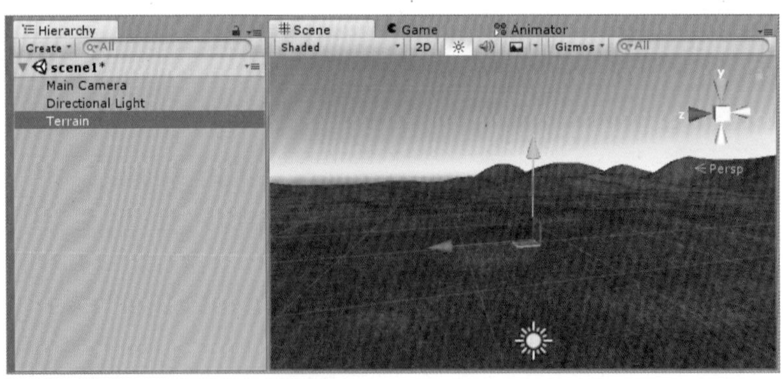

그림 1-2-1 씬에 Terrain을 하나 만든다.

Network Manager를 만든다

계속해서 Network Manager를 만듭니다. Network Manager는 컴포넌트이므로 이것을 심어 넣기 위한 게임 오브젝트가 필요합니다. 이번에는 빈 게임 오브젝트를 마련하여 거기에 심어 넣겠습니다.

[GameObject] 메뉴에서 [Create Empty]로 빈 게임 오브젝트를 만듭니다. 계속해서 만든 게임 오브젝트를 선택하고 [Component] 메뉴에서 [Network]-[NetworkManager]를 선택합니다. 이로써 Network Manager 컴포넌트가 심어졌습니다.

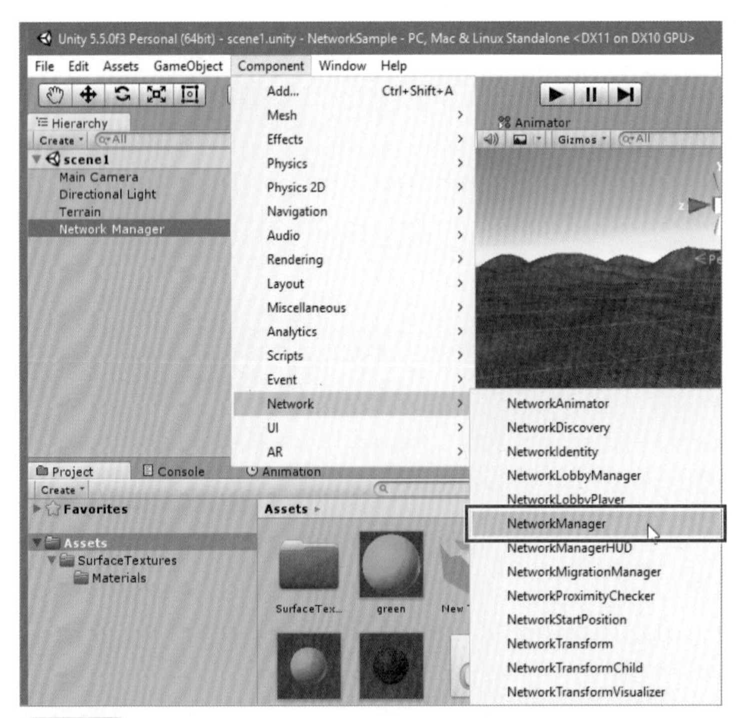

그림 1-2-2 Network Manager 메뉴를 선택하고 컴포넌트를 심어 넣는다.

그런 다음 [Component] 메뉴에서 [Network]-[NetworkManagerHUD]를 선택합니다. 이것은 Network Manager에서 서버에 연결하여 게임을 시작하기 위한 GUI입니다. 이 컴포넌트를 심어 넣어야 네트워크 조작을 위한 GUI가 자동으로 표시됩니다.

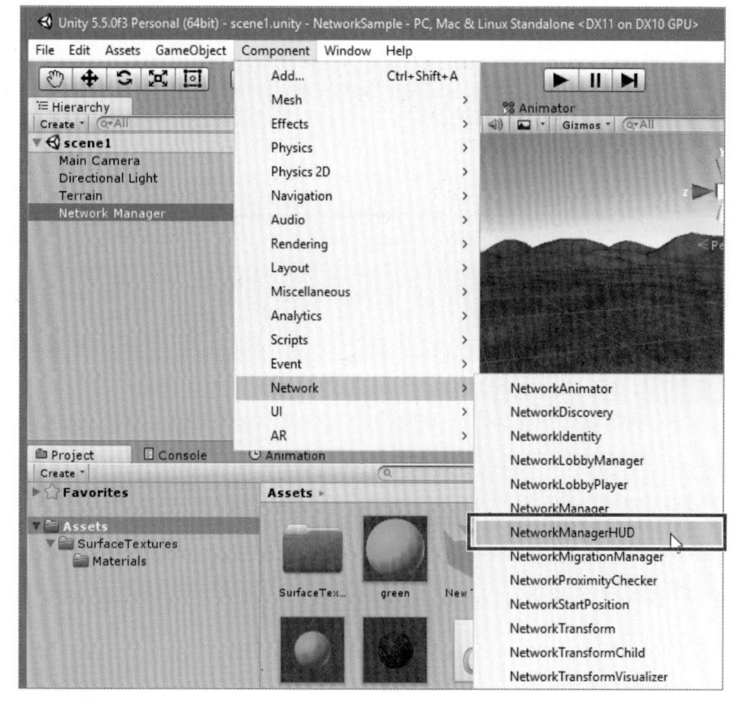

그림 1-2-3 GUI를 표시하기 위한 NetworkManagerHUD 컴포넌트를 추가한다.

씬을 실행해 보자

이 상태에서 실제로 씬을 작동시켜 봅시다. Network Manager와 Network Manager HUD가 마련되었다고 해도 아직 게임에서 사용할 것은 아무 것도 준비되어 있지 않습니다. 이 상태에서 씬을 실행시키면 화면 왼쪽 아래에 버튼들이 표시되는 것을 알 수 있습니다.

이 버튼이 Network Manager HUD로 만들어지는 조작 패널입니다. 여기서는 다음과 같은 버튼이 만들어집니다.

LAN Host: 호스트로서 실행시킵니다.
LAN Client: 클라이언트로서 실행시킵니다.
LAN Server Only: 서버로서 실행시킵니다(클라이언트로서는 작동하지 않는다).
Enable Match Maker: 매치 메이커라는 클라이언트끼리 연결하기 위한 기능을 ON으로 합니다.

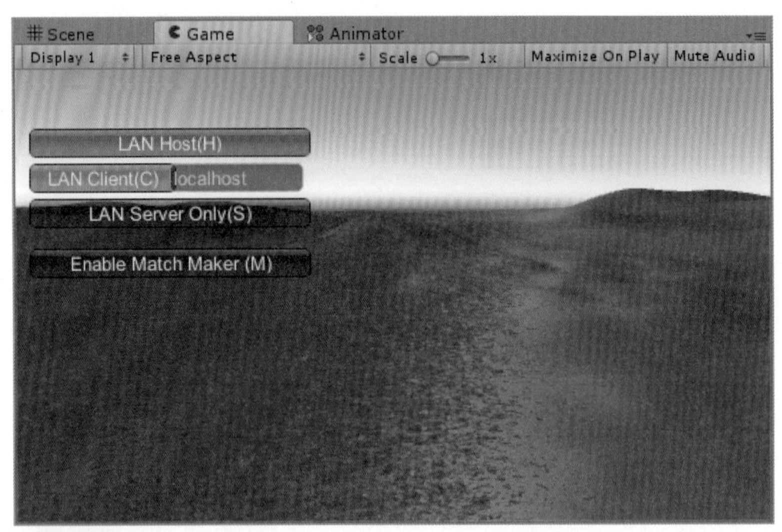

그림 1-2-4 씬을 실행시키면 왼쪽 위에 실행시킬 모드의 버튼이 표시된다.

아직 호스트(서버)가 없는 경우는 'LAN Host' 버튼을 눌러 호스트로 실행시킵니다. 즉, 자신이 서버가 되어 다른 클라이언트로부터의 연결을 받을 수 있도록 하는 것입니다. 호스트이므로 물론 자기 자신도 여기서 플레이할 수 있습니다.

이미 서버가 실행되어 있는 경우는 'LAN Client' 버튼을 누르면 서버에 접속하여 플레이할 수 있습니다.

단, 현시점에서는 조작할 캐릭터 등이 아무 것도 없으므로 클릭해도 아무 일도 일어나지 않습니다. 하지만 Network Manager와 Network Manager HUD를 마련하는 것만으로 네트워크 게임으로서 서버에 접속하여 작동시키기 위한 기본 기능은 구축되어 있다는 것은 알 수 있을 것입니다.

1-3 캐릭터를 프리팹으로 작성한다

네트워크 게임의 근간 부분을 구축했으면 이제 캐릭터를 등장시켜 봅시다. 여기서부터 서서히 게임다워질 것입니다.

프리팹을 만든다

조작할 캐릭터는 프리팹으로 만듭니다. 여기서는 샘플로 Sphere만 하나 준비하여 프리팹으로 만들어 사용해 보겠습니다.

● 스텝 1

[GameObject] 메뉴에서 [3D Object]−[Sphere]를 선택하고 Sphere를 하나 작성합니다. 그 다음 적당한 머티리얼 등을 설정해 두기 바랍니다.

● 스텝 2

[Component] 메뉴에서 [Physics]−[Rigidbody]를 선택하고 리지드 바디를 심어 넣습니다.

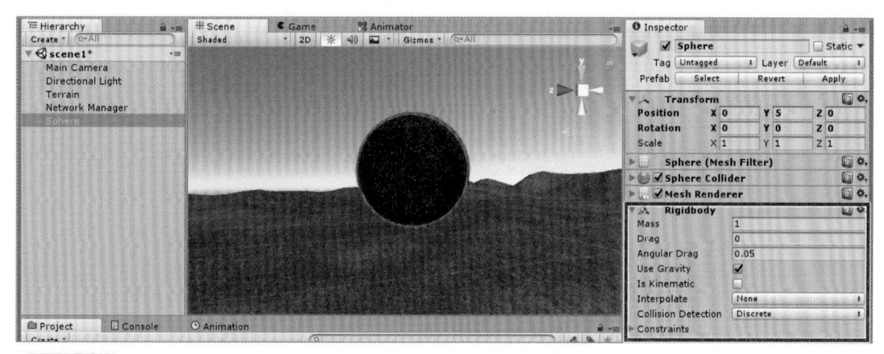

그림 1-3-1 Sphere를 작성하고 리지드 바디를 심어 넣는다.

● 스텝 3

씬에 배치한 Sphere를 Project 창으로 드래그&드롭하여 프리팹을 작성합니다. 씬에 배치한 Sphere는 삭제해 둡니다.

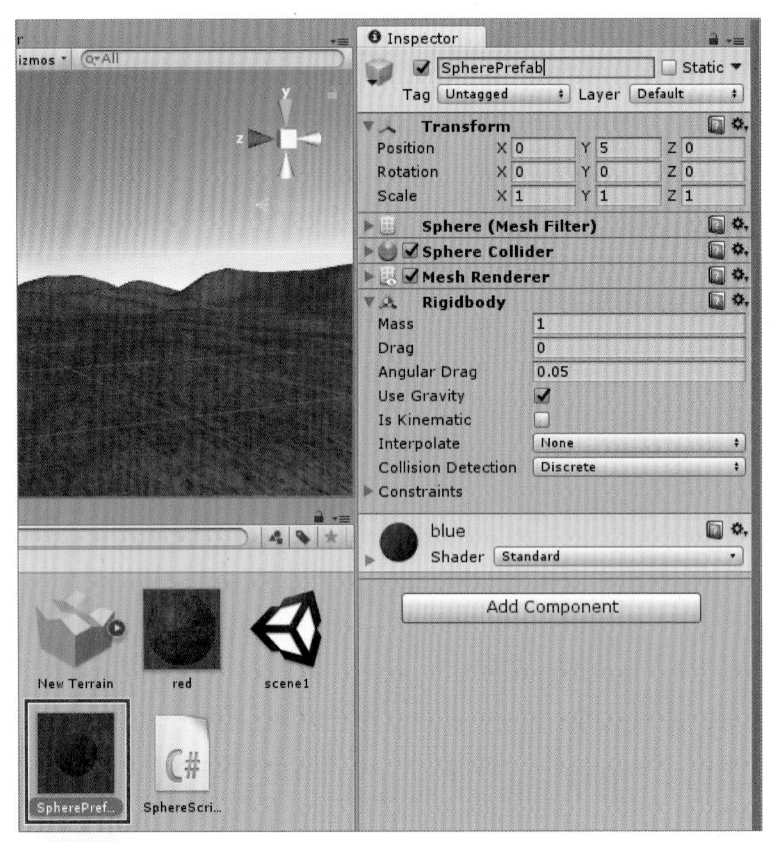

그림 1-3-2 프리팹을 작성하고 Sphere를 심어 넣는다.

네트워크 컴포넌트를 추가한다

앞에서 만든 프리팹에는 아직 네트워크를 위한 기능이 없습니다. 이제 네트워크 관련 컴포넌트를 심어 넣겠습니다.

네트워크 관련 컴포넌트는 [Component] 메뉴의 [Network] 안에 들어 있습니다. 작성한 프리팹을 선택하고 [Network Transform] 메뉴를 선택하기 바랍니다. 이것으로 프리팹에 'Network Identifier'와 'Network Transform'이라는 2개의 컴포넌트가 심어집니다.

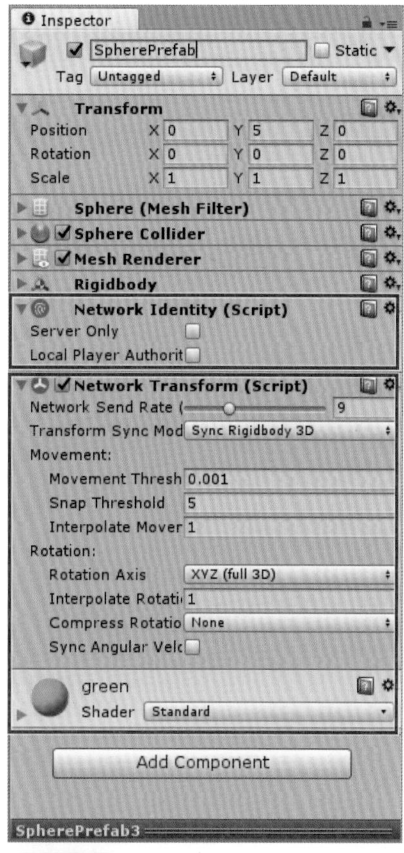

그림 1-3-3 프리팹에 Network Identifier와 Network Transform을 심어 넣는다.

Network Identifier는 말 그대로 네트워크 ID와 관련된 기능을 부여하는 컴포넌트입니다. 또한 Network Transform은 네트워크를 경유하여 오브젝트의 위치를 동기화하기 위한 컴포넌트입니다.

Network Identifier는 네트워크 관련 컴포넌트를 이용할 때는 필수이기 때문에 Network Transform을 심어 넣으면 자동으로 Network Identifier도 심어지도록 되어 있습니다.

프리팹을 Spawn 설정한다

계속해서 작성한 프리팹을 Network Manager에서 오브젝트로 조작할 수 있도록 설정합니다.

UNET 네트워크 게임에서 각 클라이언트가 조작하는 오브젝트는 '플레이어 오브젝트'(이후 '플레이어'로 약칭)라고 합니다. 이 플레이어는 네트워크에 접속했을 때 자동으로 생성시킬 수 있습니다.

이 플레이어와 같이 네트워크에서 공유할 오브젝트를 생성하는 것을 'Spawn'이라고 합니다. Network Manager에서는 네트워크 연결 시에 미리 설정해 둔 플레이어 오브젝트를 Spawn(생성)하도록 설정할 수 있습니다.

Inspector에서 'Network Manager' 항목을 보면 'Spawn Info'라는 항목이 있는데, 그 안에 'Player Prefab'이라는 것이 있습니다. 이것이 네트워크에 접속했을 때 플레이어로서 Spawn할 오브젝트를 설정하기 위한 항목입니다. 여기에 앞에서 작성한 프리팹을 설정하기 바랍니다.

이 Player Prefab 아래에는 'Auto Create Player'라는 선택 상자가 있습니다. 이것이 네트워크 연결 시에 Player Prefab으로 설정되어 있는 프리팹을 자동으로 Spawn하기 위한 것입니다. 이 선택 표시를 ON으로 해 둡니다.

네트워크에서 프리팹을 사용하기 위해 필요한 설정은 이것 뿐입니다.

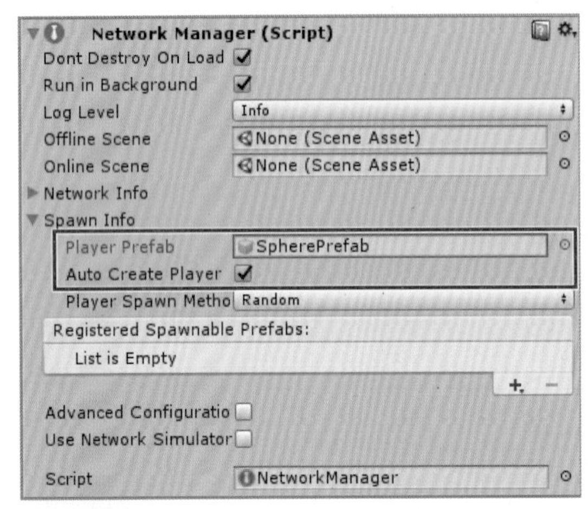

그림 1-3-4 Network Manager의 'Player Prefab'에 앞에서 작성한 프리팹을 설정한다.

설정이 끝났으면 실제로 씬을 실행시키고 왼쪽 위에 표시되는 'LAN Host' 버튼을 클릭하기 바랍니다. 게임이 시작되고 Spawn 설정을 해 둔 프리팹인 Sphere가 씬에 자동으로 생성되어 표시되는 것을 알 수 있습니다.

Spawn된 오브젝트는 기본 설정으로 'X:0, Y:0, Z:0' 지점에 생성됩니다. 오브젝트가 잘 안 보일 때는 Terrain이나 Main Camera의 위치 등을 조정하기 바랍니다.

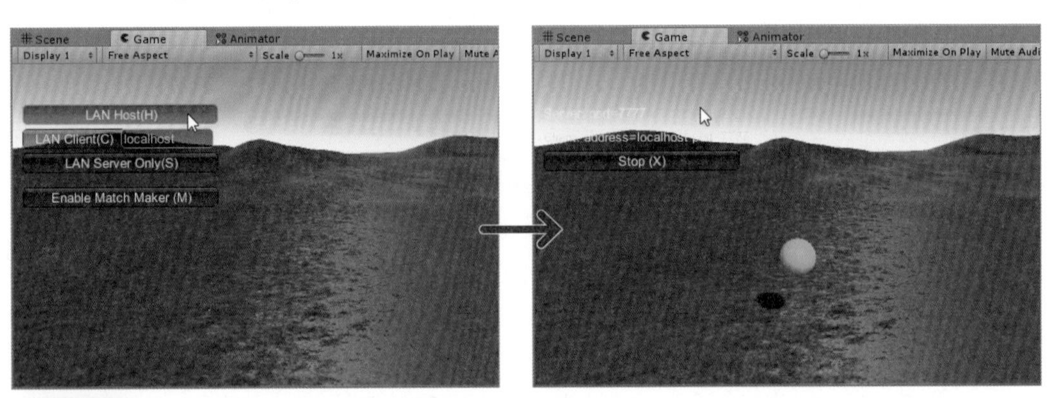

그림 1-3-5 'LAN Host' 버튼을 누르면 프리팹 오브젝트가 Spawn 된다.

1-4 캐릭터를 조작하기 위한 스크립트를 기술한다

이제 호스트로 실행시켜 Spawn으로 오브젝트를 자동 생성하는 것까지 만들어졌습니다. 여기까지 스크립트를 일절 쓰지 않았습니다. 이와 같이 Network Manager 등과 같은 컴포넌트 덕분에 코드를 거의 쓰지 않고도 네트워크의 기본적인 기능을 구축할 수 있습니다.

여기서부터는 캐릭터를 조작하기 위한 코드를 기술하고 실제로 서버와 클라이언트에서 동작을 확인해 보겠습니다.

스크립트를 작성한다

이제 코드를 써서 Spawn된 오브젝트를 조작할 수 있도록 해 봅시다. [Assets] 메뉴에서 [Create]–[C# Script]를 선택하고 C# 스크립트 파일을 만들기 바랍니다. 여기서는 'SphereScript'라는 이름을 붙입니다.

만들어졌으면 아래와 같이 소스코드를 기술합니다.

[리스트 1-4-1] SphereScript.cs

```
using System.Collections;
using System.Collections.Generic;
using UnityEngine;
using UnityEngine.Networking;

public class SphereScript : NetworkBehaviour
{
    void Start () {}

    [ClientCallback]
    void Update ()
    {
        if (!isLocalPlayer) { return; }
        // Main Camera의 위치 조정
        Vector3 v = transform.position;
        v.z -= 5;
        v.y += 3;
        Camera.main.transform.position = v;
    }

    [ClientCallback]
    void FixedUpdate()
    {
        if (!isLocalPlayer) { return; }
        float x = Input.GetAxis("Horizontal");
        float z = Input.GetAxis("Vertical");
        CmdMoveSphere(x, z);
    }
```

```
    // Sphere 이동
    [Command]
    public void CmdMoveSphere(float x, float z)
    {
        Vector3 v = new Vector3(x, 0, z) * 10f;    // 적당히 조정
        GetComponent<Rigidbody>().AddForce(v);
    }
}
```

작성이 끝났으면 스크립트를 프리팹에 심어 넣습니다. Project 창에서 프리팹을 선택하고 [Component] 메뉴에서 [Scripts]-[Sphere Script]를 선택합니다. Inspector에 'Sphere Script(Script)'가 추가되면 컴포넌트가 심어진 것입니다.

여기서 기술한 스크립트의 자세한 내용은 이후 섹션에서 설명하겠습니다.

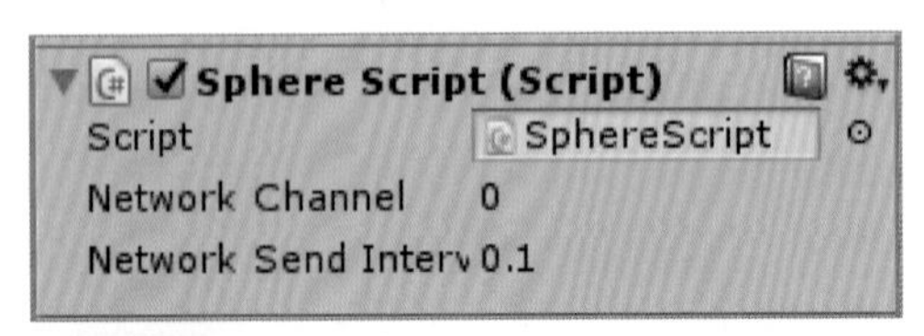

그림 1-4-1 심어 넣어진 SphereScript 컴포넌트

Build & Run으로 애플리케이션을 만든다

네트워크 게임은 단독으로 작동시키는 것은 의미가 없습니다. 최소한 둘 이상의 클라이언트가 액세스하지 않으면 작동을 확인할 수 없습니다. 여기서는 애플리케이션을 빌드하여 애플리케이션과 Unity 에디터 상에서 실행시킨 것을 가지고 두 클라이언트에서 동작을 확인해 보기로 하겠습니다.

먼저 빌드 설정에 씬을 추가합니다. [File] 메뉴에서 [Build Settings...]를 선택하고 대화상자에서 작성한 씬을 추가합니다.

그림 1-4-2 Build Settings 대화상자에서 씬을 추가한다.

추가했으면 [Build and Run] 메뉴로 애플리케이션을 빌드하여 실행시킵니다. 그리고 Unity 에디터로 돌아와서 씬을 실행시킵니다. 이로써 2개의 클라이언트가 실행됩니다.

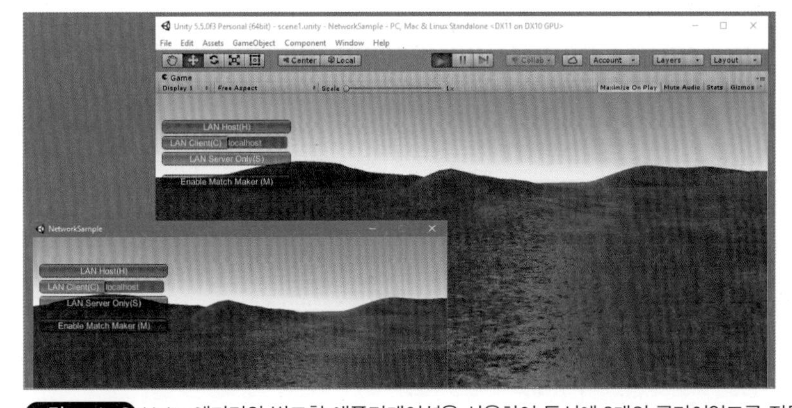

그림 1-4-3 Unity 에디터와 빌드한 애플리케이션을 사용하여 동시에 2개의 클라이언트를 작동시킨다.

양쪽 클라이언트가 실행되면 한쪽에서는 'LAN Host' 버튼을 클릭하여 호스트로서 실행시키고, 다른 한 쪽은 'LAN Client' 버튼을 눌러 클라이언트로서 실행시킵니다. 이로써 2개의 클라이언트가 동시에 실행됩니다.

화면에는 2개의 Sphere가 표시되므로 각각의 Sphere를 키보드(화살표 키 등)로 조작해 보기 바랍니다. 실제로 조작해 보면 각 클라이언트의 화면에 2개의 Sphere의 위치나 움직임이 제대로 동기화되어 표시되는 것을 알 수 있습니다.

같은 씬 안에서 두 클라이언트가 각각의 Sphere를 작동시킨다는 것을 실감할 수 있을 것입니다. 이것으로 네트워크 게임의 기본적인 구축이 끝났습니다.

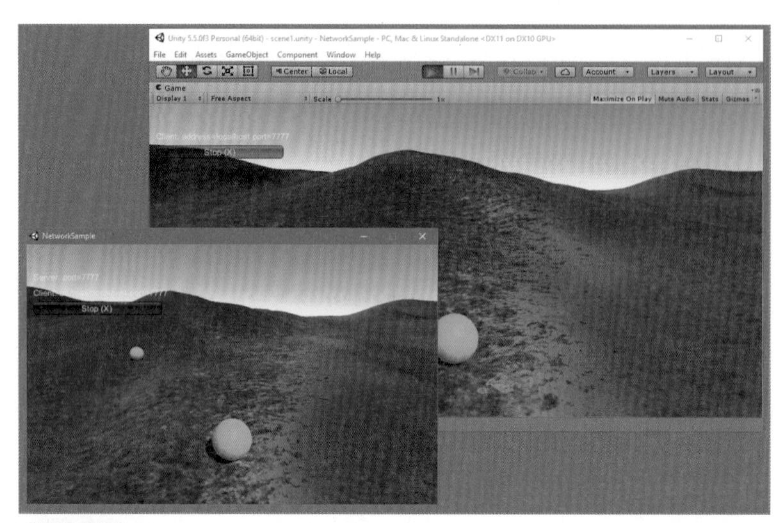

그림 1-4-4 각 클라이언트에서 캐릭터를 조작하면 양쪽 화면에서 동기화되어 움직인다.

COLUMN

HLAPI에 마련되어 있는 각종 컴포넌트

HLAPI에는 몇 가지 컴포넌트가 마련되어 있습니다. 이 책에서는 다음과 같은 것을 다루고 있습니다.

컴포넌트	기능
Network Identifier	네트워크에서 오브젝트를 식별하기 위한 ID 컴포넌트
Network Transform	네트워크에서 공유되는 오브젝트의 위치 관리 컴포넌트
Network Manager	UNET의 기본이 되는 기능을 제공하는 컴포넌트
Network Manager HUD	Network Manager의 기능을 이용하기 위한 GUI 컴포넌트
Network Lobby Manager	'로비'라는 기능을 사용하기 위한 컴포넌트
Network Discovery	LAN 내에서 게임하고 있는 클라이언트를 찾기 위한 컴포넌트

표 'HLAPI'의 컴포넌트

이런 컴포넌트는 단독으로 사용하지 않고 다른 컴포넌트와 항상 조합하여 사용하는 것도 있습니다. 예를 들면 Network Identifier는 네트워크에서 공유하는 프리팹에 Network Transform을 심어 넣으면 자동으로 추가됩니다.

컴포넌트에는 각각의 역할이 있지만 네트워크 전체의 기본적인 기능을 모아서 제공해 주는 것이 바로 Network Manager 컴포넌트입니다.

1-5 캐릭터를 조작하는 스크립트 상세 내용

각 클라이언트에서 캐릭터를 조작하여 화면이 동기화된다는 것을 확인했으니 조금 전에 기술한 소스코드를 자세히 살펴보겠습니다.

네트워크 이용 클래스와 NetworkBehaviour

소스코드의 가장 첫 부분에는 먼저 네트워크 관련 패키지를 using하고 있습니다.

```
using UnityEngine.Networking;
```

네트워크 관련 클래스는 이 UnityEngine.Networking 패키지에 들어 있습니다. 네트워크 이용 프로그램을 작성할 때는 이 패키지를 using해 둡니다.

```
public class SphereScript : NetworkBehaviour {......}
```

네트워크를 이용하는 클래스는 Behaviour가 아니라 'NetworkBehaviour'라는 클래스를 상속합니다. 이것은 네트워크 관련 기능이 구축되어 있는 클래스로, 이것을 상속함으로써 HLAPI의 네트워크 기능을 이용한 프로그램을 작성할 수 있습니다.

메소드의 속성에 대해

샘플 코드를 보면 메소드 바로 앞에 [ClientCallback]이라는 문장이 붙여져 있습니다. 이것은 메소드에 할당되어 있는 '속성'입니다. 속성을 지정함으로써 메소드에 특정한 역할을 부여할 수 있습니다.

여기서는 [ClientCallback]이나 [Command]와 같은 속성이 지정되어 있습니다. 전자는 '메소드를 클라이언트 측에서 실행시킨다', 후자는 '플레이어를 조작하기 위한 명령으로 인식한다'는 역할을 하고 있습니다.

네트워크 관련 처리는 이와 같이 메소드의 역할에 맞춰 속성을 지정하여 프로그램을 작성해 갑니다. 이 속성의 역할을 이해하려면 이것으로 조작을 하는 '플레이어'가 어떤 것인지를 좀 더 자세히 이해해야 합니다.

플레이어는 하나 아닌가?

지금까지 조작하는 오브젝트를 '플레이어'로 불러 왔지만 실제로 이 플레이어는 하나가 아닙니다. 서버와 클라이언트, 양쪽에 각각 플레이어가 존재합니다.

서버를 실행시키고 클라이언트에서 서버에 접속하면 클라이언트 안에 플레이어의 오브젝트가 만들어짐과 동시에 서버 측에도 똑같은 플레이어가 만들어집니다. 이미 서버에 접속해 있는 다른 클라이언트가 있다면 그 클라이언트에도 플레이어가 만들어집니다.

예를 들어 3명이 서버에 접속하여 플레이하는 경우, 각 클라이언트의 플레이어는 자신의 클라이언트 안, 서버 안, 그리고 자기 이외의 클라이언트 안, 이렇게 전체 4군데에 존재한다는 것입니다.

자신의 클라이언트에 있는 플레이어를 **로컬 플레이어**, 네트워크로 연결되어 있는 다른 클라이언트에 있는 것을 **리모트 플레이어**라고 합니다.

각 플레이어는 로컬 플레이어가 오너가 되어 모든 조작 권한을 갖고 있습니다. 로컬에 있는 플레이어를 조작하면 해당 플레이어의 움직임에 따라 서버의 플레이어가 움직이고 그 서버에 연결되어 있는 다른 클라이언트의 리모트 플레이어도 같이 움직입니다.

플레이어는 자신의 플레이어 이외의 것에 액세스하여 조작할 수는 없습니다. 즉, 다른 클라이언트가 오너가 되어 권한을 갖고 있는 플레이어를 다른 사람이 조작할 수는 없다는 것입니다.

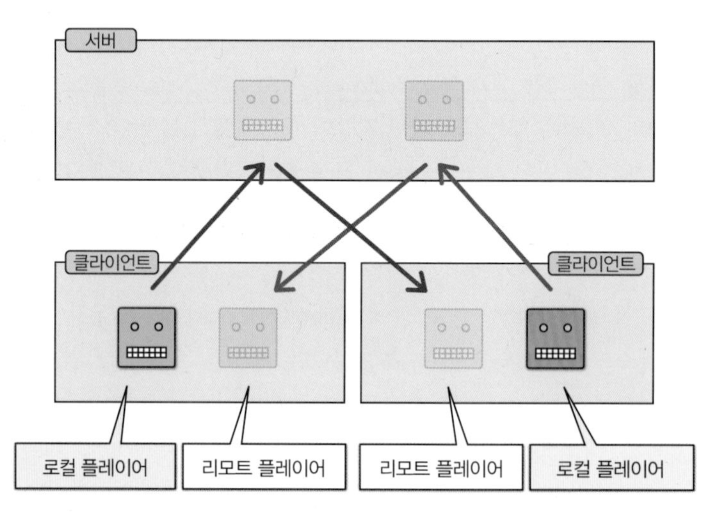

그림 1-5-1 플레이어는 서버와 각 클라이언트에 존재하며, 로컬 플레이어가 자신의 플레이어에 관한 모든 권한을 가진다.

서버 & 클라이언트 관련 속성

플레이어에 관한 기본적인 구조를 이해했으면 샘플에서 사용된 '속성'에 대해 살펴봅시다.

Update나 FixedUpdate에서 사용된 [ClientCallback]이라는 속성은 클라이언트에서 메소드를 실행하기 위한 것입니다. 앞에서 설명했듯이 플레이어는 클라이언트 측과 서버 측 둘 다에 존재하며, 각각에서 프로그램이 움직이고 있습니다. 이런 상황에서 '이것은 클라이언트 측에서 움직이고 싶다', '이것은 서버 측에서만 실행시키고 싶다'라는 경우가 있을 것입니다. 그런 경우를 대비해 '이 메소드를 어디에서 작동시킬지'를 지정하는 속성이 마련되어 있는 것입니다.

'서버 측에서 구축하고 싶은 것'으로는 예를 들면 플레이어가 캐릭터를 조작하는 처리가 있습니다. 나중에 설명하겠지만 플레이어의 캐릭터는 서버 측에서 상태를 갱신할 필요가 있습니다.

다음은 이를 위한 기본적인 속성을 정리한 것입니다.

● 클라이언트 측에서 실행시키기 위한 [Client], [ClientCallback] 속성

이 두 속성은 모두 클라이언트 측에서만 메소드를 실행시키기 위한 것입니다. 둘의 차이는 '서버 측에서 호출되었을 때의 대응'입니다.

[Client]를 지정한 메소드는 서버 측에서 호출되면 경고를 출력합니다. 이것은 콘솔이나 로그에서 확인할 수 있습니다. 하지만 [ClientCallback]은 서버 측에서 호출되는 경우라도 그대로 무시해서 경고 등을 일절 출력하지 않습니다.

● 서버 측에서 실행시키기 위한 [Server], [ServerCallback] 속성

서버 측도 똑같은 역할을 하는 속성이 2개 마련되어 있습니다. [Server]는 클라이언트 측에서 호출되면 경고를 출력합니다. [ServerCallback]은 클라이언트 측에서 호출되어도 경고를 내지 않고 그대로 무시합니다.

이러한 속성 덕분에 실행시킬 메소드를 클라이언트 측과 서버 측으로 한정시킬 수 있습니다.

이번 소스코드에서는 Update와 FixedUpdate가 클라이언트 카메라와 사용자로부터의 입력을 처리하고 있습니다. 이것은 클라이언트 측에서 작동시키는 것이므로 [ClientCallback]을 붙여둔 것입니다.

사실 여기서의 처리는 클라이언트 측에서만 실행하도록 지정하지 않아도 작동되므로 [ClientCallback]이 없어도 아무 문제는 없습니다. '속성의 이용 예로서 [ClientCallback]을 사용'했다고 생각하기 바랍니다.

로컬 플레이어인지 아닌지를 체크

Update/FixedUpdate 메소드에서는 처음에 아래와 같은 문장을 실행하고 있습니다.

```
if (!isLocalPlayer) { return; }
```

이것은 '로컬 플레이어인지 아닌지'를 체크하는 것입니다. NetworkBehaviour 클래스에는 실행하고 있는 프로그램의 환경에 관한 메소드로 다음과 같은 것이 마련되어 있습니다.

● isLocalPlayer 메소드

로컬 플레이어인지 아닌지를 조사하는 것으로, 로컬 플레이어인 경우 true를 반환합니다.

● isClient 메소드

클라이언트인지 아닌지를 조사합니다. 클라이언트인 경우는 true를, 서버인 경우는 false를 반환합니다.

● isServer 메소드

서버인지 아닌지를 조사합니다. 서버인 경우는 true를, 클라이언트인 경우는 false를 반환합니다.

이 샘플에서는 Update/FixedUpdate에서 플레이어(Sphere)의 조작과 그에 맞춰 카메라를 움직이는 처리를 하고 있습니다. 사용자의 입력에 따라 움직이게 하려면 그것이 로컬 플레이어인지를 확인해야 합니다(리모트로 있는 플레이어는 권한이 없으므로 조작할 수 없습니다).

그래서 'isLocalPlayer'로 로컬 플레이어인지 아닌지를 체크하고 그렇지 않은 경우는 아무 것도 실행하지 않고 메소드를 빠져나갑니다.

커맨드와 리모트 액션

마지막으로 앞에서 다루지 않았던 [Command] 속성에 대해 살펴보겠습니다. 샘플에서는 다음과 같이 사용했습니다.

```
[Command]
public void CmdMoveSphere(float x, float z) {……}
```

이 [Command] 속성은 '커맨드'라고 부르는 것을 설정하기 위한 속성입니다. 커맨드는 로컬 플레이어가 서버의 플레이어 오브젝트에게 송신하는 명령입니다. [Command]로 설정된 메소드는 클라이언트에서 호출되어 서버 측에서 실행됩니다.

커맨드로 지정된 메소드는 반드시 메소드명 앞에 'Cmd'를 붙여 이름을 지어야 합니다. 커맨드에 필요한 것은 [Command] 속성과 'Cmd'로 시작하는 메소드명 뿐입니다.

왜 [Command]로 작동시키는가?

샘플에서는 Sphere를 조작하기 위한 메소드에 [Command]를 지정하고 있습니다. 왜 이렇게 할까요? Sphere를 움직이는 것은 로컬 플레이어에서 실행하는 것이므로 클라이언트 측에서 그냥 움직이면 되지 않을까요?

하지만 Sphere를 움직이는 처리(여기서는 AddForce 부분)를 그냥 클라이언트 측에서 실행시키면 게임이 제대로 작동하지 않습니다. 예를 들어 FixedUpdate 메소드를 다음과 같이 수정하여 실행해 보기 바랍니다.

[리스트 1-5-1] SphereScript_2.cs

```
void FixedUpdate()
{
    if (!isLocalPlayer) { return; }
    float x = Input.GetAxis("Horizontal");
    float z = Input.GetAxis("Vertical");
    Vector3 v = new Vector3(x, 0, z) * 10f;
    GetComponent<Rigidbody>().AddForce(v);
}
```

이 경우 'LAN Host' 버튼을 사용하여 호스트로 실행시킨 클라이언트에서는 움직이지만 'LAN Client' 버튼으로 실행시킨 그 외의 클라이언트에서는 Sphere를 조작할 수 없습니다.

UNET의 네트워크 기능에서는 '서버에서 클라이언트로'가 기본입니다. 서버에 있는 플레이어의 상태가 바뀌면 클라이언트 측에 있는 리모트 플레이어의 상황이 갱신된다는 것입니다.

따라서 플레이어를 조작하는 경우는 '리모트 플레이어가 서버의 플레이어에게 커맨드를 보낸다'는 형태로 조작을 하는 것입니다. 이로써 서버의 플레이어가 조작되고 서버에 연결되어 있는 다른 클라이언트의 리모트 플레이어도 그에 맞춰 갱신됩니다.

이것은 '플레이어 조작'에 관한 기본입니다. 예를 들어 여기서는 Main Camera도 조작하고 있는데 이것은 플레이어가 아니며 다른 클라이언트와 공유하고 있는 오브젝트도 아니기 때문에 클라이언트에서 그냥 조작하고 있습니다.

1-6 완성과 정리

지금까지 네트워크 게임의 근간이 되는 부분을 설명했습니다. 여기서는 게임을 완성시키고 이 장에서 다룬 Network Manager의 다른 기능에 대해서도 간단히 소개해 두겠습니다.

오프라인용 씬을 작성한다

이것으로 네트워크 게임은 작동하게 되었지만 한 가지를 더 추가해 둡시다.

Network Manager HUD를 사용하면 버튼으로 간단히 네트워크에 액세스하여 게임을 시작하거나 정지시킬 수 있습니다. 현재 표시는 항상 게임 씬이므로 네트워크를 정지시켜 로그오프 했을 때는 게임 씬과는 다른 화면이 나오도록 해 보겠습니다.

Network Manager에는 'Offline Scene'과 'Online Scene'이라는 프로퍼티가 있습니다. 여기서 오프라인일 때 표시되는 씬과 온라인일 때 표시되는 씬을 설정해 둘 수 있습니다.

먼저 오프라인용 씬을 준비합시다. 새로운 씬을 열고 적당한 이름을 붙여 저장합니다. 그런 다음 [File] 메뉴의 [Building Settings...]를 선택하고 빌드 설정 창에 씬을 추가한 후, 맨 앞으로 이동시켜 둡니다.

그림 1-6-1 빌드 설정 창에서 오프라인 시의 씬을 맨 앞에 추가한다.

계속해서 Network Manager를 설정합니다. 플레이용으로 작성해 둔 씬을 열고 배치한 Network Manager를 선택합니다. 그리고 Inspector에서 'Offline Scene', 'Online Scene'이라는 항목을 찾습니다.

이 항목에 각각 오프라인용으로 작성한 씬과 플레이용 씬을 설정합니다.

그림 1-6-2 Offline Scene과 Online Scene에 각각의 씬을 설정한다.

설정이 끝났으면 Network Manager를 심어 넣은 게임 오브젝트를 복사하여 오프라인용으로 만든 씬에 붙여 넣습니다. 이것으로 오프라인용 씬에도 Network Manager가 들어갔습니다.

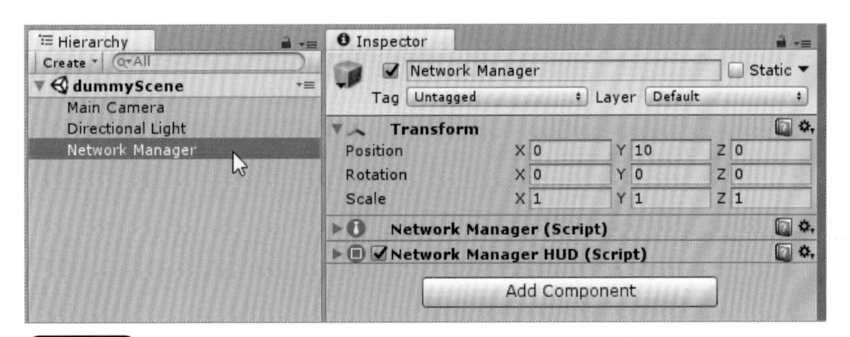

그림 1-6-3 오프라인용 씬에 Network Manager를 넣는다.

이로써 오프라인과 온라인 씬이 마련되었습니다. 이제 실제로 게임을 실행시켜 봅시다. 맨 처음에 오프라인용 씬이 화면에 표시됩니다. 여기서 버튼을 클릭하여 스타트하면 플레이용 씬으로 전환되어 게임이 시작됩니다.

재미있는 것은 'Stop' 버튼을 눌러 네트워크 액세스를 정지시키면 다시 오프라인용 씬으로 돌아간다는 것입니다. 온라인 시에는 플레이용 씬, 오프라인이 되면 오프라인용 씬으로 전환된다는 것을 알 수 있습니다.

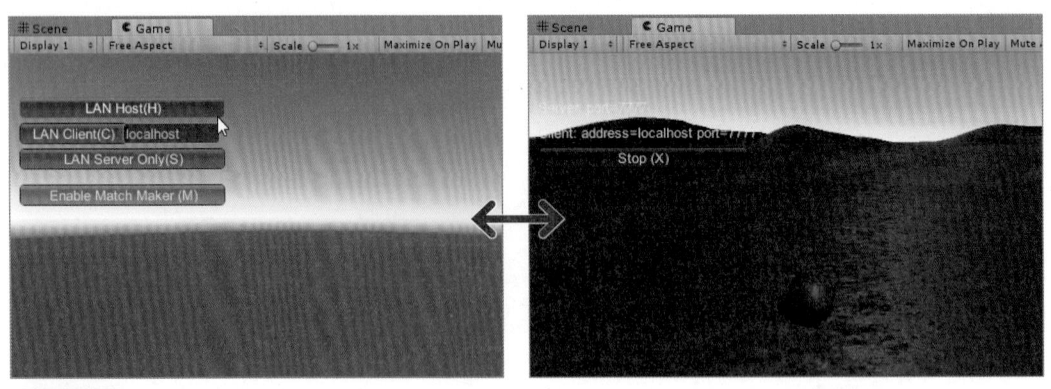

그림 1-6-4 오프라인과 온라인에서 표시가 바뀌는 것을 알 수 있다.

Network Manager의 주요 기능

Network Manager에는 이 장에서 설명한 것 뿐만 아니라 네트워크 액세스와 관련된 각종 기능과 그에 필요한 설정 정보 등이 들어 있습니다. Inspector를 보면 Network Manager에 상당히 많은 설정 항목이 있다는 것을 알 수 있을 것입니다.

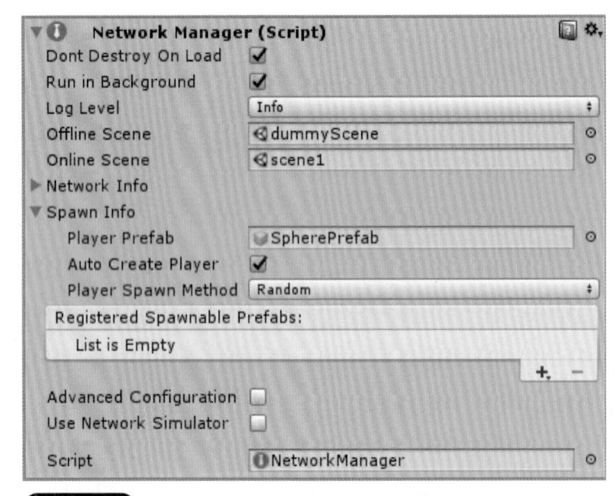

그림 1-6-5 Network Manager의 Inspector 항목

그 중 몇 가지 항목을 간단히 정리해 두겠습니다.

● Dont Destroy On Load

씬을 전환했을 때에 Network Manager를 파기하지 않고 계속해서 이용하기 위한 것입니다.

● Run in Background

백그라운드에서 실행시키기 위한 것입니다.

● Log Level

로그를 출력할 레벨을 설정합니다. 기본값은 'Info'로 되어 있습니다.

● Offline/Online Scene

이 장에서도 사용한 오프라인용과 온라인용의 씬을 설정합니다.

● Network Info

네트워크 이용에 관한 각종 설정을 모아둔 것입니다. 상당히 많은 항목이 들어 있지만, 이것도 네트워크 관련 기능을 좀 더 깊이 들어간 후에 이해하면 좋습니다.

● Spawn Info

오브젝트를 네트워크에 추가하는(Spawn) 경우의 설정입니다. 여기에는 아래와 같은 항목이 들어 있습니다.

설정 항목	의미
Player Prefab	플레이어로 이용할 프리팹
Auto Create Player	네트워크 시작 시에 자동으로 플레이어를 생성
Player Spawn Method	Spawn할 위치에 관한 설정을 여러 개 갖고 있을 때 랜덤으로 선택할지 말지를 설정
Registered Spawnable Prefabs	Spawn 가능한 프리팹을 등록

표 1-6-1 Spawn Info의 설정

이것들을 모두 이해해야 Network Manager를 사용할 수 있는 것은 아닙니다. 대부분은 기본 설정 그대로 사용할 수 있습니다. 설정이 필요한 것은 Player Prefab 정도입니다.

하지만 'Network Manager에 어떤 설정이 있고, 그에 따라 무엇을 할 수 있는지'를 알고 있으면 앞으로 네트워크 관련 학습에도 상당히 도움이 될 것입니다.

Part 2 Chapter 2

Network Manager를 사용한 프로그래밍

Network Manager는 그냥 컴포넌트를 배치하여 사용하는 것 뿐만 아니라 프로그램 안에서 그 기능을 호출하여 사용할 수도 있습니다. Network Manager를 프로그램 안에서 어떻게 사용하면 좋은지, 이 장에서는 그 기본적인 기능의 사용 방법에 대해 설명합니다.

네트워크 게임에서는 특히 스테이터스의 동기화가 중요합니다. 스테이터스는 플레이어의 조작과 동시에 서버 측에서 클라이언트 측으로 값이 동기화된다는 점을 확실히 기억해 두기 바랍니다.

Network Manager의 기능을 사용함으로써 기동 시에 초기화를 하거나 플레이어 오브젝트를 자유롭게 조작할 수 있어서 네트워크 게임의 기본적인 부분을 만들 수 있습니다.

이 장의 목적

- 스테이터스의 동기화, 클라이언트 간의 값 공유, 메시지 송신 등 기본 기능의 사용 방법을 배운다.
- Network Manager 클래스를 사용하여 콜백 설정이나 플레이어 오브젝트의 조작 등을 구현한다.
- '클라이언트'에서 실행시키는 것인지 '서버'에서 실행시키는 것인지를 항상 의식하며 코딩한다.

2-1 스테이터스 동기화

Network Manager를 이용한 네트워크 게임의 기본적인 부분을 이해했다면 각종 네트워크 관련 기능에 관해 좀 더 자세히 살펴봅시다. 먼저 네트워크 게임의 근간이기도 하는 '스테이터스 동기화'에 대해 설명하겠습니다.

스테이터스 동기화의 개요

네트워크 게임에서는 플레이어의 상태와 관련된 값(스테이터스)을 많이 사용하게 됩니다. 이것을 이용할 때 주의해야 할 것이 바로 '스테이터스 동기화'입니다.

플레이어의 상태에 관한 값은 필드 형태로 준비하는데, 앞에서도 설명했듯이 플레이어의 인스턴스는 하나만 존재하는 것이 아닙니다. 클라이언트와 서버에 몇 개씩 플레이어가 존재하게 됩니다. 이들 사이에 값이 동기화되지 않으면 클라이언트마다 플레이어의 스테이터스가 제멋대로 되어 버립니다.

이러한 스테이터스 동기화에 사용되는 것이 [SyncVar]라는 속성입니다. 이 속성은 필드로 마련하는데, 이것을 붙임으로써 해당 값이 모든 플레이어 간에 동기화되는 것입니다.

앞 장에서 '플레이어의 조작은 서버의 플레이어를 조작함으로써 클라이언트가 그에 동기화된다'고 설명했는데 스테이터스도 마찬가지입니다. 스테이터스도 서버에서 클라이언트로 값이 동기화되어 갑니다. 그래서 커맨드를 사용하여 서버 측의 스테이터스를 조작하면 클라이언트 간의 값을 동기화할 수 있습니다.

[SyncVar]는 무제한으로 만들 수 있는 것이 아니라 하나의 NetworkBehaviour 안에 최대 32개까지 만들 수 있습니다. 또한 이용할 수 있는 것은 int나 float와 같은 기본형뿐으로, 클래스나 구조체와 같은 복잡한 값은 사용할 수 없습니다.

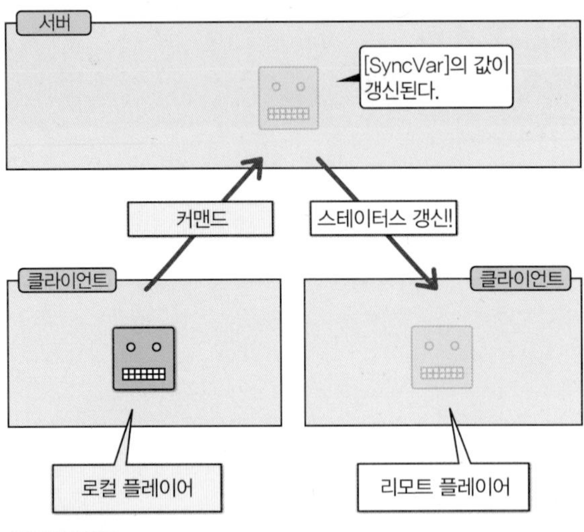

그림 2-1-1 스테이터스 동기화의 구조

Text에 스테이터스를 표시한다

이제 실제로 시험을 해 봅시다. 이번에는 스테이터스의 값을 표시하기 위해 Text를 마련해 둡니다. [GameObject] 메뉴의 'UI'에서 Canvas와 Text를 선택하고 UI를 작성하기 바랍니다. 여기에서는 Text를 'MsgText'라는 이름으로 해 둡니다.

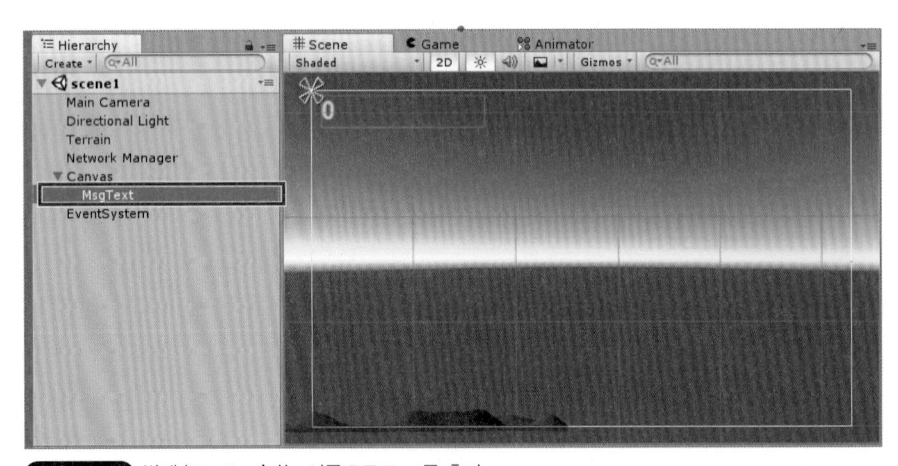

그림 2-1-2 씬에 'MsgText'라는 이름으로 Text를 추가

UI 작성이 끝났으면 스크립트를 고쳐 씁니다. SphereScript.cs를 다음과 같이 수정합니다.

[리스트 2-1-1] SphereScript.cs

```
using System.Collections;
using System.Collections.Generic;
```

```
using UnityEngine;
using UnityEngine.UI;
using UnityEngine.Networking;

public class SphereScript : NetworkBehaviour
{
   Text text;

   [SyncVar]
   int count = 0;

   void Start ()
   {
      if (isLocalPlayer)
      {
         text = GameObject.Find("MsgText").GetComponent<Text>();
      }
   }

   void Update ()
   {
      if (isServer)
      {
         Count();
      }
      if (isLocalPlayer)
      {
         UpdateCount();
         Move();
      }
   }

   [ServerCallback]
   void Count()
   {
      count++;
   }

   [ClientCallback]
   void UpdateCount()
   {
      text.text = "Client: " + count;
   }

   [ClientCallback]
   void Move()
   {
      if (!isLocalPlayer) { return; }
      Vector3 v = transform.position;
      v.z -= 5;
      v.y += 3;
      Camera.main.transform.position = v;
   }
```

```
    [ClientCallback]
    void FixedUpdate() { //……변경이 없는 부분이므로 생략…… }

    [Command]
    public void CmdMoveSphere(float x, float z) { //……변경이 없는 부분이므로 생략…… }
}
```

그림 2-1-3 호스트와 리모트 각각에서 count 값이 카운트되어 간다.

실행시키면 위와 같이 호스트로 작동하는 클라이언트와 리모트 클라이언트 각각의 count 값이 카운트되어 표시됩니다.

여기서는 아래와 같이 count 변수를 마련하여 count 값이 동기화되도록 하고 있습니다.

```
[SyncVar]
int count = 0;
```

그 다음은 서버 측에서 Count를 호출하여 count 값을 갱신하고 클라이언트 측에서 UpdateCount하여 MsgText의 텍스트를 갱신하면 count 값이 카운트되어 갑니다.

여기서 count 값은 서버 측에서 변경하고 있지만 클라이언트 측에서 갱신되는 MsgText의 표시는 서버에 맞춰 값이 증가해 갑니다. 화면을 보면 서버와 클라이언트 간의 값이 동기화되어 있다는 것을 알 수 있습니다.

SyncVar에 훅을 건다

이 예를 보면 값의 변경을 서버 측에서 하고 그 다음 클라이언트 측에서 MsgText를 변경한다는 상당히 복잡한 처리를 하고 있다는 느낌이 듭니다. 조금 더 깔끔한 형태로 처리를 할 수는 없을까요?

사실 SyncVar한 필드에는 값이 동기화되었을 때 실행되는 처리를 설정해 둘 수 있습니다. 여기에는 hook이라는 것을 사용합니다.

```
[SyncVar(hook="메소드명")]
```

이와 같이 기술하면 값이 동기화되어 갱신되었을 때 처리를 호출할 수 있습니다. hook에 할당하는 메소드에는 새로 설정될 값이 인수로서 마련되어 있습니다.

예를 들어 조금 전의 count 필드와 Count 메소드를 다음과 같이 수정해 봅시다.

[리스트 2-1-2] SphereScript_2.cs

```
[SyncVar(hook="OnCountChange")]
int count;

[ClientCallback]
void OnCountChange(int newVal)
{
   Debug.Log(this.netId + " Value: " + newVal);
   text.text = "Client: " + count;
}

[ServerCallback]
void Count()
{
   ++count;
}
```

서버 측에서 Count 메소드가 호출되어 count의 값이 1 증가하면 동시에 MsgText의 텍스트를 갱신합니다. 그러면 ++count로 값이 갱신된 직후에 OnCountChange가 자동으로 호출되어 콘솔에 로그 출력되는 것을 알 수 있습니다.

재미있는 점은 count의 값을 변경하는 Count는 서버 측에서 실행되는데 그에 따라 호출되는 OnCountChange는 클라이언트에서 실행된다는 점입니다. 서버의 값이 갱신되면 그 값이 동기화되어 클라이언트 측에 있는 값도 갱신되는 것입니다.

그림 2-1-4 count의 값이 늘면 hook이 걸린 OnCountChange가 호출되어 Debug.Log가 출력된다.

2-2 클라이언트 간의 값 공유

스테이터스의 조작에 대해서는 어느 정도 이해했지만 여기서 조금 의문이 들 것입니다. '플레이어 간의 값을 조작하는 방법은 알겠는데 다른 플레이어와 값을 동기화 할 수는 없을까?' 여기서는 그 방법에 대해 설명하겠습니다.

static 필드에 의한 값 공유

플레이어는 항상 자신의 플레이어(로컬 플레이어로 생성된 것)밖에 조작할 수 없습니다. 다른 클라이언트에 의해 만들어진 리모트 플레이어는 건드릴 수 없으므로 다른 플레이어에게 커맨드를 보낼 수도 없습니다.

그렇다면 클라이언트끼리 값을 공유하고 싶은 경우에는 어떻게 하면 좋을까요? 본격적으로 하려고 하면 UNET에 마련되어 있는 메시지를 주고받기 위한 장치를 사용하지만(이것은 나중에 설명합니다), 여기서는 좀 더 심플한 방법인 **static 필드**를 이용하는 방법을 시험해 봅시다.

[리스트 2-2-1] SphereScript.cs

```
using System.Collections;
using System.Collections.Generic;
using UnityEngine;
using UnityEngine.UI;
using UnityEngine.Networking;

public class SphereScript : NetworkBehaviour
{
    Text text;

    private static System.DateTime startTime = System.DateTime.Now;

    void Start ()
    {
        if (isLocalPlayer)
        {
            text = GameObject.Find("MsgText").GetComponent<Text>();
        }
    }

    void Update ()
    {
        if (isServer){ Count(); }
        if (isLocalPlayer){ Move(); }
    }
```

```
    [ServerCallback]
    void Count()
    {
        if (!isServer){ return; }
        int count = (int)((System.DateTime.Now - startTime).TotalSeconds);
        RpcSetCount(count);
    }

    [ClientRpc]
    void RpcSetCount(int n)
    {
        if (text != null)
        {
            text.text = "Client: " + n;
        }
    }

    //……이하 생략……
}
```


실행시켜 보면 아래 그림과 같이 각각의 클라이언트에서 똑같은 값이 표시됩니다.

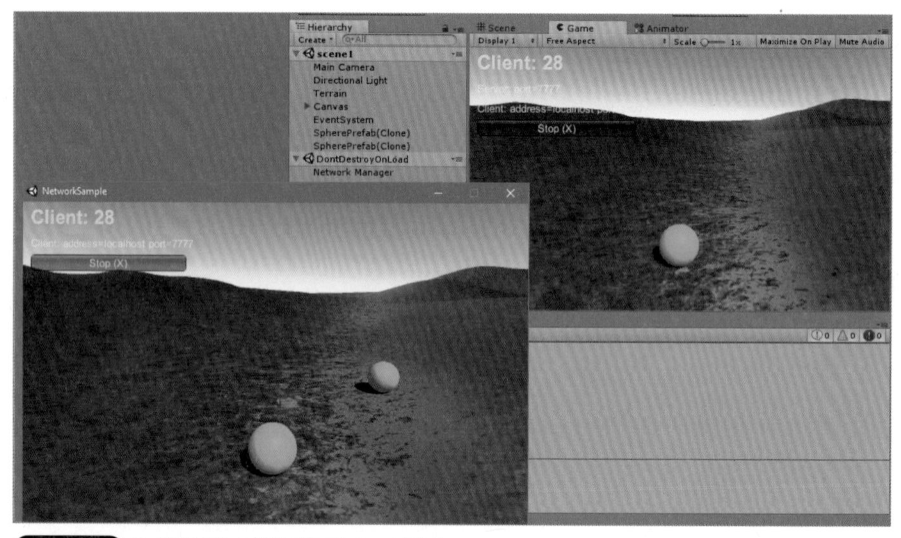

그림 2-2-1 각 클라이언트에 똑같은 값이 표시된다.

이 코드는 스타트 시점에서 DateTime을 static 필드로 저장해 두고 거기서 경과한 시간(초 수)을 MsgText에 표시하는 예입니다. 시험해 보면 알겠지만 항상 모든 클라이언트에 똑같은 숫자가 표시됩니다.

여기서는 startTime이라는 static 필드를 마련하여 여기에 DateTime 인스턴스를 저장하고 있습니다. 이 값을 바탕으로 경과 초 수를 계산함으로써 어떤 클라이언트든 똑같은 값이 표시되는 것입니다.

하지만 static 필드라고 해도 모든 클라이언트에서 완전히 똑같은 클래스가 참조되는 것은 아니므로 주의해야 합니다. 클래스는 각각의 클라이언트별로 읽어 들이기 때문입니다.

실제로 시험해 보면 호스트로서 실행되는 클라이언트가 바뀌면 카운트되는 초 수도 바뀌는 것을 알 수 있습니다. 즉, 호스트의 static 필드(정확히는 호스트로 움직이는 서버의 static 필드)의 값을 모든 클라이언트가 사용하고 있는 것입니다.

ClientRpc 속성에 대해

이 샘플에서는 다음과 같이 새로운 속성을 사용하고 있습니다.

```
[ClientRpc]
void RpcSetCount(int n) {......}
```

[ClientRpc]는 'Remote Procedure Call'(RPC)이라는 기능을 위한 것입니다. RPC는 네트워크를 통해 처리를 실행시키기 위한 장치로, 앞 섹션에서 설명한 [Command]에 의한 커맨드 실행도 RPC의 일종입니다. 이번에 사용한 것은 '클라이언트 RPC'라는 RPC 기능입니다.

이 [ClientRpc] 속성은 서버에서 클라이언트로 커맨드를 보내기 위한 것입니다. [Command]는 클라이언트에서 서버로 커맨드를 보냈지만 클라이언트 RPC는 이를 반대로 수행하는 것이라고 생각해도 괜찮습니다.

클라이언트 RPC를 이용하기 위해서는 두 가지 룰이 정해져 있습니다. 하나는 **[ClientRpc] 속성을 지정하는 것**이고, 다른 하나는 **메소드명의 맨 처음에 'Rpc'를 붙인다는 것**입니다. 여기서는 RpcSetCount라는 이름을 붙였습니다.

클라이언트 측에서 이 클라이언트 RPC의 메소드를 호출함으로써 서버 측에 있는 메소드를 호출하여 실행시킬 수 있게 됩니다. 샘플에서는 이를 이용하여 서버로부터 static 필드의 값을 추출하는 처리를 한 것입니다.

이로써 어떤 클라이언트든 서버에 있는 클래스의 static 필드의 값을 이용할 수 있습니다.

서버 기동 시에 초기화한다

조금 전의 샘플에서는 어떤 클라이언트가 호스트가 될지에 따라 표시되는 값(초 수)이 달라졌습니다. 클라이언트마다 클래스는 로드되지만 어떤 클라이언트가 서버로 사용될지에 따라 값이 달라져 버립니다.

그래서 기동 시가 아니라 '서버로 실행되었을 때 DateTime을 초기화'하도록 코드를 바꿔 봅시다. startTime 필드 부분을 다음과 같이 수정합니다.

[리스트 2-2-2] SphereScript_2.cs

```
private static System.DateTime startTime;
public override void OnStartServer()
{
    startTime = System.DateTime.Now;
}
```

이로써 서버가 기동될 때마다 DateTime이 초기화되어 0부터 카운트하게 됩니다.

여기서는 OnStartServer라는 메소드를 사용했습니다. override가 붙어 있는 데서 알 수 있듯이 이것은 NetworkBehaviour 클래스로 마련되어 있는 메소드입니다.

NetworkBehaviour에는 서버나 클라이언트를 실행했을 때 그에 대한 응답으로 호출되는 콜백 메소드가 마련되어 있습니다. 이 메소드를 오버라이드함으로써 서버나 클라이언트를 실행했을 때 처리를 수행하게 할 수 있는 것입니다.

이 콜백은 서버용, 클라이언트용, 호스트용으로 마련되어 있으며, 해당 Network Behaviour가 서버로서 실행될지 아니면 클라이언트나 호스트로 실행될지에 따라 호출되는 것도 달라집니다.

마련되어 있는 콜백 메소드는 다음과 같습니다.

● 서버 콜백

콜백 시점	실행되는 메소드
서버 시작 시	OnStartServer OnServerSceneChanged
클라이언트 연결 시	OnServerConnect OnServerReady OnServerAddPlayer
클라이언트 연결 해제 시	OnServerDisconnect
서버 중지 시	OnStopServer

표 1-2-1 서버 콜백으로 실행되는 메소드

● 클라이언트 콜백

콜백 시점	실행되는 메소드
클라이언트 시작 시	OnStartClient OnClientConnect OnClientSceneChanged
클라이언트 중지 시	OnStopClient OnClientDisconnects

표 1-2-2 클라이언트 콜백으로 실행되는 메소드

● 호스트 콜백

콜백 시점	실행되는 메소드
호스트 시작 시	OnStartHost OnStartServer OnServerConnect OnStartClient OnClientConnect OnServerSceneChanged OnServerReady OnServerAddPlayer OnClientSceneChanged
클라이언트 연결 시	OnServerConnect OnServerReady OnServerAddPlayer
클라이언트 연결 해제 시	OnServerDisconnect
호스트 중지 시	OnStopHost OnStopServer OnStopClient

표 1-2-3 호스트 콜백으로 실행되는 메소드

서버와 클라이언트(호스트 포함) 시작 시와 종료 시에 상당히 세세한 콜백이 마련되어 있습니다. 이러한 메소드를 오버라이드함으로써 시작 시 및 종료 시의 처리를 여러 가지 준비해 둘 수 있습니다.

2-3 Network Manager 클래스 이용하기

지금까지 호스트 시작이나 클라이언트 연결 등은 모두 Network Manager에게 맡겼습니다. 이를 위한 GUI도 Network Manager HUD가 모두 알아서 해 주었습니다.

이 기능도 편리하지만 역시 오리지널 게임을 만들게 되면 GUI를 독자적으로 마련하고 거기서 필요에 따라 Network Manager의 기능을 호출하여 네트워크 연결을 수행하게 됩니다. 여기서는 그 방법에 대해 설명하겠습니다.

네트워크 연결의 기본 기능을 구축하는 샘플

Network Manager는 UnityEngine.Networking 패키지에 'NetworkManager'라는 클래스로 마련되어 있습니다. 이 클래스에 있는 기능을 호출함으로써 Network Manager HUD를 사용하지 않아도 독자적으로 네트워크 기능을 호출할 수 있습니다.

그러면 이제 네트워크 연결의 기본적인 기능을 구축해 봅시다. 씬에 Canvas를 배치하고 3개의 Button을 준비합니다. 이 버튼으로 호스트 연결, 클라이언트 연결, 서버 연결을 수행하도록 하겠습니다.

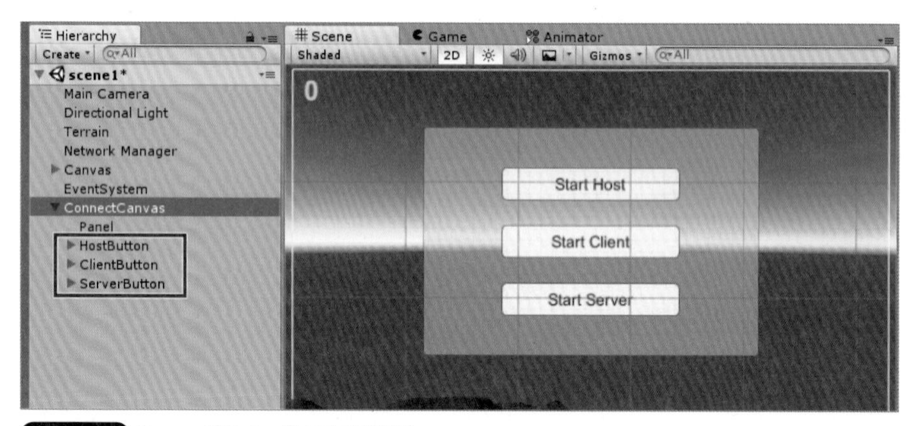

그림 2-3-1 Canvas에 Button을 3개 배치한다.

GUI를 준비했으면 스크립트를 작성합니다. 이번에는 'NetworkScript'라는 이름으로 스크립트 파일을 새로 마련하겠습니다. 소스코드는 다음과 같습니다.

[리스트 2-3-1] NetworkScript.cs

```
using System.Collections;
using System.Collections.Generic;
using UnityEngine;
using UnityEngine.Networking;

public class NetworkScript : NetworkBehaviour
{
    public Canvas canvas;

    void Start () {}

    void Update () {}

    public void OnHostButton()
    {
        canvas.gameObject.SetActive(false);
        NetworkManager.singleton.StartHost();
    }

    public void OnClientButton()
    {
        canvas.gameObject.SetActive(false);
        NetworkManager.singleton.StartClient();
    }

    public void OnServerButton()
    {
        canvas.gameObject.SetActive(false);
        NetworkManager.singleton.StartServer();
    }
}
```

소스코드 입력이 끝났으면 이것을 씬에 배치하고 public 필드와 메소드를 연결시킵니다. [GameObject] 메뉴의 [Create Empty]로 빈 게임 오브젝트를 만들고, [Component] 메뉴에서 [Scripts]-[NetworkScript]를 선택하여 NetworkScript 컴포넌트를 추가합니다. 그리고 컴포넌트의 'Canvas' 프로퍼티에 조금 전에 작성한 Canvas를 설정해 둡니다.

마지막으로 Network Manager의 'Network Manager HUD' 컴포넌트를 OFF로 하여 화면에 표시되지 않도록 해 둡니다.

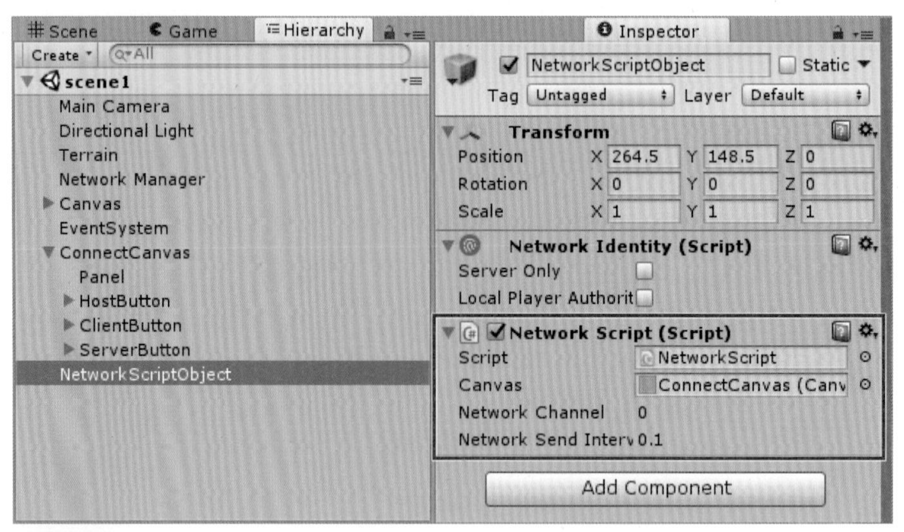

그림 2-3-2 게임 오브젝트에 NetworkScript를 심어 넣어 Canvas를 설정한다.

계속해서 앞에서 준비한 3개의 Button의 On Click에 NetworkScript의 'OnHostButton', 'OnClientButton', 'OnServerButton' 메소드를 각각 추가합니다.

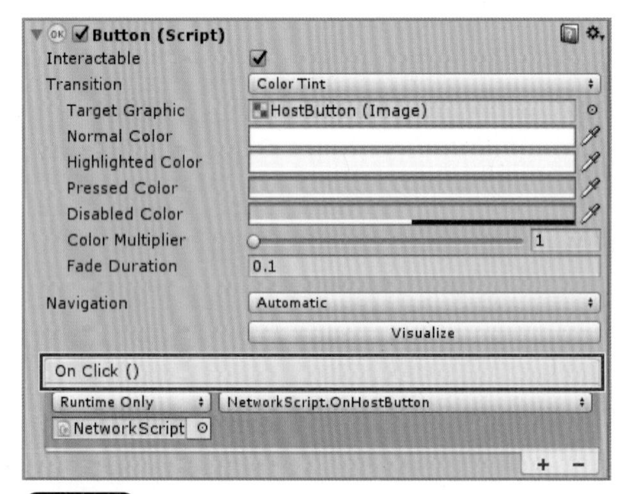

그림 2-3-3 Button의 On Click에 NetworkScript의 메소드를 추가한다.

이것으로 완성입니다. 실제로 실행시켜 동작을 확인해 봅시다.

실행시키면 3개의 버튼이 표시됩니다. OnHostButton을 심어 넣은 것을 클릭하면 호스트로 시작됩니다. 다른 클라이언트에서 OnClientButton을 심어 넣은 버튼을 클릭하면 클라이언트로 연결하여 플레이할 수 있습니다.

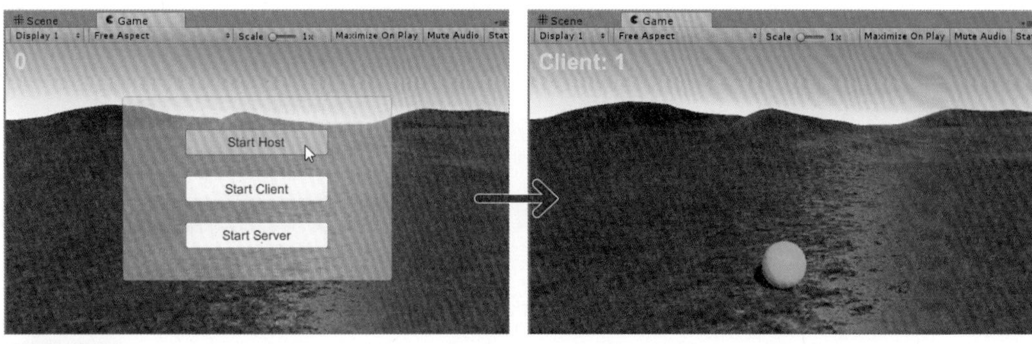

그림 2-3-4 버튼을 클릭하면 호스트가 시작된다. 다른 클라이언트에서 클라이언트로서 연결하면 양쪽에 Sphere가 표시되어 그대로 플레이할 수 있다.

호스트, 서버, 클라이언트의 시작

이제 작성한 소스코드를 살펴봅시다. 여기서는 3개의 버튼에 할당한 public 메소드를 가지고 호스트, 클라이언트, 서버를 실행시키고 있습니다. 호출하는 메소드는 상당히 단순합니다.

- **호스트로서 시작**

```
NetworkManager.singleton.StartHost();
```

- **클라이언트로서 시작**

```
NetworkManager.singleton.StartClient();
```

- **서버로서 시작**

```
NetworkManager.singleton.StartServer();
```

NetworkManager를 이용할 때 주의해야 할 것은 '마음대로 인스턴스를 만들면 안 된다'는 것입니다. NetworkManager는 싱글톤(하나의 인스턴스밖에 가지지 못함)으로 설계되어 있습니다. 이 싱글톤 인스턴스는 NetworkManager 클래스의 'singleton' 프로퍼티에 저장되어 있습니다. 메소드를 실행할 때에는 이 NetworkManager.singleton에서 호출합니다.

호스트, 클라이언트, 서버의 시작은 그냥 위의 메소드를 호출하기만 하면 됩니다. 인수도 없으므로 상당히 심플합니다.

NetworkClient에서의 연결 정보 취득

StartHost나 StartClient가 서버에 연결되었을 때 그 연결 상황에 관한 정보를 알고 싶은 경우가 있습니다. 이런 경우에는 이러한 메소드의 반환값을 이용하면 됩니다.

StartHost/StartClient 메소드는 호출하면 UnityEngine.Network 패키지의

'NetworkClient'라는 클래스의 인스턴스가 반환됩니다. 이 NetworkClient는 서버 연결에 관한 정보를 모아서 관리하는 클래스입니다. 이를 사용해 연결하고 있는 서버의 정보 등을 얻을 수 있습니다.

조금 전의 OnClientButton을 다음과 같이 수정해 봅시다.

[리스트 2-3-2] NetworkScript_2.cs

```
public void OnClientButton()
{
    canvas.gameObject.SetActive(false);
    NetworkClient client = NetworkManager.singleton.StartClient();
    Debug.Log(client.serverIp);
    Debug.Log(client.serverPort);
    Debug.Log(client.GetType());
}
```

실행시켜 클라이언트로 액세스합니다. 그러면 액세스한 서버의 IP 주소와 포트 번호, 클라이언트의 타입을 나타내는 값(NetworkClient인지 LocalClient인지)이 표시됩니다.

여기서는 NetworkClient의 'serverIp', 'serverPort'라는 프로퍼티와 'GetType' 메소드를 사용하고 있습니다. 이와 같이 NetworkClient에는 서버와의 연결에 관한 각종 프로퍼티와 메소드가 마련되어 있습니다.

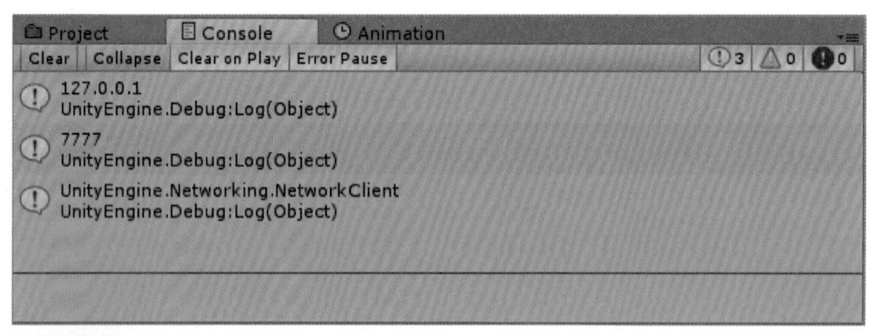

그림 2-3-5 클라이언트로 액세스하면 Console에 정보가 출력된다.

2-4 플레이어 오브젝트의 조작

지금까지 플레이어 오브젝트를 Network Manager에서 자동으로 생성했는데, 플레이어의 생성 위치를 지정하거나 플레이어에게 아이템을 조작하도록 하고 싶은 경우는 각종 설정이나 소스코드를 기술하여 제어할 필요가 있습니다. 여기서는 그 방법에 대해 설명하겠습니다.

플레이어 오브젝트의 생성 위치 지정

Network Manager에 의해 자동으로 생성되는 플레이어 오브젝트는 생성 위치가 항상 'X:0, Y:0, Z:0' 지점이 됩니다. 예를 들어 '이 산의 정상에 생성하고 싶다'거나 '이 빌딩의 헬리포트에 생성하고 싶은' 경우는 어떻게 하면 좋을까요?

이런 경우 컴포넌트로 마련되어 있는 'Network Start Position'을 이용하면 간단히 설정할 수 있습니다. Network Start Position을 심어 넣은 게임 오브젝트를 배치해 두면 Spawn 시에 해당 게임 오브젝트의 Transform을 사용하여 플레이어 오브젝트가 생성됩니다. 즉, Transform의 Position 위치에 Rotation 회전 각도로 오브젝트가 생성되는 것입니다.

이제 실제로 시험해 봅시다. [GameObject] 메뉴에서 [Create Empty]를 선택하여 빈 게임 오브젝트를 작성합니다. 만든 오브젝트를 선택하고 [Component] 메뉴에서 [Network]–[Network Start Position]을 선택하여 컴포넌트를 추가합니다. 그리고 게임 오브젝트의 Transform에서 위치와 방향을 조정합니다.

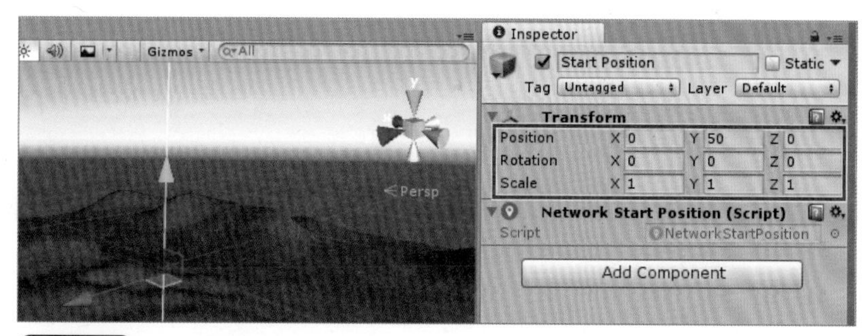

그림 2-4-1 게임 오브젝트에 Network Start Position을 심어 넣고 위치를 설정한다.

작업은 이것으로 끝입니다. Network Start Position은 그냥 씬에 배치해 두기만 하면 됩니다. Network Manager에 설정할 필요가 없습니다.

그대로 실행시켜 플레이해 봅시다. Network Start Position을 배치한 위치에 플레이어 오브젝트가 생성되는 것을 알 수 있습니다.

Network Start Position은 여러 개 마련할 수 있습니다. 그런 경우 시작할 때마다 다른 Network Start Position이 사용됩니다.

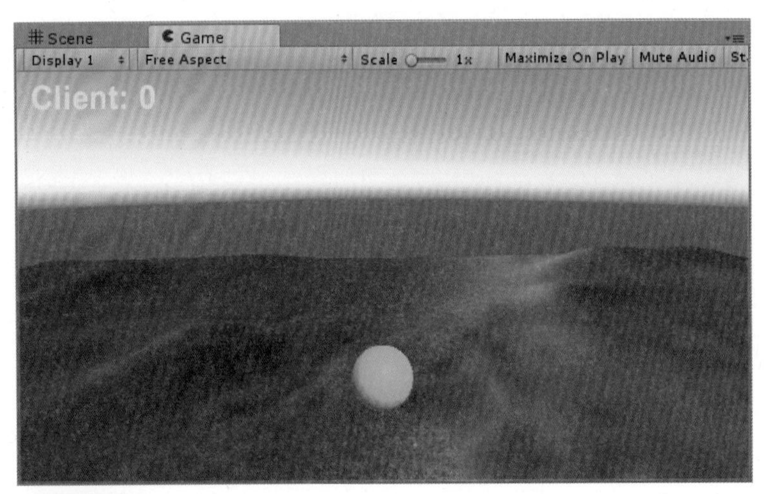

그림 2-4-2 플레이하면 Network Start Position 위치에 플레이어가 만들어진다.

플레이어의 초기 설정을 한다

플레이어 오브젝트의 위치 외에 각종 설정을 하는 경우는 'OnStartLocalPlayer'라는 콜백을 이용합니다. 이것은 플레이어 오브젝트가 Spawn된 후에 호출되는 것으로, 여기에 필요한 설정을 마련해 두면 플레이어를 초기화할 수 있습니다.

이 메소드는 다음과 같이 기술합니다. 인수는 없습니다.

```
public override void OnStartLocalPlayer() {……}
```

플레이어로 사용하는 프리팹에 설정되어 있는 스크립트의 경우 메소드를 마련해 두는 것만으로 플레이어 생성 시에 호출됩니다. 이제 한 번 해 봅시다.

프리팹에 심어 둔 SphereScript.cs의 SpherScript 클래스에 아래와 같이 메소드를 추가하기 바랍니다.

[리스트 2-4-1] SphereScript.cs

```
public override void OnStartLocalPlayer()
{
    Debug.Log("SphereScript::OnStartLocalPlayer");
    base.OnStartLocalPlayer();
    Renderer r = GetComponent<Renderer>();
    Color c = Color.red;
    r.material.color = c;
}
```

입력이 끝났으면 실제로 플레이를 해 봅시다. 버튼을 클릭하여 플레이를 시작하면 플레이어인 Sphere가 빨간색으로 표시될 것입니다.

그림 2-4-3 플레이하면 플레이어인 Sphere가 빨간색으로 만들어진다.

몇 개의 다른 클라이언트로 액세스해보면 자신의 플레이어(로컬 플레이어)만 빨간색이고 그 외의 리모트 플레이어는 모두 기본 설정색으로 되어 있다는 것을 알 수 있을 것입니다.

여기서는 시작을 하면 먼저 base.OnStartLocalPlayer 메소드를 실행시킵니다. 이것이 중요한 포인트입니다. 이것으로 OnStartLocalPlayer의 호출을 기저 클래스에게 전달하여 필요한 처리가 실행되는 것입니다.

처리의 내용을 굳이 설명하자면 단지 Renderer를 꺼내서 color를 변경하는 것이 전부입니다. 이와 같이 OnStartLocalPlayer를 이용하여 필요한 정보를 조작함으로써 플레이어를 초기화할 수 있습니다.

오브젝트를 발사한다

플레이어는 그냥 돌아다니기만 하는 존재가 아닙니다. 미사일을 발사하거나 폭파하거나 아이템을 얻는 등 다양한 동작을 합니다. 이런 동작도 당연하지만 서버에 연결되어 있는 모든 클라이언트에서 동기화되어 움직여야 합니다. 이러한 조작은 어떻게 구현하는 것일까요?

여기서는 '플레이어가 오브젝트를 발사'하는 간단한 샘플을 사용하여 그 조작 방법을 살펴봅시다. 이 동작은 다음과 같은 방법으로 수행할 수 있습니다.

① 발사할 프리팹의 인스턴스를 작성한다.
② 인스턴스를 Spawn한다.
③ AddForce 등을 사용하여 인스턴스를 발사한다.

'Spawn하는 것 말고는 보통 게임과 똑같다'고 생각할지도 모르지만 차이는 그것뿐만이 아닙니다. ①의 인스턴스 작성 부분도 조금 다릅니다. 이제 실제로 만들어가면서 살펴 봅시다.

먼저 발사할 오브젝트의 프리팹을 준비합니다. UNET에서는 플레이어에 국한되지 않고 네트워크 안에서 조작하는 오브젝트는 프리팹으로 마련합니다(Terrain과 같이 네트워크로 조작하지 않는 것은 그럴 필요가 없습니다).

Cube 프리팹을 마련한다

여기서는 Cube를 프리팹으로 마련해 두겠습니다. 작성 후에 'Rigidbody', 'Network Identity', 'Network Transform' 컴포넌트를 추가해 둡니다.

그리고 간단한 처리를 할 것이므로 Is Trigger를 ON으로 설정하여 트리거를 설정해 둡시다.

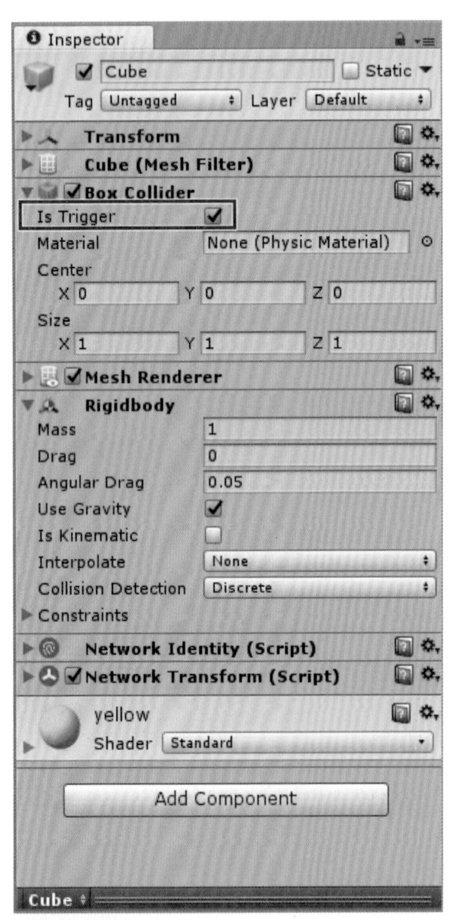

그림 2-4-4 프리팹에 Rigidbody, Network Identity, Network Transform을 심어 넣는다.

계속해서 Cube에 설정할 스크립트를 작성합니다. 이번에는 'CubeScript'라는 이름으로 작성해 두겠습니다. 작성 후에는 프리팹에 컴포넌트로 심어 넣기 바랍니다. CubeScript에는 다음과 같은 소스코드를 기술합니다.

[리스트 2-4-2] CubeScript.cs

```
using System.Collections;
using System.Collections.Generic;
using UnityEngine;

public class CubeScript : MonoBehaviour
{
   void Start () {}

   void Update ()
   {
      if (transform.position.y < -100)
      {
         GameObject.Destroy(gameObject);
      }
   }

   void OnTriggerEnter(Collider collider)
   {
      Debug.Log("Trigger! " + collider.name);
      if (collider.name == "Terrain")
      {
         GameObject.Destroy(gameObject);
      }
   }
}
```

하는 처리는 아주 간단한데, Terrain에 부딪히거나 고도가 −100보다 낮아지면 자신을 Destroy하는 것뿐입니다. 이로써 발사한 Cube가 스스로 뒷수습을 하게 됩니다.

프리팹을 Network Manager에서 Spawn한다

작성한 프리팹은 바로 Spawn할 수 없습니다. 먼저 Network Manager에 등록을 해야 합니다.

씬에 배치한 Network Manager의 Inspector 창을 보면 'Spawn Info' 부분에 'Registered Spawnable Prefabs'라는 항목이 있습니다. 여기가 Spawn할 수 있는 프리팹을 관리하는 곳입니다.

여기서 리스트의 '+'를 클릭하고 앞에서 작성한 Cube의 프리팹을 설정하면 Cube 프리팹을 Spawn할 수 있게 됩니다.

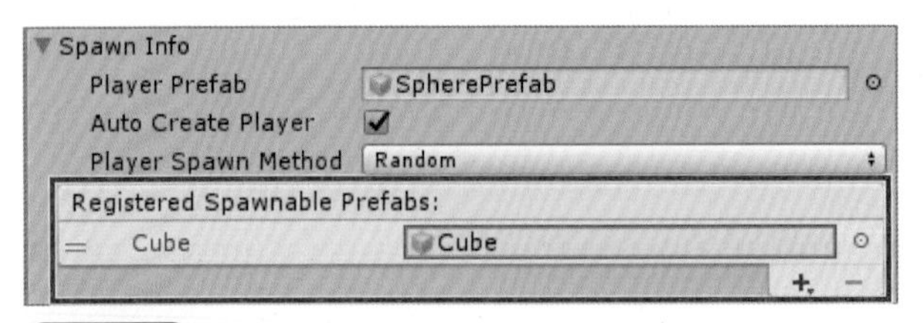

그림 2-4-5 'Registered Spawnable Prefabs'에 프리팹을 등록

등록이 끝났으면 이제 소스코드를 쓰기만 하면 됩니다. 여기서는 SphereScript 클래스에 다음과 같은 필드와 메소드를 추가합니다.

[리스트 2-4-3] SphereScript.cs

```
public GameObject cube;

[Command]
void CmdSpawnIt()
{
    Debug.Log("spawned.");
    GameObject obj = Instantiate<GameObject>
    (
        cube,
        transform.position,
        Quaternion.Euler(new Vector3(0, 0, 0))
    );
    NetworkServer.Spawn(obj);
    Rigidbody r = obj.GetComponent<Rigidbody>();
    Vector3 v = Camera.main.transform.forward;
    v.y += 1f;
    r.AddForce(v * 1000);
    r.AddTorque(new Vector3(10f, 0f, 10) * 100);
}
```

기술이 끝났으면 Unity 에디터로 돌아와서 Sphere 프리팹에 심어져 있는 'SphereScript' 컴포넌트에 'Cube'라는 항목이 추가되어 있는지를 확인합니다. 이 Cube에 조금 전의 Cube 프리팹을 설정해 둡니다.

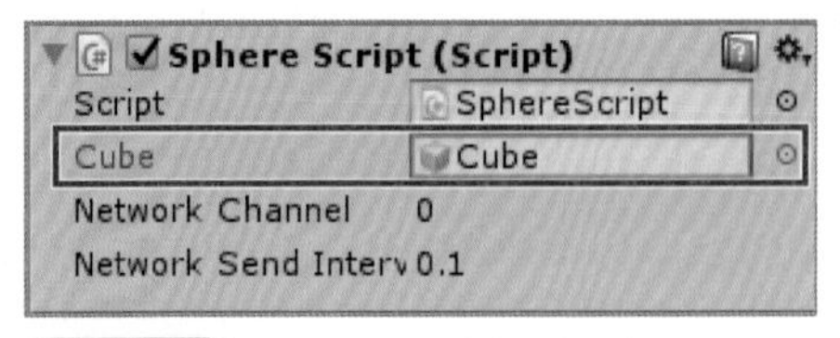

그림 2-4-6 SphereScript 컴포넌트의 Cube 프로퍼티에 작성한 Cube 프리팹을 설정

이것으로 모든 작업이 끝났습니다. 그 다음은 CmdSpawnIt이 필요할 때 호출하기만 하면 됩니다. 예를 들어 Update 메소드에 다음과 같이 기술하면 스페이스 바를 누를 때마다 Cube가 발사됩니다.

```
if (Input.GetKeyDown(KeyCode.Space)){ CmdSpawnIt(); }
```

실제로 실행시켜 동작을 확인해 봅시다. 클라이언트가 Cube를 발사하면 다른 클라이언트에서도 똑같이 Cube가 발사되는 것을 알 수 있습니다. 단, Cube를 여러 개 발사하면 움직임이 상당히 느려집니다.

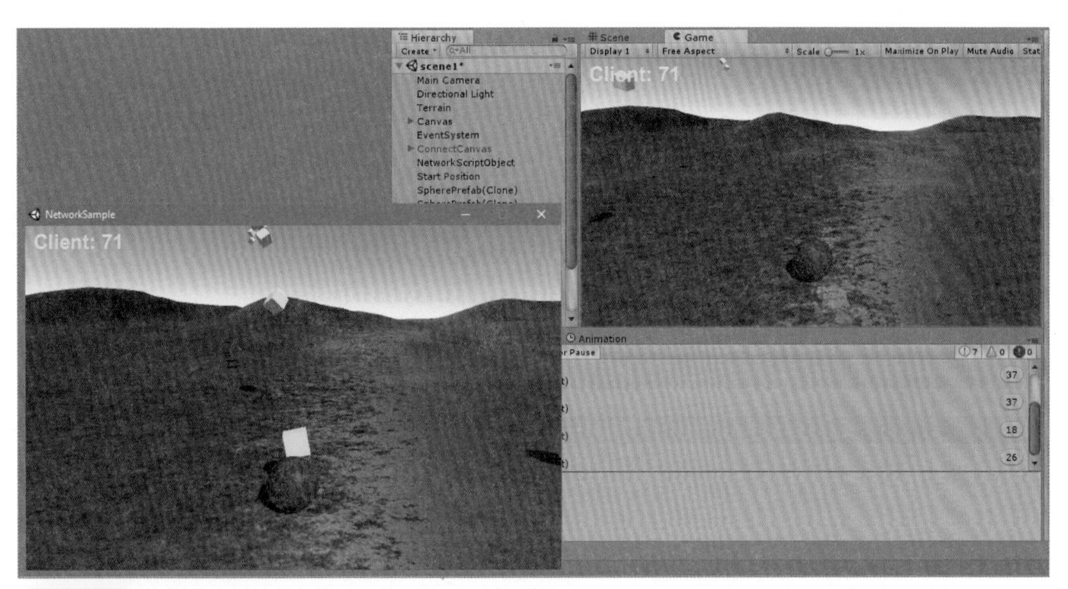

그림 2-4-7 각 클라이언트에서 Cube를 발사해 본다. 상대 클라이언트의 화면에도 똑같은 Cube가 제대로 표시되는 것을 알 수 있다.

프리팹을 Spawn하는 절차

이제 작성한 CmdSpawnIt 메소드를 살펴봅시다. 이것은 [Command]가 붙어 있으므로 클라이언트가 호출해서 서버 측에서 실행되는 것이라는 것을 알 수 있습니다.

Spawn할 인스턴스를 생성할 수 있는 것은 서버뿐입니다. 클라이언트에서는 인스턴스를 생성할 수 없으므로 여기서는 [Command]를 붙여 서버 측에서 실행을 하고 있는 것입니다. 여기서는 먼저 아래 코드로 프리팹의 인스턴스를 작성합니다.

```
GameObject obj = Instantiate<GameObject>(
    cube,
    transform.position,
    Quaternion.Euler(new Vector3(0, 0, 0))
);
```

익숙하지 않은 메소드를 사용하고 있는데, 프리팹을 Spawn하기 위해 인스턴스를 작성하는 경우는 **Instantiate 메소드**를 사용합니다. 이 메소드는 다음과 같이 호출합니다.

```
Instantiate<GameObject>( Object, Vector3, Quaternion );

  Object: GameObject(프리팹)를 지정
  Vector3: 초기 위치를 지정
  Quaternion: 초기 각도를 지정
```

이와 같이 하면 프리팹을 지정한 위치와 각도로 인스턴스화한 것을 얻을 수 있습니다. 그 다음은 Spawn하기만 하면 됩니다.

```
NetworkServer.Spawn(obj);
```

Spawn은 UnityEngine.Network 패키지의 'NetworkServer' 클래스에 static 메소드로 마련되어 있습니다. 인수로는 Spawn할 GameObject를 전달합니다.

COLUMN

오류 발생 시에 확인할 포인트

NetworkServer는 그 이름 그대로 서버 측에서 하는 처리를 모아놓은 것입니다. 다시 말하자면 마련되어 있는 메소드의 대부분은 '서버 측에서 실행해야 한다'는 것입니다.

여기서는 [Command]의 메소드로 실행시키고 있으므로 서버 측에서 Spawn되지만, 초보자의 경우 이것을 잊어버리고 클라이언트 측에서 실행해 버려서 'Spawn하려고 했지만 오류가 발생'하는 트러블에 빠지는 경우가 종종 있습니다. 그러므로 '이것이 서버에서 실행되는 것인지, 아니면 클라이언트인지'를 항상 생각하면서 처리를 작성해 가기 바랍니다.

이와 같이 Spawn된 오브젝트는 모두 클라이언트에 추가되어 동기화되어 움직입니다. 모든 클라이언트에서 Spawn된 오브젝트가 동기화되어 움직이는 것은 상당히 감동적입니다.

2-5 네트워크 메시지 이용하기

서버와 클라이언트 사이에서 처리를 호출하려면 커맨드나 클라이언트 RPC를 사용하지만 좀 더 심플한 정보(숫자나 텍스트 등)를 클라이언트에게 보내는 경우는 '네트워크 메시지'라는 기능을 사용하면 좋습니다. 여기서는 메시지 사용 방법에 대해 설명하겠습니다.

네트워크 메시지 개요

네트워크 메시지란 '메시지 클래스'라는 것을 사용하여 송신할 메시지를 준비하고, 그것을 서버에서 클라이언트로 송신하는 기능입니다. 클라이언트 측에서는 지정한 메시지를 등록해 둠으로써 해당 메시지를 수취하면 자동으로 콜백을 호출하여 처리할 수 있습니다.

네트워크 메시지를 사용하기 위해서는 '메시지 클래스의 이용과 송신', '클라이언트 측에서의 메시지 처리 등록과 콜백 처리'와 같은 것을 이해하고 코딩할 필요가 있습니다.

● 메시지 클래스 개요

송신할 메시지는 UnityEngine.Networking 패키지의 MessageBase 클래스를 상속하여 만들어진 클래스를 이용합니다. 이것은 표준으로 몇 개가 UnityEngine.Networking.NetworkSystem이라는 패키지에 마련되어 있습니다. 가장 많이 사용하는 것은 다음 두 클래스입니다.

IntegerMessage 클래스

정수값을 메시지로 송신할 때 사용하는 것으로, 다음과 같이 인스턴스를 만듭니다.

```
new IntegerMessage(int_값);
```

StringMessage 클래스

텍스트(string)를 메시지로 송신할 때 사용하는 것으로, 다음과 같이 인스턴스를 만듭니다.

```
new StringMessage(string_값);
```

● 메시지 송신

메시지는 UnityEngine.Networking 패키지의 'NetworkClient' 클래스에 마련되어 있는 'Send' 메소드를 사용합니다. NetworkClient 클래스는 네트워크에 연결되어 있는 클라이언트에 관한 정보를 관리하는 것으로, Send 메소드는 다음과 같이 사용합니다.

```
[NetworkClient].Send(메시지);
```

인수로는 IntegerMessage나 StringMessage 인스턴스를 지정하여 호출합니다. 이로써 해당 NetworkClient의 클라이언트에게 메시지가 보내집니다.

● 메시지 등록

메시지를 등록하려면 NetworkServer 클래스의 메소드를 사용합니다. NetworkServer는 조금 전의 Spawn 작성에도 사용했습니다. 서버에 관한 기능은 이 NetworkServer 클래스에 대부분 마련되어 있습니다.

메시지 등록은 'RegisterHandler'라는 메소드를 사용합니다. 사용법은 다음과 같습니다.

```
NetworkServer.RegisterHandler(int_값, 핸들러);
```

int_값: 메시지 타입을 나타내는 정수 값입니다. 이 번호로 메시지의 종류를 구분합니다.

핸들러: 콜백으로 호출할 메소드의 핸들러를 설정합니다. 제1인수로 지정한 메시지 타입을 받으면 지정한 핸들러가 호출됩니다.

● 메시지 수신

RegisterHandler로 등록된 메소드는 'NetworkMessage'라는 클래스의 인스턴스를 인수로 가집니다. 이것은 네트워크 메시지를 관리하기 위한 클래스입니다. 인수로 전달된 NetworkMessage로부터 'ReadMessage'라는 메소드를 사용하여 메시지를 추출합니다.

```
[NetworkMessage].ReadMessage<메시지_클래스>();
```

ReadMessage는 Generics를 지원하며, 〈 〉로 취득할 메시지 클래스를 지정합니다. 예를 들어 〈StringMessage〉의 경우 ReadMessage로 StringMessage 인스턴스를 취득할 수 있습니다.

추출한 메시지 클래스의 인스턴스로부터 value 프로퍼티로 설정된 값을 읽어 들일 수 있습니다.

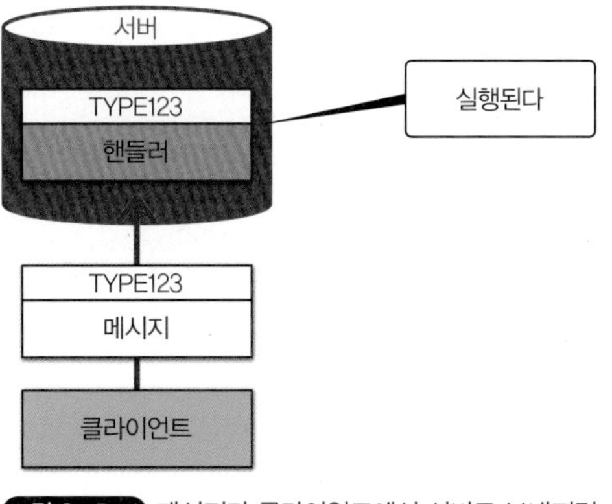

그림 2-5-1 메시지가 클라이언트에서 서버로 보내지면 해당 타입이 등록되어 있는지 조사하고 되어 있다면 그 핸들러를 실행한다.

메시지 송신

메시지의 개요를 이해했다면 실제로 네트워크 메시지를 사용해 봅시다. 여기서는 CubeScript 클래스를 이용하여 오브젝트를 파기할 때 메시지를 송신하도록 해 보겠습니다. CubeScript.cs를 다음과 같이 수정하기 바랍니다.

[리스트 2-5-1] CubeScript.cs

```
using System.Collections;
using System.Collections.Generic;
using UnityEngine;
using UnityEngine.Networking;
using UnityEngine.Networking.NetworkSystem;

public class CubeScript : NetworkBehaviour
{

    const short DestroyMsg = 12345;

    void Start ()
    {
        // DestroyMsg 메시지의 등록
        NetworkServer.RegisterHandler(DestroyMsg, OnDestroyMsg);
    }

    // DestroyMsg용 핸들러
    void OnDestroyMsg (NetworkMessage msg)
    {
        Debug.Log("OnDestroyMsg: " +
            msg.ReadMessage<StringMessage>().value);
    }

    void Update ()
    {
```

```
        if (transform.position.y < -100)
        {
            GameObject.Destroy(gameObject);
        }
    }

    void OnTriggerEnter (Collider collider)
    {
        if (collider.name == "Terrain")
        {
            int number = new System.Random().Next(1000);
            // 모든 NetworkClient에게 메시지를 송신한다.
            foreach(NetworkClient client in NetworkClient.allClients)
            {
                StringMessage msg = new StringMessage("Delete " +
                    name + " : random number " + number +
                    " : connection id " + client.connection.connectionId);
                client.Send(DestroyMsg, msg);
            }
            GameObject.Destroy(gameObject);
        }
    }
}
```

여기서는 Cube의 name 등을 출력하고 있습니다. 그에 맞춰 SphereScript의 Spawn을 작성하고 있는 부분(CmdSpawnIt)을 조금 수정하겠습니다.

[리스트 2-5-2] SphereScript.cs

```
private int CubeCount = 0;    // 필드를 추가

[Command]
void CmdSpawnIt()
{
    GameObject obj = Instantiate<GameObject>
    (
        cube,
        transform.position,
        Quaternion.Euler(new Vector3(0, 0, 0))
    );
    obj.GetComponent("CubeScript").name = "cube" + CubeCount++;  // ①
    NetworkServer.Spawn(obj);
    Rigidbody r = obj.GetComponent<Rigidbody>();
    Vector3 v = Camera.main.transform.forward;
    v.y += 1f;
    r.AddForce(v * 1000);
    r.AddTorque(new Vector3(10f, 0f, 10) * 100);
}
```

①이 추가된 부분입니다. 이로써 CubeScript의 name에 'cube0'과 같은 이름이 붙습니다. 이것은 작성된 Cube를 구분하기 쉽도록 하기 위해서입니다.

수정이 끝났으면 실행하여 Cube를 발사해 봅시다. 낙하하여 사라지는 순간에 메시지가 Console에 출력됩니다. 또한 이번에는 NetworkServer에 메시지 수신 핸들러를 등록했으므로 Unity 에디터에서 씬을 실행하여 클라이언트를 호스트로 실행시키기 바랍니다(에디터에서 실행한 클라이언트가 호스트가 아니라 리모트가 되면 수신할 수 없다는 경고가 나타납니다).

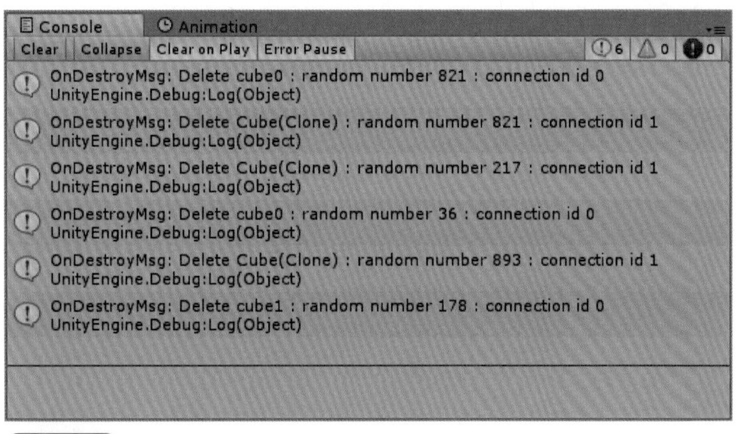

그림 2-5-2 Console을 보면 로컬 플레이어뿐만 아니라 리모트 플레이어가 보낸 메시지까지 수취하고 있다는 것을 알 수 있다.

Cube가 소멸되는 순간 다음과 같은 메시지가 Console에 출력됩니다.

OnDestroyMsg: Delete 이름 : random number 난수값 : connection id 번호

실제로 시험해 보면 알 수 있겠지만 메시지는 호스트의 클라이언트뿐만 아니라 다른 클라이언트에 있는 리모트 플레이어를 조작하여 Cube를 발사한 경우에도 출력됩니다. 다른 클라이언트로부터도 메시지를 송신하여 받을 수 있다는 것을 알 수 있습니다.

모든 NetworkClient에게 메시지를 보낸다

이제 소스코드를 살펴봅시다. 여기서는 Start 시에 아래와 같이 메시지를 등록하고 있습니다.

```
NetworkServer.RegisterHandler(DestroyMsg, OnDestroyMsg)
```

이로써 DestroyMsg의 메시지 타입이 등록됩니다. 이후 OnDestroyMsg 번호가 설정된 네트워크 메시지가 보내지면 DestroyMsg를 호출하게 됩니다.

메시지를 송신하는 것은 OnTriggerEnter 메소드입니다. 여기서는 다음과 같은 형태로 처리를 하고 있습니다.

```
foreach(NetworkClient client in NetworkClient.allClients){......}
```

NetworkClient.allClients는 현재 연결 중인 모든 NetworkClient를 List로 모아놓은 것을 구할 수 있습니다. 이것을 이용하여 모든 클라이언트에 대해 처리를 할 수 있게 되는 것입니다.

메시지의 작성은 다음과 같이 합니다.

```
StringMessage msg = new StringMessage("Delete " +
    name + " : random number " + number +
    " : connection id " + client.connection.connectionId);
```

여기서는 StringMessage 인스턴스를 작성하고 있습니다. client.connection.connectionId는 NetworkClient의 커넥션 ID(연결에 할당되는 번호)입니다.

이와 같이 StringMessage 인스턴스를 마련했다면 이것을 NetworkClient에게 송신합니다.

```
client.Send(DestroyMsg, msg);
```

제1인수로는 DestroyMsg를 지정합니다. 이로써 수신 측 클라이언트에서는 RegisterHandler에 등록된 OnDestroyMsg 메소드가 호출되어 처리됩니다.

이제 이 OnDestroyMsg 메소드가 어떻게 되어 있는지를 살펴봅시다. 이 메소드는 다음과 같은 형태로 정의되어 있습니다.

```
void OnDestroyMsg (NetworkMessage msg){......}
```

반환값은 void이며, 인수로는 NetworkMessage 인스턴스를 전달합니다. 이 인스턴스를 사용하여 StringMessage를 꺼내 송신된 메시지를 출력합니다.

```
Debug.Log("OnDestroyMsg: " +
    msg.ReadMessage<StringMessage>().value);
```

ReadMessage〈StringMessage〉().value를 사용하여 NetworkMessage로부터 StringMessage의 값을 꺼냅니다. 주고받는 구조만 이해하면 그다지 복잡한 처리는 아닙니다.

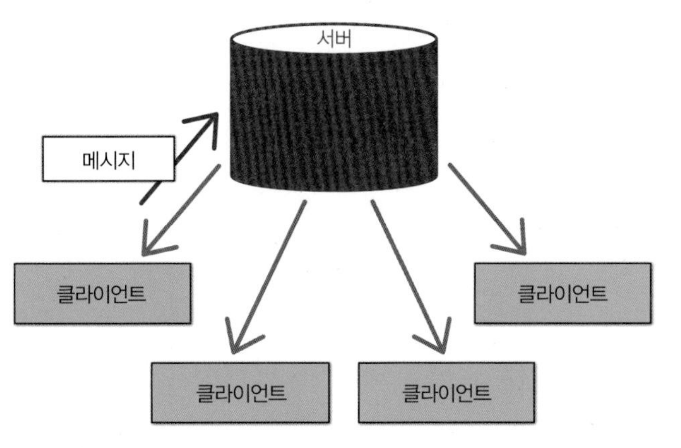

그림 2-5-3 한 클라이언트가 서버로 메시지를 보내면 서버에서 모든 클라이언트로 메시지를 전달한다.

독자적인 메시지 클래스 정의하기

표준으로 마련된 메시지 클래스는 IntegerMessage와 StringMessage로, 이 둘은 정수와 텍스트를 메시지로서 보냅니다. 이것으로도 최소한으로 필요한 정보는 전달할 수 있지만 좀 더 복잡한 정보를 메시지로 클라이언트에게 전하고 싶은 경우는 어떻게 해야 할까요?

그런 경우는 오리지널 메시지 클래스를 정의하여 이용할 수 있습니다. 네트워크 메시지는 MessageBase 클래스를 상속한 클래스로 정의할 수 있습니다. 이와 같이 정의한 오리지널 메시지 클래스를 사용하여 메시지를 송신하면 좀 더 고도의 정보를 간단히 클라이언트에게 보낼 수 있습니다.

이제 이것도 한번 해 봅시다. CubeScript.cs를 다음과 같이 수정합니다.

[리스트 2-5-3] CubeScript_2.cs

```
using System.Collections;
using System.Collections.Generic;
using UnityEngine;
using UnityEngine.Networking;
using UnityEngine.Networking.NetworkSystem;

public class CubeScript : NetworkBehaviour
{
    const short DestroyMsg = 12345;
    [SyncVar]
    public int Number;
    [SyncVar]
    public string Name;

    void Start ()
    {
        // DestroyMsg 메시지 등록
        NetworkServer.RegisterHandler(DestroyMsg, OnDestroyMsg);
```

```
    }

    // DestroyMsg용 핸들러
    void OnDestroyMsg (NetworkMessage msg)
    {
        Debug.Log(msg.ReadMessage<CubeMessage>().getMessage());
    }

    void Update ()
    {
        if (transform.position.y < -100)
        {
            GameObject.Destroy(gameObject);
        }
    }

    void OnTriggerEnter (Collider collider)
    {
        if (collider.name == "Terrain")
        {
            int number = new System.Random().Next(1000);
            // 모든 NetworkClient에게 메시지를 송신한다.
            foreach(NetworkClient client in NetworkClient.allClients)
            {
                CubeMessage msg = new CubeMessage
                    (Name, Number, transform.position);
                client.Send(DestroyMsg, msg);
            }
            GameObject.Destroy(gameObject);
        }
    }
}

// 오리지널 메시지 클래스
public class CubeMessage : MessageBase
{
    public string Name;
    public int Number;
    public Vector3 LostPosition;

    // 기본 컨스트럭터. 필수
    public CubeMessage(){}

    // 필요한 정보를 인수로 전달하는 컨스트럭터
    public CubeMessage(string name, int number, Vector3 pos)
    {
        this.Name = name;
        this.Number = number;
        this.LostPosition = pos;
    }

    // 저장 데이터를 String으로 출력한다.
    public string getMessage()
```

```
    {
        return "Destroy " + Name + "(" + Number + ", [x:"
            + LostPosition.x + ", y:" + LostPosition.y
            + ", z:" + LostPosition.z + "])";
    }
}
```

이에 맞춰 SphereScript 클래스의 Spawn을 수행하는 메소드(CmdSpawnIt)도 수정합니다. CubeScript를 작성할 때 Name과 Number의 값을 설정하고 Spawn하도록 해 둡니다(①, ②, ③ 부분이 추가된 부분).

[리스트 2-5-4] SphereScript_2.cs

```
string[] names = new string[]{"zero","one","two","three","four",
    "five","six","seven","eight","nine"};  // ①

[Command]
void CmdSpawnIt()
{
    // Debug.Log("spawned.");
    GameObject obj = Instantiate<GameObject>
    (
        cube,
        transform.position,
        Quaternion.Euler(new Vector3(0, 0, 0))
    );
    CubeScript cubescript = (CubeScript)obj.GetComponent("CubeScript");
    CubeCount++;
    cubescript.Name = names[CubeCount % 10];  // ②
    cubescript.Number = CubeCount;  // ③

    NetworkServer.Spawn(obj);
    Rigidbody r = obj.GetComponent<Rigidbody>();
    Vector3 v = Camera.main.transform.forward;
    v.y += 1f;
    r.AddForce(v * 1000);
    r.AddTorque(new Vector3(10f, 0f, 10) * 100);
}
```

실행하면 발사한 Cube가 소멸될 때 다음과 같은 메시지가 Console에 출력됩니다.

Destroy one(1, [x:-1.098938E-06, y:-2.853835, z:57.69072]

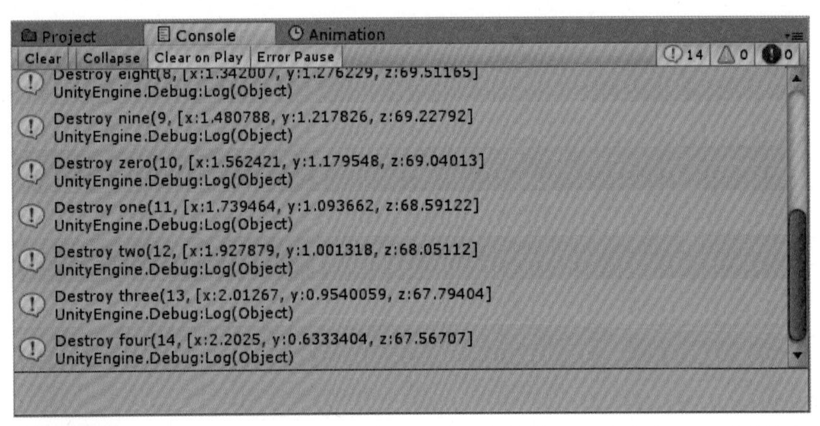

그림 2-5-4 CubeMessage를 이용하여 이름, 번호, 소멸 위치(Vector3)의 값을 모아서 메시지로 송신

여기서는 CubeMessage라는 메시지 클래스를 만들고 이를 이용하여 네트워크 메시지를 보내고 있습니다. CubeMessage 클래스는 다음과 같이 정의되어 있습니다.

```
public class CubeMessage : MessageBase
{
    public string Name;
    public int Number;
    public Vector3 LostPosition;

    public CubeMessage(){}

    public CubeMessage(string name, int number, Vector3 pos)
    {
        this.Name = name;
        this.Number = number;
        this.LostPosition = pos;
    }
    ……생략……
}
```

MessageBase 클래스를 상속하여 필요한 정보를 public 필드로 저장하고 있습니다. 컨스트럭터는 2개 있는데, 하나는 인수를 가지지 않는 기본 컨스트럭터이고, 다른 하나는 public 필드에 저장할 값을 인수로 전달하도록 한 것입니다. 여기서 주의할 점은 기본 인스트럭터입니다. 불필요하다고 생각되어도 반드시 작성하기 바랍니다.

그 다음은 값을 텍스트로 모아서 출력하는 메시지 등 필요에 따라 확장해 가면 됩니다. 이것으로 string, int, Vector3의 값을 모두 모아 메시지로 송신할 수 있게 되었습니다. 메시지를 보내고 있는 OnTriggerEnter 메소드를 살펴보면 다음과 같이 실행하고 있다는 것을 알 수 있습니다.

```
foreach(NetworkClient client in NetworkClient.allClients)
{
    CubeMessage msg = new CubeMessage
        (Name, Number, transform.position);
    client.Send(DestroyMsg, msg);
}
```

new CubeMessage(Name, Number, transform.position)와 같이 써서 필요한 값을 설정한 CubeMessage를 만들고 있습니다. 다양한 값을 new할 때의 인수로 전달하기만 하면 되므로 상당히 이용하기 편합니다.

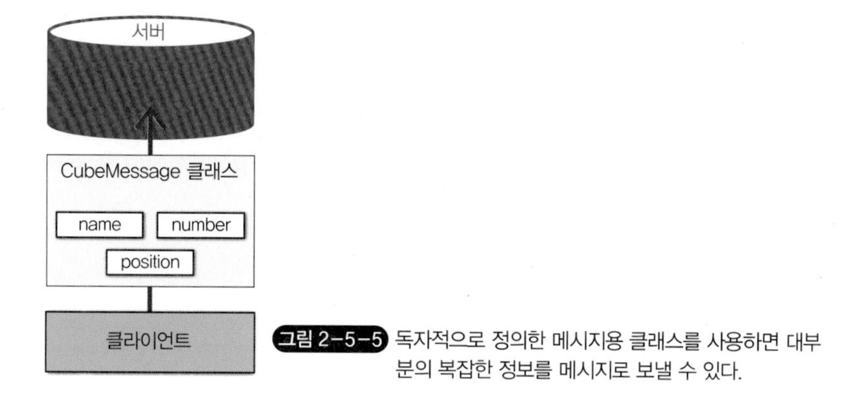

그림 2-5-5 독자적으로 정의한 메시지용 클래스를 사용하면 대부분의 복잡한 정보를 메시지로 보낼 수 있다.

클라이언트 측에서 메시지 등록하기

이 샘플에서는 NetworkServer.RegisterHandler로 네트워크 메시지를 수취하기 위한 등록을 하고 있는데, 이것은 '서버 측에서 모든 메시지를 관리'하는 방법입니다. 그렇기 때문에 호스트에서는 OnDestroyMsg로 메시지를 제대로 수취할 수 있지만, 그렇지 않은 리모트 클라이언트에서는 경고가 표시되었을 것입니다.

액세스하고 있는 모든 클라이언트가 똑같이 메시지를 수취하고 클라이언트 측에서 처리하게 하고 싶은 경우는 각 클라이언트별로 메시지를 등록해야 합니다. 이 방법도 시험해 봅시다.

좀 전에 작성한 CubeScript 클래스의 Start와 OnTriggerEnter 메소드를 각각 다음과 같이 수정합니다.

[리스트 2-5-5] CubeScript_3.cs

```
void Start ()
{
    // DestroyMsg 메시지 등록
    foreach(NetworkClient client in NetworkClient.allClients)
    {
        client.RegisterHandler(DestroyMsg, OnDestroyMsg);
```

```
    }
    Debug.Log("Start with :" + Name + "," + Number);
}

void OnTriggerEnter (Collider collider)
{
    if (collider.name == "Terrain")
    {
        int number = new System.Random().Next(1000);
        // 모든 NetworkClient에게 메시지를 송신한다.
        CubeMessage msg = new CubeMessage(Name, Number, transform.position);
        NetworkServer.SendToAll(DestroyMsg, msg);
        GameObject.Destroy(gameObject);
    }
}
```

이로써 호스트에서도 리모트 클라이언트에서도 모든 메시지를 수취할 수 있습니다. 여기서는 다음과 같은 형태로 Start 메소드 안에서 네트워크 메시지의 등록을 하고 있습니다.


```
foreach(NetworkClient client in NetworkClient.allClients)
{
    client.RegisterHandler(DestroyMsg, OnDestroyMsg);
}
```

NetworkClient.allClients에서 모든 클라이언트를 취득하고 각각의 NetworkClient에 대해 RegisterHandler를 호출하고 있습니다. 이 RegisterHandler는 NetworkServer에 있던 것과 똑같은 방법으로 메시지 타입의 번호와 메소드 핸들러를 설정합니다.

그리고 메시지를 송신하는 부분에서는 다음과 같이 송신하고 있습니다.

```
NetworkServer.SendToAll(DestroyMsg, msg);
```

SendToAll은 모든 클라이언트에게 메시지를 일제히 송신하는 것입니다. 단지 이렇게 하는 것만으로 모든 클라이언트에게 메시지가 송신됩니다. 정말 편리하지요?

'그렇다면 조금 전의 예에서도 foreach를 사용하지 말고 SendToAll을 사용하면 좋았을텐데'라고 생각할지 모르지만 그것은 불가능합니다. 왜냐하면 앞의 샘플에서는 NetworkClient가 아니라 NetworkServer에 RegisterHandler를 하고 있었기 때문입니다. 이 경우는 SendToAll로 보내도 메시지를 받을 수 없습니다. SendToAll은 어디까지나 'NetworkClient에게 보내는 것'입니다.

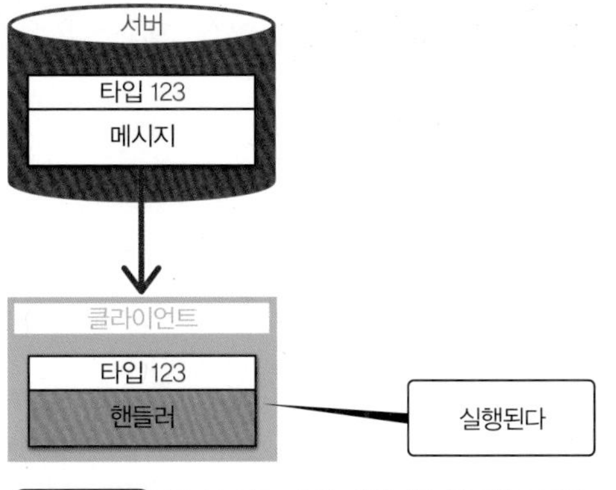

그림 2-5-6 클라이언트 측에 메시지를 등록함으로써 서버에서 모든 클라이언트에게 메시지를 보낼 수 있게 된다.

COLUMN

'클라이언트'냐 '서버'냐 그것이 문제로다!

2장을 끝낸 지금 Network Manager를 이용한 프로그램의 작성 방법에 대해 어느 정도 이해를 했다고 생각합니다. 하지만 지금까지 한 것은 네트워크 게임의 기본 중의 기본적인 처리뿐입니다.

여기까지의 설명을 읽고 '네트워크 게임을 만들 때 무엇에 가장 주의해야 할지'를 알게 되었을 것입니다. 바로

'클라이언트'와 '서버'를 항상 의식하면서 작성한다!

입니다. 여러 클라이언트가 공유하는 오브젝트의 조작은 항상 서버 측에서 수행합니다. 클라이언트 측에서 수행하는 것은 해당 클라이언트 안에 있는 공유되지 않은 오브젝트를 조작하는 경우 뿐입니다. 이와 같이 '어디서 처리할지'를 확실하게 구분해야 합니다.

어디에서 실행되는지를 확실히 파악하기 위해 실행할 처리를 메소드로 구분하여 'ServerCallback'이나 'ClientCallback'과 같이 이름을 붙여 '해당 메소드가 서버와 클라이언트 어디에서 실행되는 것인지'를 명확하게 표시하기 바랍니다.

Part 2 Chapter 3

UNET 커스터마이징

UNET은 표준으로 마련되어 있는 Network Manager를 중심으로 한 기능만 호출하여 작동시키는 방법 외에 UNET의 표준 기능을 바탕으로 각종 커스터마이징을 할 수도 있습니다. 이 장에서는 Network Manager를 더욱 강화시키기 위한 테크닉에 대해 설명하겠습니다.

특히 네트워크 게임의 경우는 여러 플레이어가 플레이하는 것을 전제로 하기 때문에 플레이어를 어떻게 매칭시킬지에 대한 문제를 해결해야 합니다. Network Manager의 '로비' 기능을 사용하면 플레이어가 모이는 장소를 만들 수 있습니다.

그리고 Network Manager에는 많은 콜백 메소드가 있으므로 어떤 상태일 때 어떤 순서로 콜백되는지를 이해하는 것도 중요합니다. 이에 대해서도 샘플을 통해 살펴보겠습니다.

마지막으로 NetworkDiscovery 기능을 사용하여 플레이어를 자동으로 매칭시켜 게임을 시작하는 방법도 소개하겠습니다(단, 로컬 네트워크 안에서만 유효).

이 장의 목적

- 로비 기능을 사용하여 게임에 참가하는 여러 플레이어가 모일 수 있는 씬을 만든다.
- Network Manager의 이벤트별 콜백 메소드를 이해하고 이를 확장시켜 독자적인 기능을 만든다.
- 자동으로 플레이어를 매칭시켜 게임을 시작할 수 있는 NetworkDiscovery를 사용해 본다.

3-1 플레이어가 모이는 장소 '로비'의 사용법

지금까지 살펴본 샘플은 네트워크 게임으로서의 기능을 이해하기 위한 것이었습니다. 실제로 게임으로서 플레이를 하기 위해서는 플레이어들이 모이는 장소가 필요합니다. 여기서는 이를 위한 기능을 소개하겠습니다.

로비란?

2장까지의 샘플에서는 단순히 버튼을 눌러 호스트로서 실행하거나 클라이언트로서 액세스해 왔습니다. 단순히 '네트워크로 플레이어가 공유되는 게임'만을 원한다면 이것으로도 충분합니다.

하지만 게임을 공개해서 다른 사용자가 플레이할 수 있도록 하기 위해서는 '어떤 사람들과 플레이할지'도 생각해야 합니다. 이를 위해서는 플레이어가 모이는 장소를 미리 마련하여 각자가 게임에 참가할 수 있는 장치가 필요합니다.

이와 같이 '게임 전에 플레이어가 모이는 장소'를 **로비**라고 합니다. UNET에는 이러한 로비를 만들어 이용하기 위한 장치도 마련되어 있습니다. 실제 게임에서는 로비에서 플레이어가 필요한 설정(예를 들면 아이템의 장비 등)을 하고 게임에 참가합니다.

게임을 보다 게임답게 만들려면 '로비를 사용하여 필요한 설정을 하고 로그인한다'는 방법을 꼭 기억해 두기 바랍니다.

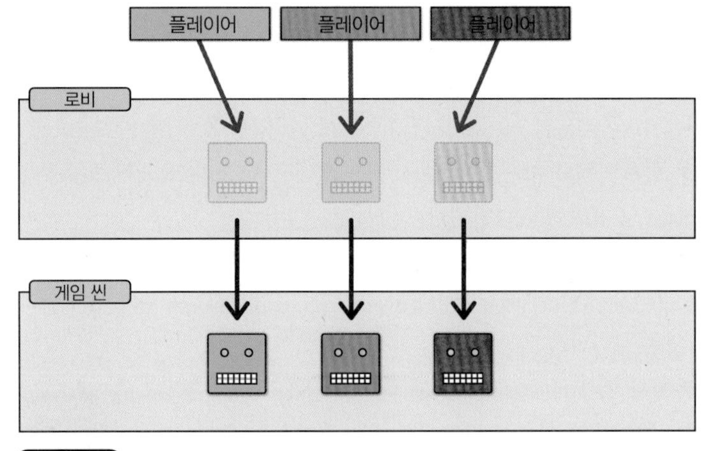

그림 3-1-1 로비는 게임 전에 플레이어가 모이는 장소

로비에 필요한 것

'로비'란 정확히 어떤 것일까요? 바로 '로비 장치를 가진 씬'이라고 생각하면 좋을 것입니다. 로비를 위한 씬을 만들고, 거기에 로비 관련 부품을 심어 넣음으로써 로비를 만드는 것입니다.

로비에 필요한 부품은 여러 가지가 있지만, 여기서는 아래의 것들을 마련합니다.

● Network Lobby Manager

Network Manager의 로비 버전입니다. 로비의 네트워크 액세스 관리 등을 하는 것입니다.

● Network Manager HUD

GUI를 자동으로 작성하기 위한 것으로, 이미 앞에서 사용해 보았습니다. Network Lobby Manager에서도 이 Network Manager HUD를 사용해서 GUI를 마련할 수 있습니다.

● Lobby Player

로비에서 사용되는 플레이어 오브젝트로, 프리팹으로 준비합니다.

일단 위의 것들이 만들어져 있으면 로비로서 기능할 씬을 만들 수 있습니다. 이 세 가지가 로비를 사용하기 위해 필요한 최소한의 부품이라 할 수 있습니다.

이제 실제로 한번 만들어 봅시다. 새로운 씬을 마련하고 거기에 로비 관련 부품을 만들어 보겠습니다.

Network Lobby Manager를 작성한다

가장 먼저 만들 것은 'Network Lobby Manager'입니다. 이것은 Network Manager와 마찬가지로 컴포넌트로 마련되어 있습니다. 그래서 빈 게임 오브젝트를 준비하고 거기에 컴포넌트를 심어 넣어 작성합니다.

[GameObject] 메뉴에서 [Create Empty]를 선택하여 빈 게임 오브젝트를 작성합니다. 그리고 [Component] 메뉴의 [Network]–[Network Lobby Manager]를 선택하여 컴포넌트를 심어 넣습니다.

계속해서 똑같이 [Component] 메뉴의 [Network]–[Network Manager HUD]를 선택합니다. 이것으로 필요한 컴포넌트가 마련되었습니다.

작성이 끝났으면 씬에 이름을 붙여 저장해 둡니다.

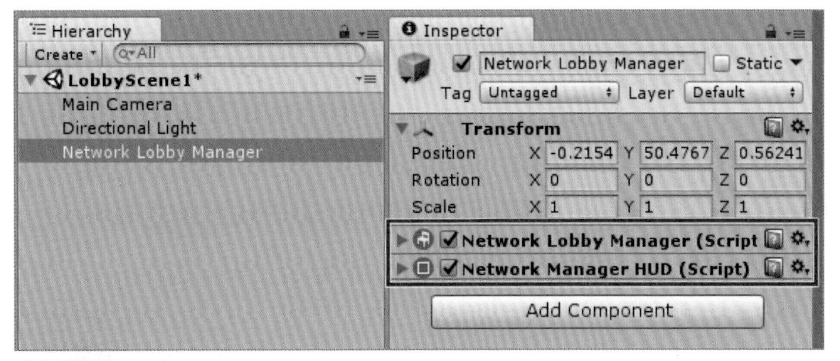

그림 3-1-2 Network Lobby Manager와 Network Manager HUD를 심어 넣는다.

씬을 등록한다

Network Lobby Manager에는 설정을 몇 가지 해야 합니다. 먼저 씬과 관련된 설정입니다.

[File] 메뉴의 [Build Settings...]를 선택하여 빌드 설정 창을 열고, 'Add Open Scene' 버튼을 사용하여 방금 만든 로비용 씬을 Scene In Build 목록에 추가합니다.

추가한 씬을 드래그하여 가장 위에 위치하도록 정렬합니다. 이로써 맨 처음에 로비 씬이 열리게 됩니다.

그림 3-1-3 씬을 Build Settings 'Add Open Scene'에 추가

Network Lobby Manager에 씬을 설정합니다. Inspector를 보면 'Lobby Scene', 'Play Scene'이라는 항목이 있습니다. 전자가 로비 씬, 후자가 실제로 게임으로 플레이하는 씬입니다. 여기에 작성한 로비 씬과 앞에서 만들어 둔 플레이용 씬을 각각 설정하기 바랍니다.

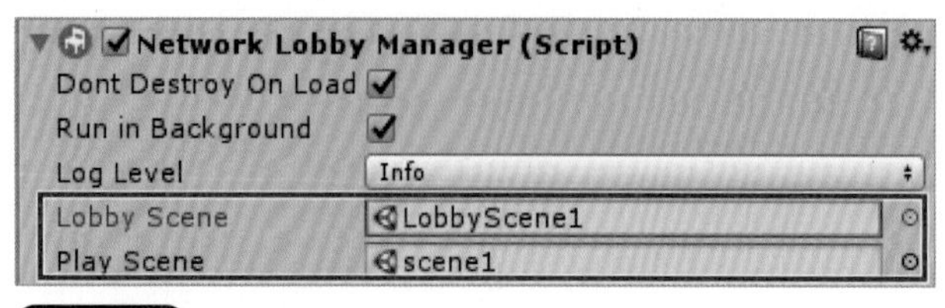

그림 3-1-4 Lobby Scene과 Play Scene을 설정

로비 플레이어를 만든다

다음은 로비용 플레이어 오브젝트를 작성합니다. 이것은 프리팹으로 작성하게 되어 있습니다.

[GameObject] 메뉴에서 [Create Empty]를 선택하여 빈 게임 오브젝트를 마련합니다. 그리고 [Component] 메뉴에서 [Network]−[Network Lobby Player]를 선택하여 컴포넌트를 심어 넣습니다. 이것이 로비 플레이어를 위한 컴포넌트입니다.

심어 넣으면 Network Identity 컴포넌트도 자동으로 추가됩니다.

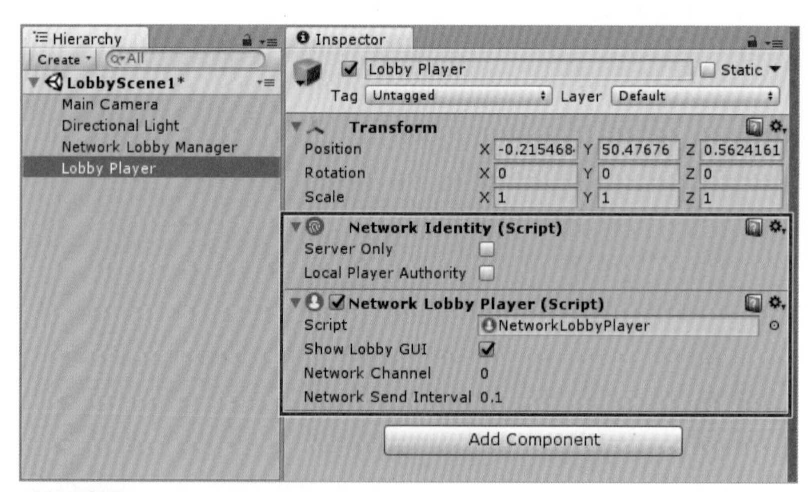

그림 3-1-5 게임 오브젝트에 Network Lobby Player를 심어 넣는다.

작성이 끝났으면 프리팹으로 저장하여 둡니다. Hierarchy에서 작성한 Lobby Player의 게임 오브젝트를 Project 창 안으로 드래그&드롭하면 프리팹으로 저장됩니다. 씬에 있는 Lobby Player는 삭제해도 상관없습니다.

그리고 Network Lobby Manager를 선택하고 Inspector에서 다음 항목을 설정합니다.

Lobby Player Prefab: 로비에서 사용할 플레이어의 프리팹(방금 작성한 것)을 지정합니다.
Game Player Prefab: 플레이에 사용할 플레이어의 프리팹(앞에서 사용하던 것)을 지정합니다.

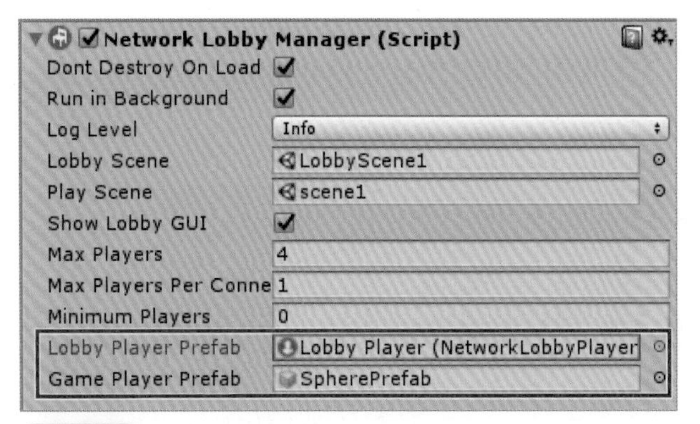

그림 3-1-6 Lobby Player Prefab과 Game Player Prefab을 각각 설정

마지막으로 플레이용 씬을 열고 Network Manager의 'Auto Create Player'와 'Network Manager HUD' 컴포넌트를 OFF로 해 둡니다. 이번에는 Network Manager는 사용하지 않으며, Network Manager의 GUI도 표시할 필요가 없습니다. 이것은 모두 Network Lobby Manager가 수행합니다.

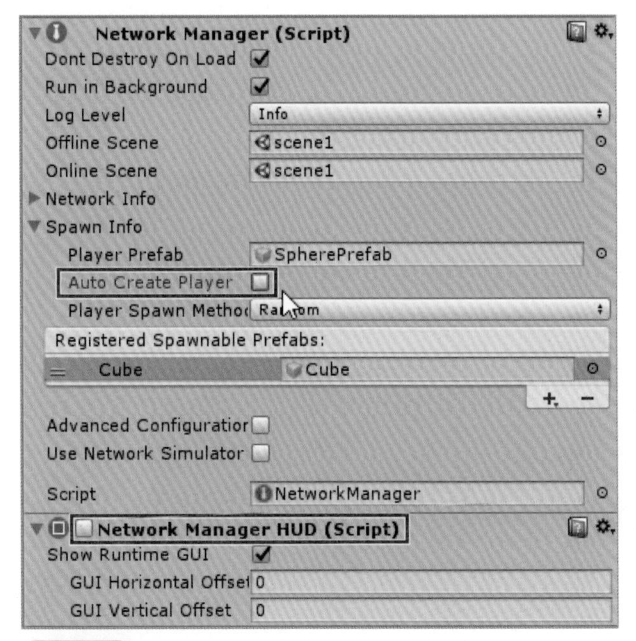

그림 3-1-7 Network Manager의 Auto Create Player와 Network Manager HUD 컴포넌트를 OFF로 해 둔다.

▍로비를 사용해 보자

이제 실제로 로비를 사용해 봅시다. 애플리케이션을 빌드하여 실행하면 로비 씬이 표시됩니다.

이 씬에서는 왼쪽 위에 Network Manager HUD로 만들어지는 게임 시작을 위한 버튼들이 표시됩니다. 그리고 중앙에는 'Players'라고 쓰여 있는 영역이 표시되는데, 이 영역이 로그인한 플레이어를 표시하는 부분이 됩니다.

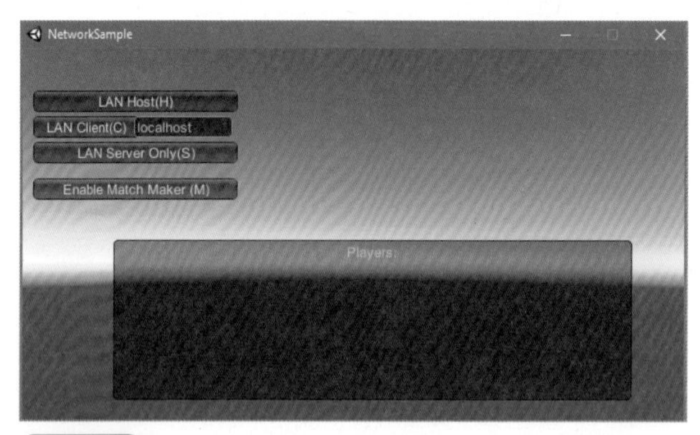

그림 3-1-8 로비의 표시. 로그인 중인 플레이어가 Players에 표시된다.

'LAN Host' 버튼을 눌러 호스트로 시작하면 아직 게임 씬은 나타나지 않고 로비의 'Players' 영역에 (Not Ready)라는 표시가 나타납니다. 이것이 로그인한 자신의 정보입니다.

여기서 'START' 버튼을 누르면 호스트로서 게임을 시작합니다. 또한 'Remove' 버튼을 누르면 목록에서 제거할 수 있습니다.

그림 3-1-9 호스트로 로그인하면 Players에 추가된다.

다른 클라이언트에서 'LAN Client' 버튼으로 로그인해 보면 Players에 자신의 설정이 추가됩니다.

이 클라이언트 측에서는 호스트의 플레이어가 'Ready [False]'로 표시되며, 자신의 플레이어에는 'START', 'Remove' 버튼이 표시됩니다. 또한 이미 호스트로서 실행되고 있는 클라이언트에서는 나중에 로그인한 리모트 클라이언트에 대해 'Ready [False]'로 표시됩니다. 각각의 클라이언트의 상황이 표시된다는 것을 알 수 있습니다.

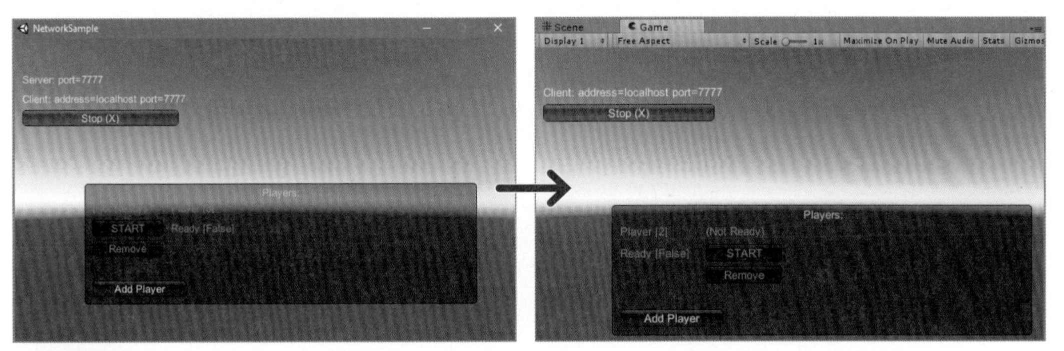

그림 3-1-10 클라이언트가 로그인하면 호스트와 리모트 클라이언트 각각에 2명의 플레이어 정보가 표시된다.

각 클라이언트가 Players에 표시되는 'START' 버튼을 클릭하면 게임이 시작됩니다. 버튼을 눌러도 다른 클라이언트가 스타트하지 않으면 게임은 시작되지 않습니다. 전원이 스타트하면 게임이 일제히 시작됩니다.

그림 3-1-11 플레이어 전원이 START 버튼을 누르면 게임이 시작된다.

'Stop' 버튼을 누르면 다시 로비 씬으로 전환됩니다. 이로써 로비와 게임 씬을 오갈 수 있습니다.

3-2 NetworkManager 클래스 확장하기

UNET에서는 NetworkManager 클래스가 상당히 중요한 역할을 하고 있습니다. 왜냐하면 서버나 클라이언트의 연결 등을 혼자 관리하고 있기 때문입니다. 그렇다면 'Network Manager를 확장해서 각종 기능을 추가할 수 있다면 좋겠다'고 생각하는 사람도 있을 것입니다. 여기서는 그 확장 방법에 대해 살펴보겠습니다.

NetworkManager 클래스의 콜백 메소드

Network Manager는 'NetworkManager'라는 클래스로 마련되어 있습니다. 그렇기 때문에 이 클래스를 상속한 클래스를 작성하고 Network Manager로서 사용하도록 만들면 독자적인 기능을 추가할 수가 있습니다.

독자적인 기능을 구현하려면 NetworkManager 클래스에 어떤 이벤트가 있으며, 어떤 콜백 메소드가 마련되어 있는지를 알아야 합니다. 예를 들어 서버가 시작되었을 때나 클라이언트가 연결되었을 때에 호출되는 콜백 메소드를 알면 그것들을 사용하여 독자적인 처리를 만들 수가 있는 것입니다.

NetworkManager 클래스에는 상당히 많은 콜백 함수가 마련되어 있습니다. 이를 정리하면 다음과 같습니다. 콜백은 서버 측과 클라이언트 측에 각각 마련되어 있으므로 양쪽을 나눠서 정리해 두겠습니다.

● 호스트/서버/클라이언트 시작과 관련된 것

콜백 시점	실행되는 메소드
호스트가 시작되었다	public void OnStartHost( );
서버가 시작되었다	public void OnStartServer( );
클라이언트가 시작되었다	public void OnStartClient(Networking.NetworkClient client);
호스트가 정지되었다	public void OnStopHost( );
서버가 정지되었다	public void OnStopServer( );
클라이언트가 정지되었다	public void OnStopClient( );

표 3-2-1 시작과 관련된 콜백 메소드

● 서버 측에서 호출되는 콜백

콜백 시점	실행되는 메소드
서버에 클라이언트가 연결되었다	public void OnServerConnect(Networking.NetworkConnection conn);
서버에 대한 클라이언트의 연결이 끊어졌다	public void OnServerDisconnect(Networking.NetworkConnection conn);
클라이언트가 준비되었다	public void OnServerReady(Networking.NetworkConnection conn);
네트워크 오류가 발생했다	public void OnServerError(Networking.NetworkConnection conn, int errorCode);
서버에 플레이어가 추가되었다	public void OnServerAddPlayer(Networking.NetworkConnection conn, short playerControllerId);
서버에서 플레이어가 제거되었다	public void OnServerRemovePlayer(Networking.NetworkConnection conn, Networking.PlayerController player);
씬 로딩이 완료되었다	public void OnServerSceneChanged(string sceneName);

표 3-2-2 서버의 콜백 메소드

● 클라이언트 측에서 호출되는 콜백

콜백 시점	실행되는 메소드
클라이언트가 서버에 연결되었다	public void OnClientConnect(Networking.NetworkConnection conn);
클라이언트가 서버와의 연결을 끊었다	public void OnClientDisconnect(Networking.NetworkConnection conn);
네트워크 오류가 발생했다	public void OnClientError(Networking.NetworkConnection conn, int errorCode);
클라이언트가 준비되지 않았다는 것을 알려준다	public void OnClientNotReady(Networking.NetworkConnection conn);
씬 로딩이 완료되었다	public void OnClientSceneChanged(Networking.NetworkConnection conn);

표 3-2-3 클라이언트의 콜백 메소드

콜백의 흐름을 정리한다

이러한 콜백은 '특정한 조작에 따라 대응하는 하나가 호출되는 것'이 아니라, 상황에 따라서 몇 개의 메소드가 정해진 순서대로 호출됩니다.

예를 들어 호스트로서 실행된 경우 콜백의 흐름을 정리하면 다음과 같습니다.

OnStartHost (호스트 시작)

↓

OnStartServer (서버 시작)

↓

OnServerConnect (서버에 클라이언트가 연결)

↓

OnStartClient (클라이언트 시작)

↓

OnClientConnect (클라이언트가 서버에 접속)

↓

OnServerSceneChanged (서버 측에서 씬 로딩이 완료)

↓

OnClientSceneChanged (클라이언트 측에서 씬 로딩이 완료)

↓

OnServerAddPlayer (서버에 플레이어가 추가)

호스트의 시작은 그 자체가 서버에 뭔가 처리를 실행시키는 것은 아닙니다. 호스트는 '서버가 시작되고 계속해서 클라이언트에서 서버에 연결한다'는 것을 수행하기만 하는 것입니다.

네트워크의 콜백 흐름은 '서버를 시작시킨다', '서버에 연결한다', '클라이언트를 시작한다', '클라이언트가 서버에 연결된다', '플레이어가 추가된다'라는 흐름으로 처리되어 갑니다. 서버에서 클라이언트로 가는 흐름을 잘 이해해 두기 바랍니다.

CustomNetworkManager 클래스를 만든다

이제 NetworkManager 클래스를 상속한 독자적인 클래스를 만들어 봅시다. 새로운 C# Script를 만들고 'CustomNetworkManager'라는 이름을 붙입니다. 소스코드는 다음과 같이 기술합니다.

[리스트 3-2-1] CustomNetworkManager.cs

```
using System.Collections;
using System.Collections.Generic;
using UnityEngine;
using UnityEngine.Networking;

public class CustomNetworkManager : NetworkManager
{
    public override NetworkClient StartHost()
    {
        Debug.Log("StartHost");
        return base.StartHost();
    }

    public override void OnServerConnect(NetworkConnection conn)
    {
        base.OnServerConnect(conn);
        Debug.Log ("OnServerConnect " + conn.connectionId);
    }

    public override void OnClientConnect(NetworkConnection conn)
    {
        base.OnClientConnect(conn);
        Debug.Log("OnClientConnect " + conn.connectionId);
    }

    public override void OnStartClient(NetworkClient client)
    {
        base.OnStartClient(client);
        Debug.Log("OnStartClient");
    }

    public override void OnServerAddPlayer
        (NetworkConnection conn, short playerControllerId)
    {
        Debug.Log("OnServerAddPlayer " + conn.connectionId +
            ":" + playerControllerId);
        base.OnServerAddPlayer(conn, playerControllerId);
    }

    public override void OnServerSceneChanged(string sceneName)
    {
        Debug.Log("OnServerSceneChanged " + sceneName);
        base.OnServerSceneChanged(sceneName);
    }

    public override void OnClientSceneChanged(NetworkConnection conn)
    {
        Debug.Log("OnServerSceneChanged " + conn.connectionId);
        base.OnClientSceneChanged(conn);
    }
}
```

소스코드를 보면 알 수 있듯이 주요한 콜백을 구축하고 Debug.Log로 출력만 하고 있는 심플한 코드입니다. 각 메소드에서는 base의 메소드를 호출하고 있습니다. 이렇게 함으로써 콜백이 기저 클래스에 보내지도록 하고 있습니다.

이것을 잊어버리면 메소드에 따라 동작에 영향을 미치는 경우가 있습니다(예를 들어 OnServerAddPlayer에서 기저 클래스에 대한 호출을 잊어버리면 플레이어 오브젝트가 Spawn되지 않습니다).

Network Manager의 스크립트를 변경한다

이번에는 로비를 사용하지 말고 직접 게임 씬을 열어서 작동시키는 형태를 생각해 봅시다. 이 경우 오프라인용 씬과 온라인용 씬(게임 씬) 둘 다에 Network Manager를 마련합니다. 이 둘의 Network Manager를 선택하고 Inspector에서 'Script'라는 항목(Network Manager(Script)의 맨 아래에 있음)을 찾기 바랍니다. 이것이 Network Manager 컴포넌트에 설정되어 있는 스크립트입니다.

이것을 'CustomNetworkManager'로 변경합니다. 오프라인용 씬과 온라인용 씬에 있는 Network Manager를 각각 변경합니다. 이로써 사용될 Network Manager의 클래스가 CustomNetworkManager로 바뀝니다.

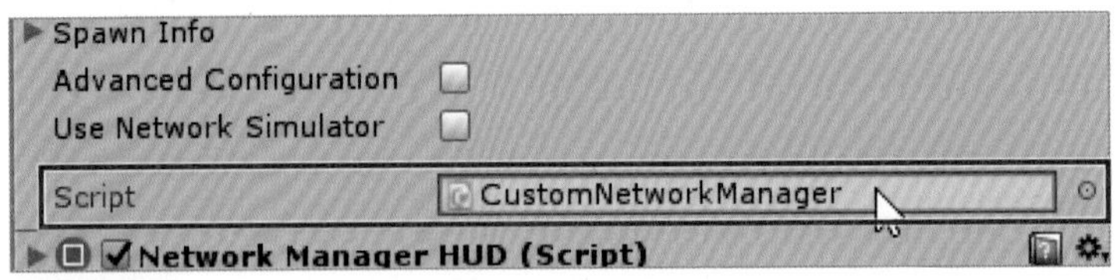

그림 3-2-1 Network Manager의 Inspector에서 Script를 'CustomNetworkManager'로 변경한다.

또한 스크립트를 변경하면 Network Manager에서 설정했던 씬이나 플레이어 설정('Offline Scene', 'Online Scene', 'Player Prefab', 'Registered Spawnable Prefab' 항목)도 미설정으로 되는 경우가 있으므로 이것들도 잊어버리지 말고 설정을 확인하기 바랍니다.

Custom Network Manager (Script)
Dont Destroy On Load
Run in Background
Log Level Info
Offline Scene scene1
Online Scene scene1
Network Info
Spawn Info
Player Prefab SpherePrefab
Auto Create Player
Player Spawn Metho(Round Robin
Registered Spawnable Prefabs:
Cube Cube
Advanced Configuratior
Use Network Simulator
Script CustomNetworkManager
Discovery Network Discovery (DiscoveryScrip

그림 3-2-2 Network Manager의 Player Prefab이나 Registered Spawnable Prefab 등의 항목을 재설정한다.

발생하는 콜백을 확인한다

작업이 끝났으면 실제로 실행시켜 동작을 확인해 봅시다. 게임을 시작하면 Console에 각종 메시지가 출력되는 것을 알 수 있습니다.

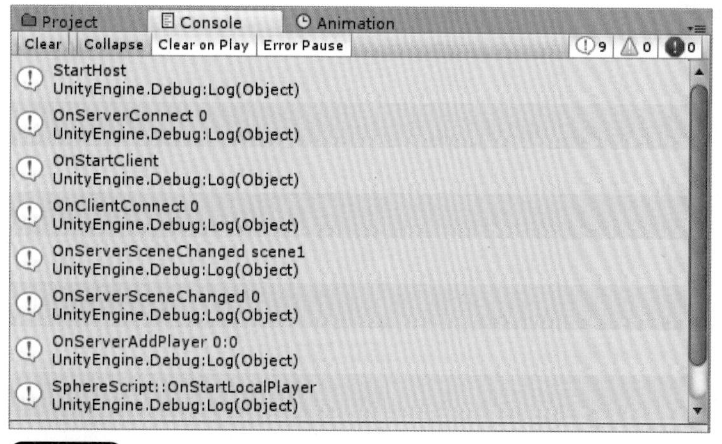

그림 3-2-3 Console에 메시지가 출력된다.

게임을 여러 가지 시험해 보면 호스트로서 실행할 때, 서버로서 실행할 때, 클라이언트로서 서버에 액세스할 때 출력되는 메시지가 각각 다르다는 것을 알 수 있습니다.

● 호스트로 실행

StartHost

OnServerConnect 0

OnStartClient

OnClientConnect 0

OnServerSceneChanged scene1

OnClientSceneChanged 0

OnServerAddPlayer 0:0

● 서버로 실행

OnServerSceneChanged scene1

OnServerConnect 0

OnServerAddPlayer 0:0

● 클라이언트로서 서버에 액세스한다

OnStartClient

OnClientConnect 1

OnClientSceneChanged 1

● 서버로서 클라이언트가 액세스해 왔다

OnServerConnect 1

OnServerAddPlayer 1:0

호스트의 경우 서버로서 실행한 후 거기에 클라이언트로서 액세스하기 때문에 콜백이 많이 호출됩니다. 서버로서 실행하는 경우는 맨 처음에 OnServerSceneChanged가 호출되고 그 다음에 서버에 대한 연결(OnServerConnect)이 시작된다는 것을 알 수 있습니다.

또한 클라이언트로 액세스하는 경우는 클라이언트와 관련된 것만, 서버로서 클라이언트가 액세스해 온 경우는 서버와 관련된 것만 발생한다는 것도 알 수 있습니다.

이것을 바탕으로 '클라이언트가 어떨 때 무엇을 하게 할지'를 생각해서 처리를 구축해 가는 것입니다.

3-3 NetworkLobbyManager 클래스 확장하기

Network Lobby Manager의 경우도 마찬가지로 NetworkLobbyManager 클래스를 상속한 클래스를 마련함으로써 독자적으로 확장할 수 있습니다. 이것도 실제로 해 봅시다.

CustomNetworkLobbyManager 클래스를 만든다

NetworkLobbyManager 클래스를 이용할 때 주의해야 할 것은 사용할 콜백입니다. NetworkLobbyManager에도 서버나 클라이언트의 동작과 관련된 콜백 메소드가 마련되어 있지만, 이것들은 NetworkManager 클래스와는 내용이 조금 다릅니다.

똑같은 역할을 해도 메소드명이 다르기도 하고, NetworkManager에는 없는 로비 출입 관련 콜백 메소드가 많이 추가되어 있습니다.

하지만 기본적인 사용 방법은 NetworkManager 클래스와 똑같으므로 실제로 샘플을 작동시켜 콜백의 움직임을 확인해 보기로 하겠습니다. C# Script를 작성하고 'Custom NetworkLobbyManager'라는 이름을 붙여 저장합니다.

그리고 로비용 씬에 배치한 Network Lobby Manager를 선택하고 Inspector에서 'Script'를 CustomNetworkLobbyManager로 변경합니다. 그와 함께 'Lobby Scene', 'Play Scene', 'Lobby Player Prefab', 'Game Player Prefab', 'Player Prefab'과 같은 설정도 확인해 두기 바랍니다.

그림 3-3-1 NetworkLobbyManager의 Script를 'CustomNetworkLobbyManager'로 변경하고 필요한 설정을 한다.

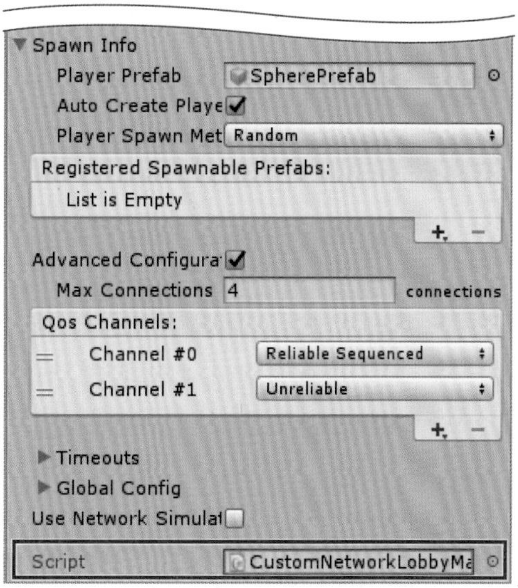

필요한 작업이 끝났으면 CustomNetworkLobbyManager.cs의 소스코드를 작성하고 프로그램을 실행하여 Console에 출력되는 메시지를 확인해 봅니다.

[리스트 3-3-1] CustomNetworkLobbyManager.cs

```
using System.Collections;
using System.Collections.Generic;
using UnityEngine;
using UnityEngine.Networking;
using UnityEngine.Networking.NetworkSystem;

public class CustomNetworkLobbyManager : NetworkLobbyManager
{
    // 호스트로서 실행
    public override void OnLobbyStartHost()
    {
        Debug.Log("OnLobbyStartHost");
    }

    // 호스트를 정지
    public override void OnLobbyStopHost()
    {
        Debug.Log("OnLobbyStopHost");
    }

    // 서버로서 실행
    public override void OnLobbyStartServer()
    {
        Debug.Log("OnLobbyStartServer");
    }

    // 서버 연결
    public override void OnLobbyServerConnect(NetworkConnection conn)
    {
        Debug.Log("OnLobbyServerConnect " + conn.connectionId);
    }

    // 서버 연결을 해제
    public override void OnLobbyServerDisconnect(NetworkConnection conn)
    {
        Debug.Log("OnLobbyServerDisonnect " + conn.connectionId);
    }

    // 서버 측에서 씬이 변경되었다.
    public override void OnLobbyServerSceneChanged(string sceneName)
    {
        Debug.Log("OnLobbyServerSceneChanged " + sceneName);
    }

    // 서버 측에서 LobbyPlayer가 생성되었다.
    public override GameObject OnLobbyServerCreateLobbyPlayer
        (NetworkConnection conn, short playerController)
    {
```

```
    Debug.Log("OnLobbyServerCreateLobbyPlayer " +
        conn.connectionId + ":" + playerController);
    return base.OnLobbyServerCreateLobbyPlayer(conn, playerController);
}

// 서버 측에서 GamePlayer가 생성되었다.
public override GameObject OnLobbyServerCreateGamePlayer
    (NetworkConnection conn, short playerController)
{
    Debug.Log("OnLobbyServerCreateGamePlayer " +
        conn.connectionId + ":" + playerController);
    return base.OnLobbyServerCreateGamePlayer(conn, playerController);
}

// 서버 측에서 플레이어가 제거되었다.
public override void OnLobbyServerPlayerRemoved
    (NetworkConnection conn, short playerController)
{
    Debug.Log("OnLobbyServerPlayerRemoved " +
        conn.connectionId + ":" + playerController);
}

// 서버 측에서 플레이어용으로 씬이 로딩되었다.
public override bool OnLobbyServerSceneLoadedForPlayer
    (GameObject lobbyPlayer, GameObject gamePlayer)
{
    Debug.Log("OnLobbyServerSceneLoadedForPlayer " +
        lobbyPlayer.name + ":" + gamePlayer.name);
    return base.OnLobbyServerSceneLoadedForPlayer
        (lobbyPlayer, gamePlayer);
}

// 플레이어들의 준비가 끝났다.
public override void OnLobbyServerPlayersReady()
{
    Debug.Log("OnLobbyServerPlayersReady");
    base.OnLobbyServerPlayersReady();
}

// 클라이언트가 로비에 들어왔다.
public override void OnLobbyClientEnter()
{
    Debug.Log("OnLobbyClientEnter");
    base.OnLobbyClientEnter();
}

// 클라이언트가 로비에서 나갔다.
public override void OnLobbyClientExit()
{
    Debug.Log("OnLobbyClientExit");
    base.OnLobbyClientExit();
}
```

```
    // 클라이언트가 연결되었다.
    public override void OnLobbyClientConnect(NetworkConnection conn)
    {
        Debug.Log("OnLobbyClientConnect " + conn.connectionId);
        base.OnLobbyClientConnect(conn);
    }

    // 클라이언트의 연결이 해제되었다.
    public override void OnLobbyClientDisconnect(NetworkConnection conn)
    {
        Debug.Log("OnLobbyClientDisconnect " + conn.connectionId);
        base.OnLobbyClientDisconnect(conn);
    }

    // 클라이언트가 스타트했다.
    public override void OnLobbyStartClient(NetworkClient client)
    {
        Debug.Log("OnLobbyStartClient");
        base.OnLobbyStartClient(client);
    }

    // 클라이언트가 정지했다.
    public override void OnLobbyStopClient()
    {
        Debug.Log("OnLobbyStopClient");
        base.OnLobbyStopClient();
    }

    // 클라이언트 측에서 씬이 변경되었다.
    public override void OnLobbyClientSceneChanged(NetworkConnection conn)
    {
        base.OnLobbyClientSceneChanged(conn);
        Debug.Log("OnLobbyClientSceneChanged " + conn.connectionId);
    }

    // 클라이언트 측에서 플레이어의 추가가 실패했다.
    public override void OnLobbyClientAddPlayerFailed()
    {
        Debug.Log("OnLobbyClientAddPlayerFailed");
    }
}
```

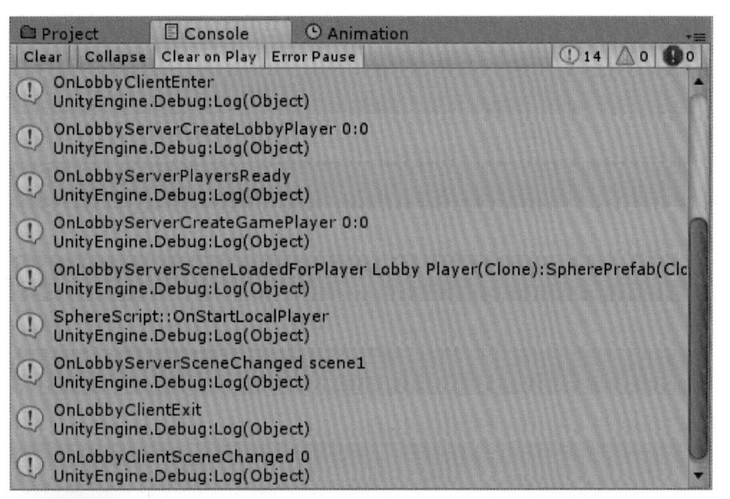

그림 3-3-2 프로젝트를 실행하고 로비에 들어가면 메시지가 콘솔에 출력된다.

NetworkLobbyManager의 콜백 흐름

NetworkLobbyManager에서는 로비의 출입과 게임 씬의 스타트 정지에 따라 콜백 메소드가 호출됩니다. NetworkManager와 비교하여 로비라는 요소가 늘어난 만큼 발생하는 콜백도 훨씬 많고 복잡합니다.

각 조작에 따른 콜백의 호출 흐름을 정리하면 다음과 같습니다.

● 호스트로서 액세스

OnLobbyStartHost

OnLobbyStartServer

OnLobbyServerConnect 0

OnLobbyStartClient

OnLobbyClientConnect 0

OnLobbyClientEnter

OnLobbyServerCreateLobbyPlayer 0:0

● 서버에 클라이언트가 액세스해 온다

OnLobbyServerConnect 1

OnLobbyServerCreateLobbyPlayer 1:0

● 클라이언트로서 서버에 액세스한다

OnLobbyStartClient

OnLobbyClientConnect 1
OnLobbyClientEnter

● 서버로서 게임 시작 (전원이 일제히 스타트한 경우)
OnLobbyServerPlayersReady
OnLobbyServerCreateGamePlayer 0:0
SphereScript::OnStartLocalPlayer
OnLobbyServerSceneChanged scene1
OnLobbyClientExit
OnLobbyClientSceneChanged 0
OnLobbyServerCreateGamePlayer 1:0

● 클라이언트로서 게임을 시작한 경우
OnLobbyClientExit
OnLobbyClientSceneChanged 1

● 클라이언트가 정지 (로비로 돌아간다)
OnLobbyServerDisconnect 1

● 호스트도 정지 (로비로 돌아간다)
OnLobbyStopHost
OnLobbyStopClient
OnLobbyClientExit

상당히 많은 메소드가 호출된다는 것을 알 수 있습니다. 오버라이드된 각각의 메소드에 필요한 처리를 마련해 감으로써 NetworkLobbyManager를 확장시켜 갈 수 있지만 이 정도로 많으면 어떤 상황에 어떤 메소드에 처리를 작성해야 할지 상당히 알기 힘듭니다.

호스트로서 스타트한 경우도 반드시 클라이언트로서 시작하는 콜백이 호출됩니다. 그러므로 '로비에 들어간 시점에 어떤 처리를 하는' 경우 아래 3개의 콜백을 중심으로 처리의 할당을 생각하면 좋습니다. 각각 '클라이언트 스타트 시', '클라이언트 연결 시', '로비에 들어갔을 때'에 호출됩니다.

OnLobbyStartClient: 클라이언트 스타트 시
OnLobbyClientConnect: 클라이언트 연결 시
OnLobbyClientEnter: 로비에 들어갔을 때

3-4 실행 중인 사용자를 조사하는 네트워크 디스커버리

3-1에서 소개한 로비를 사용하여 플레이어들이 모이면 게임을 시작하는 장치를 만들었습니다. 그런데 이 경우 어떤 플레이어가 서버가 될지를 정해 다른 플레이어에게 알려주어야 합니다. 이러한 일을 스마트하게 수행할 수 있게 하는 것이 이 섹션에서 소개하는 '네트워크 디스커버리'입니다.

네트워크 디스커버리란?

네트워크 게임의 경우 가장 귀찮은 일이 '누구 한 사람이 서버로서 실행되고 나서 다른 사람이 클라이언트로서 액세스하여 움직인다'는 게임의 시작 부분일 것입니다. 아무도 서버로서 실행되고 있지 않을 때 클라이언트로서 액세스하려고 하면 오류가 발생하며, 이미 서버가 움직이고 있는데 다른 플레이어가 서버로서 실행을 해도 역시 오류가 발생합니다.

예를 들어 '맨 처음에 게임을 시작한 사람이 자동으로 서버로서 실행되고, 그 후에 실행한 사람은 자동으로 클라이언트가 되도록' 되어 있으면 움직임이 심플해집니다. 하지만 그러기 위해서는 네트워크 상에 어떤 사용자가 있는지를 알아야 합니다.

UNET에는 **네트워크 디스커버리**(Network Discovery)라는 기능이 마련되어 있습니다. 이것은 로컬 네트워크 상에서 게임을 실행하고 있는 사용자를 특정하기 위한 장치입니다.

네트워크 디스커버리는 서버 모드와 클라이언트 모드를 갖고 있습니다. 서버 모드는 항상 메시지를 브로드캐스트하며, 클라이언트는 보내져 온 메시지를 수신합니다. 이와 같이 서버에서 클라이언트로 메시지가 전달됨으로써 어떤 조작을 수행하게 할 수 있습니다.

네트워크 디스커버리는 로컬 네트워크 안에서만 사용할 수 있습니다. 인터넷 서버를 이용하는 경우는 사용할 수 없으므로 주의하기 바랍니다.

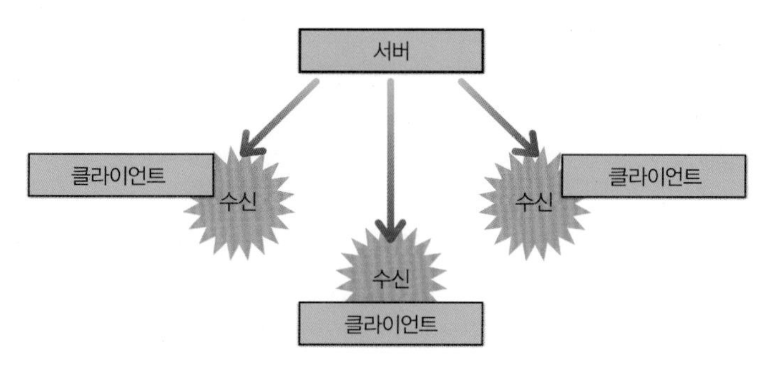

그림 3-4-1 네트워크 디스커버리 구조

NetworkDiscovery 이용하기

네트워크 디스커버리는 컴포넌트로 마련되어 있습니다. 이 컴포넌트에는 GUI도 들어 있으므로 메시지 송신을 간단히 시험해 볼 수 있습니다. 이제 한번 해 봅시다.

[GameObject] 메뉴의 [Create Empty]를 선택하여 빈 게임 오브젝트를 만들고, [Component] 메뉴의 [Network]−[NetworkDiscovery]를 선택합니다. 이것으로 컴포넌트가 심어 넣어집니다.

NetworkDiscovery는 컴포넌트를 심어 넣은 게임 오브젝트를 씬에 배치해 두기만 하면 자동으로 기능합니다.

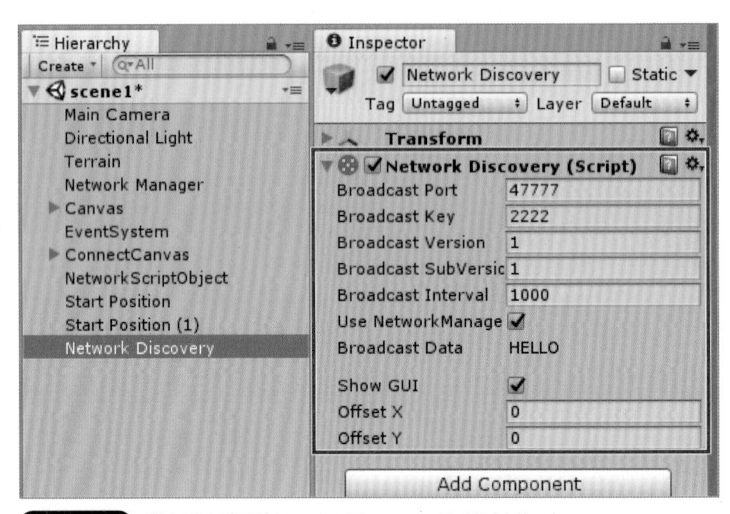

그림 3-4-2 게임 오브젝트에 NetworkDiscovery를 심어 넣는다.

이제 동작을 확인해 봅시다. NetworkDiscovery는 GUI를 갖고 있지만, 현재 상태로는 씬의 왼쪽 위에 GUI가 표시되므로 NetworkManager HUD의 GUI와 위치가 겹쳐집니다. 동작을 확인하는 동안은 NetworkManager HUD를 OFF로 해서 표시하지 않도록 해 둡니다.

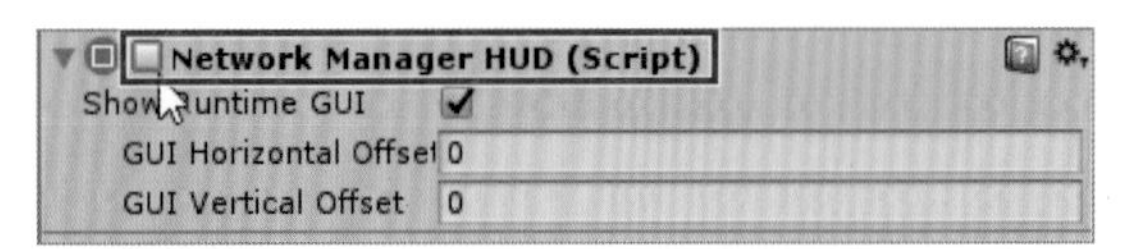

그림 3-4-3 NetworkManager HUD 컴포넌트에 선택 표시를 OFF로 해 둔다.

실행시키면 씬의 왼쪽 위에 'Initialize Broadcast'라는 버튼이 표시됩니다. 이것이 NetworkDiscovery를 초기화하기 위한 버튼입니다. 이 버튼을 클릭하면 다음과 같은 2개의 버튼이 표시됩니다.

Start Broadcasting: 서버로서 브로드캐스트를 시작합니다.
Listen for Broadcast: 클라이언트로서 메시지 수신을 대기합니다.

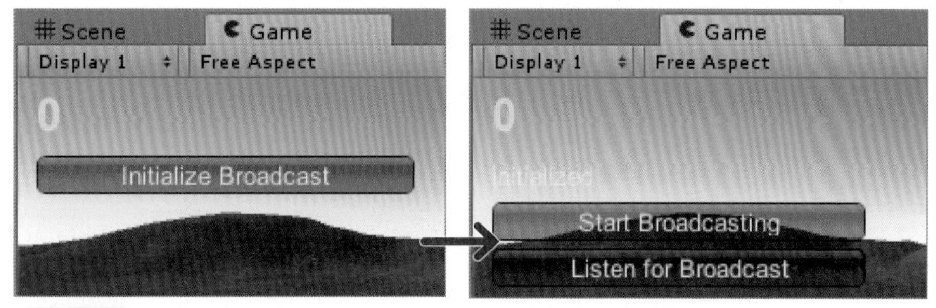

그림 3-4-4 NetworkDiscovery의 GUI 화면

최초의 사용자가 'Listen for Broadcast'를 선택하고 다른 사용자가 'Start Broadcasting'을 선택하면 최초의 사용자 화면에 수신한 메시지를 표시하는 버튼이 추가로 표시됩니다.

여기서 최초의 사용자가 'Start Broadcasting'을 클릭하고 다른 사용자가 'Listen for Broadcast'를 클릭하면 클라이언트 측의 씬에 'Game at::ffff:192.168.1.8'과 같은 표시가 있는 버튼이 추가로 표시됩니다. 이것이 서버에서 송신할 메시지를 보낼 주소입니다.

이것은 '메시지의 송수신을 확인'하는 일은 가능하지만, 이것을 사용하여 클라이언트가 뭔가를 수행하게 하는 일은 할 수 없습니다. 하지만 '서버 측에서 메시지를 송신하고 클라이언트 측에서 신호를 대기하여 표시한다'는 메시지 송수신의 기본적인 일을 간단히 구축할 수 있다는 것은 확인할 수 있습니다.

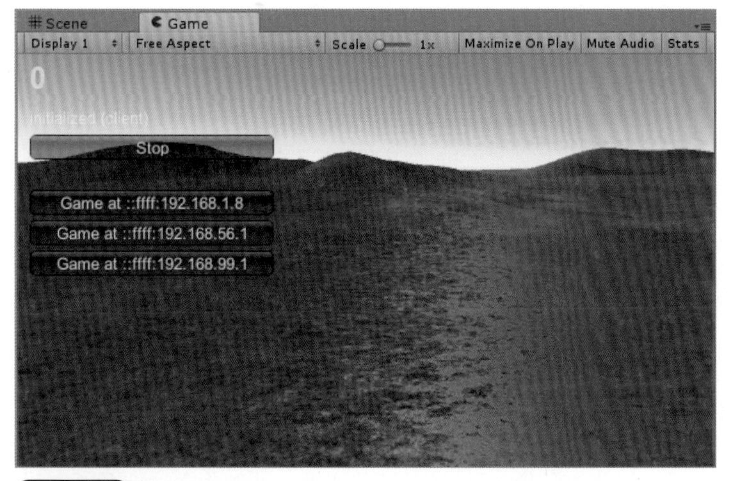

그림 3-4-5 서버에는 클라이언트의 주소를 표시한 버튼이 만들어진다.

NetworkDiscovery 기본 설정

NetworkDiscovery 컴포넌트에는 이용을 위한 각종 설정이 마련되어 있습니다. Inspector에 표시되는 항목에 대해 간단히 정리해 두겠습니다.

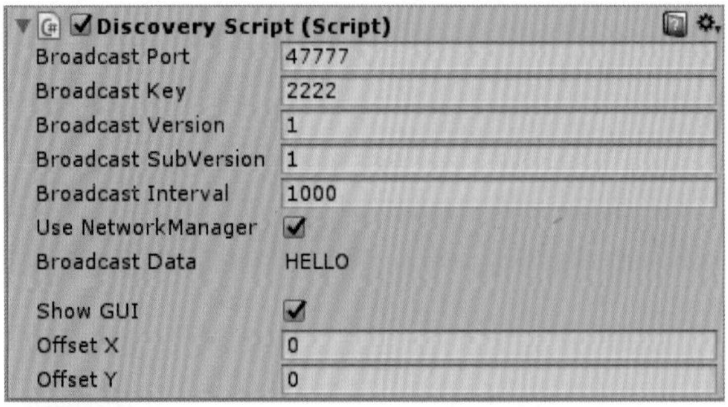

Discovery Script (Script)
Broadcast Port 47777
Broadcast Key 2222
Broadcast Version 1
Broadcast SubVersion 1
Broadcast Interval 1000
Use NetworkManager ✔
Broadcast Data HELLO
Show GUI ✔
Offset X 0
Offset Y 0

그림 3-4-6 NetworkDiscovery 컴포넌트 설정

설정 항목	내용
Broadcast Port	연결에 사용할 포트 번호
Broadcast Key	게임에 할당되는 키. 이 키 번호를 사용하여 게임을 식별하기 때문에 다른 게임과 구별되도록 번호를 설정
Broadcast Version	브로드캐스트 버전
Broadcast SubVersion	브로드캐스트 서브 버전
Broadcast Interval	브로드캐스트 간격 (밀리 초)
Use Network Manager	Network Manager에서 브로드캐스트와 관련된 정보를 이용
Broadcast Data	브로드캐스트될 데이터. 'NetworkManager:호스트명:포트 번호'와 같은 형식의 텍스트
Show GUI	GUI 표시의 ON/OFF
Offset X, Offset Y	GUI 표시 위치. 왼쪽 위부터 오른쪽 방향, 아래쪽 방향으로 몇 도트 떨어진 위치에 표시할지를 지정

표 3-4-1 NetworkDiscovery 컴포넌트의 설정 항목

NetworkDiscovery 클래스 확장하기

이제 NetworkDiscovery에 의한 메시지 송신 기능을 프로그램에서 이용해 봅시다. 방법은 NetworkDiscovery 클래스를 상속한 클래스를 새로 마련하고, 이것을 NetworkDiscovery로 이용합니다.

C# Script 파일을 새로 만들고 'DiscoveryScript'라고 이름을 붙여 둡니다. 그리고 씬에 배치되어 있는 NetworkDiscovery 게임 오브젝트를 선택하고, Inspector에서 이미 심어져 있는 NetworkDiscovery를 삭제합니다.

그런 다음 [Component] 메뉴의 [Script]에서 새로 [Discovery Script]를 선택하고 작성한 DiscoveryScript를 컴포넌트로서 심어 넣습니다. 이로써 원래의 NetworkDiscovery를 이용할 수 있습니다.

그 다음은 소스코드를 쓰기만 하면 됩니다. 이번에는 일단 'NetworkDiscovery의 초기화', '서버로서 실행', '클라이언트로서 액세스'와 같은 기본적인 조작에 대해 작성해 봅시다.

[리스트 3-4-1] DiscoveryScript.cs

```
using System.Collections;
using System.Collections.Generic;
using UnityEngine;
using UnityEngine.Networking;

public class DiscoveryScript : NetworkDiscovery {

    public void OnInitButton()
    {
        if (running)
        {
            StopBroadcast();
        }
        Initialize();
        Debug.Log("Initialize.");
    }

    public void OnServerButton()
    {
        StartAsServer();
        Debug.Log("Start As Server.");
    }

    public void OnClientButton()
    {
        StartAsClient();
        Debug.Log("Start As Client.");
    }

    public override void OnReceivedBroadcast(string address, string msg)
    {
        Debug.Log("OnReceivedBroadcast address=[" + address +
            "] message=[" + msg + "]");
    }
}
```

여기서는 3개의 버튼용 콜백과 메시지 수신 시 콜백을 마련했습니다. 버튼을 3개 마련하여 각각의 메소드를 OnClick 이벤트에 할당하면 이 처리를 사용할 수 있습니다.

GUI를 만든다

계속해서 GUI를 작성합니다. 씬에 Canvas를 새로 작성하고 거기에 Button을 3개 준비합니다. 그리고 각 버튼의 On Click 이벤트에 DiscoveryScript의 'OnInitButton', 'OnServerButton', 'OnClientButton'을 설정합니다.

여기까지 끝났으면 다른 GUI를 OFF로 해 두기 바랍니다. NetworkManager HUD와 DiscoveryScript의 'Show GUI'를 OFF로 합니다. 이것으로 UNET에 마련되어 있는 GUI 관련은 모두 표시되지 않습니다.

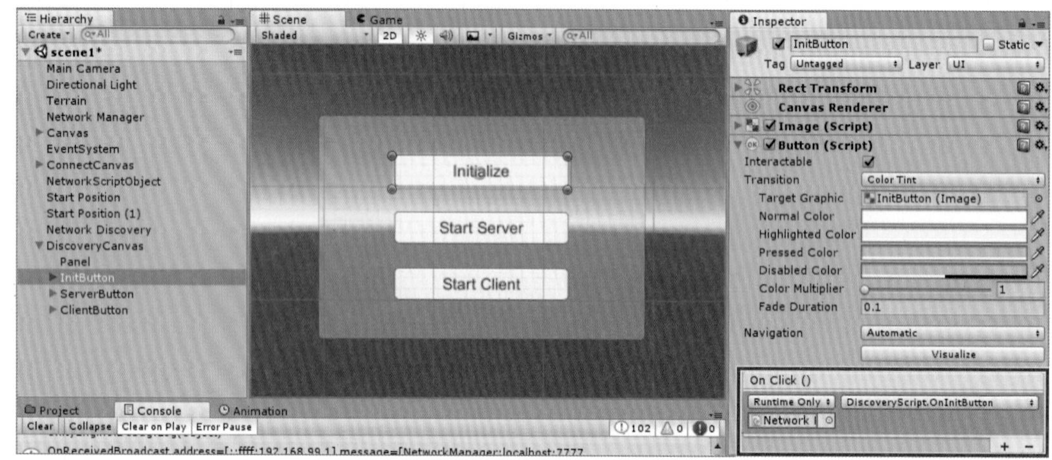

그림 3-4-7 버튼을 3개 만들고 OnClick에 DiscoveryScript의 메소드를 설정한다.

실행시켜 동작을 확인한다

수정이 끝났으면 실행시켜 동작을 확인해 봅시다. 버튼에 할당된 3개의 메소드는 각각 NetworkDiscovery를 다음과 같이 조작합니다.

OnInitButton: NetworkDiscovery를 초기화한다.
OnServerButton: 서버로서 실행한다.
OnClientButton: 클라이언트로서 실행한다.

OnInitButton 버튼을 클릭한 후 OnServerButton 버튼을 누르면 서버로서 메시지의 브로드캐스트를 시작합니다. 다른 클라이언트에서 OnInitButton 버튼을 클릭한 후 OnClientButton을 누르면 서버로부터 브로드캐스트된 메시지의 내용(주소와 Broad castDate의 내용)이 Console에 출력됩니다. Console의 출력 내용을 보면 어떤 작업이 일어났는지를 알 수 있습니다.

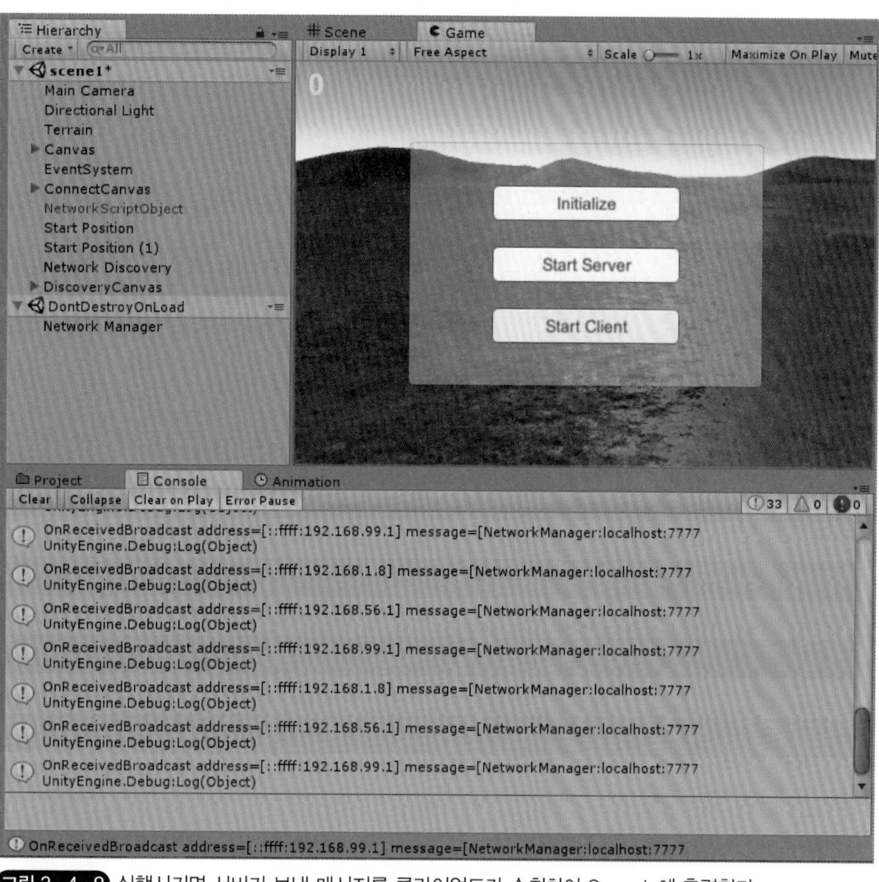

그림 3-4-8 실행시키면 서버가 보낸 메시지를 클라이언트가 수취하여 Console에 출력한다.

NetworkDiscovery의 기본 메소드

이제 작성한 DiscoveryScript 클래스가 어떤 일을 하고 있는지를 살펴봅시다. 사실 하고 있는 일은 아주 단순합니다.

● 초기화한다

Initialize( );

● 서버로서 실행

StartAsServer( );

● 클라이언트로서 실행

StartAsClient( );

● 실행을 정지

StopBroadcast();

● 메시지를 수신하는 콜백 정의

public override void OnReceivedBroadcast(string address, string msg){……}

NetworkDiscovery의 실행 및 정지는 상당히 심플합니다. Initialize로 초기화한 후 StartAsServer 메소드나 StartAsClient 메소드를 호출하기만 할 뿐입니다. 정지도 StopBroadcast 메소드를 호출하기만 하면 됩니다.

또한 Initialize로 초기화를 실행하는 경우 이미 NetworkDiscovery가 실행 중이면 오류가 발생하므로 'running'이라는 프로퍼티를 체크해서 그 값이 true이면 StopBroadcast하고 나서 Initialize하도록 하고 있습니다.

브로드캐스트된 메시지가 클라이언트에게 도착하면 OnReceivedBroadcast 콜백이 호출되어 주소와 메시지가 인수로 전달됩니다. 여기서 메시지를 수취했을 때의 처리를 작성할 수 있습니다.

NetworkDiscovery로 프로그램을 실행시킨다

이제 NetworkDiscovery로 브로드캐스트되는 메시지를 사용하여 프로그램을 자동으로 실행시키는 처리를 만들어 보겠습니다. 이것은 DiscoveryScript뿐만 아니라 씬을 스타트시켰을 때에 실행되는 프로그램에 시작을 위한 처리를 만들어 둘 필요가 있습니다.

샘플로 사용해 온 씬에서는 NetworkScript 컴포넌트를 씬에 배치했습니다. 이것을 이용하도록 합시다.

[리스트 3-4-2] DiscoveryScript.cs

```
using System.Collections;
using System.Collections.Generic;
using UnityEngine;
using UnityEngine.Networking;

public class DiscoveryScript : NetworkDiscovery {

    void Start ()
    {
        if (isServer)
        {
            CustomNetworkManager.singleton.StartHost();
            Debug.Log("StartHost");
        }
        else
        {
            CustomNetworkManager.singleton.StartClient();
```

```
            Debug.Log("StartClient");
        }
    }
}
```

[리스트 3-4-3] NetworkScript.cs (추가 코드)

```
public NetworkDiscovery discovery; // 필드 추가

void Awake()
{
    Debug.Log("NetworkScript Start");
    discovery.Initialize();
    if (!discovery.StartAsServer())
    {
        discovery.StartAsClient();
        Debug.Log("NetworkDiscovery StartAsClient");
    } else {
        Debug.Log("NetworkDiscovery StartAsServer");
    }
}
```

소스코드를 기술했으면 NetworkScript의 Inspector를 열고 새로 추가한 'Discovery' 프로퍼티에 NetworkDiscovery를 설정하기 바랍니다. 또한 이번에는 게임을 자동으로 시작시키므로 NetworkManager나 HUD NetworkDiscovery의 GUI는 표시되지 않도록 해 둡니다.

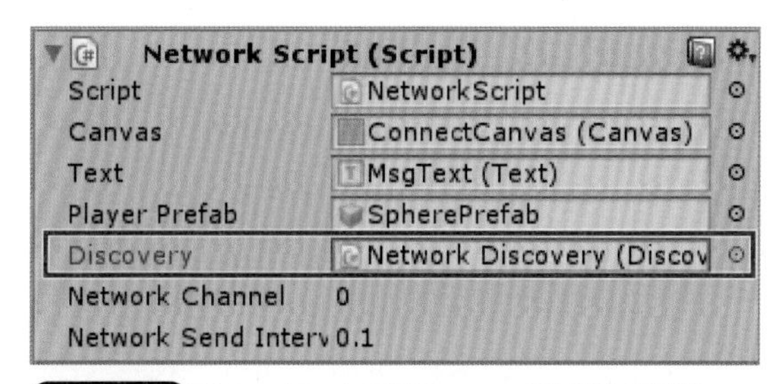

그림 3-4-9 NetworkScript의 'Discovery'에 씬에 배치한 NetworkDiscovery를 설정한다.

수정이 끝났으면 프로그램을 실행시켜 봅시다. Unity 에디터에서 씬을 실행시킨 것과 빌드한 앱을 실행시킨 것, 이 두 프로그램이 실행되면 먼저 실행된 것이 자동으로 서버가 되고 나중에 실행시킨 것이 클라이언트가 되어 프로그램이 자동으로 시작됩니다.

이 경우는 시작과 관련된 GUI 등은 필요 없습니다.

그림 3-4-10 먼저 실행된 쪽이 서버, 나중에 실행된 것이 클라이언트가 되어 자동으로 게임이 시작된다.

자동 실행의 구조

이 샘플에서는 NetworkScript의 Awake 메소드에서 NetworkDiscovery를 시작하고 있습니다. 코드를 보면 먼저 discovery.Initialize();로 초기화를 한 후 다음과 같이 하고 있습니다.

```
if (!discovery.StartAsServer())
{
    discovery.StartAsClient();
}
```

StartAsServer 메소드는 서버로서 실행에 실패하면 false를 반환합니다. 이를 이용하여 결과가 false이면(이미 서버가 실행되어 있다고 판단) StartAsClient 메소드로 클라이언트로서 실행시킵니다.

실행되는 NetworkDiscovery 측에서는 Start 시에 isServer로 '서버로서 실행되어 있는지'를 체크합니다. 실행되어 있으면 CustomNetworkManager.singleton의 StartHost로 호스트로서 실행시키고, 그렇지 않다면 StartClient로 클라이언트로 실행시킵니다. 이것으로 NetworkDiscovery의 상태에 따라 호스트 또는 클라이언트로서 씬을 실행시킬 수 있습니다.

이와 같이 NetworkDiscovery와 Network Manager를 연계시킴으로써 메시지에 의해 게임의 동작을 비교적 간단히 조작할 수 있습니다.

Part 2 Chapter 4

Transport Layer API와 인터넷 서비스 (Unity Cloud Service)

지금까지 사용해 온 Network Manager를 중심으로 한 프로그램은 High Level API라고 부르는 것입니다. UNET에는 그 외에도 Transport Layer API라고 하는 Low Level API(LLAPI: 저수준 API)도 마련되어 있습니다. 이 장에서는 Transport Layer API와 Unity가 제공하는 인터넷 서비스(Unity Cloud Service)를 이용한 네트워크 게임 개발에 대해 설명하겠습니다.

Network Manager를 사용하면 네트워크에 관한 지식이 별로 없는 사람도 귀찮은 처리를 기술할 필요 없이 네트워크 게임을 제작할 수 있지만, 좀 더 세세한 동작을 만들고 싶은 경우에는 보다 저수준 API인 Transport Layer API를 사용할 필요가 있습니다.

또한 지금까지는 로컬 영역 안에서 네트워크 게임을 실행했지만 게임을 릴리즈할 때는 인터넷을 통해 게임을 즐길 수 있도록 해야 합니다. 이를 지원하는 것이 Unity Cloud Service입니다.

이 장의 목적

- Transport Layer API의 개요와 처리의 흐름을 이해한다.
- Unity Cloud Service에 등록을 하고 실제로 사용해 본다.
- Unity Cloud Service를 사용하여 인터넷을 통한 네트워크 게임을 만들어 본다.

4-1 Transport Layer API를 사용한 메시지 송수신

UNET에 마련되어 있는 HLAPI는 지금까지 소개했듯이 Network Manager를 사용하여 매우 간단히 네트워크를 이용할 수 있습니다.

이것도 나름대로 편리하지만 네트워크 경유로 게임을 플레이하기 위한 기능으로 특화된 것이기 때문에 세세한 제어는 할 수 없습니다. 여기서는 보다 세세한 제어를 위해 마련되어 있는 Transport Layer API에 대해 설명하겠습니다.

Transport Layer API란?

Network Manager에서는 '서버와 클라이언트 간의 세세한 제어를 하고 싶은' 경우에는 적합하지 않기 때문에 이러한 용도를 위해 좀 더 저수준의 API(Low Level API: LLAPI)가 마련되어 있습니다. 바로 **Transport Layer API**라고 부르는 것입니다.

Transport Layer는 플랫폼에 마련되어 있는 소켓 통신 기능을 기반으로 만들어진 통신을 위한 레이어입니다. HLAPI는 이 Transport Layer API에 각종 기능을 넣어서 만든 것이라 생각하면 좋을 것입니다.

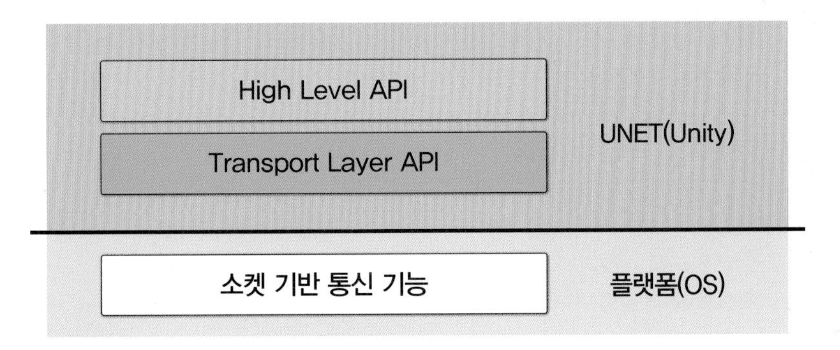

그림 4-1-1 Transport Layer API는 플랫폼의 소켓 통신 기능 위에 구축되는 레이어

Transport Layer에 의한 통신 절차

Transport Layer는 저수준이기 때문에 HLAPI와 같이 '메소드를 하나 호출하면 통신이 시작'되는 그런 단순한 것이 아닙니다. 통신을 시작하기까지 제대로 된 절차를 밟아가야 합니다. 다음은 그 흐름을 간단히 정리한 것입니다.

① Transport Layer를 초기화한다

초기화는 매우 간단합니다. TransportLayer의 이용은 'NetworkTransport'라는 클래스로서 마련되어 있으므로 그 init 메소드를 호출하면 초기화됩니다.

```
NetworkTransport.Init();
```

② 네트워크 설정(ConnectionConfig)을 준비한다

네트워크의 설정은 'ConnectionConfig'라는 클래스로 마련되어 있습니다. 이 인스턴스를 작성하여 필요한 설정을 합니다. 최소한으로 준비해 두어야 할 것은 '채널의 추가'입니다. QosType이라는 열거형의 값을 사용하여 통신 채널을 준비합니다.

QosType은 통신 품질을 가리키는 값으로, 이를 사용하여 각종 통신 품질별로 채널을 작성해 둡니다.

```
ConnectionConfig config = new ConnectionConfig();
config.AddChannel( [QosType] );
```

③ 네트워크 토폴로지(HostTopology)를 준비한다

네트워크 토폴로지는 회선의 최대 연결 수와 사용할 설정을 정의한 것입니다. 이것은 'HostTopology'라는 클래스로 마련되어 있습니다. ConnectionConfig와 최대 연결 수를 가리키는 int 값을 인수로 지정하여 인스턴스를 만듭니다.

```
HostTopology topology = new HostTopology( [ConnectionConfig ], 최대 연결 수 );
```

④ 호스트를 작성한다

호스트를 작성합니다. 이것은 NetworkTransport 클래스의 'AddHost' 메소드를 사용합니다. 인수로는 HostTopology 인스턴스와 사용할 포트 번호를 지정합니다. 반환값은 만들어진 호스트의 ID 번호가 됩니다.

```
int hostId = NetworkTransport.AddHost( [HostTopology], 포트 번호 );
```

⑤ 통신을 시작한다

통신의 시작은 NetworkTransport 클래스의 'Connect' 메소드를 사용합니다. 인수로는 연결할 서버와 관련된 각종 정보를 전달합니다. 이것이 정상적으로 실행되면 연결을 나타내는 ID 번호가 반환됩니다.

```
int connectionId = NetworkTransport.Connect( 호스트 ID, 서버 주소,
    포트 번호, Exception 연결ID, out [NetworkError] );
```

네트워크 통신은 이상의 기본적인 절차를 따라 처리를 해 가야 합니다. HLAPI와는 사용법이 상당히 다르다는 것을 알 수 있을 것입니다.

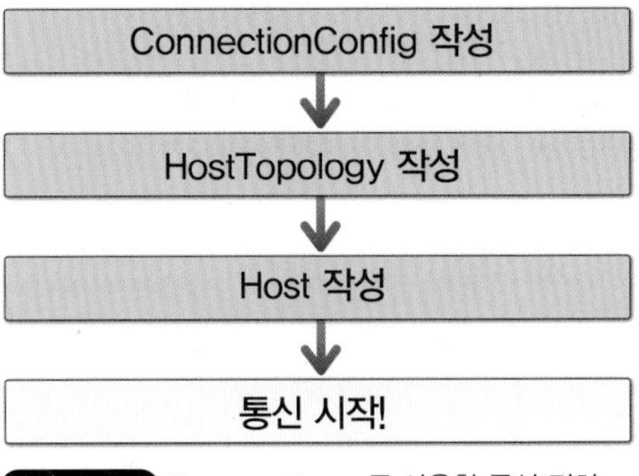

그림 4-1-2 Transport Layer를 사용한 통신 절차.
지정된 절차대로 처리를 수행해야 한다.

TLScript 클래스의 작성

이제 실제로 Transport Layer를 이용하여 통신을 해 봅시다. 먼저 이를 위한 클래스를 작성합니다.

여기서는 'TLScript'라는 이름으로 C# Script 파일을 작성하고 다음과 같이 소스코드를 기술합니다.

[리스트 4-1-1] TLScript.cs

```
using System;
using System.Collections;
using System.Collections.Generic;
using System.IO;
using UnityEngine;
using UnityEngine.UI;
using UnityEngine.Networking;

public class TLScript : NetworkBehaviour {

    public Text text;
    public InputField field;
    public int maxConnection = 10;
    private int hostId = 0;
    public string serverAddress = "127.0.0.1";
    public int serverPort = 5000;
    private int connectionId;
    private int channelId = 1;
```

```
    public int MaxBufferSize = 1000;

    void Start()
    {
        // 초기화
        NetworkTransport.Init();
        // 네트워크 설정 작성
        ConnectionConfig config = new ConnectionConfig();
        config.AddChannel(QosType.Reliable);
        config.AddChannel(QosType.Unreliable);
        // 토폴로지 작성
        HostTopology topology = new HostTopology(config, maxConnection);
        Debug.Log("NetworkTransport init.");

        // 호스트 작성
        for(int i = serverPort;i < serverPort + 10;i++)
        {
            hostId = NetworkTransport.AddHost(topology, i);
            if (hostId != -1)
            {
                Debug.Log("AddHost:" + hostId + " port:" + i);
                break;
            }
        }

        // 연결 시작
        byte error;
        connectionId = NetworkTransport.Connect(hostId, serverAddress,
            serverPort, 0, out error);
        Debug.Log("Connected:" + connectionId);
    }
}
```

이 샘플에서는 프로그램을 시작하면 Transport Layer를 사용하여 네트워크 통신을 시작합니다. 여기서는 서버의 주소를 127.0.0.1, 포트 번호 5000으로 설정했습니다. 지정된 포트 번호가 이미 사용중이라면 5001, 5002로 번호를 늘려 AddHost하도록 하고 있습니다.

Unity 에디터 상에서 실행하면 AddHost에 실패했을 때 경고가 표시되고 일시 정지되지만 애플리케이션으로 빌드하여 실행시키면 그대로 실행되어 AddHost 됩니다.

TLScript 컴포넌트를 마련한다

작성한 TLScript를 씬에 배치합시다. [GameObject] 메뉴에서 [Create Empty]로 빈 게임 오브젝트를 만들고 [Component] 메뉴에서 [Scripts]–[TL Script]를 선택하여 컴포넌트를 추가합니다.

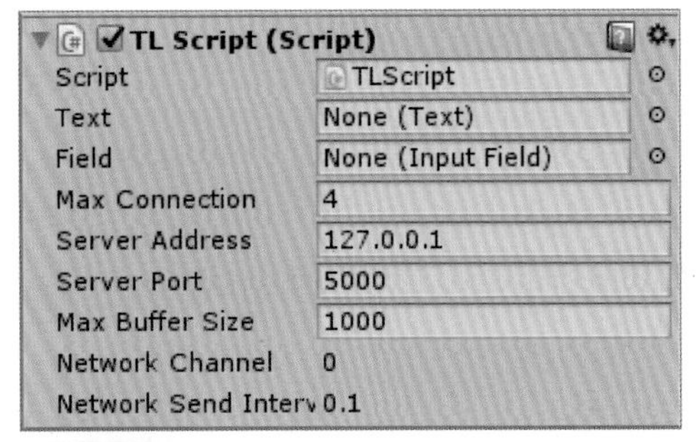

그림 4-1-3 빈 게임 오브젝트를 만들고 TLScript를 추가한다.

GUI를 마련한다

계속해서 GUI를 마련해 봅시다. [GameObject] 메뉴에서 [UI]로 Canvas를 만들고 TextField와 Button을 배치합니다.

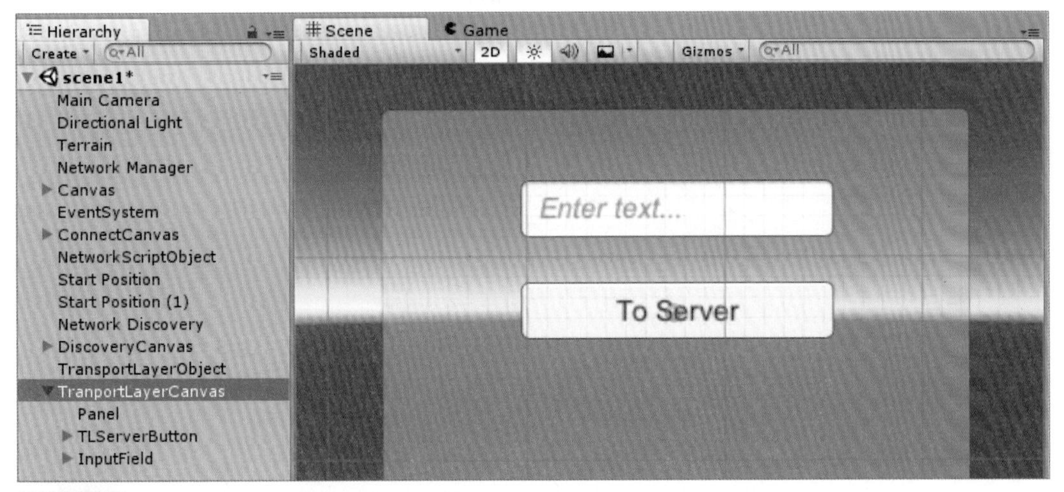

그림 4-1-4 Canvas에 TextField와 Button을 작성한다.

작성 후 조금 전의 TLScript 컴포넌트의 Inspector를 표시하면 거기에 'Text', 'Field'와 같은 프로퍼티가 추가되어 있을 것입니다. 여기에 다음과 같이 게임 오브젝트를 설정합니다.

Text: 화면 왼쪽 위에 표시되는 MsgText
Field: 지금 작성한 TextField

이것은 TextField에 입력한 텍스트를 송신하고, 그것을 받은 서버 측에서 Text에 표시하는 처리에 사용하기 위한 것입니다. 각각의 역할을 이해하고 설정해 두기 바랍니다.

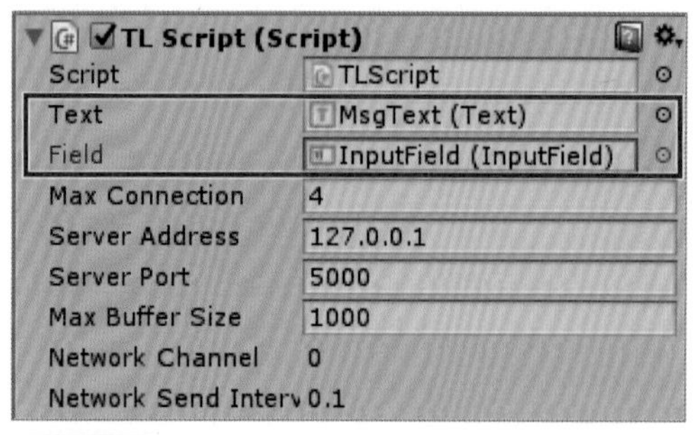

그림 4-1-5 TLScript의 Inspector에서 Text와 Field에 게임 오브젝트를 설정한다.

송신과 수신 처리를 작성한다

이것으로 통신을 하기 위한 GUI가 마련되었습니다. 통신을 시작하는 부분은 조금 전에 작성했으므로 남은 것은 클라이언트 측에서 데이터를 송신하고, 그것을 서버 측에서 수신하는 통신의 구체적인 데이터 주고받기를 수행하는 부분입니다.

다음은 이를 구축하는 TLScript.cs의 소스코드입니다.

[리스트 4-1-2] TLScript.cs (완성판)

```
using System;
using System.Collections;
using System.Collections.Generic;
using System.IO;
using UnityEngine;
using UnityEngine.UI;
using UnityEngine.Networking;

public class TLScript : NetworkBehaviour {

    public Text text;
    public InputField field;
    public int maxConnection = 10;
    private int hostId = 0;
    public string serverAddress = "127.0.0.1";
    public int serverPort = 5000;
    private int connectionId;
    private int channelId = 1;
    public int MaxBufferSize = 1000;

    void Start() {……생략……}

    // 송신 버튼의 콜백
    public void OnClickToServerButton()
    {
        byte[] data = System.Text.Encoding.ASCII.GetBytes(field.text);
        SendData(data, QosType.Reliable);
```

```
    }

    // 데이터 송신
    public void SendData(byte[] data, QosType qos = QosType.Reliable)
    {
        byte error;
        NetworkTransport.Send(hostId, connectionId, channelId, data,
            data.Length, out error);
        Debug.Log("SendData: " + hostId + ":" + connectionId + ":" +
            channelId + " -> " + field.text);
    }

    // 데이터를 수신한다.
    void Update()
    {
        int outHostId;
        int outConnectionId;
        int outChannelId;
        byte[] recBuffer = new byte[MaxBufferSize];
        int bufferSize = MaxBufferSize;
        int dataSize;
        byte error;

        // 데이터 수신
        NetworkEventType reciveEvent = NetworkTransport.Receive(
            out outHostId, out outConnectionId, out outChannelId, recBuffer,
            bufferSize, out dataSize, out error);

        // 이벤트별 대응
        switch (reciveEvent)
        {
        case NetworkEventType.ConnectEvent:        // 연결 시작
            Debug.Log("Connect:" + outHostId + ":" + outConnectionId +
                ":" + outChannelId);
            break;
        case NetworkEventType.DisconnectEvent:     // 연결 종료
            Debug.Log("Disconnect:" + outHostId + ":" + outConnectionId +
                ":" + outChannelId);
            break;
        case NetworkEventType.DataEvent:    // 데이터 수신
            string message = System.Text.Encoding.ASCII.GetString(recBuffer);
            Debug.Log("DataEvent: " + outHostId + ":" +
                outConnectionId + ":" + outChannelId +" -> " + message );
            text.text = message;
            break;
        case NetworkEventType.Nothing:      // 아무 것도 하지 않는다.
            Debug.Log("Nothing... " + outHostId + ":" + outConnectionId +
                ":" + outChannelId);
            break;
        }
    }
}
```

작성이 끝났으면 Button에 콜백 메소드를 설정합니다. 조금 전에 작성한 Button을 선택하고 Inspector에서 OnClick 이벤트에 TLScript 컴포넌트의 'OnClickToServerButton' 메소드를 추가합니다.

그림 4-1-6 Button의 OnClick에 OnClickToServerButton 메소드를 설정한다.

이것으로 모두 완성되었습니다. Unity 에디터와 빌드한 애플리케이션을 각각 실행시키고 TextField에 텍스트를 써서 송신해 봅시다. 처음에 실행된 앱이 서버, 나중에 실행된 것이 클라이언트가 됩니다. 클라이언트에서 보낸 메시지가 서버 측에 표시되는 것을 알 수 있습니다.

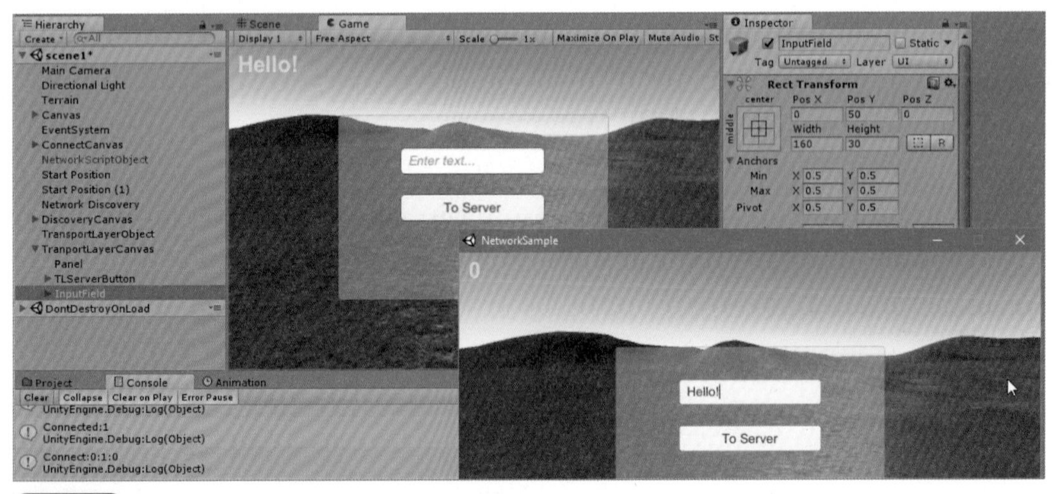

그림 4-1-7 클라이언트 측에서 메시지를 송신하면 서버 측에 표시된다.

메시지의 송신 구조

이제 메시지 송수신이 어떻게 일어나는지 소스코드를 살펴봅시다. 먼저 송신부터 살펴봅니다.

송신은 OnClickToServerButton 메소드에서 실행됩니다. 여기서는 System.Text.Encoding.ASCII.GetBytes를 사용하여 TextField에 입력된 텍스트를 byte 배열로 추출하여, 그것과 QosType.Reliable이라는 값을 인수로 지정하여 SendData 메소드를 호출하고 있습니다.

SendData가 실제로 메시지를 송신하고 있는 부분입니다. 사실 메시지의 송신은 의외로 간단합니다. 다음 한 줄만으로 수행할 수 있습니다.

```
byte error;
NetworkTransport.Send(hostId, connectionId, channelId, data,
    data.Length, out error);
```

NetworkTransport 클래스의 'Send' 메소드가 데이터를 송신하기 위한 것입니다. 이것은 인수로 다음과 같은 것을 전달합니다.

인수	의미
hostId	호스트 ID
connectionId	커넥션 ID (연결 ID)
channelId	사용할 채널 ID
data	송신 데이터 (byte 배열)
data.Length	데이터 길이
out error	NetworkError 변수 (out 이용을 위한 빈 변수만)

표 4-1-1 NetworkTransport.Send 메소드의 인수

호스트 ID와 커넥션 ID는 앞에서 커넥션 연결을 할 때 얻은 값을 그대로 사용합니다. 채널 ID는 사용할 채널의 번호로 여기서는 1을 지정했습니다.

메시지의 수신 구조

계속해서 메시지의 수신 부분입니다. 이것은 Update 메소드로 수행합니다. 데이터는 언제 송신되어 올지 모르기 때문에 Update로 항상 수신 메소드를 계속 호출합니다.

수신은 NetworkTransport 클래스의 Receive 메소드에서 수행합니다.

```
NetworkEventType reciveEvent = NetworkTransport.Receive(
    out outHostId, out outConnectionId, out outChannelId, recBuffer,
    bufferSize, out dataSize, out error);
```

인수는 많지만 보면 알 수 있듯이 대부분이 out 지정 변수입니다. 간단히 정리하면 다음과 같은 역할을 하고 있습니다.

인수	의미
out outHostId	송신 호스트 ID
out outConnectionId	송신 커넥션 ID
out outChannelId	송신 채널 ID
recBuffer	데이터를 저장하기 위한 byte 배열
bufferSize	버퍼 사이즈(recBuffer의 요소 수)
out dataSize	데이터 크기
out error	NetworkError 변수

표 4-1-2 NetworkTransport.Receive 메소드의 인수

COLUMN

out 수식자에 대해

C#에서 인수로 사용되는 out 수식자는 '가인수의 변수에 참조로 설정한다'는 기능이 있습니다. 미리 마련한 변수를 out 인수로 전달하면 메소드 안에서 그 변수 자체를 덮어 쓸 수 있습니다.

위의 인수 이상으로 중요한 것이 반환값인 NetworkEventType 값입니다. Receive의 실행 결과는 데이터가 보내져 왔을 때만 일어나는 것이 아닙니다. 통신의 시작이나 종료와 같은 이벤트에서도 Receive는 통신을 수신합니다. 그렇기 때문에 수신한 이벤트의 종류를 조사하여 그에 맞는 처리를 할 필요가 있습니다.

그것이 그 다음에 나오는 switch로, 다음과 같은 형태를 하고 있습니다.

```
switch (reciveEvent)
{
case NetworkEventType.ConnectEvent:
    ......연결 시작 시의 처리......
    break;
case NetworkEventType.DisconnectEvent:
    ......연결 종료 시의 처리......
    break;
case NetworkEventType.DataEvent:
    ......데이터 수신 시의 처리......
    break;
case NetworkEventType.Nothing:
    ......아무 것도 없었을 때의 처리......
    break;
}
```

메시지의 수신은 이와 같이 NetworkEventType.DataEvent 이벤트가 발생했을 때 System.Text.Encoding.ASCII.GetString(recBuffer)로 byte 배열에서 string 값을 취득하여 그것을 Text에 표시하고 있습니다.

4-2 인터넷 서비스(Unity Cloud Service) 이용하기

지금까지 네트워크는 모두 로컬 영역 네트워크를 사용했습니다. 하지만 본격적인 네트워크 게임을 작성하려고 하면 인터넷에 서버를 마련하고 어디에서든지 액세스할 수 있도록 해야 합니다. 이것을 구현해 주는 것이 Unity Cloud Service입니다.

인터넷 서비스란?

네트워크 게임을 위해 직접 게임용 서버를 마련하는 일은 힘이 많이 들지만, Unity에서는 게임 개발을 위한 각종 클라우드 서비스를 제공하고 있기 때문에 이를 이용하면 클라우드 상의 서버에 액세스하여 간단히 게임을 실행시킬 수 있습니다(라이선스 관련은 이 책의 서문(Intro)을 참조).

이를 위해서는 Unity Cloud Services의 계정을 만들 필요가 있습니다. 이것은 이미 등록되어 있는 Unity 계정을 그대로 이용할 수 있습니다. 우선 아래 주소에 액세스합니다.

● Unity Cloud Services

https://developer.cloud.unity3d.com/landing/

그림 4-2-1 Unity Cloud Services의 웹 페이지. 여기서 로그인할 수 있다.

여기서 'Click Here To Sign In' 버튼을 클릭하고 Unity 계정에 등록되어 있는 메일 주소와 비밀번호를 입력한 후 로그인합니다. 이것으로 Unity Cloud Services를 이용할 수 있게 됩니다. 로그인한 이후의 작업은 특별히 없습니다.

또한 게임을 이용하기만 하는 경우는 사용자에게 사전에 Unity Cloud Services 계정을 만들라고 할 필요도 없습니다.

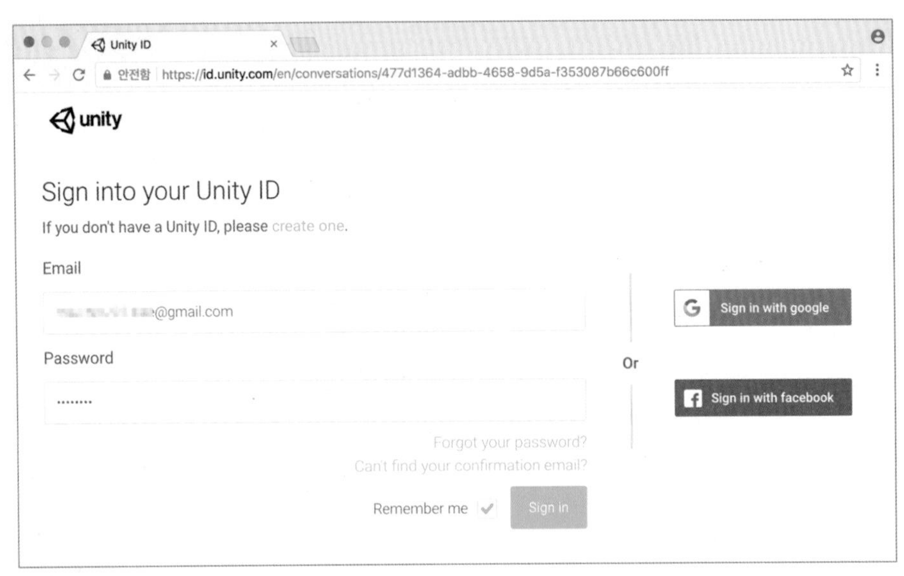

그림 4-2-2 Unity 계정의 메일 주소와 비밀번호를 입력하여 로그인

Unity에서 Cloud Services에 로그인한다

그런 다음 Unity 측에서 작업을 합니다. Unity 에디터의 오른쪽 위에 보이는 클라우드 아이콘 버튼을 클릭하고 조금 전에 Unity Cloud Services에 로그인한 계정으로 로그인합니다. 'Sign in' 버튼을 클릭하면 Unity 계정에 로그인하기 위한 창이 나타납니다.

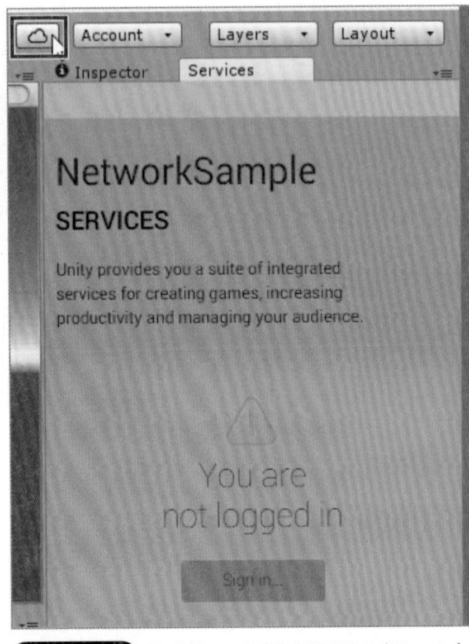

그림 4-2-3 클라우드 버튼을 클릭하고 'Sign in' 버튼을 클릭하여 Unity에 로그인

Unity의 'Services' 탭에 'ATTENTION'이라는 표시가 나타나고 'Unable to link project to Unity Services'라고 표시됩니다. Unity 서비스에 링크할 수 없다는 주의입니다. 여기서 'New link...' 버튼을 클릭합니다.

그림 4-2-4 'New Link...' 버튼을 클릭하여 링크를 작성한다.

'Create Unity Project ID'라는 표시가 나타나면 'Create' 버튼을 클릭합니다. 이것으로 프로젝트 ID가 작성되고 Unity Cloud Services에 연결됩니다.

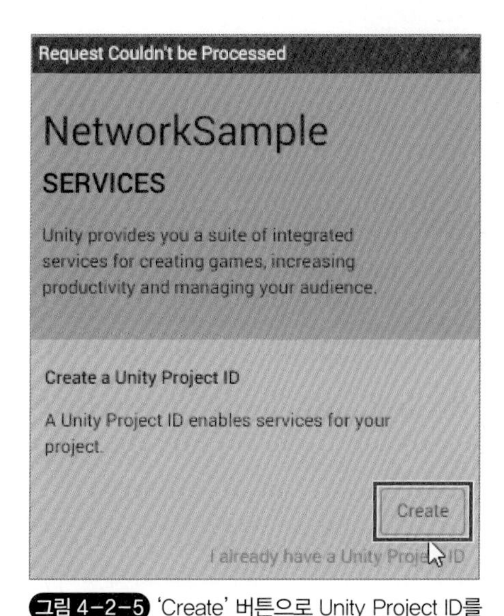

그림 4-2-5 'Create' 버튼으로 Unity Project ID를 작성한다.

그러면 'Services' 탭에 이용 가능한 서비스 목록이 표시됩니다. 이로써 Unity Cloud Services에 연결하여 클라우드 서비스를 이용할 수 있게 되었습니다.

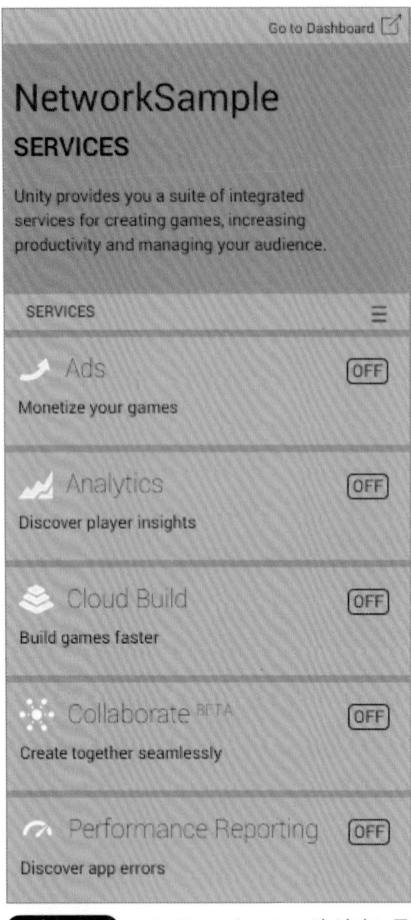

그림 4-2-6 Unity Cloud Services의 서비스 목록이 표시된다.

'Services' 탭의 맨 아래에 있는 'Multiplayer'라는 표시를 클릭하기 바랍니다. 화면에 멀티 플레이어 설정이 표시됩니다. 여기서 'Go to EULA'라는 버튼이 표시되면 이것을 클릭합니다. 이것은 멀티 플레이어 서비스를 이용하기 위한 웹 사이트로 이동하는 버튼입니다.

클릭하면 화면에 'UNITY MULTIPLAYER TERMS OF SERVICE'라는 표시가 나타나는데 가장 아래에 있는 'OK' 버튼을 클릭하여 이용 허락에 동의합니다.

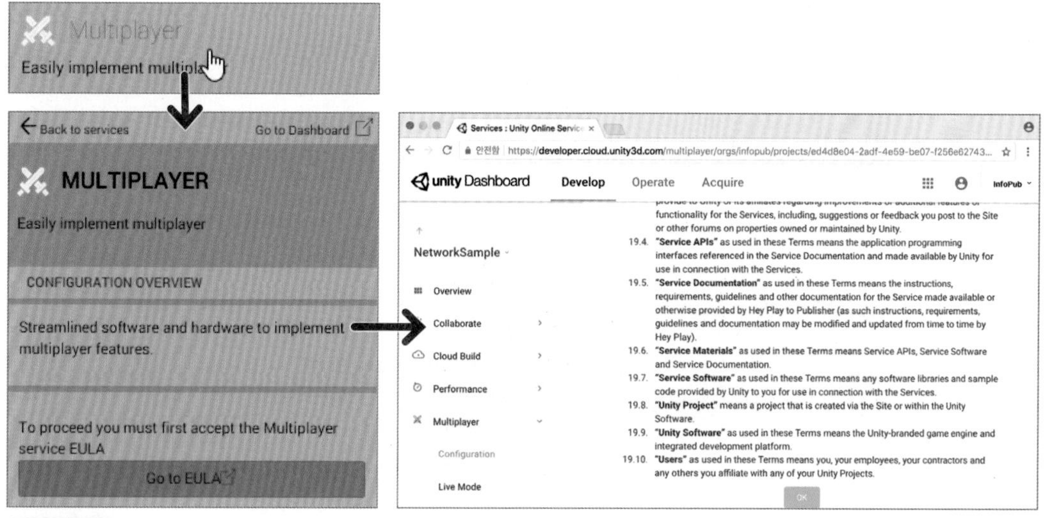

그림 4-2-7 Multiplayer 서비스를 선택하고 'Go to EULA'를 클릭하여 나타나는 웹 페이지에서 'OK' 버튼을 누른다.

'New Multiplayer Configuration' 표시가 나타나면 동시에 이용 가능한 플레이어의 수를 입력합니다. 적당한 숫자를 입력하고 'Save' 버튼을 눌러서 저장합니다. 이것으로 멀티플레이어를 위한 서비스를 이용할 수 있습니다(Personal판에서는 최대 20명까지 설정 가능).

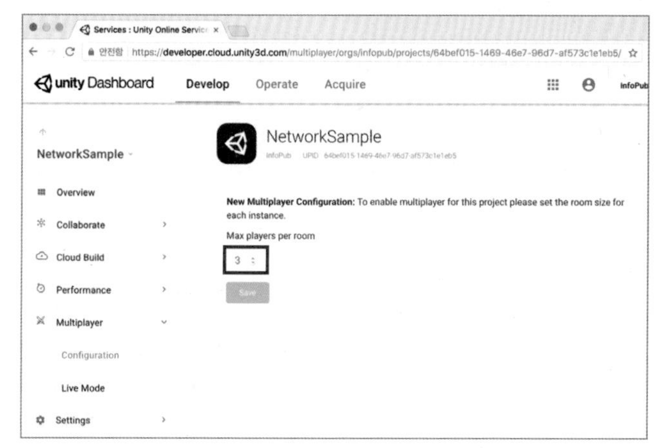

그림 4-2-8 플레이어 수를 입력하고 OK하면 멀티플레이어 서비스를 사용할 수 있다.

클라우드 서비스를 사용하여 게임한다

이제 클라우드 서비스를 이용하여 게임을 해 봅시다. 이것은 Network Manager를 이용하여 수행합니다. 앞에서 NetworkManager와 NetworkManager HUD를 씬에 심어 넣고 네트워크 액세스를 수행했습니다. 그 상태로 씬을 되돌립시다.

그리고 씬을 실행시키고 NetworkManager HUD가 표시되면 'Enable Match Maker' 버튼을 선택합니다.

그림 4-2-9 씬을 실행시키고 'Enable Match Maker'를 클릭

이것은 매치 메이커라 불리는 기능을 이용하기 위한 것입니다. 매치 메이커는 인터넷에 있는 서버에 액세스하여 해당 애플리케이션의 서비스를 이용하는 클라이언트를 찾아 매칭해 주는 장치입니다.

맨 처음에 액세스한 클라이언트는 **방**이라는 것을 지정하여 인터넷 매치(인터넷에서 매칭하기 위한 장소)를 작성합니다. 'Room Name'에는 'default'라는 텍스트가 입력되어 있는데 이것이 방의 이름이 됩니다. 이것은 그대로 두어도 괜찮습니다.

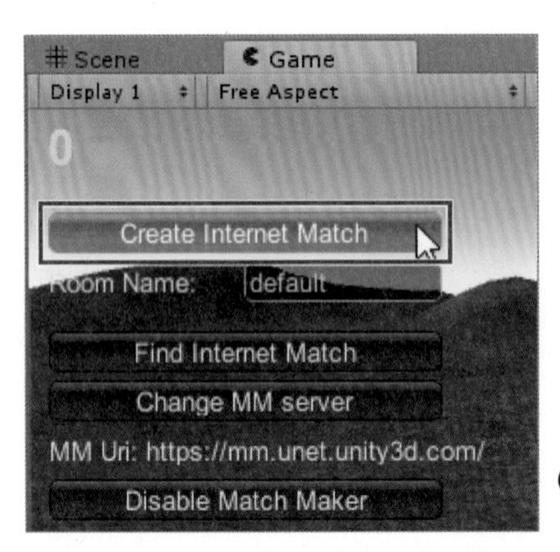

그림 4-2-10 방 이름을 지정하여 인터넷 매치를 작성. 이로써 호스트로서 실행한다.

위에 있는 'Create Internet Match' 버튼을 클릭하기 바랍니다. 지정된 방 이름으로 인터넷 매치가 작성됩니다.

이로써 앞에서 로컬 네트워크에서 Network Manager를 사용한 것과 똑같이 호스트로서 실행됩니다.

계속해서 다른 클라이언트로 게임을 실행하고 조금 전과 마찬가지로 'Enable Match Maker' 버튼을 클릭합니다. 그 다음에 나타나는 버튼에서 'Find Match' 버튼을 클릭합니다.

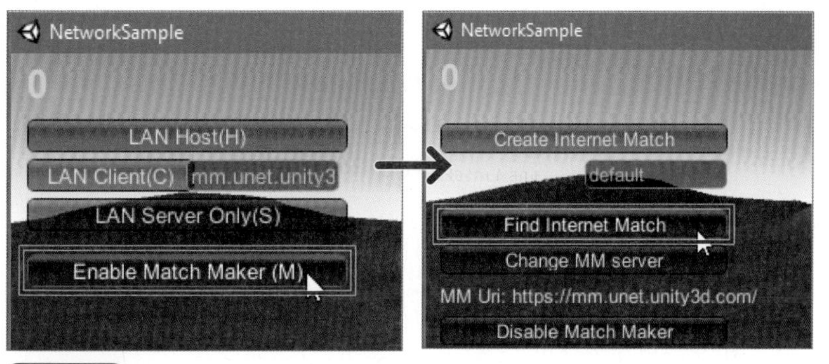

그림 4-2-11 'Find Match' 버튼을 클릭한다.

그러면 인터넷 매치를 검색하여 액세스를 시작합니다. 이로써 로컬 네트워크와 마찬가지로 여러 플레이어가 게임을 실행할 수 있게 됩니다.

그림 4-2-12 인터넷 경유로 여러 명의 플레이어가 게임에 참가할 수 있다.

COLUMN

게임과 방화벽

UNET을 사용하면 이와 같이 간단히 인터넷 서비스를 이용할 수 있습니다. 하지만 한 가지 주의할 점은 현재 대부분의 PC는 불특정 서비스에 대한 연결을 제한하는 방화벽이 설정되어 있다는 점입니다.

Unity 클라우드 서비스도 앱 안에서 Unity 서비스에 특정 포트를 사용하여 통신하고 있기 때문에 이것이 방화벽에서 차단되어 버리면 정상적으로 작동하지 않습니다.

게임을 실행시켜 네트워크에 정상적으로 액세스할 수 없는 경우는 방화벽을 의심해 보기 바랍니다. Unity 본체와 빌드한 앱이 퍼블릭 네트워크에 액세스하는 것을 허가한 후 동작을 확인하기 바랍니다.

Match Maker를 사용한 네트워크 액세스

이와 같이 NetworkManager HUD를 사용하면 Match Maker를 이용한 네트워크 액세스를 간단히 구현할 수 있습니다. 하지만 구체적인 처리는 컴포넌트 측에서 하기 때문에 보이지 않습니다.

GUI부터 모두 직접 구축하는 경우는 Match Maker를 이용하기 위한 소스코드를 자신이 직접 마련해야 합니다. Match Maker는 UnityEngine.Networking.Match 패키지의 'NetworkMatch' 클래스로 마련되어 있습니다. 이것은 NetworkManager 클래스 안에 인스턴스가 저장되어 있습니다.

NetworkManager와 이 NetworkMatch를 사용하여 매치 메이커에 의한 네트워크 액세스를 수행합니다. 전체적인 흐름을 정리하면 다음과 같습니다.

① NetworkMatch를 스타트한다.
② 매치를 작성한다. 이로써 호스트가 시작된다.
③ 호스트 외의 클라이언트는 매치 검색을 수행한다.
④ 검색 결과가 구해지면 특정 매치에 조인한다.

이것은 어디까지나 'Match Maker의 처리 흐름'으로, 실제 게임의 실행은 이와는 별도로 마련해야 합니다. 정확히는 ②에서 매치를 작성했다면 게임도 호스트로서 실행시키면 되고, 호스트 이외는 ④에서 매치에 조인이 완료된 시점에서 클라이언트로서 게임을 실행하면 됩니다.

이제 각각의 처리를 수행하는 메소드에 대해 간단히 살펴봅시다.

① NetworkMatch의 스타트

맨 처음에 해야 할 것은 NetworkMatch의 스타트입니다. 이것은 NetworkManager에 마련되어 있는 'StartMatchMaker'를 호출해서 수행합니다. 인수는 특별히 없습니다.

```
[NetworkManager] .StartMatchMaker();
```

② 매치 작성

매치를 작성하는 것으로, NetworkMatch 클래스의 'CreateMatch' 메소드로 수행합니다. 여기에는 상당히 많은 인수가 필요합니다. 이 CreateMatch에 의해 새로운 매치가 작성되고, 이것을 실행한 클라이언트가 매치의 호스트로서 기능하게 됩니다.

```
[NetworkMatch] .CreateMatch(
    [string 매치명],
```

```
    [uint 매치 크기],
    [bool 애드버타이즈],
    [string 비밀번호],
    [string public_클라이언트 주소],
    [string private_클라이언트 주소],
    [int elo_스코어],
    [int 리퀘스트 도메인],
    [콜백 메소드] );
```

CreateMatch 메소드는 콜백 메소드를 갖고 있습니다. 매치 작성이 완료되면 콜백 메소드가 호출됩니다. 인수로는 매치 작성에 성공했는지 아닌지를 나타내는 bool값, 확장 info, MatchInfo와 같은 값이 전달됩니다.

그 중에서 매우 중요한 것이 MatchInfo입니다. 이것은 매치와 관련된 정보를 관리하는 것으로, 필요한 정보를 여기서 추출하여 처리를 수행합니다.

이것으로 매치 작성이 정상적으로 끝났으면 호스트로서 게임을 실행할 준비가 다 된 것으로 생각해도 좋습니다.

CreateMatch의 콜백

```
private void OnMatchCreate(bool success, string extendedInfo, MatchInfo
matchInfo){......}
```

③ 매치 검색

호스트에 액세스하여 매치를 검색하는 것입니다. 매치명 필터로 매치명을 지정하여 호출함으로써 지정한 이름의 매치를 검색할 수 있습니다. 인수로 콜백 메소드를 지정하고 검색이 완료되면 콜백을 호출하여 거기서 필요한 처리를 합니다.

```
[NetworkMatch] .ListMatches(
    [int 현재 페이지 번호],
    [int 결과 페이지 번호],
    [string 매치명 필터],
    [bool private_매치 결과],
    [int elo_스코어 타겟],
    [int 리퀘스트 도메인],
    [콜백 메소드]);
```

ListMatches 실행 후에 호출되는 콜백 메소드에서는 성공했는지 아닌지를 나타내는 bool값, 확장 info, List가 인수로 전달됩니다. List에는 MatchInfoSnapshot이라는 클래스의 인스턴스가 마련되어 있는데, 이것이 매치의 스냅샷 정보가 됩니다. 검색된 매치와 관련된 정보는 여기서 추출할 수 있습니다.

ListMatches의 콜백

```
private void OnGetMatchList(bool success, string extendedInfo,
List<MatchInfoSnapshot> matches){.....}
```

④ 매치에 JOIN한다

검색된 매치 정보로부터 네트워크 ID와 같은 값을 취득하여 'JoinMatch'로 매치에 조인합니다. 이로써 해당 매치에 의한 게임에 참가할 수 있게 됩니다. 단, CreateMatch로 호스트로서 실행되고 있는 클라이언트가 존재하지 않으면 정상적으로 조인할 수 없습니다.

```
[NetworkMatch] .JoinMatch(
    [int 네트워크 ID],
    [string 비밀번호],
    [string public_클라이언트 주소],
    [string private_클라이언트 주소],
    [elo_스코어],
    [int 리퀘스트 도메인],
    [콜백 메소드] );
```

JoinMatch에 의한 조인이 완료되면 호출되는 콜백 메소드입니다. 인수로는 bool값, 확장 info, MatchInfo와 같은 값이 전달됩니다. 이로써 조인이 완료되면 클라이언트로서 게임을 시작할 준비가 되었다고 해도 좋습니다.

JoinMatch의 콜백

```
private void OnJoinMatch(bool success, string extendedInfo, MatchInfo
matchInfo){......}
```

Match Maker 이용하기

이제 실제로 Match Maker를 이용한 게임 실행의 구조를 만들어 봅시다. 먼저 간단한 GUI를 준비합니다. 씬에 Canvas를 배치하고 거기에 버튼을 2개 만듭니다. 이것은 각각 '매치 작성'과 '매치 조인'을 하기 위한 것입니다.

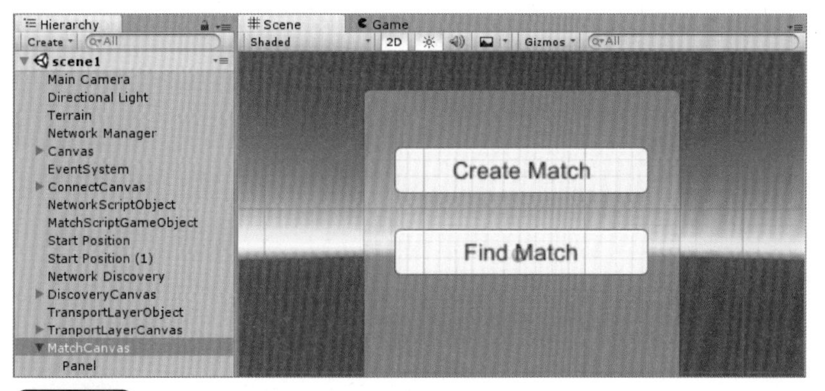

그림 4-2-13 Canvas를 작성하고 버튼을 2개 배치한다.

그에 맞춰 다른 GUI(Canvas나 Network Manager, Network Discover의 GUI 기능)는 OFF로 해서 표시되지 않도록 해 둡니다.

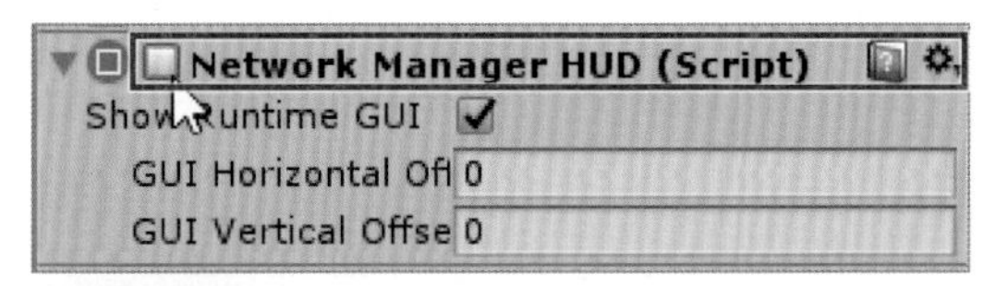

그림 4-2-14 NetworkManager HUD 등은 컴포넌트를 OFF로 해 둔다.

MatchScript를 작성한다

계속해서 스크립트를 작성합니다. 이번에는 'MatchScript'라는 이름으로 작성하겠습니다. 소스코드를 다음과 같이 기술하기 바랍니다.

[리스트 4-3] MatchScript.cs

```
using System.Collections;
using System.Collections.Generic;
using UnityEngine;
using UnityEngine.Networking;
using UnityEngine.Networking.Types;
using UnityEngine.Networking.Match;
using UnityEngine.UI;

public class MatchScript : MonoBehaviour {

    public Canvas canvas;
    int serverPort = 9000;
    string matchName = "default";

    // Match Maker를 스타트한다.
    void Start()
    {
```

```
    CustomNetworkManager.singleton.StartMatchMaker();
}

// 매치 생성 버튼의 OnClick 콜백
public void OnCreateMatchButtonClick()
{
    CustomNetworkManager.singleton.matchMaker.CreateMatch
        (matchName, 4, true, "", "", "", 0, 0, OnMatchCreate);
}

// CreateMatch의 콜백
private void OnMatchCreate(bool success, string extendedInfo,
MatchInfo matchInfo)
{
    if (success)
    {
        MatchInfo hostInfo = matchInfo;
        NetworkServer.Listen(hostInfo, serverPort);
        // 호스트로서 게임을 실행
        CustomNetworkManager.singleton.StartHost(hostInfo);
        canvas.enabled = false;
    }
    else
    {
        Debug.LogError("OnMatchCreate ERROR.");
    }
}

// Find Match 버튼의 OnClick 콜백
public void OnFindMatchButtonClick()
{
    CustomNetworkManager.singleton.matchMaker.ListMatches
        (0, 10, matchName, true, 0, 0, OnGetMatchList);
}

// ListMatches의 콜백
private void OnGetMatchList(bool success, string extendedInfo,
    List<MatchInfoSnapshot> matches)
{
    if (success)
    {
        if (matches.Count != 0)
        {
            CustomNetworkManager.singleton.matchMaker.JoinMatch
                (matches[matches.Count - 1].networkId, "", "", "",
                0, 0, OnJoinMatch);
        }
        else
        {
            Debug.Log("JoinMatch ERROR.");
        }
    }
    else
```

```
        {
            Debug.LogError("OnGetMatchList ERROR.");
        }
    }

    // JoinMatch의 콜백
    private void OnJoinMatch(bool success, string extendedInfo,
        MatchInfo matchInfo)
    {
        if (success)
        {
            MatchInfo hostInfo = matchInfo;
            // 클라이언트로서 게임을 실행
            NetworkManager.singleton.StartClient(hostInfo);
            canvas.enabled = false;
        }
        else
        {
            Debug.LogError("OnJoinMatch ERROR.");
        }
    }
}
```

MatchScript 컴포넌트를 마련한다

기술이 끝났으면 MatchScript를 씬에 배치합니다. 이것은 [GameObject] 메뉴의 [Create Empty]로 빈 게임 오브젝트로 작성합니다. 그 다음 [Component] 메뉴에서 [Script]-[Match Script]를 선택하여 게임 오브젝트에 MatchScript 컴포넌트를 추가합니다.

추가된 MatchScript 컴포넌트에는 'Canvas'라는 프로퍼티가 있으므로 앞에서 작성한 Match Maker 이용을 위한 Canvas를 설정해 둡니다.

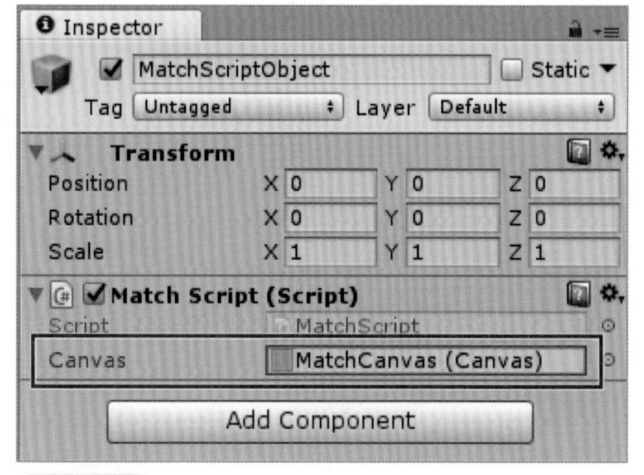

그림 4-2-15 Canvas 프로퍼티에 Match Maker를 위한 Canvas를 설정한다.

그 외 Canvas에 만든 Button의 On Click 이벤트용 콜백도 작성해 둡니다. 2개 작성한 각 Button에 'OnCreateMatchButtonClick', 'OnFindMatchButtonClick' 메소드를 각각 추가합니다. 이것이 매치 작성과 조인을 하기 위한 메소드입니다.

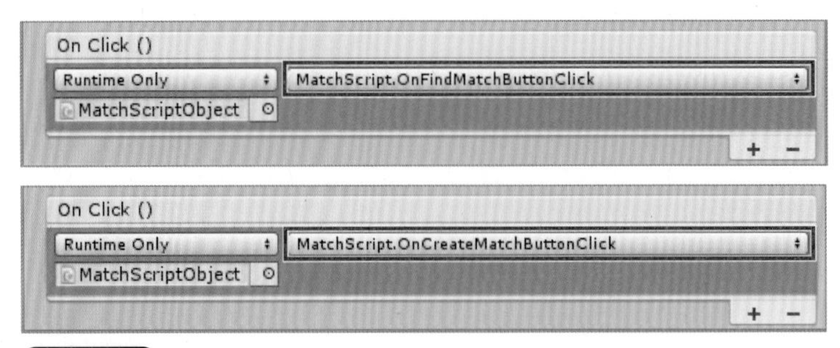

그림 4-2-16 2개 Button의 On Click 이벤트에 메소드를 추가한다.

여기까지 끝났으면 실행시켜 동작을 확인해 봅시다. 처음에 실행한 쪽에서는 매치 작성을 위한 버튼을 클릭합니다. 이로써 매치가 만들어지고 그대로 호스트로서 게임을 스타트합니다.

나중에 실행한 쪽에서는 매치에 대한 조인 버튼을 클릭하기 바랍니다. 무사히 조인이 되면 그대로 클라이언트로서 호스트에 액세스하여 게임이 스타트됩니다. 게임 시작에 조금 시간이 걸리지만 실제 플레이는 로컬 네트워크의 경우와 거의 차이없이 수행할 수 있습니다.

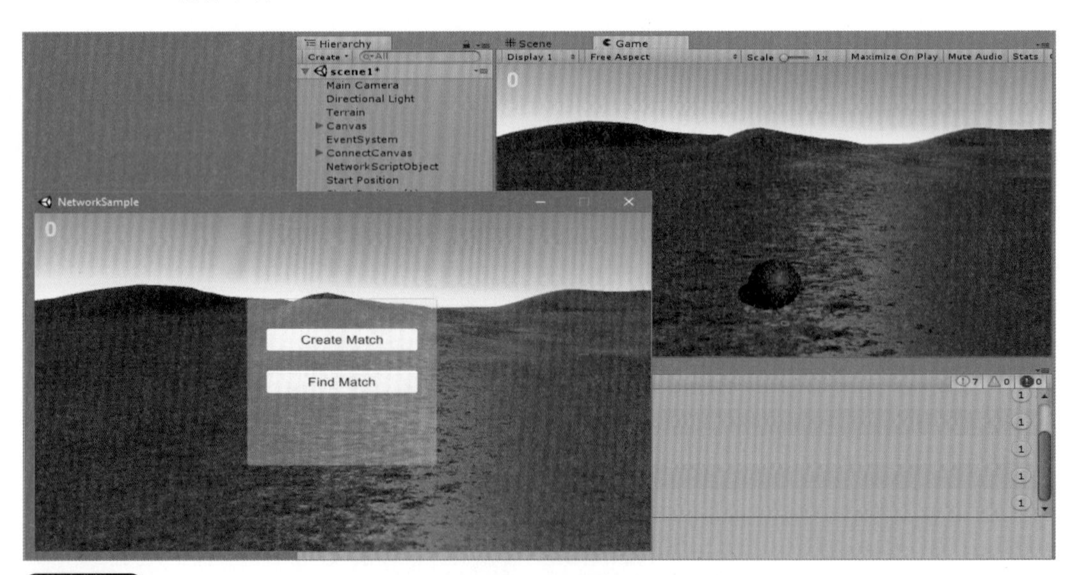

그림 4-2-17 먼저 실행한 쪽이 매치를 작성하고, 나중에 액세스한 쪽은 매치에 조인한다.

MatchScript 스크립트 개요

이제 MatchScript 스크립트의 처리 흐름을 살펴봅시다. '스타트', '매치 작성', '매치에 조인', 이 세 가지 처리가 어떻게 코딩되어 있는지 정리하면서 설명해 가겠습니다.

Match Maker를 스타트

먼저 Start 메소드에서 Match Maker를 다음과 같이 스타트합니다.

```
CustomNetworkManager.singleton.StartMatchMaker();
```

이번에는 CustomNetworkManager를 사용하고 있지만 보통의 Network Manager를 사용해도 상관없습니다.

Match Maker는 NetworkManager의 'StartMatchMaker' 메소드로 실행합니다. NetworkManager는 싱글톤이므로 singleton 프로퍼티의 인스턴스로부터 StartMatchMaker를 호출합니다.

매치 생성

매치 생성은 버튼을 클릭하여 OnCreateMatchButtonClick 메소드가 호출되면 일어납니다. 이것은 NetworkMatch의 'CreateMatch' 메소드에서 수행합니다.

```
CustomNetworkManager.singleton.matchMaker.CreateMatch
    (matchName, 4, true, "", "", "", 0, 0, OnMatchCreate);
```

매치명은 matchName의 이름을 사용합니다. 비밀번호나 클라이언트 주소 등은 비어 있습니다. 그리고 콜백 메소드로 OnMatchCreate를 지정하고 있습니다. 이로써 CreateMatch로 매치가 작성되면 OnMatchCreate 메소드가 호출됩니다.

이 OnMatchCreate 메소드에서는 매치 작성이 성공했는지 아닌지를 체크하여 성공했다면 NetworkServer의 'Listen'을 호출하여 다른 클라이언트로부터 조회를 받을 수 있는 리슨 상태로 만듭니다.

```
if (success)
{
    MatchInfo hostInfo = matchInfo;
    NetworkServer.Listen(hostInfo, serverPort);
```

이것으로 Match Maker 측 처리가 끝났습니다. 그 다음은 호스트로서 게임을 실행하고 GUI의 Canvas를 비표시로 하기만 하면 됩니다.

```
ifCustomNetworkManager.singleton.StartHost(hostInfo);
canvas.enabled = false;
```

호스트로서 실행하는 쪽의 처리는 겨우 이것 뿐으로, 처리가 상당히 심플하다는 것을 알 수 있습니다.

● 매치 검색

클라이언트로서 액세스하는 경우 해야 할 것은 '매치 검색'과 '검색된 매치에 조인'하는 것입니다. 먼저 On Click에 설정되어 있는 OnFindMatchButtonClick 메소드로 매치의 검색을 시작합니다.

```
CustomNetworkManager.singleton.matchMaker.ListMatches
    (0, 10, matchName, true, 0, 0, OnGetMatchList);
```

NetworkMatch의 'ListMatches' 메소드에서 매치를 검색합니다. 여기서는 검색 완료 시의 콜백으로 'OnGetMatchList'라는 메소드를 지정하고 있습니다.

이 메소드에서는 검색에 성공했는지를 체크하여 성공했다면 검색한 매치에 대한 조인을 시작합니다.

```
if (success)
{
    if (matches.Count != 0)
    {
        CustomNetworkManager.singleton.matchMaker.JoinMatch
            (matches[matches.Count - 1].networkId, "", "", "",
            0, 0, OnJoinMatch);
    }
```

success로 검색이 성공했는지를 체크한 후, matches.Count로 검색한 MatchInfoSnapshot의 개수를 matches.Count로 조사하고 있습니다. 이것이 0이면 검색된 매치가 없다(호스트가 없다)고 판단합니다.

0이상이면 JoinMatch 메소드를 호출하여 조인을 실행합니다. 이것은 NetworkMatch의 'JoinMatch' 메소드가 수행합니다. 이것도 실행 완료 시에 호출할 콜백 메소드를 지정할 수 있습니다. 여기서는 'OnJoinMatch'라는 메소드를 설정했습니다.

이 OnJoinMatch에서는 조인이 성공하면 클라이언트로서 게임을 스타트하고 Canvas를 비표시로 만들고 있습니다.

```
if (success)
{
    MatchInfo hostInfo = matchInfo;
    NetworkManager.singleton.StartClient(hostInfo);
    canvas.enabled = false;
}
```

이것으로 인터넷을 경유하여 호스트에 조인하고 게임을 시작하는 기본적인 부분이 만들어졌습니다. 'ListMatches로 리스트를 취득', '구한 MatchInfoSnapshot을 사용하여 JoinMatch 실행', '콜백에서 StartClient 실행'이라는 일련의 흐름은 좀 복잡해 보이지만 콜백을 이용한 메소드의 흐름을 제대로 파악하고 있으면 결코 그리 어렵지는 않을 것입니다.

Part 3

실시간 네트워크 게임 개발 - UNET 실전편

Part 3 Chapter 1

네트워크 게임의 기본과 샘플 게임의 개요

Unity로 네트워크 게임을 개발하려면 이 책의 Part 2에서 설명한 UNET(Unity Networking API)을 이용합니다. UNET에서는 컴포넌트에 설정을 하기 때문에 몇 가지 주의해야 할 점이 있습니다. Part 3에서는 샘플 게임으로 작성한 'Painters'를 예로 들어 게임 구축의 테크닉에 대해 설명하겠습니다.

먼저 1장에서는 네트워크 게임의 구성에 대해 정리하고 그 특징과 네트워크 게임 특유의 문제점을 파악해 둡시다.

그리고 샘플 게임 'Painters'의 개요와 플레이 방법을 소개합니다. 구축 시의 포인트 등은 이후에 나오는 장에서 자세히 소개하겠지만 우선은 어떤 게임인지를 플레이해서 시험해 보기 바랍니다.

이 장의 목적

- 클라이언트와 서버의 역할과 기능을 이해한다.
- 서버와 클라이언트의 기능을 합친 '호스트'의 특징을 파악한다.
- 실시간 네트워크 게임인 'Painters' 샘플 게임을 시험해 본다.

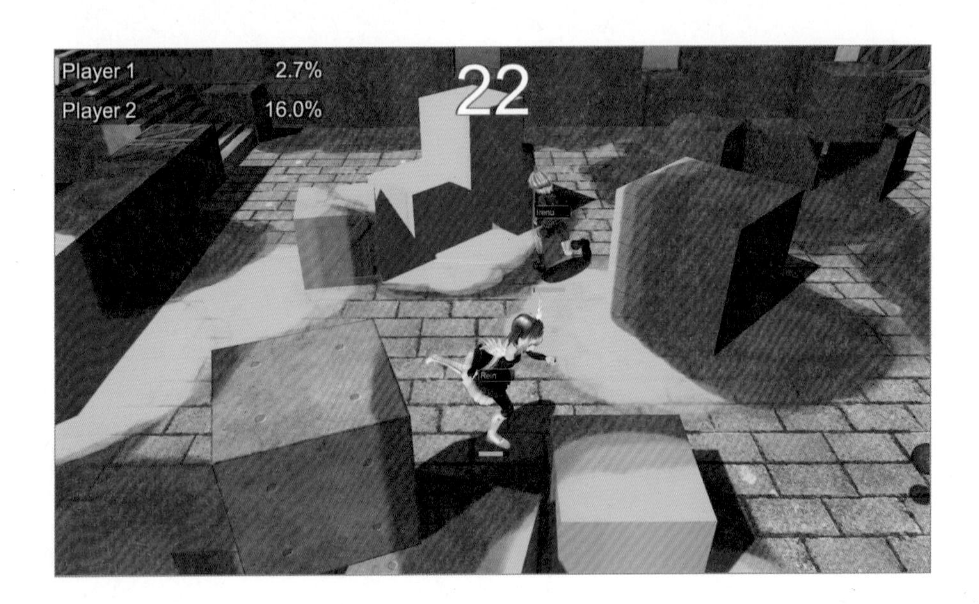

1-1 UNET(Unity Networking API)의 개요

Part 2에서도 UNET의 기초에 대해 간단한 샘플을 만들면서 설명했지만, 여기서는 본격적인 게임을 만들기에 앞서 실시간 네트워크 게임의 기초와 UNET의 개요에 대해 다시 한 번 정리해 두겠습니다.

UNET(Unity Networking API)이란?

Unity로 네트워크 게임을 개발하는 경우 고려해야 할 것이 바로 '네트워크를 어떻게 구축할 것인가'입니다. Unity에는 네트워크 관련 API가 몇 가지 있지만, 이 책에서는 UNET(Unity Networking API)을 사용하고 있습니다.

UNET은 Unity의 순정 네트워크 API입니다. 이것은 Unity 5.1부터 제공되는 것으로, 네트워크 게임, 특히 실시간으로 통신을 하면서 게임을 진행해 가는 형태의 게임 구축으로 특화된 API입니다.

UNET을 사용하면 실시간 네트워크 게임 자체뿐만 아니라 플레이를 위한 플레이어를 모으거나 플레이어를 찾아 참가시키기 위한 장치(**매치 메이킹**이라고 합니다)도 손쉽게 구축할 수 있습니다.

여기서는 UNET이 어떤 구조로 되어 있는지 간단히 설명해 두겠습니다.

클라이언트/서버 시스템

UNET을 이용할 때 가장 먼저 이해해야 할 것이 바로 '클라이언트/서버 시스템'입니다.

UNET에서는 네트워크 시스템에 연결하는 모든 단말은 서버와 클라이언트 둘 중 하나의 역할을 가지며, 각각은 다음과 같은 역할을 합니다.

서버의 역할

- 게임 중의 모든 오브젝트나 상태를 관리합니다.
- 다른 클라이언트에게 게임의 모든 상태를 송신합니다.

클라이언트의 역할

- 서버로부터 게임의 상태를 받아 표시합니다.
- 플레이어를 조작하고 이를 게임에 반영하기 위해 서버에게 송신합니다.

네트워크 게임 중에는 클라이언트/서버 시스템이 아닌 다른 구조도 있지만, UNET의 네트워크 구조는 게임 전체를 관리하는 '서버'와 게임의 상태 표시와 플레이어 조작을 처리하는 '클라이언트', 이 둘을 전제로 하고 있습니다.

이 둘의 역할을 이해하고 그에 맞는 처리를 구축해 가는 것이 UNET을 이용한 개발의 기본이라고 할 수 있습니다.

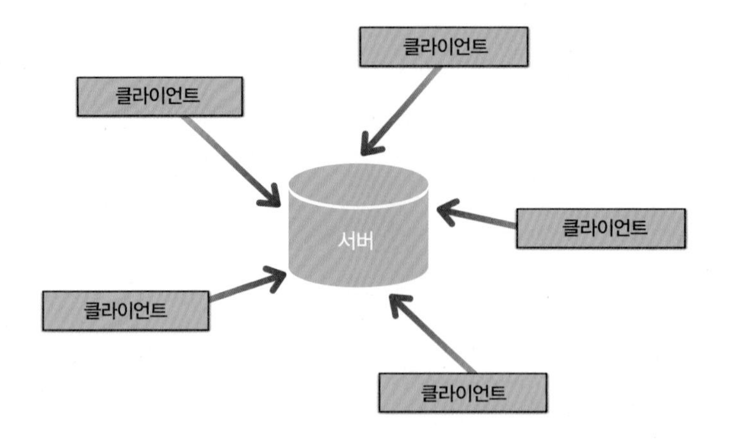

그림 1-1-1 UNET에서 서버는 하나의 단말에만 만들어지고, 클라이언트는 게임에 참가하는 단말마다 작성된다.

서버의 기능

서버는 게임 전체를 처리하는 요소입니다. 게임 플레이 중에는 하나밖에 존재하지 않습니다. 예를 들어 다음과 같은 처리는 모두 서버 측에서 처리되어 그 결과가 클라이언트에게 전달됩니다.

1. 캐릭터를 등장시킨다.
2. 캐릭터를 움직인다.
3. 충돌 판정을 한다.
4. 스코어 계산을 한다.
5. 승패 판정을 한다.

네트워크 시스템에 연결되어 있는 클라이언트 안의 정보(플레이어나 다른 캐릭터 등)는 서버로 보내져 거기서 관리됩니다. 플레이어 등은 기본적으로 서버 내에서 조작됩니다.

클라이언트 측에서 캐릭터를 조작하면 그 정보가 서버로 보내져 거기서 캐릭터의 상태가 변경되고, 그 정보가 서버로부터 모든 클라이언트에게 전달된다는 것입니다.

이 서버는 화면에 표시되어 플레이하기 위한 것이 아니라 클라이언트로부터 정보를 받아 처리하기만 하는 프로그램으로, 서버 자신이 게임을 플레이하는 일은 없습니다.

따라서 서버로서 프로그램을 실행시킨 단말은 게임에는 참가할 수 없습니다. 하지만 실제 플레이 시에는 서버를 단독이 아니라 서버와 클라이언트가 동시에 실행되는 **'호스트(host)'**라는 형태로 실행시키는 경우가 많습니다.

❙ 클라이언트와 권한

클라이언트는 서버가 보내온 게임의 상태를 플레이어에게 표시해 주는 역할을 합니다. 보통 클라이언트는 참가하고 있는 플레이어의 수만큼 존재합니다. 게임의 네트워크 시스템에 단말이 액세스하면 각 단말마다 클라이언트가 실행되고 있는 것입니다.

또한 클라이언트는 기보드, 마우스, 패드와 같은 디바이스를 사용하여 플레이어가 입력한 것을 처리합니다. 하지만 클라이언트에는 게임의 진행이나 게임 중의 상태 변경은 할 수 없으므로 입력을 서버에게 보내 처리를 부탁하게 됩니다.

서버에 입력 정보가 전달되면 서버의 플레이어 상태가 변경되고 모든 클라이언트에게 전달되어 상태가 변경된다는 흐름을 반복하여 게임이 진행되어 가는 것입니다.

이 '서버에 처리를 부탁하는' 기능을 가지는 것을 '오브젝트에 대해 권한을 가진다'라고 합니다. [그림 1-1-2]에서 Client1/Client2와 Player1의 권한은 다음과 같습니다.

- Client1은 플레이어 캐릭터 Player1을 조작하므로 Player1의 권한을 가진다.
- Client2는 플레이어 캐릭터 Player2를 조작하므로 Player1의 권한을 가지지 않는다.

어떤 오브젝트의 권한을 가진 클라이언트는 해당 오브젝트를 움직이기 위한 조작을 서버에 송신할 수 있습니다(2장에서 소개할 command나 syncvar 등). 권한을 가진 클라이언트가 조작을 함으로써 서버의 오브젝트가 변경됩니다.

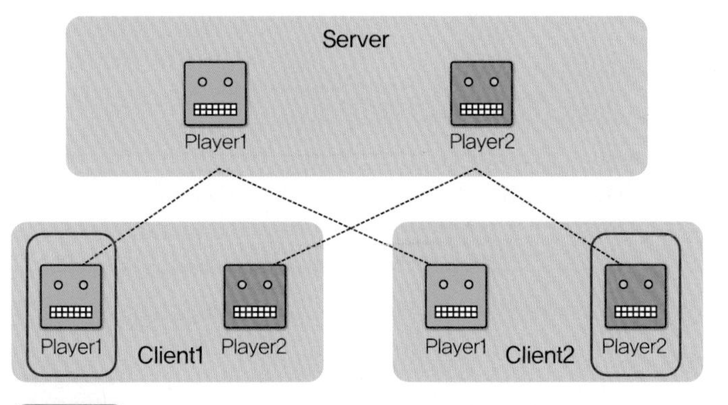

그림 1-1-2 클라이언트는 권한을 가진 오브젝트만을 조작할 수 있다.

권한이 없는 오브젝트

플레이어 캐릭터와 달리 NPC(Non Player Character) 등 특정 플레이어가 조작하지 않는 캐릭터는 어떤 플레이어의 클라이언트도 권한을 가지지 않습니다.

그런 캐릭터의 조작은 서버만 수행합니다(수행할 수 있습니다). 특히 이 Part에서 작성할 게임과 같이 '호스트'(서버와 클라이언트 둘 다의 기능을 가진 것)의 경우는 호스트가 NPC의 동작을 처리합니다. 이것은 몬스터 헌터 등과 같은 게임에서 호스트 단말이 보스나 몬스터 캐릭터의 처리를 하고 있는 것과 똑같습니다.

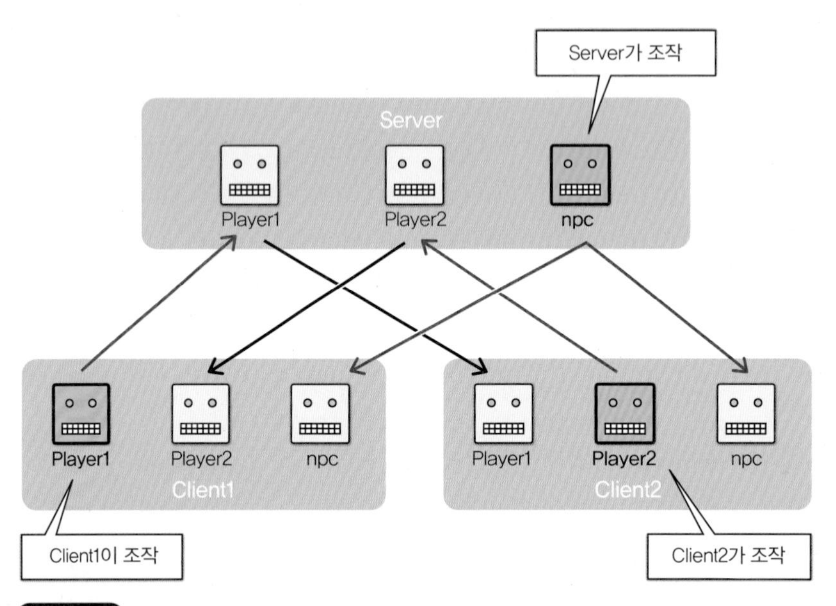

그림 1-1-3 NPC와 같은 캐릭터는 서버가 조작한다.

왜 클라이언트/서버로 만드는가?

게임의 진행이나 캐릭터의 동작 등 게임의 모든 것을 서버 하나로 처리하는 구조를 채택하는 이유로는 다음 두 가지가 있습니다.

① 환경의 성능 차이나 통신 상황 등에 의한 불공평을 발생하기 어렵게 한다.
② 치트 등과 같은 악의적인 조작에 대응하기 쉽다.

모든 것을 서버에서 처리하면 고속 PC가 더 많은 탄환을 발사하거나 통신이 빠른 쪽이 먼저 공격을 하는 등과 같은 불공평이 없어집니다.

또한 악의적인 플레이어가 부정한 조작 등으로 게임을 유리하게 하려고 해도(치트) 서버가 캐릭터의 동작을 처리하고 있으면 서버 자체를 부정 조작하지 않는 한 게임이 부정하게 진행되는 일은 없습니다.

호스트 기능

UNET에서는 서버와 클라이언트 둘 다의 기능을 갖고 있는 경우를 호스트라고 합니다. 호스트는 일반적인 네트워크 게임에서 '방 마스터'나 '호스트'라 불리는 것과 비슷한 존재로, 클라이언트로서 플레이어의 처리와 서버로서 게임의 전체적인 처리를 둘 다 수행합니다.

그림 1-1-4 호스트는 클라이언트와 서버 둘 다의 기능을 갖고 있다.

네트워크 게임에서는 서버가 반드시 필요하지만 서버로서 작동시킬 PC나 게임기가 항상 있어야 한다면 간편하게 게임을 플레이할 수 없습니다.

그래서 플레이에 참가하는 플레이어 단말 중 어느 한 단말에서 서버를 작동시키고 거기에 다른 플레이어가 클라이언트로서 연결하는 네트워크 게임이 휴대 게임기나 MMO 게임과 같은 대규모 게임에서도 일반적입니다. 이 플레이어 단말은 클라이언트로서도 작동하는 호스트가 됩니다.

호스트는 내부에 서버와 클라이언트 둘 다가 존재할 뿐 UNET의 네트워크 시스템에 새로운 구성 요소를 늘리는 것은 아닙니다. 하지만 UNET의 구축 사정상 호스트에는 네트워크를 경유하여 연결되는 다른 클라이언트와 비교하여 다음과 같은 특이한 성질이 있습니다.

- **통신 랙(latency: 지연 시간)이 발생하지 않습니다.**
- **호스트만 게임 상태는 서버가 갖고 있는 상태 그 자체입니다.**
- **호스트에서만 올바르게 플레이할 수 있는 프로그램을 만들 수 있습니다.**
- **호스트의 클라이언트만 다른 클라이언트보다도 빨리 게임 상태가 반영되어 표시됩니다.**

이 성질의 차이를 해결할 방법은 최신(집필 당시) Unity 5.5.1에서도 제공되지 않고 있습니다.

이 차이가 문제가 된다면 통신 랙을 해결하기 위한 테크닉 등을 이용하여 가능한 한 클라이언트의 유리 불리가 발생하지 않도록 하거나 호스트/클라이언트 둘 다에서 정상적으로 작동하도록 신경을 써서 개발을 진행해야 합니다.

Part 3의 3장 이후에서는 네트워크 게임 작성에서 필요한 이러한 테크닉에 대해 자세히 소개합니다.

스크립트를 기술할 때의 주의점

UNET에서는 서버와 클라이언트 둘 다 똑같은 스크립트로 구축을 할 수 있으므로 서버와 클라이언트를 나눠서 작성하는 시스템과 달리 비교적 손쉽게 개발을 진행할 수 있습니다.

하지만 이 점이 '서버와 클라이언트 양쪽에서 완전히 똑같은 프로그램이 움직인다'라는 것을 의미하는 것은 아니며, '서버와 클라이언트를 의식하지 않아도 된다'라는 것을 의미하는 것도 아닙니다.

반대로 하나의 스크립트에서 양쪽을 손쉽게 기술할 수 있으므로 개발을 하고 있으면 어느 쪽 프로그램을 작성하고 있는지 혼란이 와서 버그의 원인이 되는 경우도 적지 않습니다.

특히 보통은 하나의 'unity=호스트'로 개발 작업을 하고 있기 때문에 호스트에서는 작동하지만, 클라이언트에서는 작동하지 않는 스크립트를 써 버리는 일도 일어나기 쉽습니다.

따라서 UNET을 사용하는 경우에도 서버와 클라이언트 양쪽에서 작동하는 코드를 쓰고 있는지를 항상 의식하면서 개발을 진행할 필요가 있습니다.

1-2 샘플 게임 'Painters'의 개요와 플레이 방법

여기서는 이 Part를 위해 실시간 네트워크 게임의 샘플로서 작성한 'Painters'라는 게임의 개요와 플레이 방법을 소개하겠습니다.

게임의 시작과 로비의 설정

샘플 게임 'Painters'는 UNET을 이용한 네트워크 게임으로, 1~4명이 플레이할 수 있는 대전형 액션 게임입니다. 구축 방법에 대한 설명은 다음 장에서 하므로 여기서는 플레이 방법을 소개하겠습니다.

게임을 실행시키면 타이틀 화면이 나타납니다. 여기에 있는 'START' 버튼을 클릭하면 게임이 시작됩니다.

그림 1-2-1 게임의 스타트 화면

스타트하면 처음에 [그림 1-2-2]와 같은 화면이 나타납니다. 이것은 '로비'라 부르는 것으로, 실제 플레이 화면 전에 필요한 설정 등을 수행합니다. 여기에는 전부 4개의 버튼이 있으며 각각 다음과 같은 기능을 갖고 있습니다.

그림 1-2-2 로비의 설정 화면

● 인터넷 플레이

인터넷 서비스에 연결하여 플레이하기 위한 것입니다. UNET에서는 **매치 메이커**라는 기능으로 인터넷 서비스를 이용하여 플레이어를 매칭할 수 있습니다. 이것을 사용하여 인터넷 경유로 플레이하기 위한 것입니다.

- **방 만들기**

  인터넷에서 플레이하는 경우는 '방'이라는 플레이를 위한 공간을 작성합니다. 아직 아무도 인터넷 플레이를 하지 않고 방이 없는 경우는 이 버튼으로 방을 작성합니다.

- **방 검색**

  이미 작성되어 있는 방을 검색합니다. 표시된 방을 선택하면 해당 방에 참가하고 있는 플레이어와 게임을 할 수가 있습니다.

● LAN/1인용 플레이

인터넷을 사용하지 않고 로컬 환경에서 플레이하기 위한 것입니다. UNET에서는 LAN으로 연결되어 있는 단말끼리 플레이할 수 있습니다. 또한 혼자서 게임을 플레이하는 경우도 이 버튼을 선택합니다.

- **호스트로 시작**

  호스트는 클라이언트와 서버를 겸비한 것입니다. LAN에서 플레이하는 경우는 단말 중 하나가 서버가 되어야 합니다. 또한 1인용 플레이의 경우도 이것을 선택합니다.

● **호스트 검색**

이미 호스트로 실행되고 있는 단말이 있는지 찾습니다. 호스트가 발견되면 그것을 선택하고 그 호스트의 서버에 연결하여 게임을 플레이합니다.

게임의 플레이 방법

네트워크 설정을 했으면 계속해서 플레이어 이름과 사용할 캐릭터를 선택하는 화면이 나타납니다. 이 게임에서는 두 가지 캐릭터를 마련해 놓았습니다. 사용하고 싶은 캐릭터를 선택하여 '결정' 버튼으로 결정합니다.

그림 1-2-3 게임 캐릭터의 선택 화면

캐릭터를 결정하면 게임이 시작됩니다. 플레이어가 여러 명 참가하는 경우는 전원의 준비가 끝나면 자동으로 플레이를 시작합니다.

이동은 상하좌우 화살표 키로 하고 페인트탄은 스페이스바로 발사합니다. 또한 적 캐릭터는 그대로 부딪히면 공격할 수 있습니다. 상대의 파워가 0이 되면 쓰러지고 아이템을 떨어뜨립니다. 이 아이템에는 다음과 같은 효과가 있습니다.

- 일정 시간 발이 빨라진다.
- 페인트탄의 페인트 면적이 커진다.
- 약한 캐릭터에게 주는 데미지가 커진다.

자신의 파워가 0이 된 경우는 원래 위치로 되돌아갑니다. 보다 많은 면적을 자신의 색으로 칠한 플레이어가 승리합니다. 플레이 시간은 180초이며, 시간이 경과하면 게임 종료되어 로비로 돌아갑니다.

그림 1-2-4 플레이 화면

네트워크 게임으로서의 특징

이 샘플 게임 'Painters'의 네트워크 게임 특유의 특징으로는 다음과 같은 것이 있습니다.

비동기화형 실시간 대전 게임

- 캐릭터의 액션이나 움직임은 다른 플레이 환경에 항시 반영됩니다.
- 모든 플레이어의 행동을 기다리지 않고 게임을 진행합니다.

매치 메이킹에 의한 참가 플레이어 모집

- 매치 메이킹 기능으로 방의 작성, 방의 선택, 방에 참가를 합니다.
- 방은 1~4명으로, 방 전원이 준비 완료되면 플레이가 시작됩니다.
- 플레이 도중에는 게임에 참가할 수 없습니다.

또한 구축상 특징으로서는 다음과 같은 점을 들 수 있습니다.

- Unity 5.5.0f3 Networking API를 사용하고 있습니다.
- Unity MultiPlayer를 사용하여 '매치 메이킹', '패킷 라우팅' 기능을 구현하고 있습니다.

COLUMN

동기화형과 비동기화형 네트워크 게임

이상적인 네트워크 게임을 말하자면 30FPS나 60FPS와 같은 빈도로 확실히 모든 플레이어의 입력이나 움직임의 정보를 완전히 교환할 수 있는 '동기화형'입니다.

그러나 이것은 현실적으로는 어렵기 때문에 실시간으로 액션 게임 플레이를 구현하기 위해 회원 정보를 기다리지 않고 서버/클라이언트가 게임을 진행해 가는 것이 '비동기화형'입니다.

● 비동기화형 장점

각 클라이언트는 다른 클라이언트나 서버를 기다리지 않고 처리를 어느 정도 진행시킬 수 있습니다. 플레이어의 조작은 즉시 반영되고, 자기 이외의 캐릭터는 통신을 따르도록 하면 적어도 로컬 플레이어의 캐릭터는 플레이어의 조작을 즉시 반영하여 움직일 수 있습니다. 또한 동기화가 전체적으로 불필요한 오브젝트는 자유롭게 움직일 수 있습니다.

● 비동기화형 단점

클라이언트별로 처리의 진행 정도가 달라집니다. 상대가 느리기 때문에 노린 장소에 발사해도 사실은 다른 장소에 있어서 맞지 않거나 그 반대로 맞지 않아야 하는데 맞거나 하는 문제가 발생합니다. 네트워크 랙이 있으면 그 영향을 받게 됩니다.

턴 형 게임(이나 그와 비슷한 것)의 경우 턴마다 상대를 기다리면 되므로 이런 문제는 발생하지 않지만 실시간으로 플레이를 진행하는 게임의 경우는 어쩔 수 없이 이런 문제가 발생합니다.

이런 문제를 피하고 네트워크 게임으로서 부자연스럽지 않도록 구축하는 방법에 대해서는 이후 장에서 순서대로 설명해 가겠습니다.

샘플 게임 'Painters'의 구축 개요

샘플 게임 'Painters'를 플레이해 봤으면 어떤 네트워크 게임인지 이해했을 것입니다. 여기서는 'Painters'의 구축 개요를 설명하겠습니다.

실시간 네트워크 게임에서는 통신에서 지연이 발생해도 부자연스럽지 않도록 캐릭터를 움직이는 처리와 오브젝트의 동기화 처리 등에 실시간 게임 특유의 테크닉이 필요합니다. 이러한 노하우에 관해서는 이후의 장에서 각각 개별적으로 들어 설명하므로 여기서는 게임의 전체상을 확실하게 파악하기 바랍니다.

또한 이 장에는 Part 2에서 설명한 내용과 중복되는 부분도 있지만 복습을 한다고 생각하고 읽어가기 바랍니다.

이 장의 목적

- UNET을 사용한 네트워크 게임 개발의 개요를 다시 파악한다.
- 플레이어 캐릭터를 조작할 때의 구축 원리에 대해 이해한다.
- 캐릭터의 이동 처리에서 플레이어에게 스트레스를 주지 않는 회피 방법을 알아 둔다.

2-1 네트워크 게임 개발의 기본

샘플 게임 'Painters'에 국한되지 않고 UNET을 사용한 네트워크 게임의 개발에서 필요한 개요와 흐름을 정리해 둡시다.

Unity의 공식 도큐먼트

기본적인 네트워킹 부분의 작성 방법은 Unity 사이트의 공식 매뉴얼에 설명이 잘 되어 있습니다.

- **UNET 공식 도큐먼트**

https://docs.unity3d.com/kr/current/Manual/UNetSetup.html

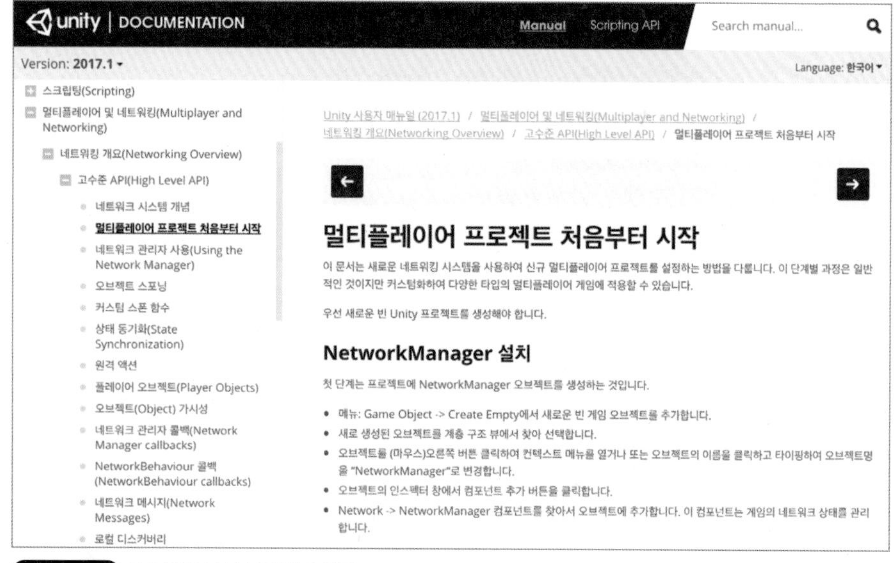

그림 2-1-1 UNET의 공식 도큐먼트 화면

하지만 이 매뉴얼은 Unity에 어느 정도 숙련된 사람을 대상으로 하고 있기 때문에 각종 전문 용어나 개념 설명이 생략되어 있거나 부분적인 코드만 게재되어 있어서 매뉴얼 대로만 하면 바로 움직이는 프로그램을 만들 수 있는 것은 아닙니다. 실제로 직접 만들려고 하면 어디에 어떤 코드를 넣어야 할지 몰라서 힘들어 하는 사람도 있습니다.

여기서는 네트워크 게임의 개발 경험이 없는 사용자라도 어느 정도 움직이는 프로그램을 작성할 수 있도록 개발의 포인트를 정리해 두겠습니다. Part 2의 복습이라 생각하고 읽어가기 바랍니다.

Network Manager의 배치

가장 먼저 새로운 빈 씬을 준비하고 Network Manager를 배치합니다. Network Manager는 저수준 통신을 수행하고 플레이어나 오브젝트의 생성, 필요에 따라서는 씬의 로딩 등을 수행해 주는 컴포넌트입니다.

씬은 다음과 같은 절차로 작성합니다.

① 씬에 적당한 GameObject를 만든다('Create Empty' 등으로 GameObject를 만들면 OK).
② Network Manager 컴포넌트를 GameObject에 추가한다([Component] 메뉴의 'Network'에 있음).
③ Network Manager HUD 컴포넌트를 동일한 Network Manager 오브젝트에 추가한다.

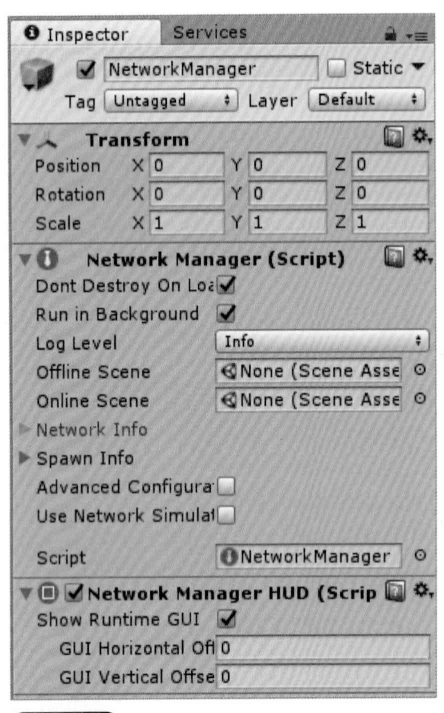

그림 2-1-2 Network Manager의 작성 예

Network Manager는 시작 시에 초기화를 하지만 통신 시작 등의 처리를 지시하지 않는 한 그 외의 처리는 아무것도 하지 않으므로 재생해도 통신은 일어나지 않습니다.

Network Manager에 대한 지시는 스크립트에서 하지만, 처음부터 그러한 스크립트가 필요하면 개발이 힘들기 때문에 UNET에서는 테스트나 디버그에 편리한 UI를 표시하는 기능이 있습니다. 위의 절차 ③의 Network Manager HUD가 바로 그것입니다.

❙ 씬 재생

Network Manager가 준비되었으면 씬을 재생해 보기 바랍니다. 화면 왼쪽 위에 [그림 2-1-3]과 같은 UI가 표시됩니다. 여기서는 버튼의 기능을 간단히 정리해 두겠습니다.

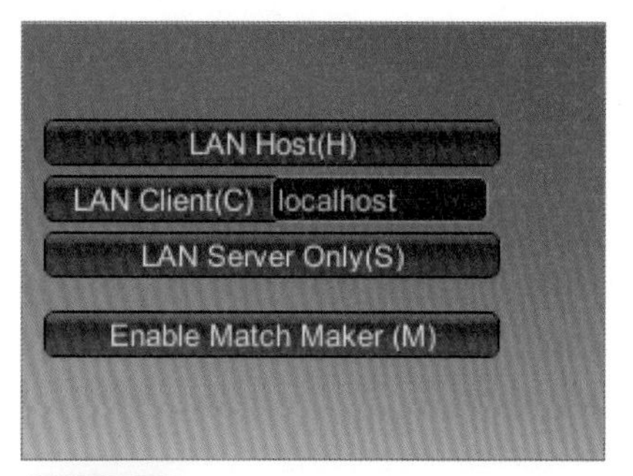

그림 2-1-3 Network Manager HUD의 UI 표시

● LAN Host 버튼

'호스트'로 작동을 시작하는 버튼입니다. 호스트이므로 서버와 클라이언트로 작동합니다. 단독으로 테스트하는 경우는 호스트로서 플레이하므로 가장 자주 사용하는 버튼입니다.

● LAN Client Only

클라이언트로 작동을 시작하는 버튼입니다. 호스트로 작동되고 있는 단말이 없는 경우 오류가 발생합니다.

● LAN Server Only

서버로만 작동을 시작하는 버튼입니다. 여기서 개발하는 게임은 플레이어 단말 중 어느 하나가 서버도 겸임하고 있는 호스트가 있는 게임을 만들고 있으므로 이 버튼은 사용하지 않습니다.

● Enable Match Maker

매치 메이커 처리를 시작하는 버튼입니다. 방 작성이나 참가 등의 기능은 UNET에 NetworkLobbyManager로 고수준의 편리한 컴포넌트 클래스가 마련되어 있어서 실제 게임에서도 이것을 사용하므로 Network Manager를 직접 사용한 구축은 하지 않습니다.

오브젝트 배치

Network Manager에서는 Spawn할 플레이어 오브젝트를 설정할 수 있습니다. 여기에는 다음과 같은 점에 주의해야 합니다.

- 동기화할 오브젝트에는 NetworkIdentity를 반드시 붙입니다. Network Manager는 Network Identity만을 처리합니다. NetworkIdentity가 없는 오브젝트는 네트워크 상에 존재하지 않는 것과 똑같습니다.
- 게임 중에 Instantiate(UNET에서는 Spawn이라 부름)할 프리팹은 Network Manager에 등록할 필요가 있습니다. Network Manager 컴포넌트의 'Player Prefab'에 프리팹을 등록하기 바랍니다.

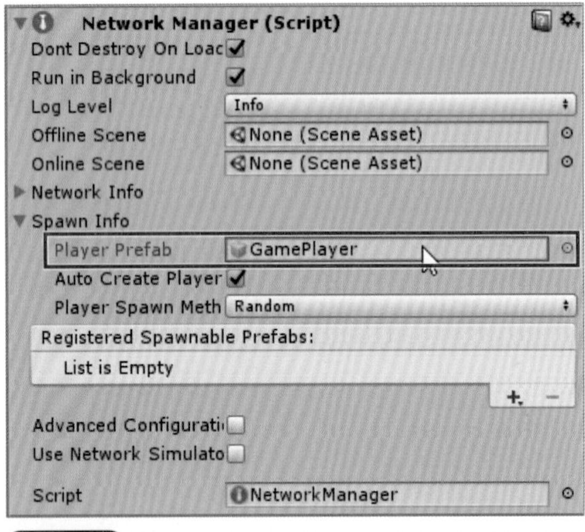

그림 2-1-4 Network Manager의 Player Prefab에 플레이어로 사용할 프리팹을 설정해 둔다.

플레이어 오브젝트(프리팹) 작성

플레이어로서 Network Manager의 Player Prefab에 설정할 프리팹은 다음과 같은 순서로 작성합니다.

① 빈 GameObject를 만든다. 이름은 Player 등으로 해 둔다.
② NetworkIdentity 컴포넌트를 추가한다.
③ Local Player Authority를 체크한다.
④ Project 창으로 드래그&드롭하여 프리팹으로 만든다.
⑤ 앞에서 만든 Network Manager의 Spawn Info/Player Prefab에 프리팹을 설정한다.
⑥ Network Manager의 Auto Create Player에 선택 표시를 한다.

Network Identity (Script)
Server Only cannot be set for Local Player Authority objects
Local Player Authority
Network Transform (Script)
Network Send Rate (se 9
Transform Sync Mode Sync Transform
Movement:
Movement Threshol 0.001
Snap Threshold 5
Interpolate Moveme 1
Rotation:
Rotation Axis XYZ (full 3D)
Interpolate Rotation 1
Compress Rotation None
Sync Angular Veloci
Painter Lobby Player (Script)
Script PainterLobbyPlayer
Show Lobby GUI
Player Name player SyncVar
Character Type 0 SyncVar
Player Name Input
Character Type Models
Network Channel 0
Network Send Interval 0.1

그림 2-1-5 Player Prefab으로 설정할 프리팹에는 NetworkIdentity를 추가하고 Local Player Authority를 ON으로 해 둔다.

스타트 위치의 NetworkingStartPosition 작성

플레이어 오브젝트를 Spawn할 장소는 NetworkStartPosition 컴포넌트를 사용하여 준비합니다. 다음과 같이 작성합니다.

① 빈 GameObject를 만든다. 이름은 적당히 붙여 둔다.
② NetworkStartPosition 컴포넌트를 추가한다.
③ Transform에서 Spawn될 위치를 설정해 둔다.

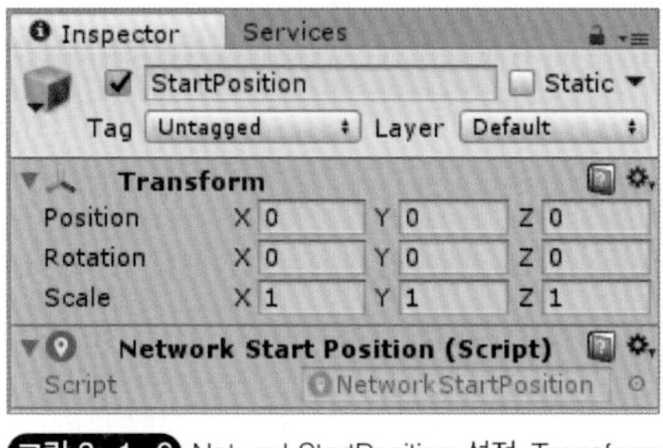

그림 2-1-6 NetworkStartPosition 설정. Transform에서 위치를 지정해 둔다.

작성한 씬을 테스트한다

작성한 씬의 동작 테스트는 네트워크 게임이라는 특성상 여러 개의 단말을 사용하여 확인할 필요가 있지만 간단한 테스트라면 다음과 같이 하면 좋습니다.

● 1대의 PC에서 테스트한다

① 프로젝트를 빌드한다.
② Unity 에디터에서 재생한다. 이것은 LAN Host를 선택한다.
③ 동일 PC에서 빌드를 실행한다. 빌드 쪽은 LAN Client를 선택한다(연결처 이름은 localhost).

● 여러 개의 Unity 에디터에서 테스트한다

① 프로젝트를 통째로 복사한다.
② 복사한 프로젝트를 다른 Unity 에디터에서 연다.
③ 한 쪽에서는 LAN Host, 다른 한 쪽에서는 LAN Client를 선택한다(연결처 이름은 localhost).

플레이어 캐릭터의 구축

Network Manager에서는 플레이어 캐릭터(Player Prefab으로 설정한 것)의 작성이 매우 중요합니다. 플레이어 캐릭터를 작성하려면 그 특징을 파악할 필요가 있습니다.

플레이어 캐릭터는 다른 게임 속에서 움직임을 동기화시키는 오브젝트와는 달리 다음과 같은 특징을 갖고 있습니다.

● 플레이어 캐릭터의 특징

● 캐릭터는 권한이 있는 클라이언트의 플레이어 조작을 따른다.

① 자신의 플레이어를 조작하는 클라이언트 상의 동작이 서버에 반영된다.
② 다른 플레이어의 조작은 자신의 플레이어 캐릭터에는 영향을 주지 않는다.

● Network Manager에 Player Prefab 설정이 필요하다.

① Spawn 위치 설정도 필요하므로 NetworkStartPosition 컴포넌트를 씬에 배치한다.

● 플레이어 캐릭터에 필요한 설정

플레이어 캐릭터에는 다음과 같은 컴포넌트와 설정이 필요합니다.

● NetworkIdentity

네트워크로 동기화할 모든 오브젝트에 필요한 컴포넌트입니다. 이것은 반드시 'Local Player Authority' 항목에 선택 표시를 하여 ON으로 해 두어야 합니다.

이렇게 해야 나중에 설명할 command를 사용하여 클라이언트에서 서버로 조작을 반영할 수 있습니다.

● NetworkTransform

transform(캐릭터의 위치나 회전)을 각 클라이언트에게 반영하기 위한 컴포넌트입니다. 서버 상의 위치나 회전을 각 클라이언트에게 반영합니다. 클라이언트 상의 캐릭터의 transform은 반영되지 않습니다.

2-2 'Painters'의 구축

앞 섹션에서는 UNET을 사용한 네트워크 게임의 일반적인 구축 흐름과 개요를 설명했습니다. 여기서는 샘플 게임 'Painters'를 예로, 게임의 구축 방법을 좀 더 자세히 설명하겠습니다.

플레이어 조작의 구축 원리

플레이어 캐릭터의 조작에 대해 설명하겠습니다. UNET에서 플레이어 조작을 반영하는 방법은 기본적으로 다음과 같습니다.

① [client] 조작에 따른 처리 의뢰를 서버로 보낸다.
② [server] 클라이언트의 의뢰를 처리하여 캐릭터 오브젝트를 움직인다.
③ [server] 동작 결과를 각 클라이언트에게 송신한다.
④ [client] 동작 결과를 받아 캐릭터 오브젝트에 반영한다.

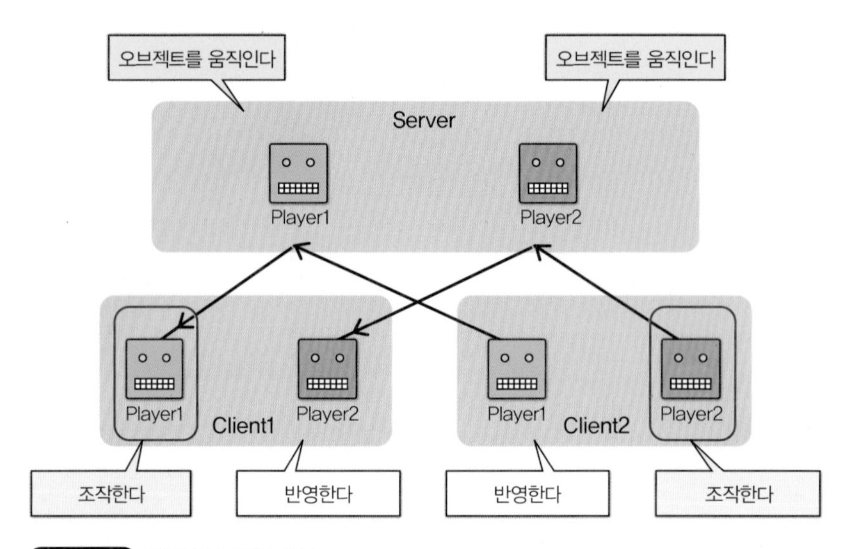

그림 2-2-1 플레이어 조작의 흐름

네트워크 게임에서는 반드시 위 단계를 거쳐 처리를 해 가도록 구축하는 것이 기본입니다. 그렇지 않으면 서버와 각 클라이언트에서의 처리가 어긋나버려 게임을 정상적으로 진행할 수 없게 됩니다.

UNET에서 게임의 진행이나 상태 관리는 서버가 담당합니다. 어떤 오브젝트의 의뢰를 송신할 수 있는(서버에 의뢰가 처리되는) 것은 해당 오브젝트의 권한을 가진 클라이언트 뿐입니다.

따라서 클라이언트의 처리를 구축하는 경우 오브젝트의 권한을 갖고 있을 때만 조작을 실행하도록 기술하는 것이 중요합니다.

하지만 엄밀히 말해 위의 방법대로 구축을 하면 조작하고 있는 플레이어 캐릭터조차도 통신 지연의 영향을 받아 플레이어의 조작감이 떨어져 버립니다.

그래서 실제로는 이동과 같이 플레이어에게 스트레스를 줄 것 같은 부분에 대해서는 각 클라이언트에서 처리를 수행하고 서버에는 그 결과만을 송신하는 형태를 취합니다.

┃ 오브젝트 초기화

Network Manager에 등록한 플레이어 프리팹은 플레이 시작 시에 각 플레이어(클라이언트)별로 플레이어 캐릭터를 하나만 Spawn합니다.

이 플레이어 캐릭터에는 NetworkIdentity 외에 NetworkBehaviour를 상속한 플레이어 조작 컴포넌트를 붙여 두는 것이 플레이어 캐릭터 처리를 구축하는 가장 간단한 방법이 됩니다.

```
// 플레이어 조작 처리 클래스
public class PlayerCharController : NetworkBehaviour
{
    public override void OnStartServer()
    { /* 서버에서만 실행되는 초기화 처리(호스트 포함) */ }

    public override void OnStartClient()
    { /* 클라이언트별로 실행되는 초기화 처리(호스트 포함) */ }

    public override void OnStartLocalPlayer()
    { /* 이 플레이어 캐릭터가 조작 캐릭터인 경우만 실행되는 처리 */ }

    void Update() { ... }
}
```

NetworkBehaviour의 이벤트 처리 메소드 중 위 3개는 Spawn되어 맨 처음에 초기화를 위해 실행되는 메소드입니다.

주로 이용하는 Awake 메소드나 Start 메소드는 다음과 같은 이유로 서버/클라이언트를 제대로 구분하여 초기화를 구축하는 경우에는 적합하지 않습니다.

- 서버와 권한이 없는 클라이언트에서도 실행되어 버린다.
- Awake 메소드에서는 isServer/isClient/isLocalPlayer/hasAuthority라는 네트워크의 성질을 판정하는 프로퍼티에 올바른 값이 설정되어 있지 않다.

그래서 UNET에서 네트워크에 필요한 초기화나 네트워크 게임의 규칙상 클라이언트별로 구별되는 처리는 반드시 위의 메소드를 오버라이드하여 쓸 것을 권장합니다.

'Painters'에서 오브젝트의 초기화 구축

샘플 게임 'Painters'에서도 위 3개의 메소드를 사용하여 초기화 처리를 하고 있습니다. 여기서는 다음과 같이 처리를 나눠서 구축하고 있습니다.

● OnStartServer

서버에서만 필요한 초기화 처리를 합니다. 'Painters'에서는 캐릭터의 발의 빠르기나 아이템 취득 시의 buff 효과 등과 같은 초기화를 하고 있습니다.

이러한 파라미터는 초기값은 서버 측에서 관리하고, 예를 들어 모든 buff 효과를 합한 발의 빠르기와 같은 최종적인 이동 처리에 필요한 값만을 각 클라이언트에게 전달하도록(나중에 설명할 syncvar로 공유)하고 있습니다.

● OnStartClient

클라이언트에서만 필요한 초기화 처리를 합니다. 각 플레이어에게 공통된 색 정보 등을 구축하는 데 사용합니다. 하지만 'Painters'에서는 매칭/방 화면에서 플레이 게임용 캐릭터 오브젝트를 만들어 버리므로 플레이어용에는 사용하고 있지 않습니다.

나중에 설명할 페인트탄에서 탄환의 색이나 크기 설정에서 사용하고 있습니다.

● OnStartLocalPlayer

네트워크 오브젝트 중에서도 플레이어 캐릭터로서 Spawn되고 해당 캐릭터의 소유자(권한을 갖고 있는 클라이언트)의 오브젝트에 붙어 있는 Network Behaviour 컴포넌트에서만 실행되는 메소드입니다. 이와 같은 플레이어를 '**로컬 플레이어**(오브젝트)'라고 합니다.

즉, 이 메소드는 서버가 처리를 하지 않는, 플레이어나 플레이어 캐릭터 고유의 초기화를 하는 데 사용합니다. 예를 들면 게임의 상황을 표시하는 HUD 표시 설정 등에 사용합니다.

플레이어의 조작 처리

플레이어의 조작 처리는 비 네트워크 게임을 만들 때와 마찬가지로 Update 메소드에서 하지만, 조작이 가능한 것은 권한을 가진 로컬 플레이어 오브젝트 뿐이므로 이를 isLocalPlayer로 판정합니다.

```
void Update()
{
    if (isLocalPlayer) // 자신의 플레이어 캐릭터인지 아닌지
    {
        조작 처리;
    }
}
```

권한을 갖고 있는지는 hasAuthority로 확인할 수 있지만, 로컬 플레이어인지 아닌지로 기술하는 편이 알기 쉬우므로 조작 플레이어에 대한 처리는 isLocalPlayer를 사용하는 편이 좋습니다.

플레이어의 이동 조작

'Painters'에서 이동 처리는 비 온라인 게임에서 캐릭터를 이동하는 방법과 마찬가지로 Transform의 position이나 rotation을 설정하여 처리합니다. 구체적으로 다음과 같은 코드로 기술합니다.

```
var x = Input.GetAxis("Horizontal");
var z = Input.GetAxis("Vertical");
var d = new Vector3(x, 0f, z);
if (d.magnitude > 0f)
{
    /* NavMeshAgent의 이동 속도 설정 */
    agent.velocity = d * runningSpeed;
}
```

'Painters'에서는 캐릭터가 벽 저편이나 통과할 수 없는 곳에 들어가지 않도록 하기 위해 NavMesh를 사용하고 있으며, 이동은 NavMesh에 속도나 방향을 설정하여 처리합니다.

NavMesh는 마지막으로 오브젝트의 위치나 회전을 갖고 있는 Transform을 변경합니다. 하지만 UNET에서는 설령 권한을 갖고 있어도 Transform만 변경한다고 해서 캐릭터의 위치나 회전이 서버나 각 클라이언트에 반영되지는 않습니다.

UNET에는 권한이 있는 오브젝트의 Transform을 서버나 다른 클라이언트에게 반영하기 위한 간편한 API로 'NetworkTransform'이 마련되어 있으므로 처음으로 구축하는 경우는 이것을 사용하는 편이 편리합니다.

이동은 앞에서도 말했듯이 플레이어의 스트레스 경감을 위해 다음과 같이 원칙에 조금 위반되는 방법을 취하고 있습니다.

① [client] 조작에 따른 처리 의뢰를 서버에 보낸다.

클라이언트 상에서 Transform을 변경하고, 그 결과를 NetworkTransform이 서버로 보낸다. 변경 의뢰가 아니라 처리 결과를 송신한다.

② [server] 클라이언트의 의뢰를 처리하여 캐릭터 오브젝트를 움직인다.

서버는 이동 처리를 하지 않고 값만 받을 뿐이다.

③ [server] 동작 결과를 각 클라이언트에게 송신한다.

서버 상의 NetworkTransform이 각 클라이언트에게 위치나 회전을 송신한다.

④ [client] 동작 결과를 받아 캐릭터 오브젝트에 반영한다.

각 클라이언트의 플레이어 캐릭터의 NetworkTransform이 받은 정보를 바탕으로 캐릭터의 위치 및 회전을 반영한다.

서버는 항상 클라이언트의 뒤를 쫓아 위치를 파악하고 있다는 점에 주의해야 합니다. 나중에 설명하겠지만 'Painters'에서는 권한을 갖고 있는 오브젝트의 Transform을 서버나 다른 클라이언트에게 송신하여 공유할 수 있는 독자적인 PainterNetworkTransform 클래스를 구현하고 있습니다. 여기에는 NetworkTransform의 보완 기능 외에 위치의 예측 기능도 들어 있습니다.

페인트탄의 발사 조작

탄환의 발사는 원칙대로 구축합니다. 통신에는 command 메소드를 사용하고 있습니다.

① [client] 조작에 따른 처리 의뢰를 서버에게 보낸다.

발사 버튼을 누르면 command 메소드를 호출한다.

② [server] 클라이언트의 의뢰를 처리하여 탄환 오브젝트를 움직인다.

command 메소드 안에서 탄환을 Spawn한다.

③ [server] 동작 결과를 각 클라이언트에게 송신한다.

Network Manager의 기능으로 탄환의 Spawn이 모든 클라이언트에게 전달된다.

④ [client] 동작 결과를 받아 탄환 오브젝트에 반영한다.

Network Manager의 기능으로 Spawn 통신을 받아 각 클라이언트가 탄환을 생성한다.

이상으로 샘플 게임 'Painters'의 구축 포인트를 간단히 정리했습니다. 실제로 실행시켜 플레이할 수 있는 샘플로 제공하고 있으므로 나중에 각각의 소스코드를 보고 이러한 포인트들을 확인해 보기 바랍니다.

Part 3 Chapter 3

게임 시간의 공유

비동기화형 게임에서는 '네트워크 통신에서 발생하는 지연을 얼마나 잘 해소하는지'가 중요합니다. 이 장에서는 샘플 게임 'Painters'에서 구축한 통신 지연과 관련된 처리에 대해 설명하겠습니다.

통신 지연을 느끼지 않도록 하려면 모든 클라이언트 사이에 동기화되는 시계를 사용하는 방법이 가장 일반적입니다. 먼저 오차가 적은 공통 시계를 만들기 위한 알고리즘을 설명하겠습니다.

그리고 그것을 바탕으로 설계와 구축을 해 가겠습니다. 샘플 게임의 소스코드를 예로 들어 설명하겠으니 확실하게 이해하고 넘어가기 바랍니다. 또한 여기서 소개하는 지연 회피 방법은 네트워크 게임 외에 다른 곳에서도 응용할 수 있습니다.

이 장의 목적

- 시각 동기화를 위한 알고리즘을 파악한다.
- 시각 동기화를 위한 실제 소스코드를 확인하고 메소드를 구축한다.

3-1 지연 처리의 개요

비동기화형 네트워크 게임은 특히 통신의 지연(레이턴시/랙)을 플레이어가 느끼지 않도록 하는 것이 관건입니다. 여기서는 지연 처리 문제를 어떻게 해결할지에 대해 설명하겠습니다.

비동기화형 게임과 지연 문제

랙을 해소하기 위한 방법에는 여러 가지 제안과 구축 방법이 있지만, 서버와 클라이언트 모두에게 정확하게 동기화된 시계가 있으면 액션 시작 시각을 클라이언트끼리 정확하게 공유하고, 그 정보로부터 캐릭터의 행동을 예측하여 랙 대책을 쉽게 마련할 수 있습니다.

액션형 네트워크 게임을 만들 때 각 클라이언트가 공유할 시계의 오차는 다음과 같은 이유로 100ms 미만이면 바람직하다고 할 수 있습니다.

- 통신 레이턴시보다 작은 오차여야 레이턴시를 해소할 수 있다.
- 오차가 크면 액션의 동기화나 예측에 사용할 시계로 이용할 수 없다.

통신 레이턴시는 LAN과 같은 고속 환경에서도 몇 십 ms, 인터넷을 경유한 통신의 경유는 빨라도 100~200ms 이상 걸리는 것이 보통입니다.

이와 같은 경우도 동기화 정밀도가 보다 높은 시계가 있으면 어느 시점에서 상대 플레이어의 위치를 받은 후 그 때의 시계로부터 캐릭터의 위치를 산출해내는 편이 받은 위치 정보를 그대로 표시하는 것보다 상대의 위치를 더 정확하게 표시할 수 있습니다.

또한 캐릭터의 동작은 화면 끝에서 끝까지 단 몇 초 안에 캐릭터가 이동하는 액션 게임도 많습니다.

공유하고 있는 시계에 맞춰 캐릭터를 움직이려고 할 때 시계가 몇 백 ms 이상 차이가 나 버리면 캐릭터의 위치가 상당히 차이가 나서 발사한 탄이 한 쪽 클라이언트에서는 맞혔는데 서버 상에서는 맞히지 못한 현상이 발생하게 됩니다.

시계를 동기화하는 간단한 방법으로는 'DateTime.UtcNow'나 'DateTime.Now'를 사용하는 방법이 있지만, DateTime의 정확성은 클라이언트에 의존하기 때문에 그다지 정확하지 않다는 점과 전혀 다른 시각(수동으로 보정하거나 해외의 경우 시차를 설정하는 등)으로 되어 있다는 점이 있어서 네트워크 게임의 액션 동기화를 위한 시계로서는 그다지 좋은 방법이 아닙니다.

동기화 알고리즘

샘플 게임 'Painters'에서 사용하는 것은 아래 URL에 소개되어 있는 방법의 간이판입니다.

- A Stream-based Time Synchronization Technique For Networked Computer Games

http://www.mine-control.com/zack/timesync/timesync.html

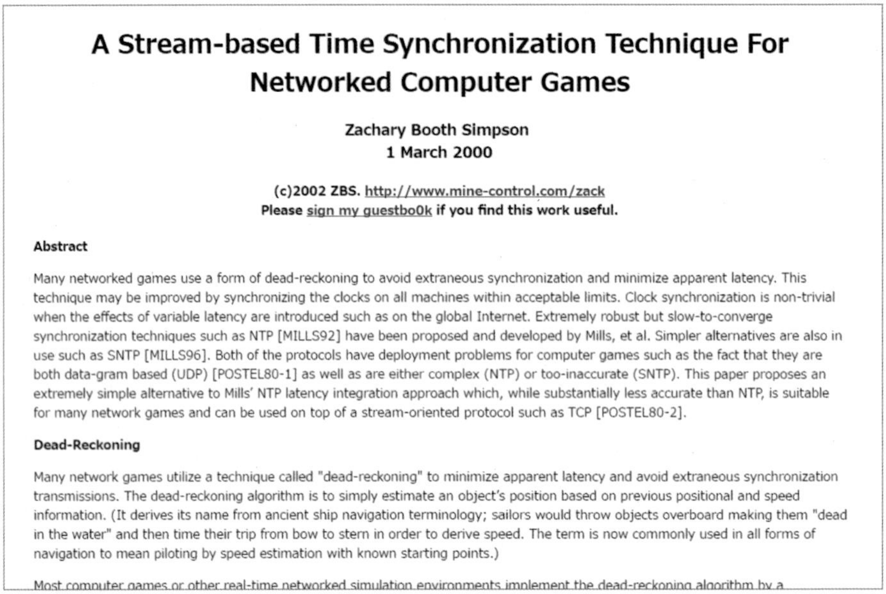

A Stream-based Time Synchronization Technique For Networked Computer Games

Zachary Booth Simpson
1 March 2000

(c)2002 ZBS. http://www.mine-control.com/zack
Please sign my guestbo0k if you find this work useful.

Abstract

Many networked games use a form of dead-reckoning to avoid extraneous synchronization and minimize apparent latency. This technique may be improved by synchronizing the clocks on all machines within acceptable limits. Clock synchronization is non-trivial when the effects of variable latency are introduced such as on the global Internet. Extremely robust but slow-to-converge synchronization techniques such as NTP [MILLS92] have been proposed and developed by Mills, et al. Simpler alternatives are also in use such as SNTP [MILLS96]. Both of the protocols have deployment problems for computer games such as the fact that they are both data-gram based (UDP) [POSTEL80-1] as well as are either complex (NTP) or too-inaccurate (SNTP). This paper proposes an extremely simple alternative to Mills' NTP latency integration approach which, while substantially less accurate than NTP, is suitable for many network games and can be used on top of a stream-oriented protocol such as TCP [POSTEL80-2].

Dead-Reckoning

Many network games utilize a technique called "dead-reckoning" to minimize apparent latency and avoid extraneous synchronization transmissions. The dead-reckoning algorithm is to simply estimate an object's position based on previous positional and speed information. (It derives its name from ancient ship navigation terminology; sailors would throw objects overboard making them "dead in the water" and then time their trip from bow to stern in order to derive speed. The term is now commonly used in all forms of navigation to mean piloting by speed estimation with known starting points.)

Most computer games or other real-time networked simulation environments implement the dead-reckoning algorithm by a

그림 3-1-1 시간의 동기화 테크닉

간단히 말하자면 시계는 서버가 관리하고 각 클라이언트는 서버에게 요청한 시각을 랙도 고려하여 정확한 시각으로 보정하여 사용하는 것입니다.

'Painters'에서 사용하는 알고리즘은 이 사이트의 방법에서 통계적인 계산 부분을 생략한 다음과 같은 것입니다.

① 먼저 클라이언트는 자신의 로컬 시각(DateTime이나 Time.realtimeSinceStartup)을 서버에게 시각 요청 통신으로 보낸다.

② 요청을 받은 서버는 수취 시의 자신의 시각과 클라이언트가 보내온 시각을 같이 클라이언트에게 반환한다.

③ 응답을 받은 클라이언트는 다음 계산을 한다.

A: 레이턴시(통신의 왕복 랙) = (수취한 시각 – 자신이 보낸 시각) / 2
B: 시차 보정 = 수취한 클라이언트의 시각 – 수취한 서버의 시각
C: 랙 보정 = B: 시차 보정 + A: 레이턴시

④ 클라이언트는 '공유 시각'이 필요할 때 다음과 같이 취득한다.

```
공유 시각 = 로컬 시각 + C: 랙 보정
```

⑤ 그 다음 적당한 간격(몇 초마다)으로 ①~④의 처리를 게임 플레이 중에 반복한다.

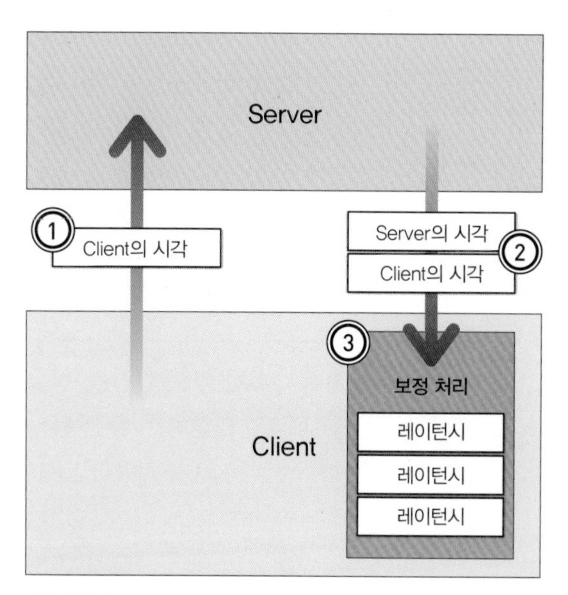

그림 3-1-2 클라이언트가 서버에게 시각 요청을 보내면 서버는 양쪽의 시각을 같이 반환하므로 클라이언트는 그것을 바탕으로 보정 처리를 한다.

시차 보정과 랙 보정은 서로 다른 것이므로 주의해야 합니다.

시차 보정은 서버와 클라이언트에서 시각이 다른 것을 보정하는 데 필요합니다. Unity에서는 시간을 float 초로 취급하면 편리하므로 이번 프로그램에서는 시계에 Time.realtimeSinceStartup을 사용하고 있습니다. Time.realtimeSinceStartup은 애플리케이션 시작 시각부터 경과한 시간이므로 클라이언트/서버 간의 시각이 일치하는 일은 거의 없습니다.

'서버가 보낼 때의 realtimeSinceStartup'과 '클라이언트가 수취할 때의 realtimeSinceStartup'은 완전히 다르므로 클라이언트의 realtimeSinceStartup에서 서버의 그것을 합하기 위해 'B: 시차 보정'이 필요합니다.

통신에는 랙이 반드시 발생하므로 시각은 통신했을 때의 지연 시간도 더해서 보정해야 합니다.

'A: 레이턴시' 값으로 서버와 클라이언트 간의 통신 시간을 알 수 있으므로 그 값을 보정한 시각에 더하면 통신의 지연 시간도 해소된 상당히 정확한 시각이 됩니다.

3-2 통신의 설계와 구축

앞 섹션의 시각 동기화 알고리즘을 가지고 샘플 게임 'Painters'에서 통신 지연을 구체적으로 어떻게 구축하고 있는지를 설명하겠습니다.

구축의 개념

'Painters'에서는 시각 동기화 통신을 2개의 커스텀 메시지를 사용하여 다음과 같이 구축하고 있습니다.

① 클라이언트 → 서버의 시각 요청 통신. 데이터는 클라이언트의 시각
② 서버 → 클라이언트의 시각 반환 통신. 데이터는 수취한 클라이언트의 시각과 서버의 송신 시각

SyncVar, ClientRPC, Command를 사용하여 구축할 수도 있지만, 이들은 '시각을 보내온 클라이언트를 식별하고 해당 클라이언트에게만 반환하는' 통신에는 적합하지 않습니다. 어떤 방법도 사용하기 힘든 경우에는 커스텀 메시지를 사용하면 편리합니다.

실제 구축 방법

실제 소스는 'InGameController.cs'에 있습니다. InGameController는 Network Manager (NetworkLobbyManager)가 놓여 있는 게임 플레이 씬의 오브젝트 컴포넌트로서 미리 하나만 배치되어 있으며 서버와 클라이언트 둘 다의 기능을 구축하고 있습니다.

InGameController에서는 클라이언트의 시각 송수신을 위해 2개의 커스텀 메시지를 사용합니다. RPC나 SyncVar를 사용하여 구축할 수도 있지만 서버 측은 '보내온 클라이언트에게만 반환한다'는 처리에는 커스텀 메시지가 더 간단합니다.

```
// 클라이언트가 보낼 때의 메시지 번호
private const int MsgClientGameTimeMessageId = 1100;

// 서버가 보낼 때의 메시지 번호
private const int MsgServerGameTimeMessageId = 1101;
```

앞에서 말한 ①의 클라이언트가 보내오는 요청 메시지는 다음과 같이 클라이언트의 realtimeSinceStartup의 값을 포함한 데이터가 됩니다.

```
public class GameTimeClientMessage : MessageBase {
    public float sendTime; // 클라이언트가 보낸 시각
}
```

일정 간격으로 송신하기

클라이언트의 요청을 송신하는 처리는 Update 메소드에서 Network Manager의 Send Unreliable 메소드를 사용하여 구축합니다.

통신은 시각이 동기화될 정도로 성공하기만 하면 충분하므로 모든 통신이 성공할 필요는 없습니다. 그래서 여기서는 신뢰성이 낮은 SendUnreliable을 사용하여 네트워크의 부담을 경감시키고 있습니다.

또한 Unreliable이라 해도 매 프레임마다 보내면 눈깜짝할 사이에 통신 대역이 가득 차므로 이 또한 지연이나 통신 부담의 원인이 됩니다. 그래서 적당한 시간 간격(여기서는 1초)으로 보내고 있습니다.

다음은 프로그램에서 Update 메소드의 클라이언트 시간 처리 부분만을 발췌한 것입니다.

```
void Update()
{
    if (isClient) { //클라이언트만 처리
        clientSendIntervalTime -= Time.unscaledDeltaTime;
        if (clientSendIntervalTime <= 0f) { // 1초 간격으로 송신
            clientSendIntervalTime = 1f;
            //msg = 송신 데이터. localClock = 로컬 시각
            var msg = new GameTimeClientMessage { sendTime = localClock };
            NetworkManager.singleton.client.SendUnreliable
              (MsgClientGameTimeMessageId, msg);
        }
    }
}
```

COLUMN

통신 환경이 열악한 경우의 대응

이 섹션에서 소개한 방법의 경우 통신 환경이 너무 나빠 통신 랙이 불안정해지면 시각의 동기화가 부정확해지므로 되감기 현상이 발생하기도 합니다.

보다 정확한 시각이 필요한 실시간성이 높은 게임의 경우는 [그림 3-1-1]에 소개한 사이트처럼 통계적인 수법으로 보정할 필요도 있습니다.

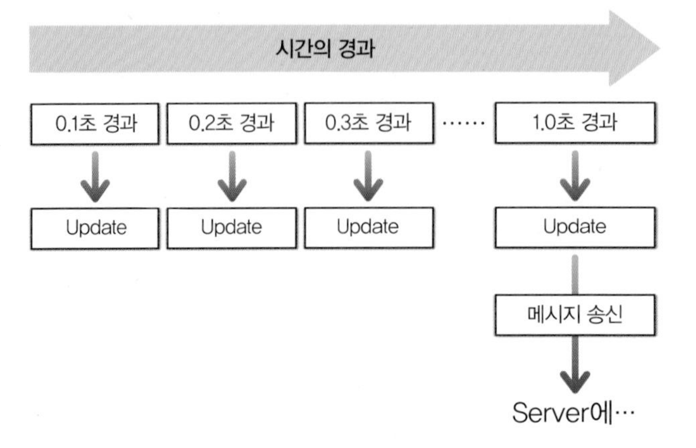

그림 3-1-2 clientSendIntervalTime의 값을 체크하여 1초가 경과하면 SendUnreliable로 메시지를 보낸다.

GameTimeClientMessage로 보내는 시각 localClock은 클라이언트(또는 서버)의 로컬 시각으로, 앞에서 말했듯이 다음과 같은 realtimeSinceStartup입니다.

```
private static float localClock { get { return Time.
realtimeSinceStartup; } }  // 로컬 시계
```

클라이언트가 보낸 시각 요청 메시지 GameTimeClientMessage를 받은 서버는 앞의 ②와 같이 자신의 시각을 반환해야 합니다.

자신의 시각을 반환하기

자신의 시각을 반환하려면 먼저 수신 메소드가 필요합니다. NetworkBehaviour의 서버의 처음 처리는 OnStartServer이므로 여기서 수신 메소드를 등록합니다.

MsgClientGameTimeMessageId의 메시지 번호와 메시지 수신 메소드인 OnServer ReceiveGameTime을 NetworkServer.RegisterHandler로 등록합니다.

```
public override void OnStartServer()
{
    NetworkServer.RegisterHandler(MsgClientGameTimeMessageId,
        OnServerReceiveGameTime);
}
```

수신 메소드 OnServerReceiveGameTime은 다음과 같이 수취한 메시지의 시각과 서버의 로컬 시각을 함께 해서 서버가 보내는 새로운 메시지로 반환합니다.

```
private void OnServerReceiveGameTime(NetworkMessage netMsg)
{
```

```
    var msg = netMsg.ReadMessage();  // msg = 클라이언트의 시각 요청 메시지
    var rtMsg = new GameTimeServerMessage
        { sendTime = msg.sendTime, serverTime = localClock };
    NetworkServer.SendToClient(netMsg.conn.connectionId,
        MsgServerGameTimeMessageId, rtMsg);
}
```

특정 클라이언트에게 메시지를 보낼 때는 NetworkSever.SendToClient 메소드를 사용합니다.

첫 번째 인수로는 보낼 클라이언트 ID가 필요하지만 보낼 곳의 클라이언트는 서버가 수취한 메시지를 보낸 곳이므로 수신 메시지로부터 취득할 수 있습니다. 연결 정보인 conn(Connection 형)에서 'connectionID'를 구하면 됩니다.

제2인수로는 클라이언트에 대한 송신 커스텀 메시지 번호 'MsgServerGameTimeMessageId'를 지정하여 클라이언트 측이 수취할 수 있도록 합니다.

제3인수는 보내온 클라이언트의 시각과 서버의 시각을 세트로 한 커스텀 메시지 데이터인 GameTimeServerMessage가 됩니다.

```
public class GameTimeServerMessage : MessageBase
{
    public float sendTime;  // 클라이언트가 요청한 클라이언트의 로컬 시각
    public float serverTime;  // 반환하는 서버의 시각
}
```

반환된 메시지는 클라이언트 측에서 수신하여 앞에서 말한 시각 보정 처리를 하기 위해 사용됩니다.

서버 측에서 커스텀 메시지의 수신 메소드 등록을 OnStartServer 메소드에서 했던 것과 마찬가지로 클라이언트 측에서도 다음에 설명할 NetworkServer.SendToClient에서 커스텀 메시지의 수신 메소드를 등록할 필요가 있습니다.

OnStartClient에서 수신 메시지 등록하기

클라이언트 측에서 맨 처음에 하는 초기화 처리로는 OnStartClient가 적절하므로 InGameController 안에서는 OnStartClient에서 다음과 같이 등록을 합니다.

```
public override void OnStartClient()
{
    var client = NetworkManager.singleton.client;
    if (client != null) {
        client.RegisterHandler(MsgServerGameTimeMessageId,
            OnClientReceiveGameTime);
    }
}
```

OnClientReceiveGameTime의 처리

서버가 보내온 메시지를 수신하는 메소드인 OnClientReceiveGameTime이 앞에서 말한 알고리즘의 핵심이 되는 시차 보정과 랙 보정 처리를 합니다.

```
private float latency;  // A : 레이턴시
private float clientDeltaTime;  // B : 시차 보정
private float clockCorrectDelta;  // C : 랙 보정
private void OnClientReceiveGameTime(NetworkMessage netMsg)
{
    var msg = netMsg.ReadMessage();  // msg = 수취한 커스텀 데이터
    var now = localClock;  // 클라이언트의 로컬 시각
    latency = (now - msg.sendTime) * 0.5f;
    clientDeltaTime = msg.serverTime - now;
    clockCorrectDelta = clientDeltaTime + latency;
}
```

'clockCorrectDelta = C: 랙 보정'이 계산되어 있으면 다음의 worldClock 프로퍼티에서 동기화한 '서버의 localTime과 동기화한 시각'을 취득할 수 있습니다.

```
public float worldClock { get { return localClock + clockCorrectDelta;
} }
```

worldClock 프로퍼티는 일련의 커스텀 메시지 통신에서 계산한 보정용 값을 'localClock = 로컬의 Time.realtimeSinceStartup'으로 계산하여 반환하고 있습니다.

이로써 클라이언트 측에서는 통신의 빈도와 상관없이 언제 취득해도 '가능한 한 서버의 Time.realtimeSinceStartup에 가까운 값'을 사용할 수가 있습니다.

또한 서버 측에서는 OnClientReceiveGameTime은 실행되지 않으므로 clockCorrectDelta는 항상 0이기 때문에 worldClock은 서버 측에서는 모든 클라이언트에서 동기화되고 있는 Time.realtimeSinceStartup 그 자체가 됩니다.

위와 같이 구축함으로써 게임 프로그램 안에서는 worldClock 프로퍼티를 전체 네트워크가 공유 시각으로 사용할 수 있습니다.

시간과 관련된 어떤 처리에서든 Time.frameCount나 Time.realtimeSinceStartup 대신에 worldClock을 사용하면 서버와 클라이언트에서 똑같은 시각을 사용하여 작동하는 프로그램을 만들 수 있습니다.

처음에 말한 캐릭터의 위치 동기화 외에도 게임의 시작 직전의 카운트다운이나 시간제한이 있는 게임의 종료 판정 등에도 사용할 수 있으므로 용도가 많다고 할 수 있습니다.

COLUMN

UNET의 장래

Unity 5.4에서 매칭 기능에 스코어에 따른 매칭이나 프라이빗 방 기능 등이 도입된 이후 UNET에는 작은 버그 수정 외에는 큰 변경 없이 앞으로의 방향성에 대해서도 눈에 띄는 안내가 없었습니다.

하지만 최근(2017년 3월 시점)에 Unity Blogs에 UNET의 새로운 수정과 향후 방침에 대한 기사가 실렸습니다.

- **Unity Blogs**

https://blogs.unity3d.com/jp/2017/03/17/update-on-unity-multiplayer-current-and-future/

이 블로그에 따르면 앞으로 다음과 같은 수정과 기능 추가가 예정되어 있다고 합니다.

- Transport 레이어 개선
- NAT 펀치 스루
- 매치 메이킹 기능의 개선
- 고수준 API와 테스트용 툴의 개선

UNET의 통신 처리의 가장 기본적인 부분을 수행하는 Transport 레이어에는 몇 가지 문제가 있어서 플레이 환경에 따라 플레이 도중에 통신이 멈추거나 끊어져 버리는 일이 있었습니다. Transport 레이어의 내부를 크게 수정함으로써 이와 같은 문제를 해결했는데 이것은 이미 최신 Unity 5.6 beta 버전(5.6.0b8)으로 릴리즈되어 있습니다.

UNET은 Unity Cloud를 통해 인터넷 상에서 자유롭게 멀티플레이가 가능하지만, 이것은 Unity Cloud의 릴레이 기능에 의한 것으로, 이 릴레이 기능 없이는 UNET을 사용한 애플리케이션은 인터넷을 사용한 게임을 개발할 수 없습니다. NAT 펀치 스루는 이 릴레이 없이 인터넷에서 자유롭게 컴퓨터들을 연결하기 위한 기능입니다. 오랫동안 주목을 받고 있던 기능이기 때문에 빨리 릴리즈 되기를 기대하고 있습니다.

UNET의 매치 메이킹 기능은 편리하지만 통신 환경에 따른 통지나 필터링, 갑작스러운 연결 해제를 지원하는 플레이어의 마이그레이션 기능 등 보다 본격적인 네트워크 게임을 만들기에는 충분하지 않은 점도 있습니다. 이러한 점도 앞으로 개선되어 가리라 여겨집니다(마이그레이션 기능은 API에는 있지만 Unity 5.6 현재 제대로 작동하지 않고 있습니다).

그 외 이 기사에 따르면 Unity가 필요 없는 서버 개발을 위한 설계 구축이나 MMO 등 보다 많은 사용자가 참가하는 거대한 시스템에 대한 지원에 대해서도 개발팀이 논의되었다고 하므로 UNET의 장래가 매우 기대됩니다.

캐릭터 이동의 보정

캐릭터 이동은 통신의 의한 지연이 발생하는 것을 고려하여 서버가 보내오는 동작 결과를 기다리지 않고 화면상의 캐릭터를 갱신해야 합니다. 이때 보다 정확한 위치를 반영할 수 있도록 보정해야 합니다. 이 장에서는 그 방법에 대해 설명하겠습니다.

3장에서는 지연을 회피하기 위한 시각의 동기화에 대해 설명했는데, 캐릭터의 이동 처리에서는 그것뿐만 아니라 캐릭터를 부드럽게 움직이게 하기 위한 처리도 필요합니다. 여기서는 샘플 게임 'Painters'를 살펴보면서 그 알고리즘과 구축 방법에 대해 설명을 하겠습니다.

이 장의 목적

- 네트워크 게임에서 캐릭터를 이동시킬 때의 문제점을 파악해 둔다.
- 캐릭터를 이동시킬 때의 송신 측과 수신 측의 구축 방법을 이해한다.
- 캐릭터를 부드럽게 이동시키기 위한 보완과 예측 방법을 배운다.

4-1 캐릭터 이동 처리의 개요

액션형 게임에서는 캐릭터의 움직임이 부자연스러우면 게임의 퀄리티가 떨어집니다. 네트워크 게임에서는 특히 통신 지연과 같은 문제도 있기 때문에 이를 어떻게 해결할지가 게임의 퀄리티를 높이는 포인트가 됩니다.

캐릭터 이동의 문제점

액션형 네트워크 게임에서는 통신에 의해 클라이언트끼리 캐릭터를 동기화시킵니다. 통신은 고속 환경이라고 해도 몇 십 ms, 인터넷 경유의 경우는 몇 백 ms 이상의 통신 지연(레이턴시/랙)이 발생하는 것이 보통이므로 아무 대책을 세우지 않으면 어떤 클라이언트의 액션이 다른 클라이언트에게는 랙 시간만큼 늦게 재현됩니다.

UNET도 예외가 아니므로 NetworkTransform과 같은 Transform 동기화 컴포넌트나 SyncVar 속성을 가진 필드 변수나 RPC 속성을 가진 리모트 메소드 실행도 랙의 영향을 받습니다.

UNET과 같은 네트워크 라이브러리를 사용하는 비동기화형 액션 게임에서는 기본적으로 다른 클라이언트나 서버의 동작 결과를 기다리지 않고 게임 화면이나 조작 캐릭터의 움직임을 갱신해 갑니다.

여기에는 게임을 실시간으로 진행하기 위한 것과 플레이어의 조작감을 좋게 하기 위해서라는 두 가지 이유가 있지만, 그 때문에 랙이나 통신 대역 부족이 원인이 되어 다음과 같은 문제가 발생합니다.

- 다른 사람의 캐릭터가 본래보다 늦게 이동한다.
- 다른 사람의 캐릭터가 자기보다 늦으므로 잘 겨냥해서 공격해도 빗나가 버린다.
- 반대로 맞지 않아야 하는 적의 탄환을 맞아 버린다.
- 다른 사람의 캐릭터가 통신에 영향을 받아 부자연스럽게 움직인다(점프하거나 건너뛰듯이 이동하는 등).

이러한 문제들을 가능한 한 해결하기 위한 방법으로는 여러 가지가 있지만, 샘플 게임 'Painters'에서는 플레이어 캐릭터의 위치나 이동에 대해 다음과 같은 장치를 마련하고 있습니다.

- 통신을 하는 동안의 위치를 시각으로부터 적당히 보완하는 처리
- 과거의 이동 이후 아직 수신하지 않은 미래의 위치를 예측하는 처리

▎캐릭터 이동 처리 구현의 개요

샘플에서는 앞에서 말한 두 가지 처리를 모아 'PaintersNetworkTransform' 컴포넌트로 구축하고 있습니다. PaintersNetworkTransform은 UNET의 NetworkTransform과 비슷하게 transform을 동기화하는 컴포넌트입니다.

NetworkTransform도 편리하지만 게임 오브젝트가 RigidBody/RigidBody2D를 사용하여 움직이지 않는 경우 위치 보완 기능이 없기 때문에 네트워크 상에서 움직이면 통신으로 수신한 위치에만 캐릭터가 표시되어 띄엄띄엄 워프하듯이 이동해 버립니다.

이것은 NavMesh 등을 사용하는 게임에서는 불편하고, 위치의 예측 기능이 없기 때문에 다른 클라이언트가 조작하는 캐릭터는 통신 랙 만큼 늦게 움직입니다.

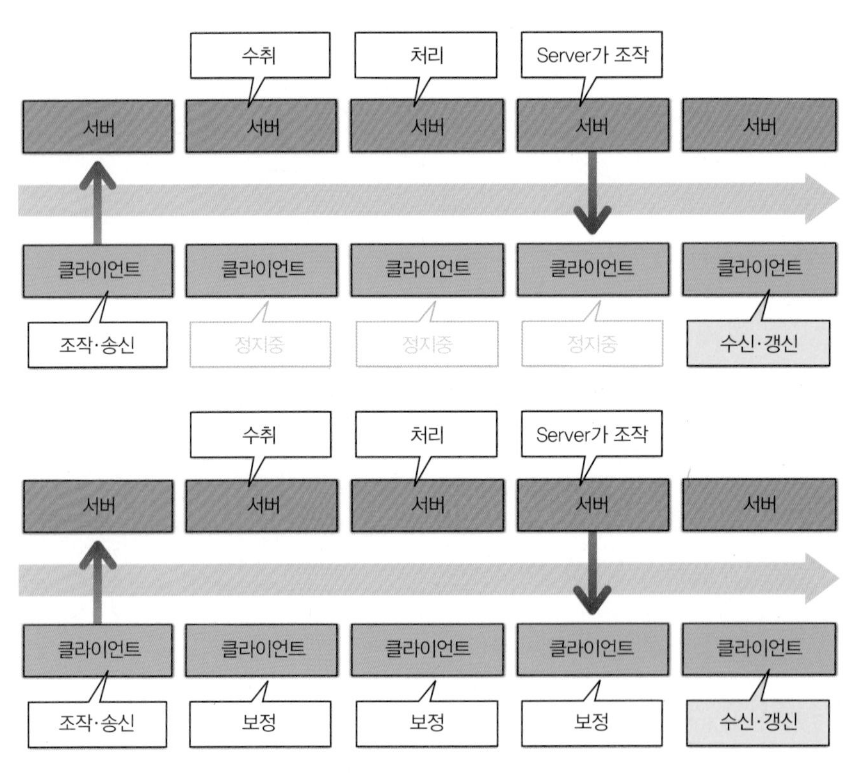

그림 4-1-1 클라이언트에서 서버로 캐릭터의 갱신 정보를 보내고, 서버로부터 결과를 받을 때까지 기다리면 갱신이 늦어져 버린다. 어떤 형태로든 그 간격을 보정하고 클라이언트 안에서 갱신하는 방법을 생각하면 캐릭터도 부드럽게 움직인다.

PainterNetworkTransform에 의한 동기화의 기초

앞에서 말한 기능을 구축하기 위해 먼저 transform의 position과 rotation을 동기화시키는 기본적인 처리를 PainterNetworkTransform으로 만들었습니다. 동기화의 개요는 다음과 같습니다.

① 권한이 있는 캐릭터는 적당한 시간 간격으로 position/rotation을 송신한다.
② 권한이 없는(다른 사람이 조작) 캐릭터는 보내오는 position/rotation을 받아 transform에 설정한다.

권한이 있는지 없는지는 UNET에서는 NetworkBehaviour의 hasAuthority 프로퍼티로 확인할 수 있습니다. hasAuthority는 해당 클라이언트에서 조작 가능한 공유 오브젝트의 경우 true이므로, 동기화해야 할 값을 송신해야 할지 말지를 적절히 판정하는 데 사용할 수 있습니다.

플레이어가 조작하고 있는 캐릭터는 hasAuthority의 값이 반드시 true로 되어 있습니다.

4-2 캐릭터 이동 처리의 구축

이제 샘플 게임 'Painters'에서 구축한 구체적인 예를 송신 측과 수신 측으로 나눠서 설명하겠습니다.

송신 측 구축

위치나 회전의 송신에는 'SyncVar'를 사용합니다. 시각 동기화와 같이 커스텀 메시지를 사용할 수도 있지만, 불특정 다수의 상대(클라이언트/서버)와 정보를 공유하는 경우는 SyncVar가 편리합니다.

```
[SyncVar] public Vector3 lastPosition;  // 마지막으로 송신한 위치 값
[SyncVar] public float lastRotation;  // 마지막으로 송신한 회전 값
[SyncVar] public float lastSpeed;  // 마지막으로 송신한 캐릭터의 이동 속도
[SyncVar] public float lastAngularVelocity;  // 마지막으로 송신한 캐릭터의 방향(y회전 만)
[SyncVar] public float lastWorldClock;  // 마지막으로 송신한 시각
```

SyncVar은 '값이 바뀌었을 때만' 실제로 통신을 사용하여 데이터를 네트워크로 보냅니다.

통신량을 줄이기 위해 일정한 시간 간격으로 SyncVar 필드 변수의 데이터를 송신하고 싶으면 필드 변수에도 일정 시간 간격으로 값을 설정하도록 합니다. 매 프레임 Update 메소드에서 다른 값을 설정하면 통신량이 많아져서 극단적인 지연이나 처리가 진행되지 않는 버그로 이어집니다.

lastSpeed나 lastAngularVelocity, lastWorldClock은 캐릭터의 위치 예측에 사용합니다. 이에 대해서는 나중에 설명하겠습니다.

lastWorldClock은 앞 장에서 동기화시킨 시각 값으로, 이러한 SyncVar 값을 언제 설정했는지를 알기 위해 사용합니다. 이 시각을 알면 어떤 클라이언트에서든 그 시각으로부터 lastSpeed와 lastPosition을 이용하여 미래의 위치를 알게 된다는 구조입니다.

SyncVar 값의 송신은 권한이 있는 클라이언트가 Update 메소드 안에서 적당한 시간 간격으로 다음의 Command 메소드 CmdSetSyncVariables를 호출함으로써 일어납니다.

Command이므로 이 메소드는 서버에서 실행됩니다. 클라이언트로부터 인수로 받은 캐릭터의 위치 등의 정보를 SyncVar 변수군에 설정하므로 SyncVar 변수가 바뀌면 모든 클라이언트에게 이 필드 변수의 값이 송신되어 공유됩니다.

```
// 권한이 있는 Update 메소드를 호출한다. clock은 호출 시의 공유 시각 (InGameController.worldClock)
[Command]
public void CmdSetSyncVariables(float clock, Vector3 pos, float yrot, float speed,
```

```
float angularVelocity)
{
   lastWorldClock = clock;
   lastPosition = pos;
   lastRotation = yrot;
   lastSpeed = speed;
   lastAngularVelocity = angularVelocity;
}
```

CmdSetSyncVariable의 호출 = 통신 처리의 시작은 Update 메소드에서 정기적으로 수행합니다.

```
void Update()
{
   if (hasAuthority) {  // 권한이 있는 캐릭터만 실행
      intervalTimer += Time.deltaTime;
      if (intervalTimer >= sendInterval) {  // sendInterval 간격으로 송신
         intervalTimer = 0f;
         UpdateSyncVariables();  // 자신의 lastPosition 등을 갱신
         CmdSetSyncVariables(lastWorldClock, lastPosition,
            lastRotation, lastSpeed, lastAngularVelocity);
      }
   } else {
   ...
   }
}
```

수신 측 구축

서버에서 CmdSetSyncVariables가 실행되면 SyncVar 필드 변수군은 다른 클라이언트에게 자동으로 송신되어 동기화됩니다.

따라서 권한이 없는 클라이언트에서는 동기화된 값을 transform의 position이나 rotation에 설정하기만 하면 위치와 회전을 서버와 맞출 수 있습니다.

수신 측은 통신과 상관없이 항상 Update 메소드에서 이 처리를 하고 있습니다. 항시 처리하고 있으므로 SyncVar가 언제 통신에서 변경되어도 올바르게 반영됩니다.

또한 변수가 하나밖에 없으면 SyncVar의 콜백을 사용할 수 있지만, 앞에서와 같이 5개 있으므로 콜백으로 구축하는 것은 그다지 적합하지 않습니다.

```
void Update()
{
   if (hasAuthority) {  // 권한이 있는 캐릭터
      intervalTimer += Time.deltaTime;
      if (intervalTimer >= sendInterval) {  // sendInterval 간격으로 송신
         intervalTimer = 0f;
         UpdateSyncVariables();  // 자신의 lastPosition 등을 갱신
```

```
            CmdSetSyncVariables(lastWorldClock, lastPosition,
                lastRotation, lastSpeed, lastAngularVelocity);
        }
    } else {  // 권한이 없는 캐릭터는 받은 위치/회전을 캐릭터에 설정
        transform.position = lastPosition;
        transform.rotation = Quaternion.Euler(0f, lastRotation, 0f);
    }
}
```

intervalTimer와 sendInterval은 일정 시간 간격으로 송신하기 위한 시간 변수이므로 여기서는 그다지 중요하지 않습니다.

UpdateSyncVariables는 lastWorldClock 등과 같은 SyncVar 필드 변수에 최신 값을 설정하는 메소드로, 그 후에 갱신된 값을 CmdSetSyncVariables로 서버에 보내, 서버의 SyncVar 변수가 갱신되면 UNET의 기능으로 모든 클라이언트에게 SyncVar의 값이 송신됩니다.

권한이 없는 클라이언트에서는 transform.position과 transform.rotation에 받은 lastPosition과 lastRotation의 값을 설정함으로써 캐릭터의 위치를 권한이 있는 클라이언트와 똑같은 위치로 설정합니다.

사실 이것만으로 캐릭터의 위치는 동기화됩니다. UNET의 NetworkTransform의 transform 동기화 모드를 사용하면 이와 거의 똑같은 동작을 합니다.

하지만 이 방법은 네트워크에서 받은 값의 위치로 그저 이동시키기만 하는 것이므로 송신 간격을 0.1초 정도로 실행하면 통신 중에는 전혀 움직이지 않으므로 캐릭터는 0.1초 간격으로 점프하듯이 이동합니다.

또한 NetworkTransform도 Rigidbody도 아닌 transform 모드에서는 보완 기능이 없습니다. interpolation이라는 보완 설정이 Inspector에 있지만 Unity 5.5.0에서는 이 설정은 내장되어 있지 않습니다.

또한 통신의 흐름은 다음과 같습니다.

- **권한이 있는 클라이언트 → 서버**
- **서버 → 권한이 없는 클라이언트**

그렇기 때문에 권한이 있는 클라이언트에서 그 위치와 그 때 다른 클라이언트에서 표시되는 위치는 '통신 레이턴시의 배 = 라운드 트립 시간'만큼 차이가 발생합니다.

또한 통신은 sendInterval초 간격으로 처리되므로 최악의 경우 '레이턴시의 배 × 2 + sendInterval' 만큼 늦어지게 됩니다.

4-3 캐릭터 이동 처리의 보완과 예측

앞 섹션에서 캐릭터의 이동은 가능해졌지만 부자연스러운 움직임을 해결해야 합니다. 이를 위한 '보완'과 '예측' 테크닉에 대해 설명하겠습니다.

캐릭터 위치의 보완

앞 섹션의 마지막처럼 점프하듯이 캐릭터가 이동하는 원인은 통신에서 위치나 회전의 송수신이 일정 간격으로 일어나므로 그동안 클라이언트는 캐릭터의 위치와 회전을 설정하지 않기 때문입니다.

통신 시간 간격을 0.05초 이하로 작게 하면 개선할 수 있지만 그와 동시에 통신량이 증가하므로 전체 통신이 느려져서 게임을 진행하지 못할 정도로 문제가 발생하기도 합니다.

Unity에서는 Mathf.Lerp를 사용하면 Vector3이나 Quaternion을 부드럽게 이어줄 수 있으므로 앞에 나온 Update 메소드의 updatePos, updateRot의 설정 다음에 아래와 같이 보완 처리를 넣으면 점프하는 듯한 이동을 해결할 수 있습니다.

```
void Update()
{
    if (hasAuthority) {  // 권한이 있는 캐릭터
    ....
    } else {  // 권한이 없는 캐릭터는 받은 위치/회전을 캐릭터에 설정
        transform.position = Vector3.Lerp(transform.position, lastPosition,
            positionLerp);
        transform.rotation = Quaternion.Lerp(transform.rotation, lastRotation,
            rotationLerp);
    }
}
```

이것만으로도 워프하는 듯한 이동은 없어지므로 캐릭터의 움직임이 깜짝 놀랄 만큼 부드럽게 바뀝니다. 하지만 이렇게 보완을 해도 캐릭터가 권한이 있는 캐릭터의 최종 위치보다는 조금 이전 위치에 표시된다는 점은 달라지지 않습니다.

그리고 보완을 함으로써 보완을 하지 않았을 때보다 (조금이지만) 좀 더 이전 장소에 위치하게 됩니다.

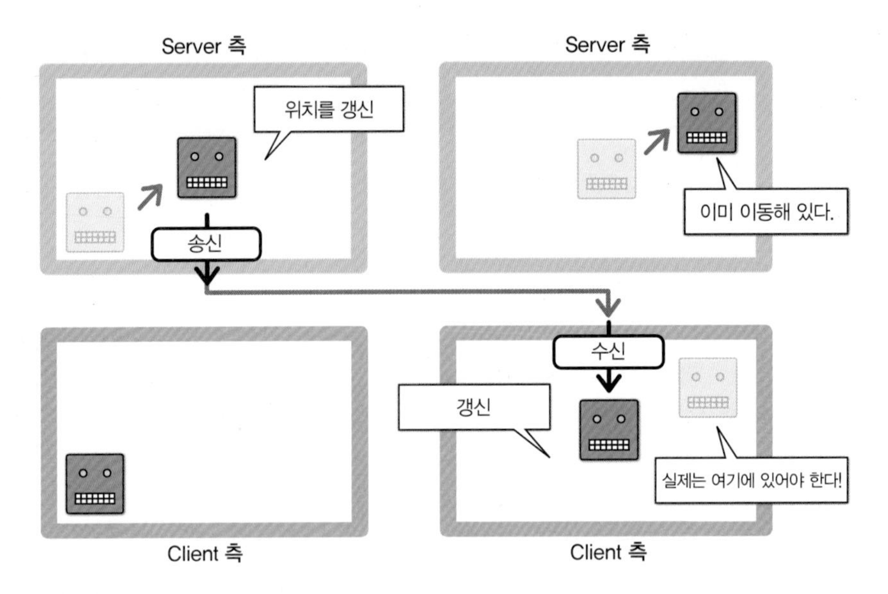

그림 4-3-1 서버로부터 클라이언트로 정보가 전달되어 갱신되었을 때 이미 서버의 캐릭터 위치는 좀 더 앞으로 이동해 있다. 그래서 현재 어디에 있는지를 예측하여 클라이언트 측에서 갱신하도록 처리할 필요가 있다.

캐릭터 위치의 예측

이상적으로 어떤 시각에 권한이 있는 클라이언트(플레이어를 조작하고 있는 클라이언트)의 transform의 position이나 rotation이 같은 시각에 모든 클라이언트가 공유할 수 있으면 위치가 어긋나는 문제는 발생하지 않습니다. 하지만 이것은 불가능하므로 다른 대책이 필요합니다.

다소의 오차를 용인해도 된다면 클라이언트가 사용할 수 있는 데이터는 통신으로 수신한 과거의 위치나 회전뿐이므로 거기서 현재의 값을 '예측'하는 방법을 생각할 수 있습니다.

이와 같은 위치의 예측은 대부분의 네트워크 게임에서 구현하고 있는 방법입니다. 고안된 방법은 다양하지만 샘플 게임에서는 심플하게 아래의 방법을 사용하고 있습니다.

예측 위치 = 수신 위치 + 수신 속도 x 경과 시간

필요하다면 가속도까지 사용하여 아래와 같이 보다 정밀한 방법을 사용할 수도 있습니다.

예측 위치 = 수신 위치 + 수신 속도 x 경과 시간 + 0.5 x 가속도 x 경과 시간 x 경과 시간

하지만 샘플 게임 'Painters'는 캐릭터의 조작감을 좋게 하기 위해 캐릭터는 플레이어의 조작으로 캐릭터의 이동 방향이 상당히 짧은 시간에 바뀌므로 예측에 가속도는 그다지 도움이 되지 않고 가속도가 불필요한 만큼 변수나 통신량도 적어지기 때문에 첫 번째 방법을 사용하고 있습니다.

앞 섹션에서 구축한 '보완'과 병용하려면 다음과 같이 합니다.

- **통신으로 받은 데이터로부터 현재 시각의 예측 위치와 회전을 계산한다.**
- **예측 위치와 회전을 보완의 '목표치', 현재 위치를 보완의 '원래치'로 한다.**

이로써 캐릭터는 항상 예측 위치를 향해 계속 보완함으로써 움직임이 부드러우면서도 예측한 위치를 향하도록 합니다.

현재 시각에는 InGameController.worldClock을 사용합니다. worldClock은 네트워크 안에서 공유하는 거의 정확한 시각이므로 '수신한 송신 시각 = lastWorldClock'과 클라이언트의 worldClock의 차가 위 식의 '경과 시간'이 됩니다.

수신 데이터로부터 worldClock 시점의 최신 값을 계산하는 메소드는 다음과 같습니다. updatePos, updateRot에 현재 시각의 위치와 회전을 대입합니다. 또한 위치와 회전 예측을 'dead reckoning'이라고 부르므로 메소드명은 Reckoning으로 되어 있습니다.

```
private void Reckoning()
{
    var t = InGameController.worldClock - lastWorldClock;  // t = 경과 시간
    var charDir = Quaternion.Euler(0, lastRotation, 0) * Vector3.forward;  // charDir = 캐릭
터의 이동 방향
    updatePos = lastPosition + charDir * lastSpeed * t;
    updateRot = Quaternion.Euler(0f, lastRotation + lastAngularVelocity * t, 0f);
}

private Vector3 updatePos;  // 최신 + 계산 후의 위치
private Quaternion updateRot;  // 최신 + 계산 후의 회전
```

예측한 값을 가지고 보완하기 위해 조금 전 보완 부분의 소스코드는 다음과 같이 바뀝니다. Lerp에서 보완의 원래치였던 lastPosition과 lastRotation은 Reckoning의 결과로 바뀝니다.

```
void Update()
{
    if (hasAuthority) {  // 권한이 있는 캐릭터
        ....
    } else {  // 권한이 없는 캐릭터는 받은 위치/회전을 캐릭터에 설정
        Reckoning();
        transform.position = Vector3.Lerp(transform.position, lastPosition,
            positionLerp);
        transform.rotation = Quaternion.Lerp(transform.rotation, lastRotation,
            rotationLerp);
    }
}
```

플레이할 때 플레이어 캐릭터끼리 서로 스쳐 지나가거나 눈 앞을 가로 질러 가면 예측이 있는 경우와 없는 경우의 차이를 쉽게 확인할 수 있습니다.

또한 다음과 같이 마지막으로 수신한 위치나 회전 장소에 확인용 sphere 등을 표시하는 메소드를 만들어 Update 메소드에서 호출하도록 해 두면 위치나 회전의 차이를 눈으로 확인할 수 있어서 예측식을 수정하여 정밀도를 높일 수 있습니다.


```
private void PutDebugSphere()
{
    if (lastPosSphere == null) {
        var obj = GameObject.CreatePrimitive(PrimitiveType.Sphere);
        lastPosSphere = obj.transform;
    }
    lastPosSphere.position = lastPosition + Vector3.up * 1f;
    lastPosSphere.rotation = Quaternion.Euler(0, lastRotation, 0)
    lastPosSphere.localScale = Vector3.one * 0.5f;
}
private Transform lastPosSphere;
```

샘플 게임 'Painters'에서 예측과 보완이 어떻게 이뤄지고 있는지를 확인할 때의 화면은 다음과 같습니다. 화면의 '흰색 캐릭터'가 통신으로 수신했을 때의 캐릭터 위치이고, 흰색이 아닌 캐릭터가 '예측 + 보완'으로 실제로 화면 상에 상대 플레이어로 표시되는 것입니다.

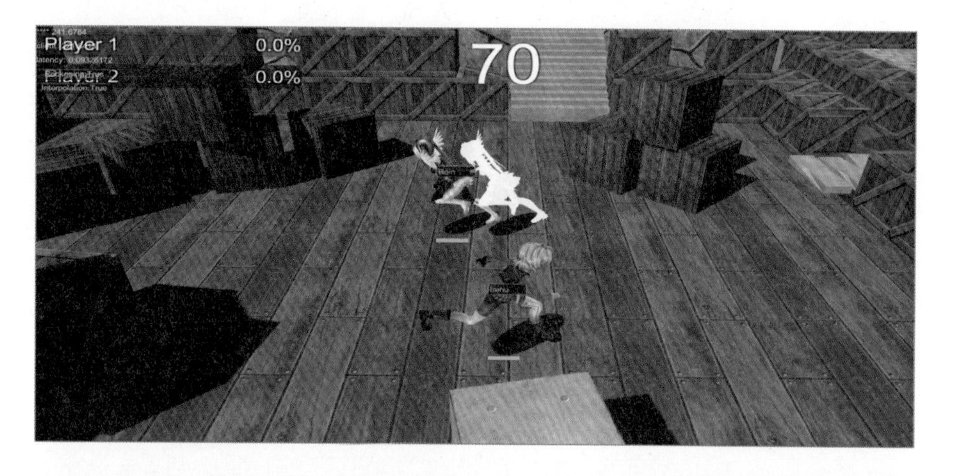

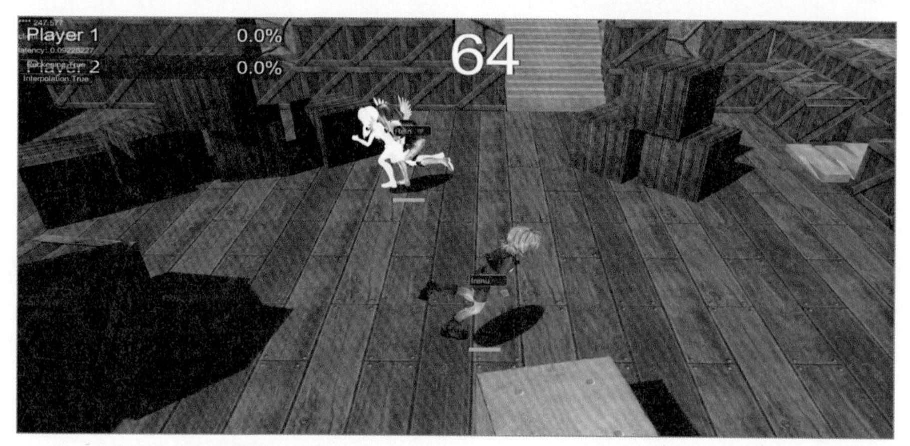

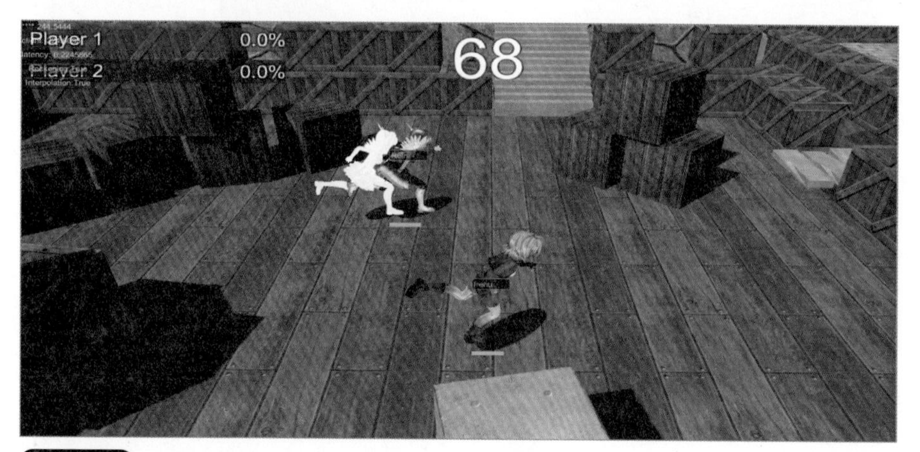

그림 4-3-2 캐릭터의 '예측 + 보완'이 있는 경우와 없는 경우

Part 3 Chapter 5

페인트탄의 동기화와 배경 칠하기

여기까지 캐릭터의 이동은 부드럽게 처리되었지만 네트워크 게임으로서는 해야 할 일이 아직 남아 있습니다. 그 중 하나는 공격할 때의 탄환 처리입니다.

페인트탄의 발사는 타임랙이 발생하면 정확히 적을 쓰러뜨릴 수가 없어서 게임 전개에 치명적인 영향을 줍니다. 이 장에서는 '적을 공격하는 탄환'을 동기화하기 위한 방법에 대해 설명합니다.

그리고 발사한 페인트탄으로 배경을 칠할 때 이 칠하기 상태도 각 클라이언트에서 동기화되어야 합니다. 이 방법에 대해서도 소개합니다.

이 장의 목적

- 랙으로 불공평하지 않도록 하기 위한 탄환의 동기화 처리에 대해 이해한다.
- 페인트탄으로 칠하기를 효율적으로 하기 위한 방법을 파악한다.

5-1 페인트탄을 동기화시키기

샘플 게임 'Painters'에서는 페인트탄을 쏴서 바닥을 가능한 한 많이 자신의 색으로 칠하는 것이 목적입니다. 또한 페인트탄은 다른 플레이어를 맞혀 데미지를 줄 수도 있습니다.

페인트탄의 발사 구현

페인트탄의 발사는 PlayerCharController의 Update 메소드에서 심플하게 Input.GetKeyDown을 사용하여 다음과 같이 구현합니다. CmdFire 메소드는 페인트탄 발사 처리를 서버에게 의뢰하는 Command 메소드입니다.

```
void Update()
{
    if (isLocalPlayer) {  // 조작 플레이어의 클라이언트만 실행
        ControlMyCharacter();
    }
}

// 캐릭터의 조작 처리(일부)
void ControlMyCharacter()
{
    if (Input.GetKeyDown(keyPaint)) {
        CmdFire(InGameController.instance.worldClock, transform.position,
            transform.rotation.eulerAngles.y);
    }
}
```

CmdFire는 다음과 같은 메소드로 되어 있으며, 등록되어 있는 페인트탄 프리팹을 인수로 받은 위치에 Spawn합니다.

```
[Command]
public void CmdFire(float shootTime, Vector3 shootPosition, float shootYangle)
{
    var bulletObj = (GameObject)Instantiate(firePrefab);
    var bullet = bulletObj.GetComponent<Bullet>();
    :
    ... bullet에 shootPosition 등을 설정한다 ...
    :
    NetworkServer.Spawn(bulletObj);
    Destroy(bulletObj, fireLifetime);
}
```

랙에 의한 불공평

앞에서 말한 발사 메소드 CmdFire의 발사 캐릭터는 서버/클라이언트에서 공유하는 캐릭터이기 때문에 서버 측에서도 (거의) 똑같은 transform 정보를 갖고 있으므로 위치나 방향 인수는 불필요하게 보일지 모릅니다.

하지만 이러한 발사 시간, 발사 위치, 발사 방향에 대해 플레이어 클라이언트 상의 정보를 사용하여 발사함으로써 플레이어 조작에 보다 동기화된 페인트탄의 움직임을 구현하고 게임 중의 '불공평'을 해소할 수 있습니다.

만일 이러한 것을 인수로 취하지 않고 CmdFire가 서버 상의 transform 정보를 가지고 페인트탄을 발사했다면 통신을 포함한 처리의 흐름은 다음과 같이 됩니다.

① 플레이어 클라이언트가 CmdFire를 호출한다.
② 클라이언트에서 UNET을 통해 서버 상의 동일 캐릭터의 CmdFire를 실행할 정보를 송신한다.
③ 서버 측에서 CmdFire를 실행할 통신을 수신한다.
④ 서버 측에서 CmdFire를 실행한다. 서버에서 페인트탄이 발사된다.
⑤ 페인트탄을 모든 클라이언트가 공유하기 위해 Spawn 통신이 모든 클라이언트에게 보내진다.
⑥ 각 클라이언트는 Spawn 통신을 받아 페인트탄을 각자의 씬 안에 Instantiate한다.

클라이언트에서 사용자의 입력부터 서버 상에서 페인트탄이 Spawn되기까지 ①부터 ④까지의 통신 처리 시간이 걸립니다.

그동안 겨냥한 캐릭터는 좀 더 앞으로 움직였을지도 모릅니다. 그러면 맞아야 할 페인트탄이 실제로는 맞지 않는 경우가 발생해 버립니다.

즉, 통신 지연이 짧으면 겨냥하여 맞히기 쉽지만, 통신 지연이 길면 겨냥도 어렵고 맞히기도 힘들다는 불공평이 발생하는 것입니다.

또한 UNET에서는 전용 서버가 아니라 클라이언트 중 하나가 호스트로서 서버 기능을 겸하고 있어서 호스트 상에서는 다른 클라이언트와 같은 통신이 발생하지 않으므로 불공평은 호스트에서 더욱 두드러집니다.

예를 들어 이 CmdFire 메소드는 호스트에서는 사용자의 입력과 동시에 호출되므로 지연 0으로 페인트탄이 발사됩니다. 그에 비해 클라이언트 상에 페인트탄이 실제로 표시되는 것은 ⑥의 처리가 끝난 다음이므로 사용자가 버튼을 누른 후 페인트탄이 같은 클라이언트 상에 표시되기까지는

'클라이언트 → 서버의 CmdFire 통신' 시간 + '서버 + 클라이언트의 Spawn 통신' 시간

만큼의 시간이 걸리게 됩니다. 통신에 왕복 시간(라운드 트립)이 걸리며, 이 시간은 몇 백 ms를 넘는 경우도 드물지 않습니다. 따라서 플레이어는 의도한 방향과 위치에 페인트탄을 쏘기가 어려워집니다.

이와 같이 호스트/비호스트 간의 불공평은 전용 플레이 처리를 하는 서버를 갖지 않는 게임에서 흔히 볼 수 있는 현상으로, 이러한 통신 때문에 많은 사람이 대전하는 즐거움을 빼앗아 버리는 원인이 되기도 합니다.

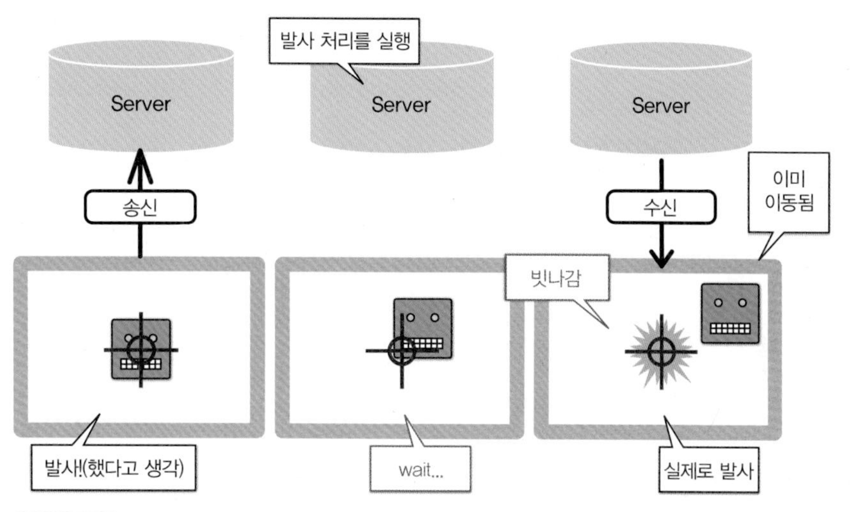

그림 5-1-1 클라이언트 측에서 탄환을 발사 조작을 하면 그것이 서버로 보내져 거기서 발사 처리를 실행하여 클라이언트에게 되돌린 후에야 발사된다. 이 타임랙 때문에 적을 정확하게 쏠 수 없다.

불공평 해소 방법

이러한 불공평을 해결하기 위한 방법을 생각해 보면 다음과 같습니다.

① 서버를 클라이언트와는 다른 환경에서 작동시킨다.
② 서버 측에서 지연을 고려한 충돌 판정 처리 등을 한다.
③ 지연으로 영향을 받지 않는 장치를 만든다.

①은 호스트를 없애고 서버와 클라이언트만으로 된 환경에서 플레이해야 하는 것으로, 현재 UNET에서 사용하기에는 어려운 방법입니다(UNET을 이렇게 구축하는 것도 가능하도록 할 계획이라고 합니다).

②는 발사한 페인트탄의 충돌 판정을 서버 측에서 클라이언트의 통신 지연 시간 만큼 옮겨 판정하는 처리를 함으로써 불공평을 없애려고 하는 방법입니다. 이것도 현재 UNET에서는 호스트를 없앨 수 없기 때문에 구축이 어렵다고 할 수 있습니다.

③은 게임 규칙으로 대응하는 등의 방법도 있지만, 샘플 게임 'Painters'에서는 앞에서 말

한 클라이언트 간의 동기화된 시계에 맞춰 처리를 하는 방법을 사용하고 있습니다. 시계에 맞춰 페인트탄을 움직이면 통신 지연과 상관없이 어떤 호스트/클라이언트에서든 같은 시각으로 동기화된 움직임을 만들 수 있습니다.

샘플 게임 'Painters'에서의 구축

페인트탄의 발사 CmdFire는 다음과 같이 초기 위치와 방향 외에 '발사 시간'을 취하고 있습니다.

```
public void CmdFire(float shootTime, Vector3 shootPosition, float shootYangle)
{
    var forward = Quaternion.Euler(0f, shootYangle, 0f) * Vector3.forward;
    var bulletObj = (GameObject)Instantiate(firePrefab);
    var bullet = bulletObj.GetComponent();
    bullet.shootClock = shootTime;
    bullet.initialPosition = shootPosition + forward * 0.2f + Vector3.up * 1f;
    bullet.initialVelocity = transform.forward * fireSpeed + transform.up * 2f;
    NetworkServer.Spawn(bulletObj);
    Destroy(bulletObj, fireLifetime);
}
```

shootClock, initialPosition, initialVelocity는 페인트탄의 발사 시각, 속도, 위치로, 페인트탄 처리 Bullet 클래스에서 다음과 같이 SyncVar로 정의되어 있습니다.

SyncVar는 Spawn 전에 설정되어 있으면 다른 모든 클라이언트가 Spawn/Instantiate함과 동시에 설정되므로 NetworkBehaviour 오브젝트의 초기화용 파라미터로 사용할 수도 있습니다.

```
public class Bullet : NetworkBehaviour
{
    [SyncVar] public float shootClock;
    [SyncVar] public Vector3 initialVelocity;
    [SyncVar] public Vector3 initialPosition;
}
```

Bullet에서는 FixedUpdate 메소드를 사용하여 동기화되어 있는 현재 시각과 발사 시의 속도의 차로부터 페인트탄의 위치를 결정하고 있습니다. 페인트탄의 위치는 초기 위치, 초기 속도, 경과 시간으로부터 다음 식으로 계산합니다.

초기 위치 + 초기 속도 × 경과 시간 + 1/2 × 가속도 × 경과 시간^2

실제 프로그램은 다음과 같습니다.

```
void FixedUpdate()
{
    SetCurrentPosition();
}
public void SetCurrentPosition()
{
    var acc = new Vector3(0f, -10.0f, 0f); //중력
    var t = InGameController.instance.worldClock - shootClock; //경과 시간
    transform.position = initialPosition + initialVelocity * t + 0.5f * t * t * acc;
    // P0 + V0 * t + 1/2 * a * t * t
}
```

이로써 worldClock이 클라이언트 사이에서 똑같은 값이면 페인트탄은 어떤 클라이언트에서든 반드시 동일한 위치에 나오게 됩니다.

딱히 복잡한 처리는 하고 있지 않지만 앞 섹션에서 플레이어의 예측 위치에 대한 표시와 함께 사용함으로써 네트워크를 경유해도 플레이감이 좋은 게임을 만들 수 있습니다.

5-2 배경 칠하기

마지막으로 페인트탄의 발사로 배경이 칠해지는데 이 부분의 동기화 처리에 대해서도 설명해 두겠습니다.

페인트 상황을 각 클라이언트에서 재현시키기

샘플 게임 'Painters'는 페인트탄을 사용하여 보다 넓은 면적을 자신의 색으로 칠한 플레이어가 이기는 게임입니다. 승패 규칙의 기본적인 부분이므로 판정에 있어서 통신 문제로 서버/클라이언트 간에 오차가 발생하면 안 됩니다.

하지만 배경의 모든 페인트 상황을 서버/클라이언트에서 서로 보내 공유하는 것은 통신할 정보량이 너무 많아서 비현실적입니다.

그래서 'Painters'에서는 페인트탄이 어디를 무슨 색으로 칠했는지와 같은 정보만을 각 클라이언트가 송신하고, 그것을 받은 측에서는 그 정보를 재현함으로써 모든 클라이언트가 동일한 페인트 상황을 재현할 수 있게 하고 있습니다.

칠하기 처리는 PaintEnv 클래스와 NetworkPaintEnv 클래스로 나눠져 있습니다. PaintEnv 클래스는 그래픽 상의 칠하기 처리나 칠한 영역을 계산(스코어)합니다. 통신 처리와는 상관없고 Network Manager 등도 필요 없으므로 타이틀이나 매칭 게임의 배경에서 연출용으로도 사용하고 있습니다.

칠하기의 통신 처리는 NetworkPaintEnv 클래스가 합니다. 게임 씬인 ingame 씬에는 PaintEnv 오브젝트에 PaintEnv와 NetworkPaintEnv가 설정되어 있습니다. NetworkPaintEnv 클래스는 ClientRpc를 사용하여 페인트탄의 칠하기 요청을 모든 클라이언트에게 통지하기만 하는 클래스입니다.

배경 페인트의 구조

그래픽 상의 칠하기 처리는 PaintEnv가 담당합니다. PaintEnv에는 다음과 같은 기능이 있습니다.

- 지정된 위치에 착탄한 페인트탄으로 배경을 칠한다.
- 각 색(플레이어)의 페인트 영역의 면적을 계산한다.

배경을 칠하는 처리는 다음과 같이 비교적 간단한 (그리고 조잡한) 방법을 사용하고 있습니다.

- 칠을 한 XZ 평면 그림을 텍스처로서 배경 전체에 붙이는 shader를 사용한다.
- 페인트탄 칠하기는 텍스처의 해당 장소에 페인트 그림을 그린다.

크기가 2048×2048 픽셀인 텍스트를 준비하고 위(Y) 방향에서 보면 필드 전체를 덮듯이 겹쳐 칠하고 있습니다. 페인트탄이 마루에 맞았을 때는 맞은 장소에 해당하는 텍스처의 위치를 중심으로 페인트 그림을 칠합니다.

[그림 5-2-1]은 1P 플레이 도중의 상태입니다. 왼쪽 scene 뷰가 필드 전체, 오른쪽 inspector는 칠하기에서 사용하고 있는 텍스처의 상태입니다.

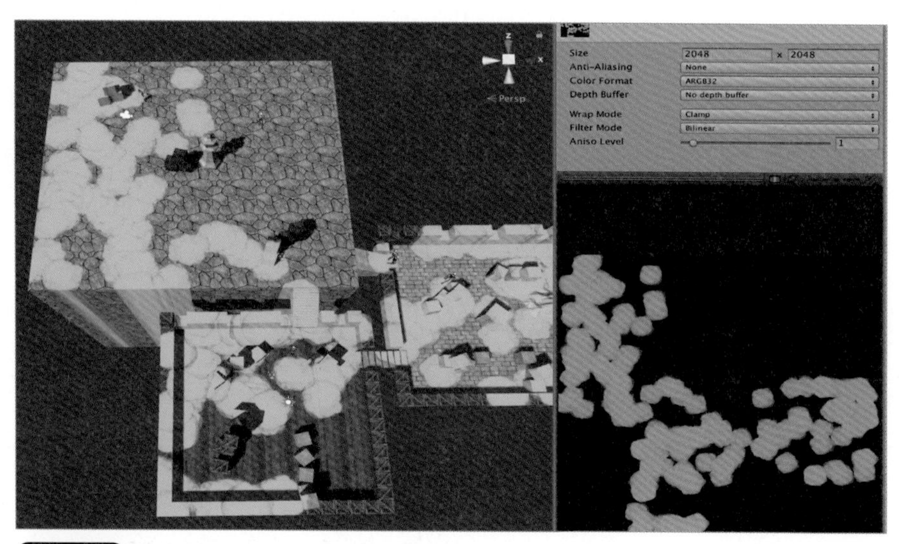

그림 5-2-1 페인트탄으로 배경에 페인트 그림을 칠하기

칠하기를 하는 메소드는 PaintEnv의 AddNewPaint 메소드로, 인수로 지정하는 3D 공간상의 위치나 페인트의 색을 사용하여 칠하기 처리를 합니다.

또한 승패 판정이나 중간 경과 표시를 위해 칠하기를 할 때 칠한 대강의 면적을 계산하기 위한 정보도 만들고 있어서 GetOccupationRate 메소드에서 인수로 지정한 색이 전체를 어느 정도 점유하고 있는지와 같은 수치 취득도 할 수 있습니다.

페인트 구축 부분은 UNET과는 그다지 관계가 없으므로 생략하지만, 앞에서 말했듯이 이 AddNewPaint 메소드의 인수와 순서가 일치하면 모든 클라이언트에서 반드시 동일한 페인트 상태가 됩니다.

배경 페인트의 동기화

UNET 통신은 실시간 통신을 효율적으로 하기 위해 통신 상황에 따라 서버가 보낸 순서대로 클라이언트 측에서 데이터가 수신되지 않는 경우도 있습니다.

캐릭터의 위치나 페인트탄의 위치와 같은 계산은 서버에서 하므로 통신 순서가 바뀌어서 클라이언트에 따라 다소 오차가 발생해도 큰 영향은 없지만, 칠하기 상황은 승패를 결정하는 게임 규칙이므로 클라이언트마다 표시에 오차가 생기면 문제입니다. 배경 칠하기 상황을 올바르게 동기화시키는 것이 게임에 매우 중요한 포인트입니다.

칠하기 처리의 공유를 담당하는 것은 NetworkPaintEnv입니다. PaintEnv는 AddNewPaint 메소드가 올바르게 순서대로 호출되면 반드시 모든 클라이언트에서도 똑같이 재현되므로 NetworkPaintEnv는 서버 측의 페인트 처리를 클라이언트 측에서 확실하게 순서대로 실행시키는 것에만 힘을 쏟고 있습니다.

서버 측의 NetworkPaintEnv 클래스에는 Paint 메소드가 있습니다. 이 메소드는 호출할 때마다 1씩 번호를 늘려가며 클라이언트 측의 페인트 메소드인 RpcPaint를 실행합니다.

```
public class NetworkPaintEnv : NetworkBehaviour
{
    public static NetworkPaintEnv instance { get; private set; }

    private int serverPaintId = 0;

    void Awake()
    {
        paint = GetComponent<PaintEnv>();
        instance = this;
    }

    public void Paint(Vector3 position, int colorNumber, float paintScale)
    {  // 서버가 실행. 0, 1, 2...로 번호를 붙여 순서대로 client의 RPC를 호출한다.
        if (isServer) {
            RpcPaint(serverPaintId++, position, colorNumber, paintScale, Random.
Range(0, 360));
        }
    }

    // 이후는 클라이언트 측의 처리
}
```

클라이언트 측 메소드인 ClientRpc로 서버에서 실행할 수 있도록 구축합니다(상기 리스트의 '이후는 클라이언트 측의 처리'에 들어갈 리스트).

```
private PaintEnv paint;
private List<PaintData> paintData = new List<PaintData>();
private int clientPaintId = 0;  // 다음에 페인트 처리할 번호

public override void OnStartClient()
{  // client의 게임 처음의 필드의 페인트 상태를 클리어. 아무도 페인트하지 않은 상태.
    paint.Clear();
}
```

```
[ClientRpc]
public void RpcPaint(int id, Vector3 position, int colorNumber, float paintScale,
int rotation)
{
   paintData.Add(new PaintData(id, position, colorNumber, paintScale, rotation));
}

void Update()
{  // 서버의 호출로부터 id 순으로 PaintEnv에 paint를 한다.
   while (true) {
       var pd = paintData.Find(d => d.id == clientPaintId);
       if (pd == null) {
          return;
       }
       paint.AddNewPaint(pd.position, pd.colorNumber, paintSize * pd.paintScale,
pd.rotation);
       clientPaintId++;  // 순번
   }
}
```

각 클라이언트는 기동 시에 먼저 필드의 페인트 상태를 클리어하기 위해 OnStartClient 메소드에서 PaintEnv의 Clear 메소드를 실행합니다.

조금 복잡하지만 클라이언트 측에서는 그 다음에 페인트해야 할 번호를 기억해 두고(clientPaintId), 서버의 RpcPaint 중 해당 번호의 페인트를 Update 메소드로 실행하도록 합니다. 페인트하면 clientPaintId는 1씩 증가해 가므로 페인트 순서는 서버 측의 RpcPaint 메소드의 순서와 똑같아집니다.

서버 측의 페인트 메소드인 Paint 서버는 페인트탄(앞 섹션의 Bullet 클래스)이 바닥에 충돌했을 때의 처리로 호출됩니다.

```
void OnTriggerEnter(Collider collider)
{
   if (!isServer) { return; }  // server만

   var layer = collider.gameObject.layer;
   if (layer == LayerMask.NameToLayer("Wall")) {  // 배경
      OnHitWall();
   } else if (layer == LayerMask.NameToLayer("Player")) {  // 플레이어
      OnHitPlayer(collider.gameObject);
   }
}

// 배경과 충돌. 페인트한다.
private void OnHitWall()
{
   NetworkPaintEnv.instance.(transform.position, shooterNumber, paintScale);
   Destroy(gameObject);
}
```

NetworkPaintEnv의 코드는 이것이 거의 전부입니다. 페인트 처리 호출의 인수와 순서만 올바르면 PaintEnv는 배경의 칠하기 상황을 올바르게 재현하므로 클라이언트마다 동기화하기 위해 대량의 데이터를 송수신할 필요가 없어집니다.

COLUMN

통신량을 줄이려면

실시간 네트워크 게임에서는 사용자가 통신 지연을 얼마나 느끼지 않도록 하는냐가 큰 과제로, 이를 위해서는 통신할 데이터량을 줄이는 것이 매우 중요합니다.

통신할 양을 줄일 수 있으면 네트워크 부하도 줄어들고 통신이 스무스하게 일어나 게임을 안정적으로 플레이할 수 있습니다. 또한 Unity Cloud에서 게임을 공개하는 경우 UNET 통신에 대해서는 종량제 요금이므로 통신량을 줄이는 것은 금전적으로도 중요합니다.

통신량은 단순히 '송신(수신)한 바이트 수 x 통신 횟수'로 대략의 값을 계산할 수 있습니다. 예를 들어 60FPS로 진행하는 게임이 있다고 할 때 캐릭터의 이동 데이터로 캐릭터의 위치(Vector3)와 캐릭터의 방향(float)만을 매 프레임마다 계속 보낸다고 하면 1초 당 이동 데이터의 송신 바이트 수는 단순히 계산해서 다음과 같이 됩니다.

60FPS × (Vector3의 바이트 크기 + float의 크기) = 60 × (12+4) = 960 바이트

4명의 플레이어가 참가할 수 있는 게임의 경우 다른 3명의 플레이어의 캐릭터 데이터를 통신으로 받게 되므로 송수신 합계는 그 4배인 3840 바이트로, bps(bit per seconds)로 나타내면 3Mbps를 넘을 정도가 됩니다.

그 외에 ClientRpc의 경우는 메소드 정보, SyncVar의 경우는 어떤 변수의 데이터가 보내졌는지와 같은 정보, 그리고 수신 바이트 열의 어디가 어떤 오브젝트용 통신 데이터인지와 같은 정보도 있으므로 실제로는 이것만으로 끝나지는 않습니다.

3Mbps 정도라면 최근의 통신 환경에서는 그다지 문제가 되지 않을 것 같지만 동영상 재생 시의 스트리밍이나 웹 페이지 열람을 위한 통신과는 달리 주고받는 데이터의 형태가 일정하지 않고 보내지는 타이밍도 일정하지 않으므로 고속으로 스무스하게 주고받기가 힘듭니다.

통신 중의 송수신 속도가 일정 이상으로 보증되는 환경은 현재는 거의 없지만 동영상 등과는 달리 데이터를 미리 읽어 들이는 대책도 어렵다는 점에서 통신 데이터량을 줄이는 일은 네트워크에 부하를 주지 않고 통신을 유지하기 위해 필요합니다.

'Painters'의 시계 동기화 구축에서는 1초 간격으로 서버에게 동기화를 위한 통신을 하고 있는데, 이것은 어느 정도의 시간 간격으로 통신을 함으로써 통신량을 줄이려고 의도한 것입니다.

또한 본문 중에서 자세히 다루지는 않았지만 PaintersNetworkTransform의 intervalTimer를 사용한 일정 시간 간격으로 SyncVar 변수를 갱신하는 것도 SyncVar가 변수의 값을 바꾸지 않으면 데이터를 아무 것도 송신하지 않는다는 점을 이용하여 통신 데이터량을 줄이기 위해 궁리한 것입니다.

'Painters'에서는 동기화 간격을 0.125초(1초에 8번) 정도로 동작을 확인하고 있지만 슈팅이나 격투기와는 달리 상대를 쓰러뜨리는 것이 목적인 게임이 아니며 고속 액션을 필요로 하는 것도 아니므로 이 정도로도 충분히 즐길 수 있습니다. 데이터량을 더욱 줄이려면 다음과 같은 방법도 생각할 수 있습니다.

- 보다 작은 데이터를 사용한다. 예를 들어 Vector3 대신에 float xz 좌표만을 보내면 y 좌표 4바이트만큼 줄일 수 있다.
- 캐릭터의 동작을 보다 통신 부하를 줄일 수 있는 구조로 만든다.

'Painters'는 xz 좌표만으로 캐릭터의 y 좌표가 확정되므로 게임 시스템 상 캐릭터의 y 좌표는 필요 없습니다. 따라서 float가 3개 있는 Vector3보다 'float[2]'가 데이터는 작아집니다.

그 외에도 4바이트 int를 사용하는 부분에서 값의 범위가 –128에서 127 사이인 경우 byte를 사용하면 3바이트 '득'이 됩니다. 이와 같이 프로그램 작성 시에 보다 작은 데이터형으로도 충분한 경우 이를 사용하는 것이 데이터량을 줄이는 기본적인 방법입니다.

'Painters'의 캐릭터는 화살표 키를 사용하여 플레이어가 임의로 움직이지만 이동 방향의 전환이나 정지를 어느 정도 간격(예를 들어 0.5초)으로만 되도록 해두면 PaintersNetworkTransform으로 동기화하는 시간도 그에 맞춰 보다 크게 설정할 수 있습니다.

또한 화살표 키로 움직이는 대신 필드 안을 마우스로 포인트하여 거기로 캐릭터가 향하도록 이동 구조를 바꾸면 통신에 필요한 것은 이동 시작 시각과 이동할 위치뿐이므로 PaintersNetworkTransform조차 필요 없어집니다. 이 계산은 'Painters'에서도 사용하고 있는 Unity의 NavMesh로 간단히 계산할 수 있습니다.

이와 같은 구조로 만들면 게임 플레이가 바뀌어 버리므로 게임 디자인부터 다시 생각해야 하지만 통신량의 측면에서 보면 아주 매력적입니다. 실시간 통신을 하는 게임을 만들 때는 게임 디자인 단계부터 통신에 대해 충분히 고려해야 합니다.

게임의 통신량이 어느 정도일지를 알아보려면 OS의 네트워크 모니터 등을 사용할 수도 있지만, Vsync나 Command가 어떤 스크립트에서 몇 번 송수신 되는지는 Unity의 '프로파일러'로도 조사할 수 있습니다. 이와 같은 툴을 사용하여 불필요한 통신을 찾아내서 통신량을 줄이도록 수정해 가는 것도 네트워크 게임 개발에서는 중요합니다.

Appendix

A-1 iOS 앱 개발을 위한 인증서 발행

여기서는 iOS용 앱을 만들 때 필요한 각종 인증서의 발행 절차에 대해 설명하겠습니다. 최신 버전의 Xcode인 경우 개발용 mac과 iOS 단말을 USB 케이블로 연결하여 앱을 실행시킬 수 있습니다.

하지만 푸시 알림과 같이 Apple이 제공하는 서비스를 사용하는 경우나 A-2에서 설명할 'Unity Cloud Build'를 이용하는 경우와 개발한 iOS 앱을 스토어에 릴리즈하는 경우는 Apple Developer Program에 가입하여 Developer 사이트에서 출력되는 각종 인증서가 필요합니다.

또한 여기서 설명하고 있는 절차는 2017년 5월 현재의 절차입니다. iOS 개발 절차는 앞으로 변경될 가능성이 있으므로 잘 되지 않았을 때는 NCMB 공식 사이트나 Apple Developer 사이트를 확인하기 바랍니다.

- **NCMB 공식 사이트**

http://mb.cloud.nifty.com/

- **Apple Developer**

https://developer.apple.com/kr/

iOS App Development 인증서 작성

먼저 iOS App Development 인증서의 작성과 p12 파일의 출력에 대해 설명하겠습니다. 푸시 알림에 필요한 APNs 인증서에 대해서는 Part1의 6-3에서 소개하고 있으므로 참고하기 바랍니다.

● mac에서 CSR 파일을 작성한다

먼저 mac에서 CSR 파일을 생성합니다. 'CSR(Certificate Signing Request)'은 서버 증명서를 발행하기 위한 서명 요청 파일입니다. mac에서 '키체인 접근'을 엽니다. 기본 설정으로는 Launchpad에서 앱 목록을 열면 '기타' 폴더 안에 들어 있습니다.

그림 a1-1 키체인 접근을 실행시킨다.

키체인 접근이 열리면 메뉴바에서 '키체인 접근' → '인증서 지원' → '인증 기관에서 인증서 요청'을 클릭합니다.

메일 주소에는 Apple Developer 사이트에 등록한 메일 주소를 기입하고 '일반 이름'란에도 이름을 넣습니다(공란인 경우 등록이 되지 않습니다).

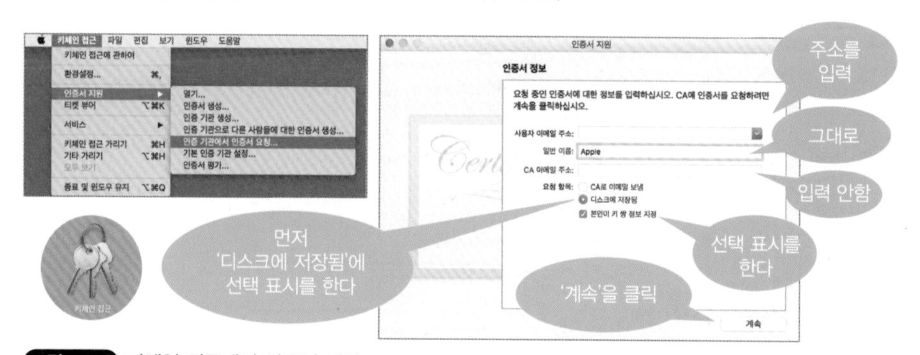

그림 a1-2 키체인 접근에서 인증서 생성

필요 사항을 기입하고 '계속'을 클릭하면 CSR 파일을 저장하는 대화상자가 표시됩니다. 기본값인 'CertificateSigningRequest.certSigningRequest' 그대로 저장합니다.

이 파일을 잃어버리면 나중에 설명할 Provisioning Profile을 다시 만들어야 하므로 알기 쉬운 위치에 저장해 두기 바랍니다.

● Apple Developer 사이트에서 iOS App Development 인증서를 작성한다

CSR 파일을 사용하여 Apple Developer 사이트에서 iOS 앱을 빌드하기 위한 인증서나 푸시 알림을 보내기 위한 인증서를 취득할 수 있습니다.

Apple Developer 사이트에 액세스하여 'Certificates, Identifiers & Profiles' 버튼을 클릭합니다.

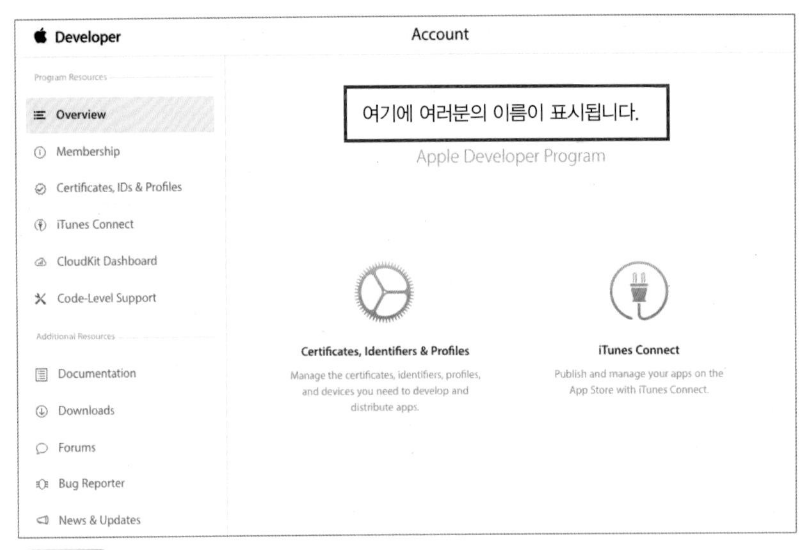

그림 a1-3 Apple Developer 사이트에 액세스

왼쪽 메뉴에서 'Certificates, IDs & Profiles'의 'All'을 선택하고 오른쪽 위에 있는 '+' 버튼을 선택하면 새로운 인증 파일의 작성 화면으로 이동합니다.

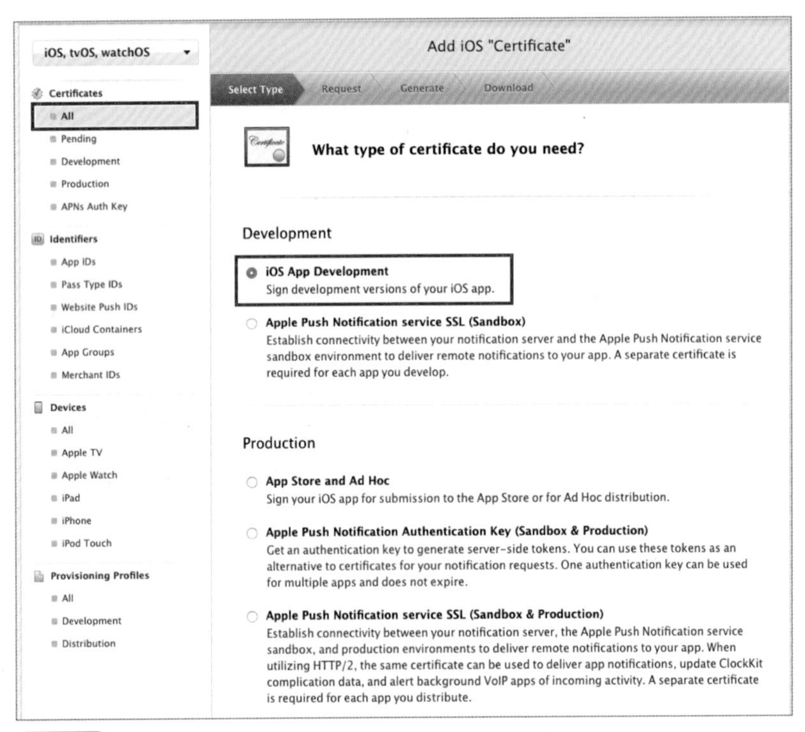

그림 a1-4 새로운 인증 파일의 작성 ①

작성할 인증서의 종류를 물어보므로 'iOS App Development' 라디오 버튼을 선택하고 'Continue'를 클릭합니다. 'Create a CSR file.'이라고 표시되면 다시 한 번 'Continue'를 클릭합니다. CSR 파일을 등록하는 화면이 나오므로 조금 전에 작성한 'CertificateSigningRequest.certSigningRequest'를 선택하고 'Continue'를 클릭합니다.

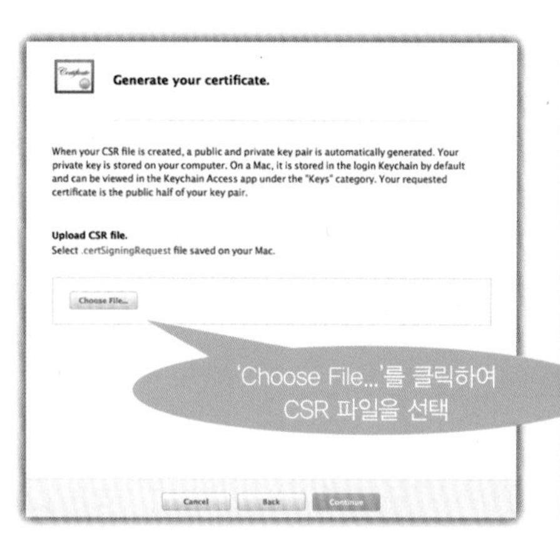

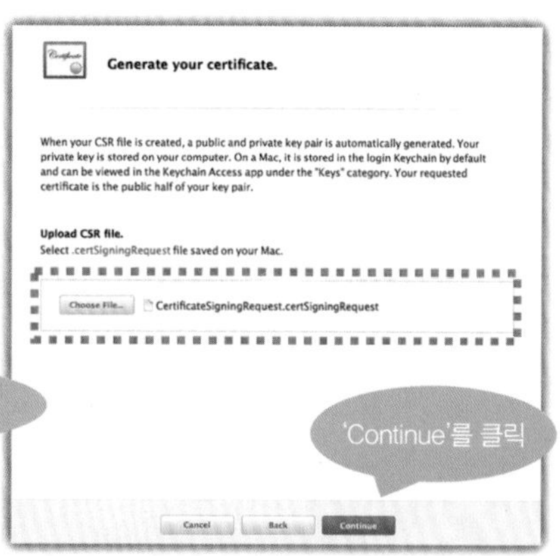

그림 a1-5 새로운 인증 파일의 작성 ②

이것으로 iOS App Development 인증서가 만들어지고 다운로드가 가능해졌습니다. 그대로 Continue를 누르면 다운로드됩니다.

iOS App Development 인증서 파일의 확장자는 .cer이며, 기본값으로는 'ios_development.cer'라는 이름으로 되어 있습니다. 다운로드한 .cer 파일을 열면 mac의 키체인 접근에 인증서가 등록됩니다.

COLUMN

키체인 접근에 인증서가 등록되지 않는 경우

인증서를 키체인에 등록할 때 '이 인증서의 발행자는 무효입니다'라고 표시되는 경우는 중간 인증서인 WWDR Certificate가 오래되었을 가능성이 있습니다.

'키체인 접근' → '보기' → '만료된 인증서 보기'를 클릭하여 기한이 만료된 인증서를 삭제하기 바랍니다. 그리고 중간 인증서인 'WWDR Certificate'를 다시 인스톨합니다. 중간 인증서는 아래 사이트에서 입수할 수 있습니다.

● 중간 인증서의 입수

https://www.apple.com/certificateauthority/

'Apple Intermediate Certificates' 섹션의 'WWDR Certificate Expiring ~' 중에서 날짜가 가장 최신의 것을 취득하여 키체인에 등록하기 바랍니다.

● iOS App Development 인증서의 p12 파일을 작성

'p12' 확장자를 가진 파일은 개인 정보 교환을 위한 파일 형식으로, 인증서 발행 절차에서는 개발용 머신과 연결된 인증서를 내보내기 위해 이용합니다. 나중에 설명할 'Unity Cloud Build'를 이용하기 위해서는 이 파일이 필요합니다.

작성 절차는 심플합니다. 키체인 접근을 열고 p12로 출력하고 싶은 인증서 위를 오른쪽 클릭하여 '내보내기'를 선택합니다.

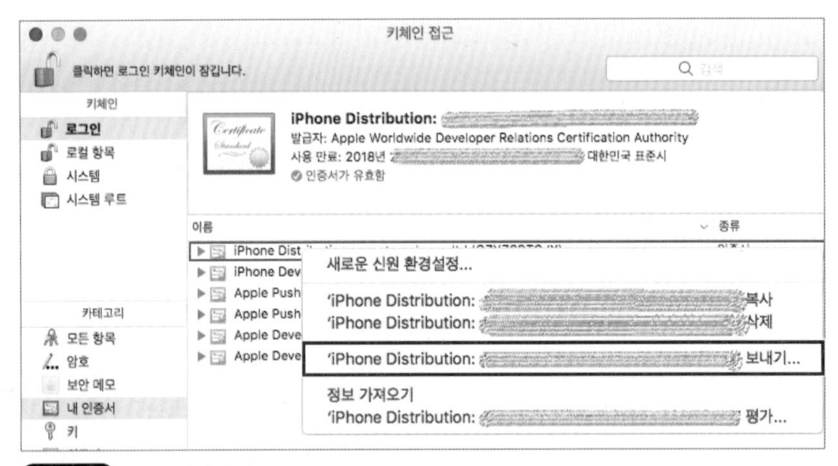

그림 a1-6 p12 파일의 작성

이때 기본 인증서 이름이 '증명서.p12'로 되므로 어떤 증명서인지를 알기 쉬운 이름을 붙여 저장해 두도록 합시다.

Provisioning Profile 작성

계속해서 'Provisioning Profile'의 작성 방법을 설명합니다. Provisioning Profile은 iOS App Development 인증서, App ID, 개발 단말기의 정보가 들어있는 파일입니다. 나중에 설명할 'Unity Cloud Build'를 이용하기 위해서는 이 파일이 필요합니다.

● Apple Developer 사이트에서 iOS App Identifier를 작성한다

iOS App Identifier는 App ID라고도 하는데, 앱에 할당되는 고유한 ID를 말합니다. 개발자를 나타내는 'Apple ID'와는 다른 것이므로 주의하기 바랍니다.

Apple Developer 사이트에서 왼쪽 메뉴의 'Identifiers'의 'App IDs'를 클릭하고 iOS APP IDs가 표시된 화면에서 오른쪽 위에 있는 '+' 버튼을 클릭하여 App ID Description에 어떤 앱인지 설명을 적습니다.

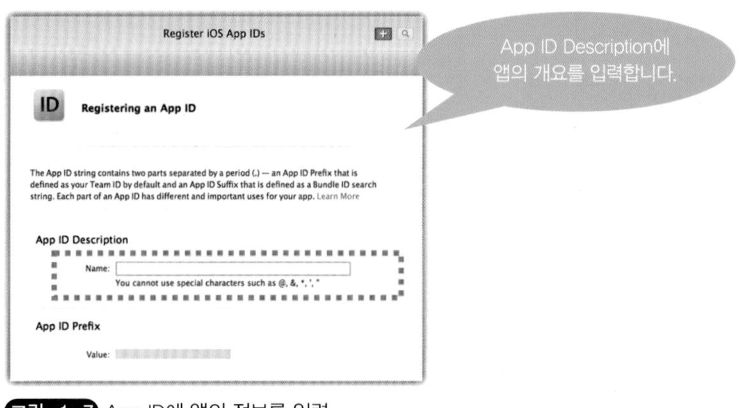

그림 a1-7 App ID에 앱의 정보를 입력

스크롤하여 다음 그림에 보이는 'Explicit App ID' 라디오 버튼을 선택하고 Bundle Identifier를 입력합니다. Bundle Identifier는 Part1의 6-3에서 설명했듯이 Apple 시스템이 앱을 고유하게 식별하기 위한 이름입니다.

Apple Developer 사이트, Unity 에디터의 설정에서 똑같은 Bundle Identifier로 설정해야 합니다.

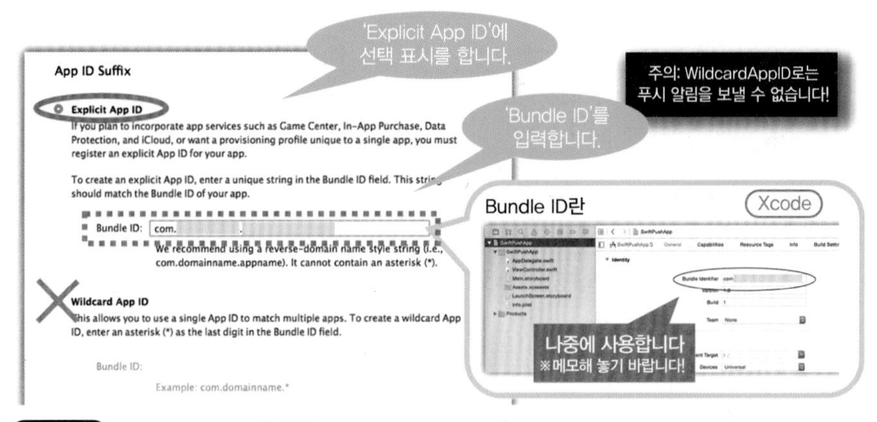

그림 a1-8 Bundle Identifier를 입력

푸시 알림을 이용하는 경우는 밑으로 더 스크롤해서 App Services 목록에서 'Push'에 체크 표시를 하기 바랍니다. 이 옵션은 나중에 변경할 수 있습니다.

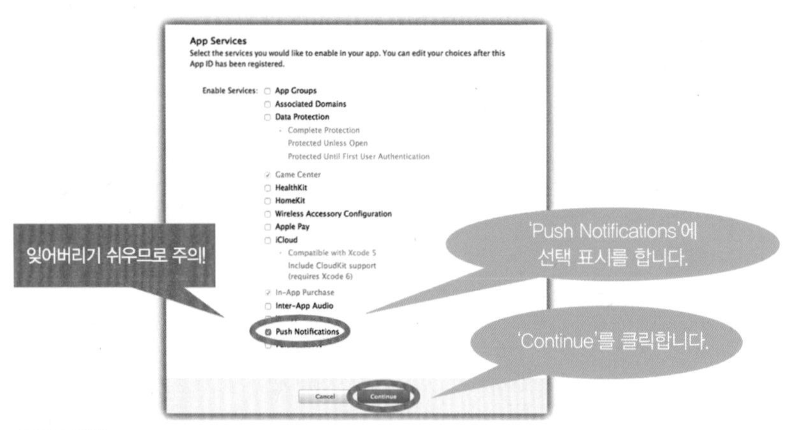

그림 a1-9 push 서비스를 이용한다.

'Continue'를 클릭하면 확인 화면으로 넘어갑니다. Identifier를 확인하고 'Register'를 클릭하면 작성이 완료됩니다.

● 개발용 단말을 등록한다

계속해서 개발에 사용할 iOS 기기를 Apple Developer에 등록합니다. 여러 대의 iOS 단말을 갖고 있는 경우는 이때 일괄적으로 등록하면 좋습니다.

먼저 단말기의 고유 번호인 'UUID'를 취득합니다. mac에서 iTunes를 열고 대상 iOS 단말기를 연결합니다. iTunes에서 단말 정보의 '요약'을 열고 일련번호가 쓰여 있는 항목을 클릭합니다.

COLUMN

Bundle ID의 와일드 카드 지정에 대해

개발용 App ID를 작성할 때 Bundle Identifier를 지정하지 않고 'Xcode iOS Wildcard App ID' 옵션을 지정할 수 있습니다. 그러면 이 하나로 여러 개의 애플리케이션을 빌드 및 인스톨할 수 있습니다.

하지만 이 인증서로는 APNs, In-App Purchase, iCloud, Game Center 등 iOS의 기능을 테스트할 수 없습니다.

몇 가지 기술 검증용 테스트 앱을 빌드할 필요가 있는 경우와 같이 특별한 사정이 없는 한은 개별적으로 App ID를 만들어 사용하는 것이 좋습니다.

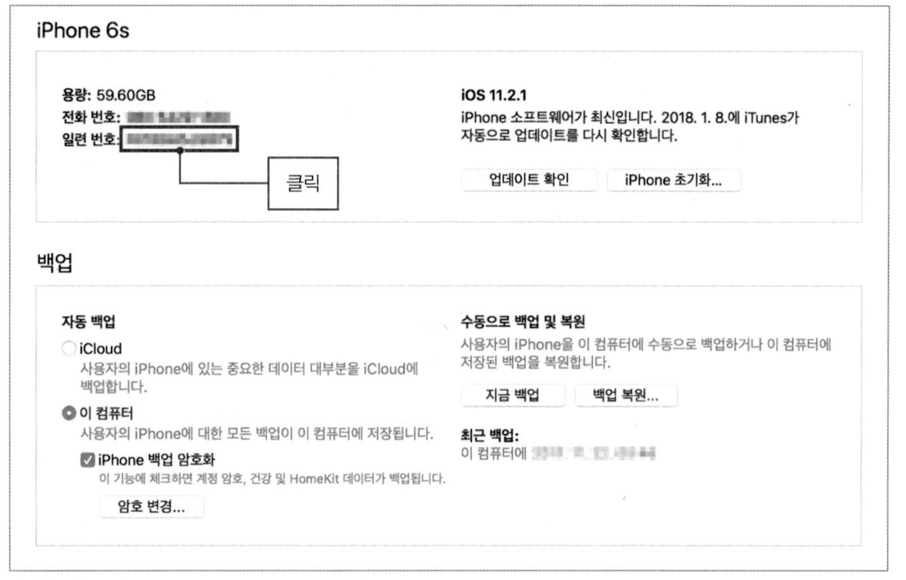

그림 a1-10 일련번호 표시

그러면 단말기의 UUID 표시로 전환됩니다. 여기서 오른쪽 클릭하여 '복사하기'를 선택하면 클립보드에 UUID가 복사됩니다.

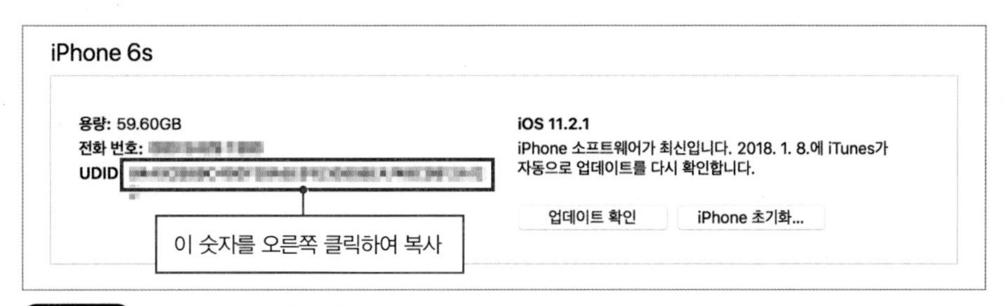

그림 a1-11 UUID를 표시하여 복사

Apple Developer 사이트로 돌아와서 왼쪽 메뉴의 Devices → All을 클릭하고 새 단말기를 등록합니다. 2번째 이후의 단말기 등록은 오른쪽 위의 '+' 버튼을 클릭하기 바랍니다.

'Register Device'에 단말기 이름과 UUID를 기입합니다. 단말기 이름은 아무 것이나 상관없습니다. 단말기 모델명이나 단말기에 붙어 있는 이름과 똑같은 것으로 하면 좋을 것입니다.

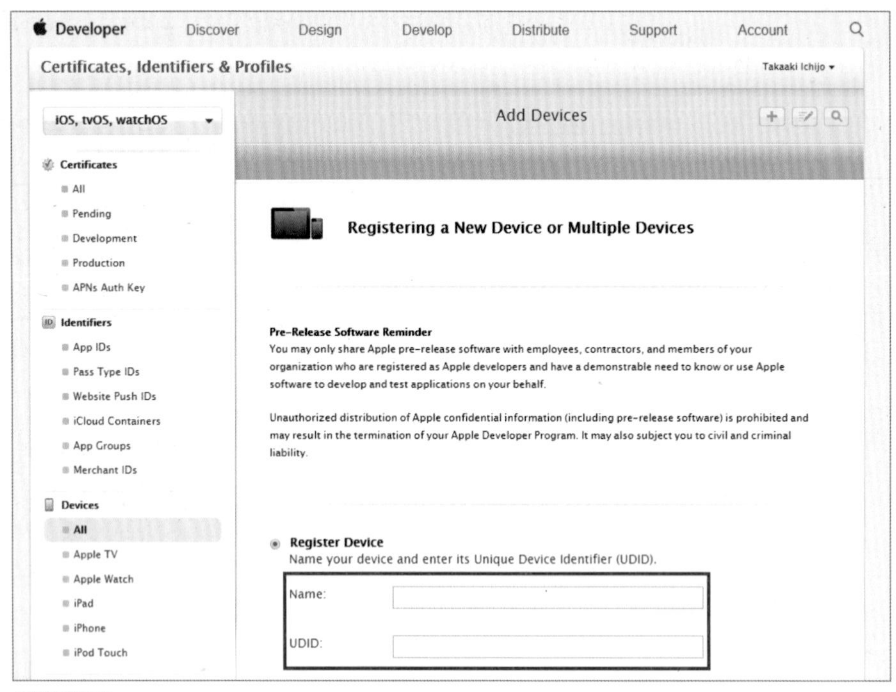

그림 a1-12 Apple Developer 사이트에서 개발용 단말을 등록

● Provisioning Profile을 출력한다

다시 Certificates 메뉴로 돌아가서 왼쪽 메뉴의 맨 아래에 있는 'Provisioning Profiles'에서 'All'을 클릭합니다. 열린 화면에서 '+' 버튼을 클릭하여 파일의 신규 작성 화면을 엽니다.

그림 a1-13 Provisioning Profile의 신규 작성

이번에는 개발용 프로비저닝 파일을 작성하므로 'iOS App Development'를 선택합니다. 평가용 배포의 경우는 'Ad-Hoc'을, 스토어 공개용인 경우에는 'App Store'를 선택합니다.

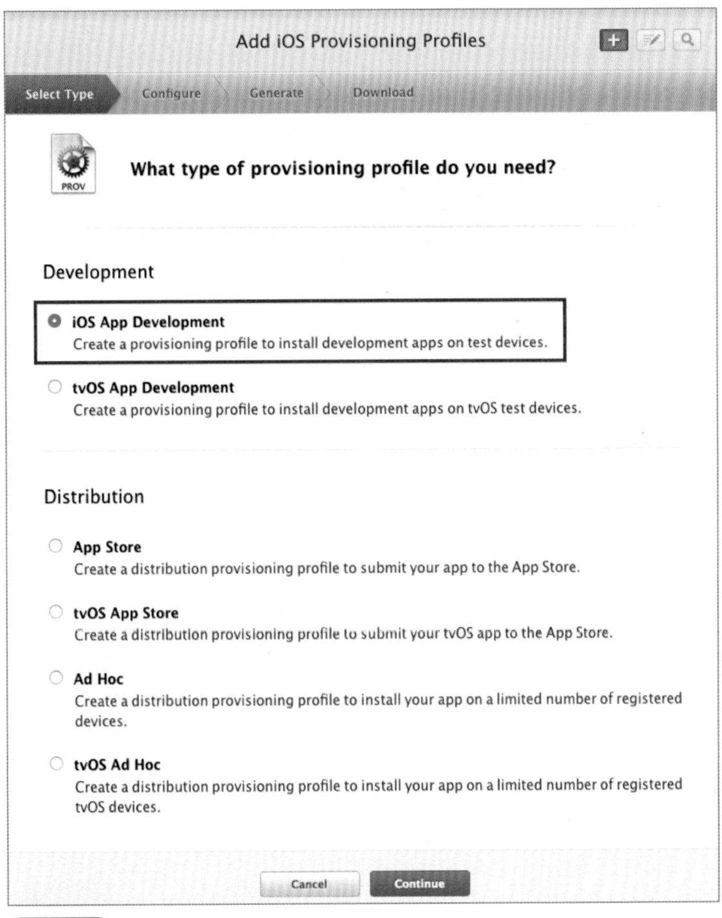

그림 a1-14 개발용 Provisioning Profile의 작성

Provisioning Profile에 들어가는 정보를 순서대로 선택해 갑니다.

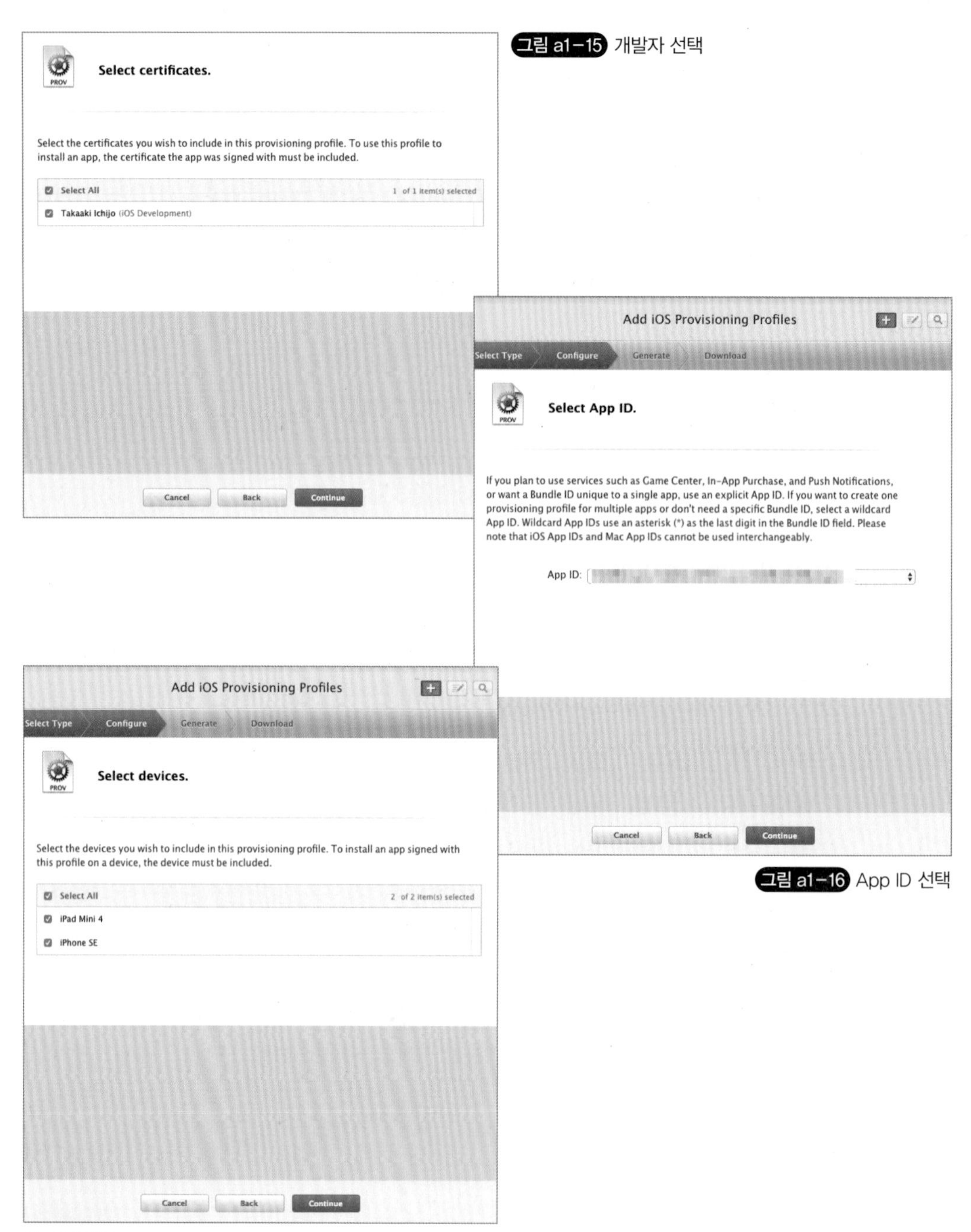

그림 a1-15 개발자 선택

그림 a1-16 App ID 선택

그림 a1-17 작동시킬 단말기 선택

마지막으로 확인 화면이 표시되므로 내용이 맞다면 Continue를 클릭합니다.

그림 a1-18 Provisioning Profile의 내용 확인

작성된 Provisioning Profile은 'Download'를 클릭하여 저장해 둡니다. 이것으로 필요한 인증서 파일의 절차가 완료되었습니다.

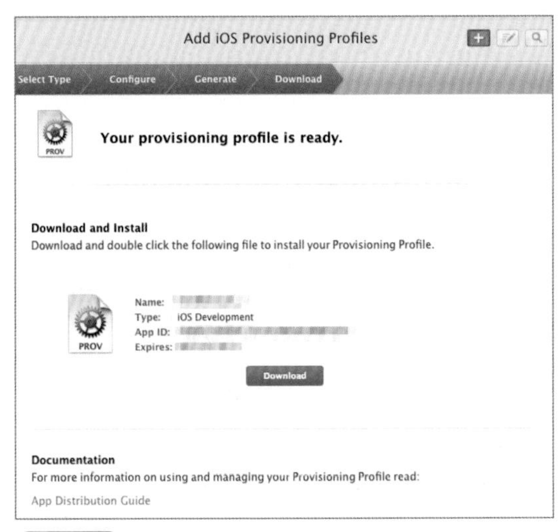

그림 a1-19 Provisioning Profile의 다운로드

A-2 Unity Cloud Build에서 앱 빌드하기

Unity Cloud Build는 그 이름 그대로 클라우드 측에서 앱을 빌드하는 Unity의 서비스입니다. 직접 서버나 시스템을 마련하지 않아도 데이터로부터 순차 빌드를 수행하는 빌드 프로세스를 이용할 수 있습니다.

Unity 에디터로 보통의 빌드를 하는 경우 빌드 중에 개발 머신은 거의 아무 것도 못하는 상태가 됩니다. 그리고 용량이 클수록 빌드 시간도 길어집니다. Unity Cloud Build를 사용하면 빌드 처리를 개발 머신에서 분리시켜 코딩에 할애할 시간을 늘릴 수 있습니다.

또한 세세한 조정 항목별로 빌드를 걸어 실제 기기에서 확인할 수 있으므로 게임 전체의 품질도 향상됩니다. Unity Cloud Build는 무료인 Personal 플랜부터 이용 가능하므로 사용해 보는 것이 좋습니다. 또한 Plus나 Pro 등 상위 플랜에 가입하면 빌드 시간이 짧아지거나 여러 개의 빌드를 동시에 할 수도 있습니다.

Unity Cloud Build를 이용하기 전 준비

Unity Cloud Build를 사용하려면 Unity 프로젝트 파일을 통째로 아무 온라인 리포지토리 서비스에 저장해야 합니다. 방법은 크게 두 가지가 있습니다.

● Unity Collaborate 사용하기

Unity Collaborate는 Unity가 제공하는 프로젝트 파일 공유 시스템입니다. 개발중인 Unity 프로젝트를 온라인상에 저장하고 여러 사람이 작업 결과를 머지(merge)할 수 있습니다.

아직 베타 프로그램(2017년 5월 현재)이지만 Unity Cloud Build와 연계가 되어 있으므로 바로 사용할 수 있습니다.

● Github나 Bitbucket 사용하기

Github(https://github.com/)와 Bitbucket(https://bitbucket.org/)은 둘 다 소프트웨어 개발자용 원격 저장소 서비스입니다. 이 저장소에 프로젝트 파일을 커미트하고 Unity Cloud Build와 연계시킬 수 있습니다.

하지만 이것은 원래 소스코드의 관리를 위해 제공되는 서비스이기 때문에 용량이 큰 그림 파일이나 폴리곤 모델과 같은 데이터의 저장에는 적합하지 않습니다(GitLFS 등 큰 데이터용 서비스를 병용하는 방법도 있습니다).

그래서 빌드용 데이터는 Unity Collaborate를 이용하고 소스코드만 관리할 때는 Github 등을 사용하는 방법을 권장합니다. 이후에서는 Unity Collaborate와 Unity Cloud Build를 사용한 경우의 빌드 절차에 대해 소개합니다.

COLUMN

Github나 Bitbucket의 설정

Github나 Bitbucket의 이용에 'Source Tree' 등과 같은 클라이언트 소프트웨어를 사용하고 있는 경우 빌드에 필요한 라이브러리 파일(.dll이나 .jar, .h 등)이 커미트 대상에서 필터링되는 경우가 있습니다.

만일 Unity Cloud Build가 잘 작동하지 않는 경우 해당 툴의 글로벌한 ignore 설정을 확인해 보기 바랍니다.

Unity Collaborate에 프로젝트 파일을 송신하기

Unity Collaborate를 사용하는 절차는 매우 간단합니다. 먼저 Unity 에디터를 실행시키고 프로젝트를 연 후에 오른쪽 위의 구름 마크를 클릭하여 Service 탭을 엽니다. 메뉴에서 [Window]–[Services]로도 열 수 있습니다.

Services를 처음 열었을 때는 Unity ID로 로그인을 하라고 합니다. 또한 어떤 Organization(조직)을 이용하는지를 물어보는 경우도 있으므로 자신의 팀 명을 선택해 둡니다. Organization 설정을 해 놓지 않은 경우는 Unity ID(https://id.unity.com/) 사이트에서 설정을 해 둡니다.

그 다음 서비스 목록 중에서 Collaborate 'OFF'라고 쓰여 있는 부분을 클릭하여 'ON'으로 만듭니다. 또한 프로젝트 파일을 송신하기 전에 Build Settings의 Scenes in Build에 편집 중인 씬을 추가하는 것도 잊지 말기 바랍니다. 씬이 아무 것도 설정되어 있지 않으면 빈 앱만 빌드되어 버립니다.

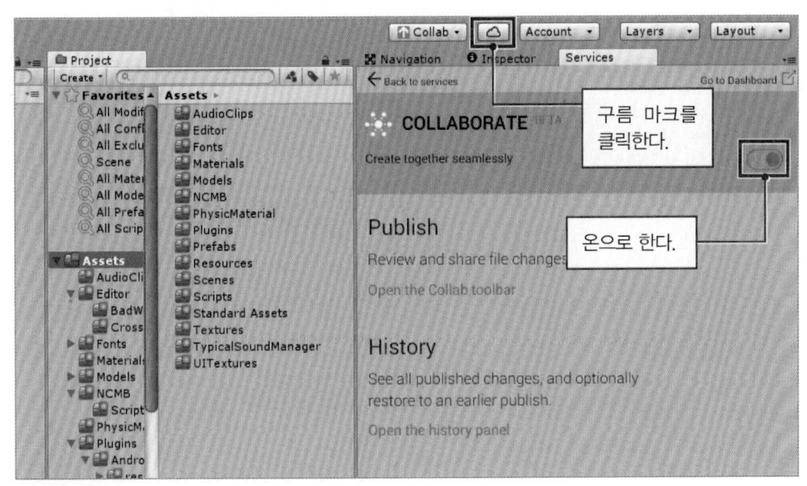

그림 a2-1 Unity Collaborate를 ON으로 한다.

온으로 하면 폴더와 파일에 파란색 마크가 붙고 'Collab' 버튼을 클릭할 수 있게 바뀝니다. 이 버튼을 클릭하면 프로젝트 파일을 Unity Collaborate로 송신하는 대화상자가 나타납니다.

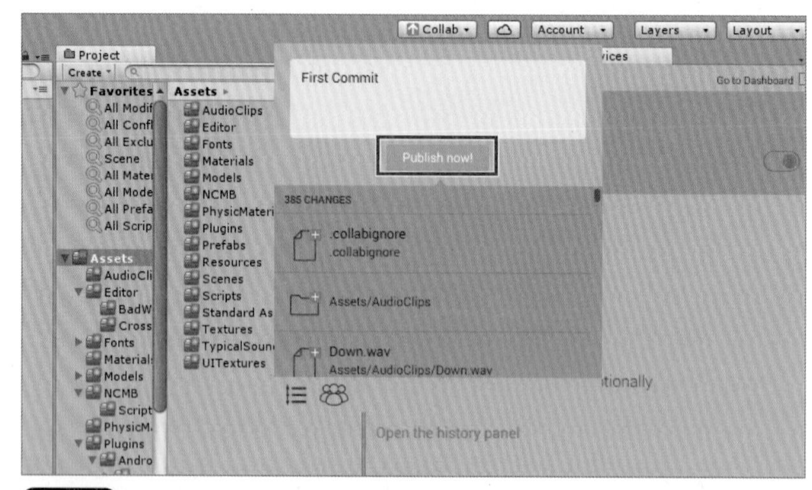

그림 a2-2 Unity Collaborate로 송신하는 대화상자

변경 항목 등을 코멘트에 기입하고 'Publish Now'를 클릭하면 송신이 시작됩니다.

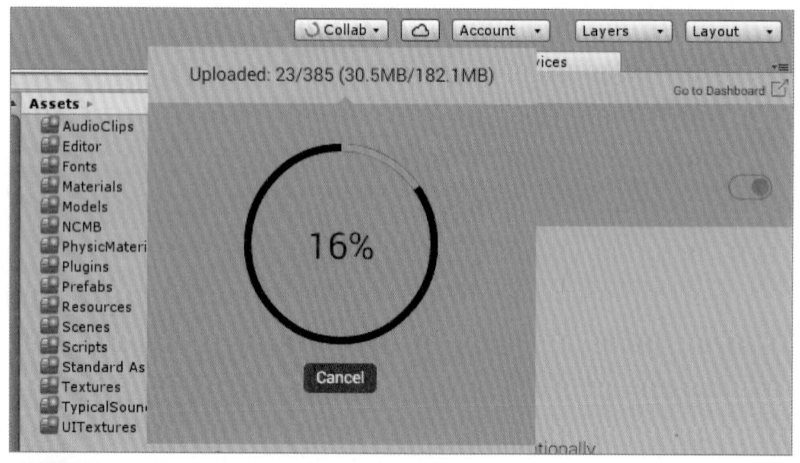

그림 a2-3 코멘트를 기입하고 Publish

Unity Cloud Build의 설정

계속해서 Unity Cloud Build를 온으로 합니다. Services 탭으로 돌아가서 Collaborate와 마찬가지로 Cloud Build의 'OFF'라고 쓰여 있는 항목을 클릭하여 'ON'으로 전환합니다.

Collaborate의 설정이 끝난 경우는 바로 플랫폼 선택 드롭다운 메뉴가 표시됩니다. 먼저 Windows용 빌드로 설정을 진행해 봅시다.

Collaborate가 아니라 Github나 BitBucket을 사용하는 경우는 [그림 a2-4] 전에 원격 리포지토리를 설정하는 항목이 있으므로 거기에 URL 등을 입력합니다.

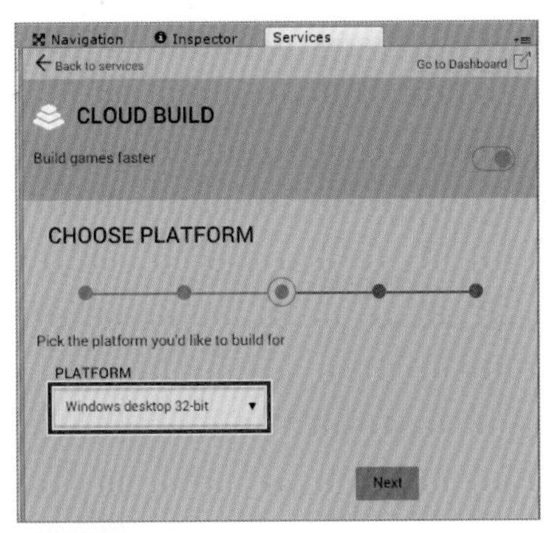

그림 a2-4 Cloud Build를 온으로 하고 Windows용 빌드를 설정

빌드 대상 이름과 사용할 Unity 버전을 지정한 후 'Next: Build'를 클릭하면 빌드가 시작됩니다.

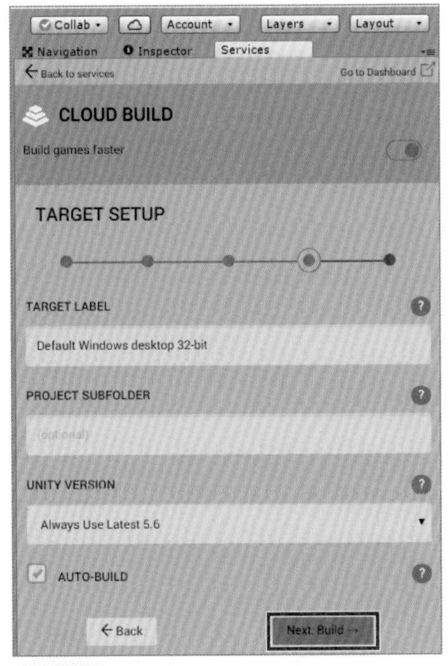

그림 a2-5 대상 등을 설정하고 빌드를 시작

빌드 결과는 Unity Developer 사이트의 Cloud Build 페이지(https://developer.cloud.unity3d.com)에서 다운로드할 수 있습니다. 빌드 대상을 추가하는 경우는 Manage Build Targets의 드롭다운 메뉴를 열고 'Add new build target'을 선택합니다.

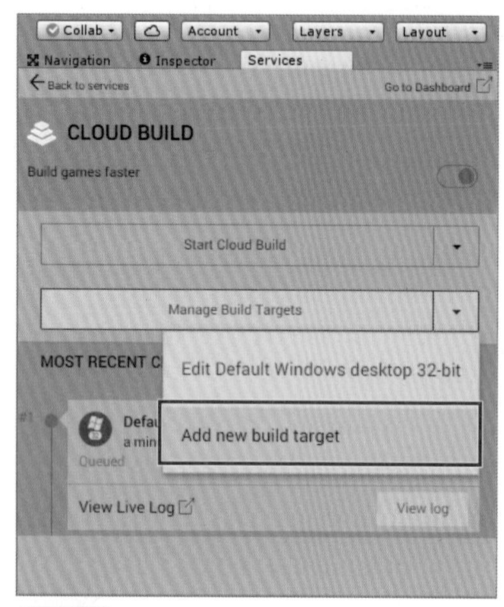

그림 a2-6 빌드 대상의 추가

iOS 빌드를 하는 경우는 에디터나 브라우저의 Cloud Build 관리 화면에서 Provisioning Credential을 작성해야 합니다. Provisioning Credential은 iOS 개발자 인증서와 Provisioning Profile을 업로드하면 생성됩니다.

iOS 개발자 인증서는 mac의 키체인 접근에서 내보낸 p12 파일입니다. Provisioning Profile은 Apple Developer 사이트의 Credentials 페이지에서 작성하여 출력합니다. 이 두 인증서의 발행 절차는 A-1 'iOS 앱 개발을 위한 인증서 발행'을 참조하기 바랍니다.

'CHOOSE IOS CREDENTIALS'에서 'Add new provisioning credentials'를 선택하고 p12 파일, Provisioning Profile을 업로드합니다. Bundle ID는 Unity 에디터나 인증서에 사용하는 것과 똑같은 Bundle Identifier를 기입합니다.

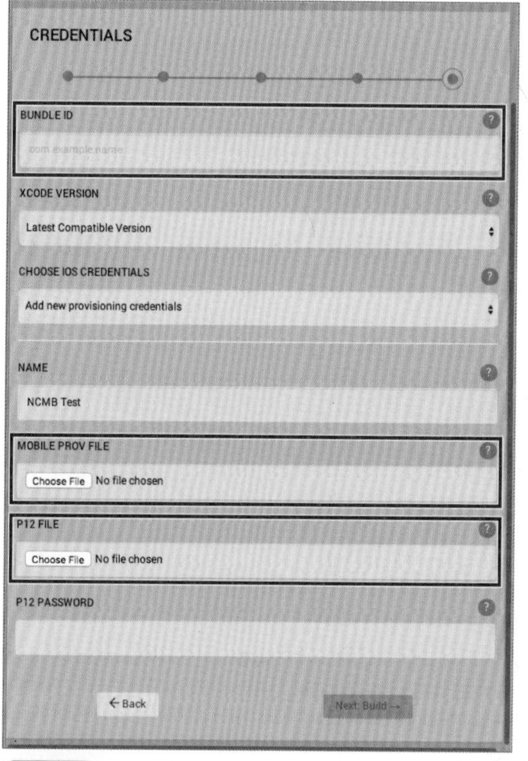

그림 a2-7 iOS용 개발자 인증서 p12와 Provisioning Profile을 등록

Bundle ID와 증명서가 올바르면 빌드가 시작됩니다. 빌드가 끝나면 iOS 브라우저에서 Unity Developer에 액세스하여 Unity ID로 로그인한 후 Cloud Build의 빌드 결과 목록에서 앱을 인스톨 할 수 있습니다.

처음 인스톨할 때는 iOS 단말기 상에서 프로비저닝을 설정하는 절차가 있습니다. 대화상자의 지시를 따라 인스톨하기 바랍니다.

Xcode로 설정하는 항목을 스크립트로 수행하기

푸시 알림을 사용하는 경우 Unity에서 출력한 프로젝트 파일에 대해 Xcode에서 몇 가지 설정을 해야 합니다. 하지만 Unity Cloud Build의 경우는 이 설정을 할 수 없습니다.

그래서 Xcode 상에서 설정할 각종 항목을 Unity의 PostProcessBuild 애트리뷰트나 PBXProject 클래스를 사용하여 바꿔 쓰는 방법을 취합니다.

샘플 게임 '검사가 그렇게 빨리 죽어버려?'에서는 Assets/Scripts/Util/ConfigureXcodeSettings.cs를 사용하여 그 처리를 하고 있습니다. 푸시 알림에 필요한 라이브러리를 추가하고 Xcode 설정 변경을 하는 스크립트이지만, 설정 파일을 텍스트로 내보내 바꿔 쓰는 등 약간 무지막지한 처리를 하고 있습니다.

이 방법은 향후 Xcode 업데이트로 설정 파일의 사양이 바뀌는 경우에는 사용할 수 없으므로 주의하기 바랍니다.

COLUMN

Windows 환경만으로 iOS 앱을 개발할 수 있을까?

A-1에서 설명했듯이 이 책에서는 macOS를 사용하여 각종 인증서를 관리했지만 좀 수고를 하면 Windows만으로 iOS 앱을 빌드하여 갖고 있는 단말기에서 작동시킬 수도 있습니다. 방법은 다음과 같습니다.

① OpenSSL을 인스톨하여 키 발행(인증서)나 관리를 미리 해 둔다.
② Xcode상에서 설정할 각종 항목을 PostProcessBuild로 바꿔 쓴다.
③ Unity Cloud Build에서 빌드한다.

macOS에는 '키체인 접근'이라는 인증서 관리 애플리케이션이 표준으로 내장되어 있지만 Windows에는 없습니다. 그래서 대신에 OpenSSL(https://www.openssl.org/)를 사용하여 Unity Cloud Build에 필요한 인증서 파일을 생성합니다.

Xcode에서의 설정이 필요한 푸시 알림과 같은 항목에 대해서는 Unity의 'PostProcessBuild'를 사용하여 빌드 실행 후의 파일 조작으로 클리어합니다.

하지만 앱을 릴리즈할 때는 Xcode를 사용한 릴리즈 작업이 필요하므로 웬만한 사정이 없는 한은 macOS 머신을 구입할 것을 권장합니다.

Windows를 주로 사용하는 사람은 기본은 Windows로 개발하면서 인증서 발행 등과 같이 필요할 때는 macOS를 사용하고 매일의 빌드는 Cloud Build를 통해 확인하는 방법이 좋습니다.

A-3 NCMB의 기타 기능

Part1에서 NCMB(nifcloud mobile backend)의 다양한 활용 방법에 대해 소개했지만 이 책에서 모두 다룰 수 없을 만큼 많은 기능이 있습니다. 여기서는 NCMB의 다른 기능에 대해 간략하게 소개합니다.

각 기능의 자세한 내용은 NCMB 개발자 도큐먼트를 참고하기 바랍니다.

- **개발자용 도큐먼트 (일본어)**

http://mb.cloud.nifty.com/doc/current/#/Unity

출판일 기준으로 일본어로 표기되어 있어 웹브라우저를 익스플로러 대신 크롬(Chrome)에서 링크를 열면 자동 번역되어 해당 페이지의 내용을 볼 수 있습니다.

- **SDK 레퍼런스 (일본어)**

http://mb.cloud.nifty.com/assets/sdk_doc/unity/Help/index.html

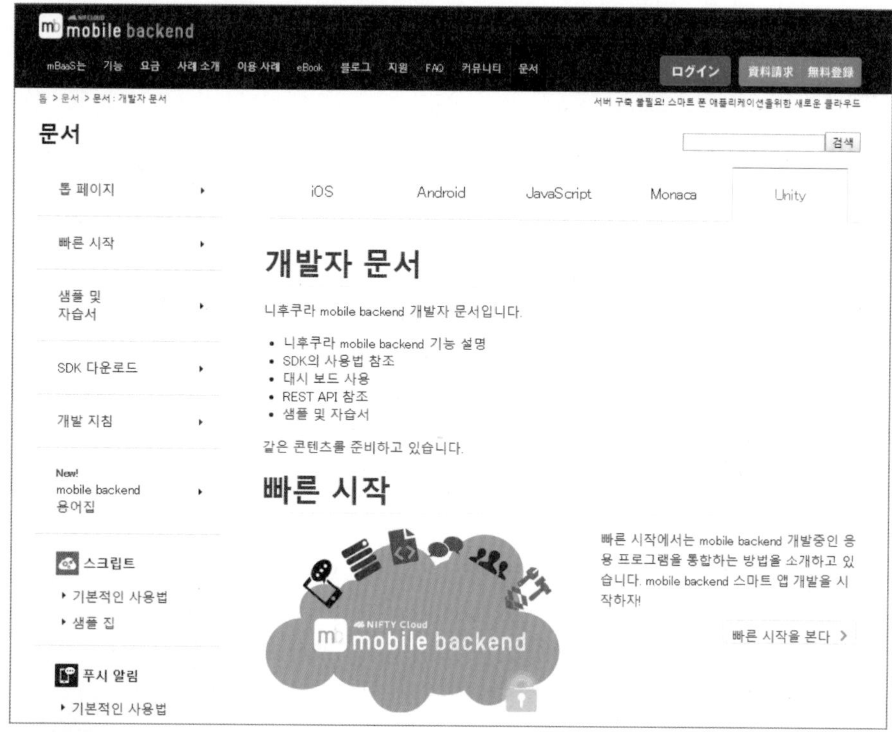

그림 a3-1 NCMB의 개발자용 도큐먼트 메인 페이지 ※ 크롬(chrome)에서 연 화면

SNS 연계 기능으로 로그인 수고를 덜기

NCMB Unity SDK Version 3.0.0부터 SNS 로그인 기능을 제공하고 있습니다. 현재는 Twitter 로그인과 Facebook 로그인을 지원하고 있습니다.

SNS 연계 기능은 회원 관리 시 로그인 처리를 SNS 계정 인증을 통해 하는 것입니다. 이로써 플레이어는 ID와 비밀번호를 새로 작성할 필요가 없어집니다. Twitter의 경우는 Google이 제공하는 Fabric Plugin과 연계함으로써 이용할 수 있습니다. 인증에는 Twitter developers에 등록하고 Twitter의 API 키를 취득할 필요가 있습니다.

- Fabric for Unity plugin

  https://docs.fabric.io/unity/

  Facebook의 경우도 마찬가지로 Facebook SDK for Unity와 Facebook Developer에 가입해야 합니다.

- Facebook SDK for Unity

  https://developers.facebook.com/docs/unity

  NCMB 개발자 도큐먼트는 다음을 참고하기 바랍니다.

- Twitter 연계

  http://mb.cloud.nifty.com/doc/current/sns/twitter_unity.html

- Facebook 연계

  http://mb.cloud.nifty.com/doc/current/sns/facebook_unity.html

위치 정보 검색 기능을 활용하여 '위치 정보 게임'을 만들기

NCMB의 데이터 스토어에는 'NCMBGeoPoint'라는 전용 구조체를 이용하여 위도와 경도를 저장할 수 있습니다. Part1의 4-1에서 설명한 쿼리 조건에 사실은 거리 검색 관계 부분이 있었는데, 위치 정보 검색에는 이 구조체를 대상으로 수행합니다.

'WhereGeoPointWithinkKilometers'는 검색 시작 지점의 위치와 반경을 지정하여 원을 그린 범위 안에 해당하는 오브젝트를 반환합니다. 사각형 범위로 검색하고 싶은 경우는 'WhereWithinGeoBox'에서 사각형의 왼쪽 아래(남서)와 오른쪽 위(동북)의 위치 정보를 설정하면 범위 안에 해당하는 오브젝트를 취득할 수 있습니다.

이 기능은 소위 '위치 정보 게임'에 그대로 적용할 수 있는 한편 플레이어가 게임을 기동시켰을 때 특정 장소에 있었던 경우 특별한 리워드를 제공하는 등 실제 이벤트와 연동시킨 기능을 개발할 수 있습니다.

NCMB 개발자 도큐먼트는 아래를 참고하기 바랍니다.

● **위치 정보 검색** (Unity)

http://mb.cloud.nifty.com/doc/current/geopoint/basic_usage_unity.html

스크립트 기능으로 '뽑기'를 구축하기

NCMB에는 로직을 서버 측에서 실행하는 '스크립트 기능'이 있습니다. 게임에 가장 근접한 시스템에 대한 응용으로는 뽑기 구축에 활용할 수 있습니다.

앱에서는 NCMB에 대해 '뽑기를 한다'는 요청만 수행하고 뽑기의 추첨 처리를 NCMB의 스크립트 기능으로 실행하여 결과를 앱에 반환합니다. 확률과 같은 파라미터를 앱 측에서는 일절 갖지 않으므로 앱의 크래킹에 의한 부정을 방지할 수 있습니다.

스크립트 기능의 로직은 JavaScript로 기술하고, Node.js를 이용할 수 있습니다. 스크립트 기능에서 데이터 스토어에 액세스할 수 있기 때문에 처리 결과의 로그를 데이터 스토어에 저장해 둘 수 있습니다.

또한 뽑기 스크립트는 '검사가 그렇게 빨리 죽어버려?' 샘플 프로젝트에 들어 있으므로 참고해 보기 바랍니다.

NCMB 개발자 도큐먼트는 아래를 참고하기 바랍니다.

● **스크립트** (Unity)

http://mb.cloud.nifty.com/doc/current/script/basic_usage_unity.html

관리 화면에서 데이터를 암호화하여 프라이버시를 지키기

NCMB 상에서 데이터를 관리할 때 임의의 필드에 '암호화' 설정을 함으로써 관리 화면에서 마스크하여 보이지 않게 할 수 있습니다. 예를 들어 위치 정보 게임에서 '사용자의 홈 위치의 위도 경도'를 저장하는 경우는 관리 화면에서 보이지 않도록 해 놓아야 합니다.

관리 화면 설정에서 필드에 암호화를 지정하면 해당 필드가 (hidden)으로 표시됩니다. 회원 관리 필드의 경우 로그인한 사용자만 그 정보를 얻을 수가 있습니다. 이때 앱 측에서는 복호화 처리를 지정할 필요가 없습니다. 필드에 데이터가 존재하는 경우는 암호화로 전환할 수 없기 때문에 새로 필드를 만들 때에 설정하도록 합니다.

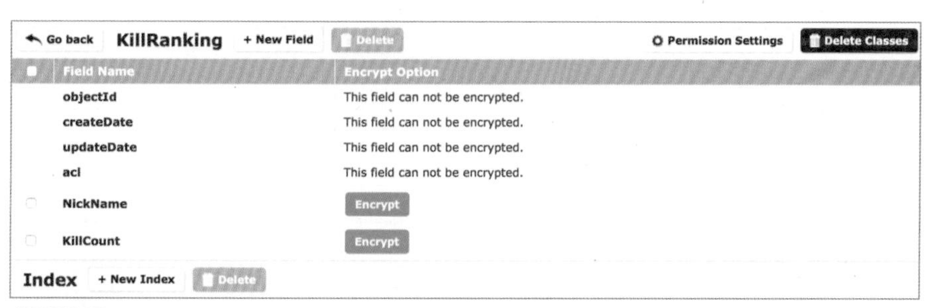

그림 a3-2 NCMB 관리 화면에서 데이터를 암호화한다.

데이터에 대한 액세스 권한을 관리하기

데이터 스토어에는 액세스 권한 관리 장치가 있습니다. 클래스나 오브젝트에 액세스하기 위한 액세스 관리를 'ACL(액세스 컨트롤 리스트) 설정'이라고 하며, 특정 오브젝트에 대한 쓰기를 금지하거나 특정 역할(퍼미션)을 갖고 있는 회원만이 앱에서 읽어 들일 수 있는 클래스를 만들 수 있습니다.

특정 클래스에 ACL 설정을 하면, 예를 들어 게임 중에 유료 플랜을 들어있는 플레이어만 상위 기능을 사용할 수 있도록 관리할 수 있습니다. 또한 앱에서 변경 금지 설정을 별도로 수행할 수 있습니다. 이로써 데이터 스토어에 액세스할 때의 실수나 버그에 의한 불의의 사고를 미연에 방지할 수 있습니다.

NCMB 개발자 도큐먼트는 아래를 참고하기 바랍니다.

- **데이터 스토어 (Unity) 액세스 권한 설정**

http://mb.cloud.nifty.com/doc/current/datastore/contents_unity.html

회원 관리에서 비밀번호를 재발행

NCMB에서는 이메일 주소에 의한 인증을 앱에서 할 수 있습니다. 이메일 주소를 등록하는 경우의 장점은 '비밀번호 재발행' 시스템을 제공할 수 있기 때문입니다.

NCMB에서는 폼을 채워 넣기만 하면 비밀번호 재발행 메일을 보낼 수 있게 되어 있습니다. NCMB 관리 화면의 '앱 설정'에서 '회원 인증 설정'으로 각종 문구를 만들 수 있습니다.

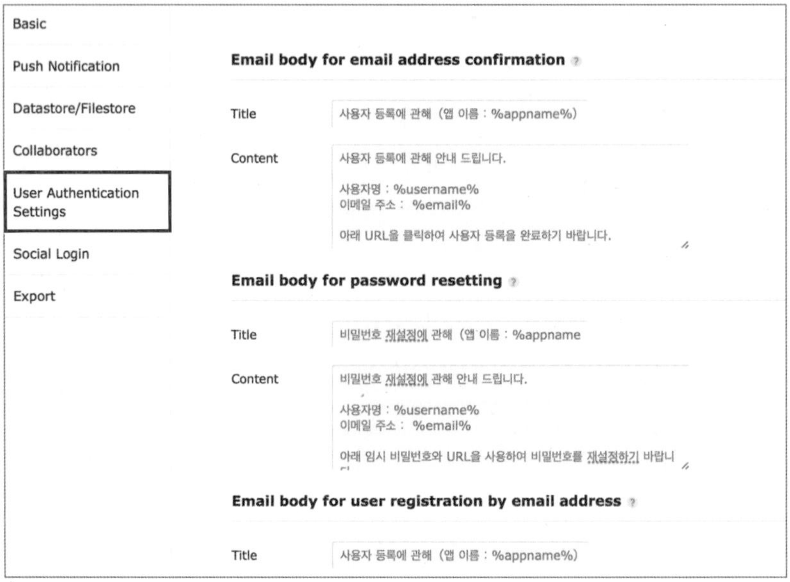

Basic
Push Notification
Datastore/Filestore
Collaborators
User Authentication Settings
Social Login
Export

Email body for email address confirmation

Title 사용자 등록에 관해 (앱 이름 : %appname%)

Content 사용자 등록에 관해 안내 드립니다.
사용자명 : %username%
이메일 주소 : %email%
아래 URL을 클릭하여 사용자 등록을 완료하기 바랍니다.

Email body for password resetting

Title 비밀번호 재설정에 관해 (앱 이름 : %appname

Content 비밀번호 재설정에 관해 안내 드립니다.
사용자명 : %username%
이메일 주소 : %email%
아래 임시 비밀번호와 URL을 사용하여 비밀번호를 재설정하기 바랍니

Email body for user registration by email address

Title 사용자 등록에 관해 (앱 이름 : %appname%)

그림 a3-3 이메일 문구의 작성 화면

스크립트 상에서 비밀번호 재설정 요청은 다음 메소드를 호출하여 실행할 수 있습니다.

```
NCMBUser.RequestPasswordResetAsync ("email@example.com", (NCMBException e) => {
    if (e != null) {
        Debug.Log ("비밀번호 재설정 요청 실패: " + e.ErrorMessage);
    } else {
        Debug.Log ("비밀번호 재설정 요청 성공");
    }
});
```

NCMB 개발자 도큐먼트는 아래를 참고하기 바랍니다.

- **회원 관리(Unity) 이메일 주소 인증**

http://mb.cloud.nifty.com/doc/current/user/authorize_email_unity.html

COLUMN

플랜 이용 상한을 넘었을 때에 대비한다

NCMB에서 계약 플랜의 이용 상한(무료 플랜의 경우는 연간 200만 API 콜)을 넘을 것 같으면 개발자 앞으로 이메일로 안내를 합니다. 그런 경우는 앱 측에서 NCMB의 액세스량을 조정하거나 바로 상위 플랜으로 변경 수속을 하기 바랍니다.

또한 앱이 크게 히트쳤을 경우를 대비해 앱 측에 NCMB의 기능을 이용할 수 없게 되었을 때의 처리를 사전에 만들어 둡시다. 플랜 상한에 도달했을 때는 통신 오류 콜백 NCMBException에 'REQUEST_OVERLOAD'(오류 코드 E429001)이 들어가 반환됩니다. 이것은 서비스가 사용 제한(API 콜 수, PUSH 통지 수, 스토리지 용량)을 초과했을 때 발생하는 오류입니다.

오류 코드를 받으면 게임 화면에 '서버 점검을 하고 있습니다'와 같은 알림을 표시하면서 플랜 변경 수속이 끝날 때까지 통신 관련 처리를 중지시키는 장치를 마련해 두면 좋습니다.

고급 NCMB 사용법

NCMB에서 보다 고도의 사용법에 관한 힌트를 2개 소개해 두겠습니다.

UniRx와의 조합

이 책에서는 비동기화 처리의 기술에 코루틴을 채택하고 있지만 스크립팅 스킬에 자신이 있는 분은 'UniRx'를 사용한 구축을 권장합니다.

- UniRx – Reactive Extensions for Unity

  https://assetstore.unity.com/packages/tools/unirx-reactive-extensions-for-unity-17276

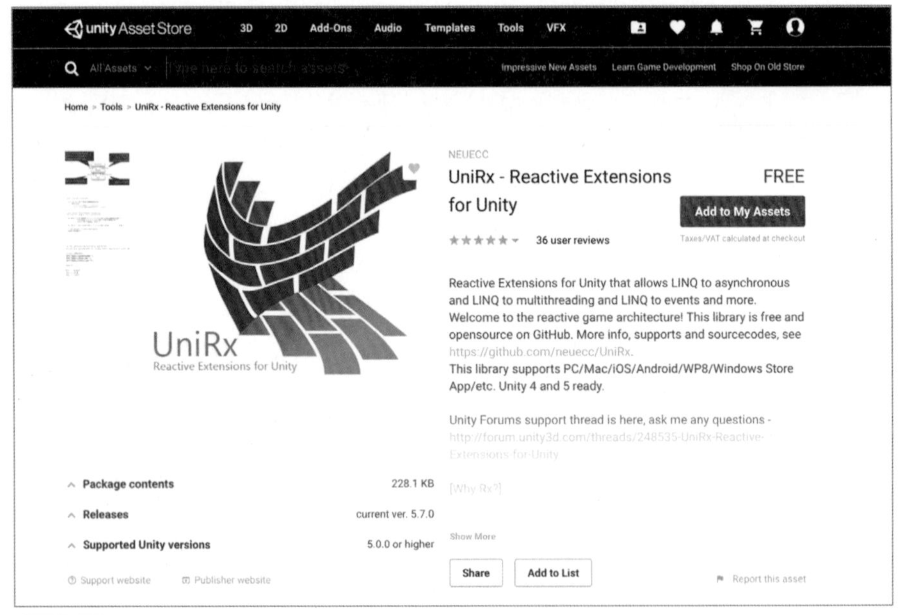

그림 a3-4 UniRx(어셋 스토어)

NCMB는 UniRx와의 조합을 정식으로 지원하고 있지 않지만 뜻있는 사용자가 래퍼 클래스를 제공하고 있습니다. UniRx 애용자는 꼭 참고해 보기 바랍니다.

- Unity NCMB를 UniRx에서 다룰 수 있도록 해 봤다

  https://qiita.com/toRisouP/items/2944fed6de44809e98d9

NCMB Unity SDK 확장 셋

NCMB의 Unity SDK는 계속 업데이트되고 있는데 보다 실제 게임에 가까운 구축 방법을 모은 샘플 팩을 배포하고 있습니다.

- **NCMB Mania/Unity SDK Extension Pack**

  https://github.com/NCMBMania/UnitySDKExtensionPack

Extension Pack에는 다음과 같은 구축 방법이 들어 있습니다. 라이선스는 MIT입니다.

- NCMB에 액세스하기 위한 API 키를 암호화할 수 있다.
- iOS와 Android 또는 동일한 OS간에 세이브 데이터 연결 기능을 구축할 수 있다.
- iOS와 Android 양쪽에서 사용할 수 있는 클라우드 세이브 기능을 구축할 수 있다.
- PlayerPrefs 같은 작성 방법으로 클라우드 세이브를 사용할 수 있다.

NCMB의 이용 사례 및 최신 정보

NCMB는 공식 블로그에서 새로운 SDK 기능의 사용법에 관한 세미나 정보, NCMB를 사용하여 만들어진 게임 앱의 구축 내용 인터뷰 등 다양한 콘텐츠를 배포하고 있습니다.

Unity와 관련된 정보는 Unity 카테고리에서 볼 수 있습니다. NCMB 관련뿐만 아니라 Unity 앱 개발 전반에 관해 도움이 되는 정보가 연재되고 있으므로 꼭 살펴보기 바랍니다.

- **NCMB 블로그 Unity 카테고리**

  http://blog.mbaas.nifcloud.com/archive/category/Unity

그림 a3-5 NCMB의 사례 및 최신 정보 ※ 크롬(chrome)에서 연 화면

A-4 멀티플레이 네트워크 게임용 미들웨어 'Photon'

Part 2와 Part 3에서 소개한 UNET과는 별개로 Unity에서 이용할 수 있는 멀티플레이 네트워크 게임용 미들웨어로 Exit Games사의 'Photon'이 있습니다. Unity에서 이용하는 Photon 클라이언트는 PUN(Photon Unity Networking)이라 부릅니다. 여기서는 UNET과 Photon의 특징과 차이점에 대해 간단히 설명하겠습니다. UNET에 관해서는 본문과 중복되는 부분도 있지만 복습한다 생각하고 읽어보기 바랍니다.

Photon의 개요

Photon은 크게 나누면 UNET과 마찬가지로 실시간 네트워크 게임을 작성하기 위한 서버와 그것을 움직이는 클라우드 환경으로 된 'Photon Realtime'과, 자신이 갖고 있는 서버 컴퓨터에 인스톨하여 네트워크 기능을 커스터마이징 할 수 있는 서버 미들웨어인 'Photon Server', 이 2종류가 있습니다.

'Photon Realtime'은 'Photon Server'를 사용한 클라우드 서비스로, 둘다 Unity를 비롯한 주요 플랫폼을 지원하고 있습니다. Photon은 서버의 커스터마이징이 가능하므로 UNET에서는 하기 어려운 보다 고도의 네트워크 게임을 만들 수 있습니다.

- **Photon의 공식 웹 사이트(일본어판)**

https://www.photonengine.com/ko-KR/photon

그림 a4-1 Photon의 메인 페이지

Photon의 공식 페이지에는 '마르코폴로 튜토리얼'이라는 샘플 게임이 있어서 이것을 사용하여 개요를 알 수도 있습니다. 또한 튜토리얼 동영상도 여러 개 마련되어 있습니다.

그림 a4-2 마르코폴로 튜토리얼

UNET의 특징

UNET(정식명: Unity Multiplayer)은 Unity 표준 네트워킹 라이브러리 API입니다. 손쉽게 구축하고 바로 움직일 수 있는 것이 최대 특징입니다.

- Unity API로서 표준으로 내장되어 있으므로 간단히 이용 가능하다.
- Unity Cloud와의 연계가 쉽다.
- 개발에 편리한 속성이나 각종 콜백이 많이 마련되어 있다.
- 서버/클라이언트 구조이면서 P2P와 같은 개발이 가능하다.

UNET은 Unity의 기본 라이브러리 API로, 바로 이용할 수 있습니다. 매뉴얼도 Unity의 다른 API와 똑같은 형식으로 마련되어 있으므로 바로 찾아서 읽을 수 있습니다.

서버와 클라이언트를 동시에 갖는 '호스트'라는 타입으로 움직이는 애플리케이션 개발이 가능하므로 한 대의 PC만으로도 개발을 진행할 수 있습니다(이 경우 통신할 때의 동작 확인은 별도로 필요함).

UNET은 Unity Cloud의 매칭 기능과 연계하여 인터넷을 통한 네트워크 플레이를 구축할 수 있도록 되어 있습니다. Unity Cloud는 네트워킹뿐만 아니라 애플리케이션 빌드나 액세스 해석과 같은 기능도 제공하고 있으며 배포나 플레이 상황 확인까지 UNET + Unity Cloud만으로 개발을 진행할 수 있습니다.

한편 프로그래밍의 시점에서 본 UNET의 특징으로는 풍부한 속성이 제공되어 있다는 점을 들 수 있습니다. SyncVar나 ClientRpc, Command 등을 사용하면 목적에 맞는 통신을 간단히 구축할 수 있습니다.

다양한 타이밍에서 호출되는 콜백도 그 종류가 타이밍에 따라 많이 마련되어 있으므로 목적에 맞는 구축을 쉽게 할 수 있습니다(반대로 너무 많아서 어떤 것을 사용해야 할지 모르는 경우도 생깁니다).

UNET은 기본적으로 서버를 맞는 것으로 보고 클라이언트가 서버를 따라가는 서버/클라이언트 형태의 통신 모델을 채택하고 있지만, 서버와 클라이언트를 겸임한 호스트를 하나 마련하는 형태로 통신을 수행하는 애플리케이션으로 만드는 것이 보통입니다.

이로써 P2P와 같이 전용 서버가 필요 없습니다. 보통은 호스트로서 개발을 진행하면 동작 확인도 쉽습니다.

Photon의 특징

Photon은 서버/클라이언트 타입의 미들웨어입니다.

- Unity Cloud와 같은 이용하기 편한 서비스 클라우드가 있다.
- 게임 전용 서버를 만들기 쉽다. 클라이언트 구축을 가리지 않는다.
- 심플한 API. Unity 전용 플레이어 관리가 제대로 되어 있다.

Photon은 서버/클라이언트가 확실하게 나눠져 있는 게임용 네트워킹 미들웨어입니다. 처음부터 많은 플레이어가 참가하는 게임을 목적으로 하고 있으므로 서버로서 다양한 기능을 담을 수 있도록 확장하기 쉬운 설계와 구축이 되어 있습니다.

서버의 부하를 고려한 구조나 통신 상황의 해석을 위한 기능도 충실합니다. 서버의 구축(이것은 실제 게임용 서버로서 그대로 이용할 수 있는 것)으로 심플한 방 매칭 타입이나 MMO와 같은 광대한 필드를 많은 플레이어가 참가하는 타입의 것도 마련되어 있습니다. 그리고 이러한 샘플로부터 독자적인 서버를 개발할 수도 있습니다.

Photon에도 UNET의 Unity Cloud와 같이 간단히 이용할 수 있는 서버가 마련되어 있습니다. Photon Realtime은 Photon Server를 빌드나 디플로이 없이 이용할 수 있도록 한 서비스로, 등록과 애플리케이션을 위해 간단한 설정을 하기만 하면 사용할 수 있습니다.

Photon은 UNET과는 달리 서버와 클라이언트가 명확하게 다른 프로그램입니다. 서버는 plugin 기능을 사용하여 필요한 기능을 추가하거나 소스 레벨에서 수정하여 기능 확장을 할 수 있으므로 전용 서버에서만 할 수 있는 기능(로그인 등 사용자 관리나 대량의 데이터 처리 등)을 구축할 수 있습니다.

UNET과 달리 서버와 클라이언트 프로그램이 동일하지 않으므로 서버의 수정이 클라이언트의 구축에 영향을 주는 일은 적습니다.

또한 통신만 올바르면 서버는 클라이언트를 가리지 않습니다. Photon에는 Unity용 클라이언트 라이브러리로 PUN(Photon Unity Networking)이 마련되어 있지만, 다른 플랫폼의 클라이언트 라이브러리도 많이 있어서 다양한 개발 방법을 선택할 수 있습니다.

Photon은 다양한 네트워크 게임을 고려하고 있음에도 불구하고 API는 심플합니다. UNET에는 통신 기능의 구축에 SyncVar, ClientRpc 속성이나 커스텀 메시지 기능을 이용하지만 Photon의 통신 부분은 기본적으로 메시지를 송수신하는 메소드가 하나씩 있을 뿐입니다. 그래서 UNET의 SyncVar나 ClientRpc와 같은 기능은 애플리케이션이 독자적으로 마련하게 되어 있습니다.

그 외에 UNET에는 없는 것으로 Photon의 플레이어(Actor라고 부릅니다) 관리를 들 수 있습니다. UNET에서는 Connection으로 통신 연결처 정도밖에 구별할 수 없지만 Photon에서는 Actor에는 이름이나 스코어 등 프로퍼티 값을 설정하는 기능이 있어 서버/클라이언트 간의 플레이어에 관한 정보를 쉽게 공유할 수 있습니다.

UNET의 과제

Photon과 비교했을 때 UNET의 과제로는 다음과 같은 것을 들 수 있습니다.

- 서버 전용 프로그램을 만드는 것이 어렵다. Unity(API)가 작동하는 환경이 필요하다.
- 공개 서버로서 Unity Cloud 외에 선택지가 없다.
- 현 시점에서는 정보 및 지원이 그다지 충실하지 않다. 개발 진척이 그다지 빈번하지 않다.

UNET은 Unity API 상에서 움직이는 통신 미들웨어이므로 Unity 애플리케이션을 작동시킬 수 있는 환경에서만 움직일 수 있습니다. UNET 자체는 서버 단독으로 움직이는 것도 가능하지만(이 경우 조작 플레이어가 씬에 안 나오게 됩니다) 이 서버를 렌탈 Linux 서버나 Amazon AWS 상에서 움직이게 하려고 하면 상당히 어렵기 때문에 서버 환경이 한정되어 버립니다.

이 점과 관련해서 구축을 Unity에 의존하고 있기 때문에 현재 움직이고 있는 Unity Cloud가 공개 환경으로서 유일한 선택지가 됩니다. Unity Cloud는 Unity와 세트로 이용하므로 손쉽게 이용할 수 있는 서비스이지만 사용자 관리나 대량의 데이터 처리를 하는 서버를 만들려고 하면 Unity Cloud 이외에서는 할 수 없는 등 선택 폭이 좁다는 문제가 있습니다.

UNET은 Unity의 공식 API이지만 다른 그래픽이나 사운드 등의 기능과 비교해서 개발을 위한 정보가 현시점에서는 그다지 많지 않습니다. UNET 자체의 기능 추가나 변경 빈도가 낮은 점도 있지만 커뮤니티에서도 다른 기능과 비교해서 그다지 활발한 논의가 일어나고 있지 않습니다.

때문에 실제로 움직여 보지 않으면 모르는 것도 많으며 UNET에서의 개발의 장벽이 된 것 같은 느낌을 받습니다. 하지만 개발에 관한 정보나 장벽은 앞으로 서서히 개선되어 가리라 기대됩니다.

Photon의 과제

Photon과 UNET을 비교했을 때의 과제로서는 다음과 같은 것을 들 수 있습니다.

- 기본적인 통신 기능밖에 없으며 SyncVar나 OnStartLocalPlayer( )와 같이 세세한 기능이나 콜백이 없다.
- Unity의 공식 API가 아니므로 UNET 만큼 도입이 간단하지 않다.
- 서버의 수정은 가능하지만 기술적인 스킬이 필요하다.

Photon이 제공하는 통신 기능은 기본적으로 메시지 송신과 메시지 수신, 이 2가지 밖에 없습니다. 클라이언트에서 다른 (모든) 클라이언트 메소드를 직접 호출할 수 있도록 한 RPC라는 속성에 의한 설정 기능은 있지만 UNET과 같이 SyncVar나 ClientRpc와 같은 목적에 맞는 세세한 설정을 할 수 없습니다.

이벤트 핸들러 메소드도 방 입퇴실 등 최소한의 것만 마련되어 있어서 UNET과 같이 서버/클라이언트/권한자(HasAuthority와 같은 경우)로 세세하게 분류되는 것이 아닙니다.

이런 것은 Photon이 심플한 API로 다양한 게임의 통신을 구축할 수 있도록 고안되었기 때문에 UNET의 SyncVar나 경우에 따른 콜백 기능이 필요하면 API를 사용하여 애플리케이션에 개별적으로 구축할 필요가 있습니다.

Photon은 Unity와는 별도로 배포되는 미들웨어이므로 도입하려면 최소한 어셋 스토어 등에서 다운로드하여 개발 프로젝트와 연결시켜야 합니다. 최근에는 거의 없지만 Unity의 버전에 따라 동작에 문제가 생기는 일도 과거에는 있었습니다.

배포 버전은 Unity와는 동기화되어 있지 않으므로 프로젝트를 새로 만들거나 Unity를 최신 버전으로 할 때마다 Photon(PUN)이 지원하는지 아닌지를 확인할 필요도 있습니다.

또한 수정하지 않고는 게임을 구축할 수는 없어서 서버의 동작을 변경할 필요가 생긴 경우 Photon Realtime이 아닌 환경에서 서버를 구축할 필요가 발생합니다. Photon 서버의 개발은 일반적인 서버 개발의 지식 외에도 Visual Studio나 Windows Server 애플리케이션 등의 개발 환경이나 스킬이 요구되므로 손쉽게 사용할 수 있다고는 할 수 없습니다.

저자 소개

Part 3, Appendix(A-4) 집필

Taketoshi Nishimori

1969년생. 주식회사 namco(당시)에서 주식회사 dream fanctory를 거쳐 현재 프리랜서로 활동 중. 컨슈머 게임기, 휴대전화, 스마트폰 등과 같은 플랫폼용 애플리케이션 개발에 종사.

주요 타이틀은 Soul Edge(아케이드), Tobal 시리즈(PlayStation, i/EZ 앱), Ehrgeiz(PlayStation), Xenosaga Episode I (PlayStation2), Super Monkey Ball(게임 큐브), Songs of ANAGURA(일본 미래관) 등.

2011년부터는 'No More Heroes World Ranker'와 '성검 전설 RISE of MANA' 등 Unity를 사용한 모바일 게임 개발, '성검 전설 RISE of MANA'에서는 Photon을 사용한 개발에 종사. 2012년 쓰쿠바 대학 대학원 기업과학전공 졸업.

Part 1, Introduction, Appendix(A-1, A-2, A-3) 집필

Takaaki Ichijyo

1986년생. 개인 게임 작가 및 Game DevRel. 대표작은 'Back in 1995'(Steam). 게임 개발 외에 소규모 게임 개발자가 계속 활동하기 좋은 세상 만들기를 위해 여러 게임 개발 관련 회사로부터 DevRel 업무를 하청받고 있음. 현재 nifcloud mobile backend 에반젤리스트, Play.Doujin! 디렉터로 활동중.

운영 웹 사이트: http://head-high.com/

Part2 집필

Tuyano Syoda

일본 최초의 Mac 전문 월간지 'Mac+' 시절부터 주로 Mac 관련 잡지에 기고함. 하이퍼카드의 등장으로 '비기너를 위한 프로그래밍'에 눈을 뜸. 이후 Mac, Windows, Web, Android, iPhone 등 각종 플랫폼에 관한 초보자용 프로그래밍 서적을 집필하고 있음.

연락처: syoda@tuyano.com

프로필: https://plus.google.com/+TuyanoSYODA/

저서 목록: http://www.amazon.co.jp/-/e/B004L5AED8/

운영 웹 사이트: http://www.tuyano.com, http://blog.tuyano.com,
http://libro.tuyano.com, http://card.tuyano.com,
https://weaving-tool.appspot.com

이 책에 게재된 예제 프로그램은 아래 환경에서 동작을 확인하였습니다.

개발환경

● Part 1
Windows 10 Home / macOS 10.12.4 Sierra(Mac mini Late 2012)
Unity 5.6.0f3
NCMB Unity SDK 3.0.0
Visual Studio 2015

●Part 2, Part 3
Windows 10 Home／macOS 10.12.4 Sierra
Unity 5.6.0f3

이 책에 게재된 샘플은 'Unity 2017 1.0 b2'에서 빌드와 실행을 확인했습니다. 또한 이 책에 게재된 스크린샷은 'Unity 5.x' 또는 'Unity 5.6' 입니다.

상표

Special Thanks

Part 1

- **샘플 프로그램 퀄리티 체크**

Fujitsu Cloud Technologies Limited Suzuki Yohei

- **내용 감수**

Fujitsu Cloud Technologies Limited Mishima Hedeki / Yamamoto Shohei

- **샘플 게임의 3D 모델 및 모션 데이터 제작**

Souryudo Garyu (http://www.souryudo.com/, Twitter: @GaryuTown)

- **샘플 게임의 '뽑기' 스크립트 제공**

합동회사 Hoge 기술연구 Koyama Tetsuji

- **샘플 게임의 사운드 툴 'DSP Anime', 'DSP Retro' 제공**

Tsugi 합동회사 (http://tsugi-studio.com/)

- **샘플 게임의 폰트 'ranobe POP' 제공**

Fontna (http://www.fontna.com/)

- **Cloud Build Manifest 제공**

Murohosi Ryota

- **본문 칼럼 그림 제공**

〈외톨이 혹성〉 Tokoronyori / 〈Solokus〉 Waken /
〈너의 목적은 나를 죽이는 것 3〉 Fundoshiparade ㈜ Yamada

Part 3

- **샘플 게임의 3D 모델 데이터 작성**

Alidade

- **샘플 게임의 모션 데이터 제공**

㈜ QUAD ARROW (http://www.quad-arrow.jp)

- **샘플 게임의 배경 텍스처 작성**

Nishimori Hiroko

한글

영문

A

B

C

D

F

G

H

I

J

L

M

N

O

P

R

S

T

U

V

X